제국과 식민지의 주변인

- 재조일본인의 역사적 전개 -

동국대학교 일본학연구소 연구총서

제국과 식민지의 주변인

― 재조일본인의 역사적 전개 ―

이형식 편저

서문

1876년 개항 이후 패전으로 일본으로 돌아가기 전까지 조선에는 적지 않는 일본인들이 거주했다. 특히 청일전쟁, 러일전쟁 이후 조선에 거주하는 일본인이 비약적으로 증가하여 1920년에는 40만, 패전 시에는 약 80만에 달했다. 그들은 침략의 첨병으로서 한국의 식민지화에 앞장섰으며, 한국이 식민지로 전락되자 관료, 군인, 상인, 지주 등 식민지의 지배자로서 식민자 특유의 생활의식과 정신구조를 공유하면서 오랜 동안 식민지에서 생활했다.

하지만 패전 이후 식민지제국 일본이 해체되면서 새롭게 재편된 국제질서 아래, 동아시아의 역사가 일본사, 한국사, 대만사 등 각국사(국민국가사)로 분단되면서 재외일본인(재조일본인)은 오랜 기간 잊혀진 존재로 남아 있었다. 그러나 1990년 이후 제국사연구가 유행하면서 일국중심의 국민국가사가 비판받으면서 초국가적인(transnational) 공간을 이동하는 제국과 식민지의 주변인이었던 재조일본인들의 존재가 본격적으로 주목받기 시작했다. 예를 들면 그들이 왜 조선에 건너오게 되었는지, 조선을 지배하는데 어떠한 역할을 하였는지, 조선인, 식민권력(조선총독부)과 어떠한 관계를 맺고 있었는지, 그들이 조선, 조선인에 대해 어떻게 인식하고 있었는지 등의 논점을 중심으로 지금까지 한·일 양국의 근대역사에서 배제되어왔던 재조일본인들의 역사가 재조명되기 시작했다. 국가별로는 한국, 일본뿐 아니라 미국 등에서도 재조일본인에 관한 연구가 속출하고 있으며 학문 분과별로는 정치사, 경제사, 사회사, 교육사, 여성사, 언론사, 생활사, 종교사, 문학사, 문화사 등 다방면에서 걸쳐 활발히 진행되어 왔다. 경제사와 민족운동사에 편중되어 오던 기존 식민지시기의 연구 경향에서 벗어나 새로운 시각과 소재를 제공해주는 이 분야에 젊은 연구자들의 관심이 집중되고 있는 것으로 보인다.

본서는 이러한 재조일본인 연구에 대한 관심을 반영하여 기획되었다. 동국대 일본학연구소는 2012년 6월 30일 재조일본인 연구를 선도해왔던 시모노세키대학의 기무라 겐지(木村健二) 선생, 불교대학의 이승엽 선생, 서강대의 기유정 선생(이하 존칭 생략) 등을 초빙하여 '재조일본인의 사회사'라는 국제학술회의를 개최했다. 학술회의 발표문을 수정·보완하고 여기에 연구에 입문이 될 만한 공간된 한국논문과 한국에서는 구하기 힘든 해외논문(윤건차, 히로세 레이코, 우치다 준, 이동훈 논문)을 번역하여 총 11편의 논문을 선정하고 참고문헌을 덧붙였다.

1부 '연구현황과 자료'에는 3편의 논문이 실렸다. 먼저 이형식은 재조일본인 연구의 현황을 정치사, 사회·경제사, 교육사, 여성사, 언론사를 중심으로 정리했다. 윤건차는 지배민족의 일원으로서 식민지에 살았던 식민자들 사이에 공통되는 생활의식, 정신구조를 제국의식으로 규정하고 식민지 일본인의 정신구조를 파헤쳤다. 기무라 겐지는 재조일본인 실업가 12명의 전기를 발굴, 검토하여 경력, 경영수법, 제 단체, 공공사업을 포함한 공직관계, 조선인과의 교류, 고향과의 관계를 밝혔다.

2부 '재조일본인 사회의 형성과 정착'에는 이동훈, 우치다 준, 히로세 레이코의 글을 번역하여 실었다. 이동훈은 재조일본인 사회의 형성과 밀접한 관련이 있는 거류민단에 주목하여 그 성립과 해체의 과정을 실증적으로 그렸다. 우치다 준은 3·1운동 이후 식민지 산업화를 위해 재정확보가 필요해지자 제국의회를 상대로 공식적인 청원·비공식적인 로비 등을 전개하면서, 다른 한편으로는 내선융화를 기치로 조선인 협력자들과 동민회를 조직하여 조선통치를 안정화시키려 했던 재조일본인들의 모습을 역동적으로 그려내고 있다. 히로세 레이코는 1930년대의 애국부인회의 활동(군사원호활동)을 밝혀 재조일본인 여성의 식민지지배에 대한 책임을 추궁했다.

3부는 '재조일본인의 식민주의와 지역주의'라는 제목으로 3편의 논문을 실었다. 이승엽은 3·1운동 이후 새롭게 재편된 정치공간에서 통치권력과 민간, 일본인과 조선인, 지배 블록 내부의 대립과 권력관계를 입체적이고 역동적으로 조망했다. 한편 기유정과 김제정은 재조일본인들의 집단적 아이덴터티로서 '지역으로서의 조선' 의식에 주목했다. 기유정은 1920년대 본국정부의 조선경제정책에 대해서 재조일본인이 조선거주자이자 조선의 식민자 세력으로서 지역적 일체감('조선주의')을 가지고 전개했던 정치활동을 조선 산업 재정 확보 운동의 사례를 중심으로 분석했다. 김제정은 1930년대 전반 식민본국인 일본과의 경제문제를 둘러싼 갈등과 대립 의식을 통해서 조선총독부 경제관료들의 '지역으로서의 조선' 인식을 추출해냈다.

4부는 패전 후 귀환한 재조일본인이 결성한 단체에 관한 2편의 논문을 실었다. 노기영은 귀환자단체로서 동화협회와 중앙일한협회의 귀환원호활동에 주목한 반면, 정병욱은 조선총독부 관료단체로서 이들 단체를 규정하여 한일교섭에서의 활동을 살폈다. 이처럼 본서는 재조일본인 사회의 성립부터 패전 후 귀환에 이르기까지 재조일본인의 역사를 통사적으로 그리고 있다.

  이 책이 나오기까지 많은 분들의 도움과 헌신이 있었다. 학술회의와 책의 출판까지 격려하고 지원해주신 동국대 일본학연구소의 김환기 소장님께 감사드린다. 아울러 학술대회의 기획 단계부터 참가하여 발표자, 토론자를 섭외하고 책에 들어갈 논문들을 선정하고 꼼꼼한 교정까지 맡아주신 성균관대의 장신 선생님과 동국대 일본학연구소의 이승희 선생님 두 분의 헌신적인 노력이 없었더라면 이 책의 출판은 불가능했을 것이다. 수고를 아끼지 않은 두 분께 깊이 감사드린다.

  끝으로 바쁜 일정에도 불구하고 책 출판을 맡아주신 보고사 대표님, 편집부에게도 감사의 마음을 전한다.

2013년 12월
필자를 대표하여
이형식

차례

서문 … 5

【1부】 연구현황과 자료

재조일본인 연구의 현황과 과제 ······················· 이형식
1. 들어가며 ·· 15
2. 정치사 ·· 17
3. 사회·경제사 ··· 27
4. 교육사, 여성사, 언론사 ······································ 32
5. 귀환, 식민지 인식, 재조일본인 2세 ·················· 38
6. 나오며 ·· 42

식민지 일본인의 정신구조 ····························· 윤건차
   – '제국의식'이란 무엇인가 –
1. 서론 ·· 45
2. 재조선 일본인 식민자 ··· 47
3. 만주 이민과 일본인 관리 ···································· 55
4. 식민자의 정신구조 ··· 62
5. 식민지의 일본 지식인 ··· 69
6. 식민자 2세의 의식 ·· 78
7. 결론을 대신하여 – '제국의식'이란 무엇인가 ··· 84

재조일본인 실업가의 전기에서 알 수 있는 것 .... 기무라 겐지

    1. 들어가며 89
    2. 전기의 간행 91
    3. 전기에서 알 수 있는 것 94
    4. 끝내며 99

【2부】 재조일본인 사회의 형성과 정착

재조일본인 사회의 '자치'와 '한국병합' .... 이동훈
    - 경성거류민단의 설립과 해체를 중심으로 -

    1. 머리말 105
    2. 경성거류민단의 설립 109
    3. 통감부 시기 거류민정책의 변화와 일본인사회의 대응 115
    4. '한국병합'과 거류민단의 해체 125
    5. 1914년 경성거류민단의 해체와 '자치'의 축소 136
    6. 맺음말 145

식민지기 조선에서의 동화정책과 재조일본인 .... 우치다 준
    - 동민회를 사례로 하여 -

    1. 시작하며 147
    2. 3·1운동 후의 민족운동대책과 재조일본인 151
    3. 동민회의 조직과 활동 158
    4. 다른 정치·친일단체와의 합동정치운동 176
    5. 마치며 189

식민지 조선의 애국부인회 .... 히로세 레이코
    - 1930년대를 중심으로 -

    1. 머리말 193

2. 전시체제와 애국부인회의 조직개혁 ·················· 196
3. 국방부인회와의 관계조정 ·························· 210
4. 마치며 ··· 217

【3부】 재조일본인의 식민주의와 지역주의

'문화정치' 초기 권력의 동학과 재조일본인 사회 ········ 이승엽
1. 머리말 ··· 221
2. 3·1운동의 선후책을 둘러싼 인식의 편차 ············ 223
3. 재조일본인과 조선총독부의 대립 ··················· 234
4. 재조일본인 정치운동의 새로운 전기 ················ 239
5. 맺음말 ··· 244

식민지 조선의 일본인과 '지역 의식'의 정치효과 ······· 기유정
- 1920년대 조선재정에 대한 일본인 상업자들의 정책개입을 중심으로 -
1. 서론 ·· 247
2. 조선총독부 재정 정책과 기조 변화 ················· 249
3. 조선 산업 재정 확보 운동 ························ 254
4. 운동의 쟁점과 지역 의식의 효과 ··················· 269
5. 결론 ·· 279

1930년대 전반 조선총독부 경제관료의
'지역으로서의 조선' 인식 ························· 김제정
1. 머리말 ·· 281
2. 조선미 이입제한 문제 ··························· 285
3. 국산애용운동과 선산애용 ························ 299
4. 중요산업통제법 조선 시행 문제 ··················· 308
5. 맺음말 ·· 319

【4부】패전과 귀환, 그리고 조선 경험

해방 후 일본인의 귀환과 중앙일한협회 ········· 노기영
1. 머리말 ·· 323
2. 경성일본인세화회의 귀환원호사업 ································· 327
3. 귀환자단체의 설립과 활동 ·· 332
4. 동화협회의 설립과 중앙일한협회로의 개편 ···················· 345
5. 맺음말 ··· 356

조선총독부 관료의 일본 귀환 후 활동과 한일교섭 ········· 정병욱
─1950, 60년대 동화협회·중앙일한협회를 중심으로─

1. 서론 ·· 359
2. 귀환자단체의 설립과 일본 측 교섭대표단 지원 ················ 362
3. 재외재산보상운동과 '역청구권'의 함의 ···························· 368
4. 식민통치경험 인식과 한일교섭의 추이 ···························· 376
5. 결론 ·· 388

참고문헌 ··· 391

1부 연구현황과 자료

❖ 재조일본인 연구의 현황과 과제 _ 이형식

❖ 식민지 일본인의 정신구조 _ 윤건차

❖ 재조일본인 실업가의 전기에서 알 수 있는 것 _ 기무라 겐지

재조일본인 연구의 현황과 과제

이형식*

1. 들어가며

　일제시기 조선통치정책은 식민지의 정치과정-식민지권력과 민족독립운동세력 사이에 일어난 탄압, 동화, 회유, 타협 등의 다양한 정치를 포함-에 의해 규정된1) 동시에, 본국 내 여러 정치세력의 영향을 받으며 수립되었다. 지배세력이 대립, 경합, 타협하는 가운데 만들어진 정책은 일방적으로 관철되는 것이 아니라 실행과정에서 피지배자의 피드백, 즉 반발, 저항, 협력, 교섭(bargaining)2)을 받으며 변용되면서 실행 혹은 좌절되었다. 조선통치정책에 영향을 미쳤던 지배 블록으로는 조선총독부, 조선군, 재조일본인, 의회, 내각, 군부, 원로, 천황 등의 정치세력들을 손꼽을 수 있다.

　하지만 종래의 식민지연구는 주로 식민지 지배권력(일본제국주의) 대 민족독립운동이라는 이항대립적인 분석틀 속에서 이루어졌고, 그중에서도 특히 '지배에 대한 저항'에 초점이 맞춰지면서 '식민지 지배

---

* 李炯植, 고려대학교 아세아문제연구소 HK교수.
1) 竝木眞人, 「植民地期朝鮮人の政治參加について-解放後史との關聯において-」, 『朝鮮史研究會論文集』 제31호, 1993.10.
2) 김동명, 『지배와 저항, 그리고 협력 : 식민지 조선에서의 일본제국주의와 조선인의 정치운동』, 경인문화사, 2006.

권력' 자체에 대한 분석은 소홀했다. 특히 패전 이후 식민지제국 일본이 해체되면서 새롭게 재편된 국제질서 아래, 동아시아의 역사가 일본사, 한국사, 대만사 등 각국사로 분단되면서 동아시아라는 초국가적 공간(transnational space)을 이동한 재외일본인은 오랜 기간 잊혀진 존재로 남아 있었다.

그렇지만 전전(戰前)의 일본은 조선, 대만, 사할린 등을 포함한 식민지제국이었다. 그 가운데 식민지 조선은 프랑스 지배하에 있던 알제리를 제외하고는 세계 최대의 이주식민지였다. 청일전쟁, 러일전쟁 이후 조선에 거주하는 일본인이 비약적으로 증가하여 1920년에는 40만, 패전 시에는 약 80만에 달하는 인구가 거주하고 있었다. 그들은 식민지 조선을 제2의 고향으로 삼고, 조선에서 생계를 유지하면서, 조선에 영구히 정주할 작정으로 이주한 사람들이었다. 그들은 침략의 첨병으로서 한국의 식민지화에 일조했으며, 한국이 식민지로 전락되자 관료, 군인, 상인, 지주 등 식민지의 지배자로서 식민자 특유의 생활의식과 정신구조를 공유하면서 오랫동안 식민지에서 군림했다. 조선에 있던 일본인(이하 재조일본인)들은 조선인들과 격리된 채 자신들만의 생활공간에서 식민자의 특권을 영유하면서 조선총독부와 함께 식민지 통치를 제일선에서 담당했다.

재조일본인에 대해서 1970년대 가지무라(梶村秀樹)[3]가 '침략의 선봉'이라는 문제를 제기한 이후 기무라 겐지(木村健二)를 중심으로 사회, 경제사 연구가 진행되었다.[4] 1990년 이후 일본에서 제국사연구

---

[3] 梶村秀樹, 「植民地と日本人」, 『日本生活文化史 8-生活のなかの國家』, 河出書房新社, 1974; 『梶村秀樹著作集1-朝鮮人と日本人』, 明石書店, 1992.

[4] 木村健二, 『在朝日本人の社會史』, 未來社, 1989.

가 유행하면서 2000년대 이후 한국, 일본, 미국 등에서 재조일본인에 관한 연구들이 많이 쏟아져 나오고 있다. 이 글에서는 1970년 이후 발표된 재조일본인에 대한 연구를 전체적으로 개괄한 뒤에 다시 정치사, 사회사, 경제사, 여성사, 교육사, 재조일본인 2세(아이덴티티) 등 분야별 연구 현황을 소개하면서 앞으로의 연구전망을 모색해보기로 한다. 참고로 재조일본인 문학과 문화에 대해서는 정치사를 전공하는 필자의 능력 범위를 넘어서므로 생략하기로 한다.[5]

2. 정치사

가지무라는 "근대 100년 일본서민의 생활사에서 조선을 비롯한 식민지의 생활사는 연구자가 전혀 피해 왔던 영역"이었다고 재조일본인사의 누락을 지적하면서 재조일본인의 존재형태, 의식과 행동을 선구적으로 분석했다. 가지무라는 재조일본인을 '침략의 첨병'으로 규정하고, 그들의 굴종되고 착종된 심층의식을 전후의 일본인들이 무자각적으로 계승했다는 점을 비판했다. 가지무라의 연구는 재조일본인에 관한 최초의 성과로 이후 연구에 많은 영향을 주게 된다. 하지만 시대적인 분위기에서 자유로울 수 없었다.

가지무라의 '침략의 첨병'이라는 문제의식은 2000년대 다카사키[6] (高崎宗司)에게도 그대로 계승되었다. 다카사키는 식민지지배가 정치

---

[5] 재조일본인 문학에 대해서는 박광현·신승모(편저), 『월경의 기록 재조일본인의 언어, 문화, 기억과 아이덴티티의 분화』, 어문학사, 2013을 참조할 것.
[6] 高崎宗司, 『植民地朝鮮の日本人』, 岩波書店, 2002; 이규수 옮김, 『식민지 조선의 일본인들』, 역사비평사, 2006.

가나 군인만이 아니라 일본서민의 '풀뿌리 침략', '풀뿌리 식민지지배'에 의해서 지탱되었다고 하면서, 1876년 부산개항부터 패전에 의한 귀환까지 재조일본인의 70년 역사를 그렸다. 부산개항부터 재조일본인 사회의 형성, 팽창, 붕괴를 통시대적으로 다룬 재조일본인에 관한 최초의 책이라고 할 수 있겠다. '풀뿌리 침략'은 요시미 요시아키(吉見義明)의 '풀뿌리 파시즘'론에 영향을 받은 것으로 보이는데, 우치다 준(內田じゅん)이 적확하게 지적한 것처럼, 하나의 이미지로만 규정지을 수 없는 '침략자' 식민자의 다양성, 다면성을 놓치고 있다.7) 즉 '침략자'라는 동일성 아래에서 계층적, 지역적, 젠더적, 세대적 차이가 무시되고 있을 뿐 아니라 지배세력의 일부를 이루면서도 식민권력과 끊임없는 마찰을 일으키며, 긴장관계를 유지한 재조일본인의 이중적 성격도 간과하고 있다.

다카사키의 연구 이후 거류지의 형성, 경제활동, 지역사회 등 다양한 분야에서 연구가 진행되는 가운데, 정치사 분야에서는 먼저 거류민단의 성립과 해체, 그리고 병합 전후 식민권력과 재조일본인 사회의 갈등을 밝힌 연구들이 잇따라 발표되었다.8) 이후 박사논문과 단행본이 잇따라 출간되어 정치사 분야에서 가장 많은 연구가 축적되었

---

7) 內田じゅん, 「書評 高崎宗司著『植民地朝鮮の日本人』」, 『韓國朝鮮の文化と社會』 2, 2003.
8) 야마나카 마이, 「서울 거주 일본인 자치기구 연구(1885~1914)」, 가톨릭대학교 석사학위논문, 2001; 박양신, 「통감정치와 재한일본인」, 『역사교육』 제90호, 역사교육연구회, 2004; 방광석, 「한국병합 전후 서울의 '재한일본인' 사회와 식민권력」, 『역사와 담론』 제56호, 호서사학회, 2010; 李東勳, 「在朝日本人社會の「自治」と「韓國倂合」 : 京城居留民團の設立と解體を中心に」, 『朝鮮史研究會論文集』 제49집, 2011; 박양신, 「재한일본인 거류민단의 성립과 해체」, 『아시아문화연구』 제26호, 가천대학교 아시아문화연구소, 2012.

다. 전성현과 우치다는 상업(상공)회의소를 중심으로, 기유정은 정치의식을, 이승엽은 조선공직자대회·변호사대회 등을 중심으로 새로운 영역을 개척하게 된다.

전성현[9]은 1910년대 중반부터 1920년대까지 상업회의소의 조직과 활동을 산업 및 경제정책과 관련지어 분석했다. 재조일본인이 "일제의 직접적인 통치대상인 동시에 지배 권력의 일환"이라는 '이중적 성격'을 가지고 있었다는 것을 지적하면서, 그들은 식민권력의 하수인이라는 수동적 존재가 아니었으며 상업회의소를 통해 조선철도망의 건설완비, 이입세의 철폐 등 식민지 산업, 경제정책에 개입하여 자신들의 이해를 관철시켰다고 설명하고 있다. 이 연구는 식민지배정책 결정과정에서 상업회의소의 정치적 역할과 영향력을 분석했다는 점에서 의의가 있다. 그러나 '식민권력의 복수성'을 주장하면서도 본국의 정치세력을 포함한 식민지지배정책 결정과정에서 상업회의소의 역할을 과대평가했다는 점, 동시기 진행되고 있던 우치다의 연구[10]가 반영되어 있지 않는 점은 아쉬움으로 남는다.

정치학을 전공한 기유정[11]은 본국정부의 조선경제정책에 대해서 재조일본인이 조선거주자이자 조선의 식민자 세력으로서 지역적 일체감('조선주의')을 가지고 1920~30년대 식민지 안팎에서 전개했던 정치활동을 '조선산업개발보급금 청원운동'과 '조선쌀옹호운동(鮮米

---

9) 전성현, 『일제시기 조선 상업회의소 연구』, 선인, 2011.
10) Uchida Jun, "Settler Colonialism : Japanese Merchants under Cultural Rule in the 1920s", Harvard University, Edwin O. Reischauer Institute of Japanese Studies, Occasional papers in Japanese studies no.2002~03.
11) 기유정, 「일본인 식민사회의 정치활동과 '조선주의'에 관한 연구-1936년 이전을 중심으로-」, 서울대학교 대학원 정치학과 박사논문, 2011.

擁護運動)'의 사례로 분석했다. 기유정은 재조일본인 사회의 조선의식이 어떤 이념과 논리로 본국과의 정치 관계에서 쟁점을 만들었고, 결과적으로 식민정책결정에 어떠한 영향을 미쳤는지 고찰했다.

하지만 기유정의 논문은 전성현의 논문과 마찬가지로 전시기에 대한 분석이 빠져 있고, 본국 정부를 상대로 전개했던 정치활동(colonial lobby)의 전개양상과 일본 정치세력들과의 관계가 충분히 분석되지 않았다. 또 재조일본인들이 '조선쌀옹호운동'과 동시기에 부상했던 '조선소작령' 제정문제에 대해서는 맹렬하게 반대했다는 사실을 떠올리면, 재조일본인의 '조선의식'을 강조하다 보니 그들의 제국의식, '식민자의식'에 대해서는 상대적으로 소홀히 다루고 있지 않나 생각한다. 나아가 총력전체제 하 전시통제가 강화되는 상황에서 재조일본인들의 '조선주의'라는 분석틀이 얼마나 유효할지는 좀 더 검토가 필요하다.12)

이승엽13)은 1910년부터 1930년 초반까지의 재조일본인의 동향을 식민지 통치 권력과 조선인사회의 관계 및 그 변화상을 규명했다. 구체적으로는 지역 엘리트, 거류민단, 공직자, 변호사회를 중심으로 한 재조일본인 유력자들의 정치운동을, 거류민단 폐지에 따른 자치권 옹호운동, 3·1운동에 대한 재조일본인의 대응과 동향, 3·1운동 이후 새롭게 재편된 정치공간에서 통치 권력과 민간, 일본인과 조선인, 지배 블록 내부의 대립과 권력관계를 조망했다. 이승엽은 재조일본인이

---

12) 기유정은 전시기 재조일본인 2세의 '조선주의'를 언급하고 있는데, 분석틀이 경제적인 측면에서 아이덴티티로 이동하고 있다.
13) 李昇燁, 「全鮮公職者大會 : 1924~1930」, 『二十世紀研究』 제4호, 2003; 李昇燁, 「三·一運動期における朝鮮在住日本人社會の對應と動向」, 『人文學報』 제92호, 2005; 이승엽, 「'문화정치' 초기 권력의 동학과 재조일본인사회」, 『일본학』 제35호, 동국대학교 일본학연구소, 2012. 위 논문들은 교토대학에 제출한 박사논문(「植民地の「政治空間」と朝鮮在住日本人社會」 京都大學博士論文, 2007)에 수록되어 있다.

전개한 정치운동의 배경과 동기, 내용을 실증적으로 치밀하게 분석함으로써 재조일본인 연구를 한 단계 발전시켰다. 다만 관동대지진과 조선인학살이 재조일본인 사회에 미친 영향을 충분히 분석하지 않은 점이 아쉽다.

우치다14)는 개항부터 패전 후 귀환에 이르는 시기까지 재조일본인의 통사를 정치사적으로 접근했다. 우치다는 상공업자를 중심으로 하는 재조일본인 리더층을 '제국의 브로커'라고 명명하고 이들이 식민권력과 마찰을 빚으며 긴장관계를 유지하는 한편, 자신들의 이익을 추구하기 위해 조선인 상층부와 협력하면서 정치활동을 전개했다고 평가했다. 특히 3·1운동 이후 식민지 산업화를 위해 재정확보가 필요해지자 제국의회를 상대로 공식적인 청원·비공식적인 로비 등을 전개하면서, 다른 한편으로는 내선융화를 기치로 조선인 협력자들과 동민회를 조직하여 조선통치를 안정화시키려 했던 재조일본인들의 모습을 역동적으로 그려내고 있다.

우치다는 '제국의 브로커'라는 용어를 사용하고 있는데, 조선을 고향으로 삼은 여러 세대에 걸친 일본인들이며, 구체적으로는 기업가, 에세이스트, 정치해결사, 교육자, 사회운동가, 종교지도자 등 비정부적인 행위자를 가리킨다. 우치다는 '브로커'라는 분석용어를 다음 세 가지 측면에서 사용했다고 밝히고 있다. 먼저, 일상적인 상업 활동으로부터 대규모 진정운동에 이르기까지 재조일본인들을 추동했던 이윤 지향적 심성(the profit-oriented mentality)을 드러내기 위해, 두

---

14) 內田じゅん, 「植民地期朝鮮における同化政策と在朝日本人-同民會を事例として」, 『朝鮮史硏究會論文集』 제41집, 2003; Uchida, Jun, *Brokers of Empire : Japanese Settler Colonialism in Korea, 1876~1945*, Harvard Univ. Council on East Asian, 2011.

번째로 거류민들의 자치에 끊임없는 제한과 제약을 가하는 식민권력의 대행자(agents)이자 하수인(pawns)인 거류민들의 중간자적 위치를 포착하기 위해 사용했다. 즉, 식민국가(관)와 거류민사회(민)의 경계가 고정되지 않고 모호하기 때문에 제국의 브로커들은 중간적 존재로서 영향력을 가지게 된다는 것이다. 세 번째로 거류민의 권력과 그들의 식민주의 그 자체가 피식민자와의 관계 속에서 어떻게 구성되는 것인가를 보여주기 위해서 이 개념을 사용했다고 한다. 우치다의 연구는 재조일본인 연구의 획기적인 연구로 향후 반드시 참조해도 좋을 문헌의 하나가 될 것이다.

우치다는 이승엽과 마찬가지로 식민권력, 재조일본인, 조선인 상층부 사이의 대립과 협력을 포함한 다양한 방식의 상호작용을 분석함으로써, 권력의 작동, 지배의 매커니즘을 보다 복합적으로 파악하고 있다. 하지만 이승엽과 우치다는 재조일본인과 통치권력, 재조일본인과 조선인과의 관계에 대해서는 의견차를 보이고 있다. 이승엽은 우치다가 재조일본인의 정치활동의 동인을 경제적 요인에서 찾으면서도 통치 권력과 대립·협력하는 이중성 및 조선인 정치 진영과의 긴장관계를 간과한 측면이 있다고 비판하고 있는데,15) 적절한 지적이라고 생각한다. 분석틀인 'brokers'가 대립보다는 협력이라는 뉘앙스가 강하고 분석틀 안에 식민권력과 접근한 조선인 상층부만을 상정하여 식민지정치사에서 조선민중과 민족운동에 대한 관심이 상대적으로 적었기 때문에 빚어진 결과라고 생각한다. 또한 우치다의 실증적인 분석은 1920년대가 중심이기 때문에 다른 시기에 대해서도 실증적으로 검증할 여지가 많다.

---

15) 이승엽, 「'문화정치' 초기 권력의 동학과 재조일본인사회」, p.92.

위의 논의들은 주로 중앙에서의 정치운동에 치우쳐, 각 지역사회의 구체적인 상황 및 동향에 대해서는 그다지 언급하지 않았다. 하지만 최근 들어 '식민지공공성'론, '관료-유지지배체제'론, '농촌 엘리트'론 등이 제기되면서 '식민지 지역정치', '식민지 지역사회'에 대한 관심이 높아져 지역사회의 정치구조, 식민지권력과 지역사회와의 연관구조에 관한 실증 논문이 잇따라 발표되었다.16)

3·1운동 이후 지방제도 개정에 따라 지방자치제가 실시되면서 극히 제한적이긴 하지만 '공론의 장'이 열리게 되었다. 그 중에서 지방제도 개정으로 재조일본인이 많이 거주하는 부(府)에는 부제가 시행되었고 부협의회가 설치되었으며 제한선거지만 선거를 통해 협의원이 선출되면서 지방정치, 도시정치, 지역정치가 활성화되었다. '지역개발', '지역발전'이 표방되면서 일본인과 조선인은 지역민 다수의 이해관계가 걸려있는 현안을 둘러싸고 갈등과 대립했을 뿐만 아니라 협력, 경합, 타협 등 다양한 방법으로 지방정치, 도시정치를 전개했고, 이를 밝히는 연구들이 잇따라 발표되었다.

홍순권17)은 최초의 개항장이자 재조일본인의 비율이 높은 부산에 거주하는 일본인들의 인구변화, 사회계층문제, 부면협의회, 부회, 읍회 선거를 중심으로 지방선거, 부협의회, 부회의 운영, 지역개발사업의 내용과 이를 둘러싼 지방정치세력의 동향을 분석해서 지방사회의 권력구조와 식민통치의 매커니즘을 밝혔다. 식민지 도시사와 재조일

---

16) 식민지권력과 지역사회와의 연관구조에 대한 연구사에 대해서는 松田利彦,「植民地支配と地域社會-朝鮮史硏究における成果と課題」, 松田利彦·陳姃湲編,『地域社會から見る帝國日本と植民地 : 朝鮮·台灣·滿洲』, 思文閣出版, 2013을 참조할 것.

17) 홍순권,『근대도시와 지방권력-한말·일제하 부산의 도시발전과 지방 세력의 형성』, 선인, 2010.

본인의 정치사를 접목시킨 실증성 높은 사례연구라 할 수 있겠다.

이준식[18]은 군산의 일본인 유력자집단의 형성과정, 식민권력, 조선인 유력자집단의 동향을 다뤘다. 일본영사관과 통감부의 비호 아래 군산의 일본인들이 이익독점체제를 확립했고 자신들의 이해관계를 관철하기 위해 진정·청원의 이름으로 다양한 로비활동(군산항축항, 호남철도 유치, 중학교 설립운동 등)을 전개하였다는 점, 군산부로 전환하면서 부회의 일본인 조선인 비율에 변화가 생겨 조선인은 숫자나 비율 두 측면에서 모두 증가하여, 조선인과 일본인 사이의 의견대립이 있었다는 점을 지적했다.

가토 게이키(加藤圭木)[19]는 1930년대 항만도시 나진에 주목했다. 길회선 종단항이 나진항으로 결정되는 과정에서 지역유력자들의 동향이 어떻게 바뀌었는지, 또 그에 따른 나진의 면협의회, 읍회, 부회의 구성원은 어떻게 달라졌는지를 살피는 한편, 지방재정의 재원 부담을 둘러싼 행정당국과 유력자·조선인 유력자와 일본인 유력자간의 대립상을 분석했다.

송규진[20]은 1910년대를 중심으로 교통의 요충인 '식민도시' 대전을 건설하는 과정에서 일본인의 로비활동(호남선 철도 분기점 유치, 보

---

18) 이준식, 「일제강점기 군산에서의 유력자집단의 추이와 활동」, 『동방학지』 제131호, 연세대학교 국학연구원, 2005. 이준식은 유력자 집단을 일정한 정도 이상의 재산 또는 직업을 가지고 있으면서 거류민회, 민회, 거류민단, 부협의회, 부회, 농사조합, 상업회의소, 미곡상조합 등 각종 조직을 통해 지역사회의 권력구조에 참여하는 민간인들을 가리키는 개념으로 사용했다.
19) 加藤圭木, 「一九三〇年代朝鮮における港灣都市羅津の「開發」と地域有力者」, 『朝鮮史研究會論文集』 제49집, 2011.
20) 송규진, 「일제강점 초기 '식민도시' 대전의 형성과정에 관한 연구 : 일본인의 활동을 중심으로」, 『아세아문제연구』 제45호, 고려대학교 아세아문제연구소, 2002.

병 80연대 유치, 교육시설 확충)을 실증적으로 밝혔다.

마지막으로 헨리 토드(Henny Todd)와 염복규는 일본인이 가장 많이 거주하고 있는 경성을 사례로 삼았다.

헨리 토드[21]는 식민지 수도 경성을 중심으로 위생, 박람회, 식민지 신사를 둘러싼 총독부와 조선인, 재조일본인과 조선인, 조선인 지식인과 민중 사이에 전개된 다양한 관계에 주목했다.

염복규[22]는 1920년대 경성 시구개수(市區改修) 이관과 수익세 제정 논란, 1920~30년대 경성부협의회의 '청계천 문제' 논의를 사례로 도시문제를 둘러싼 재조일본인과 조선인 간의 민족적 대립을 분석하고 이를 통해 식민지 지역정치의 추이를 살폈다.

이처럼 중앙차원의 정치사뿐만 아니라 지방자치제 실시로 인해 지방연구가 활성화되면서 지방정치, 지역정치의 구조를 밝힌 연구 성과가 잇따르고 있는데, 이러한 정치사 연구에 대해 필자 나름의 연구방향을 제시하고자 한다.

먼저 식민권력, 재조일본인, 조선인 사이에 전개된 대립과 협력관계는 고정된 것이 아니라 시대와 사안에 따라 그 성격을 달리한다는 점을 감안하면, 조선총독부 - 재조일본인 - 조선인 사이의 상호관계에 대한 보다 면밀한 분석이 요구된다. 최근 들어 식민권력 자체에 대한 분석이 심화되고 있는데,[23] 이러한 연구 성과를 반영하여 조선

---

21) Henny Todd, 'Keijo' : *Japanese and Korean Construction of Seoul and the history of its Lived space, 1910~1937*, University of California Los Angeles Ph. D. dissertation, 2006.
22) 염복규, 「일제하 도시지역정치의 구도와 양상 : 1920년대 京城 市區改修 이관과 수익세 제정 논란의 사례 분석」, 『한국민족운동사연구』 제67호, 한국민족운동사학회, 2011; 염복규, 「식민지시기 도시문제를 둘러싼 갈등과 "민족적 대립의 정치"」, 『역사와 현실』 제88호, 한국역사연구회, 2013.

총독부와 조선사회, 조선총독부와 재조일본인, 조선총독부와 조선인, 재조일본인과 조선인 사이의 복잡하면서도 비대칭적으로 전개되는 '식민지정치'에 대한 규명이 필요하다.

분석 틀을 일본의 여러 정치세력들, 조선총독부, 지방정부(府, 道), 조선인, 재조일본인까지 확장하는 것이 필요하다. 특히 앞에서도 지적했지만, 재조일본인들의 식민지 로비의 창구인 제국의회의 조선 관계의원[24]과 중앙조선협회 및 일본의 제 정치세력에 대한 분석이 필요하다. 재조일본인들이 일본의 '조선통', 제국철도협회, 전국상공회의소연합회 등 제국 네트워크(imperial network)를 통해서 공식적, 비공식적으로 전개한 정치활동(colonial lobby)에 대한 분석은 식민지 정치사를 보다 입체적이고 역동적으로 이해할 수 있을 것이다.

세 번째로, 사료적인 제약으로 정치사 분야 연구가 3·1운동 이후부터 중일전쟁 발발이전까지(사이토 총독시기에서 우가키 총독시기)의 시기에 집중되어 있는데, 3·1운동 이후 재조일본인의 정치활동을 그 전·후시기와 관련해서 통시적으로 고찰한 후에 1920년대가 가지는 위치를 재평가해야 할 것이다.

네 번째로, 재조일본인 커뮤니티의 존재방식은 지방정치, 지역정치에 적지 않는 영향을 미쳤다. 따라서 각 지역별로 전개된 지역정치, 지방정치 속에서 재조일본인의 지역적 편차에 유의하면서 재조일본

---

23) 岡本眞希子, 『植民地官僚の政治史』, 三元社, 2008; 松田利彦·やまだあつし編, 『日本の朝鮮·台灣支配と植民地官僚』, 思文閣出版, 2009; 松田利彦, 『日本の朝鮮植民地支配と警察』, 校倉書房, 2009; 李炯植, 『朝鮮總督府官僚の統治構想』, 吉川弘文館, 2013.

24) 귀족원 '조선통'에 대해서는 졸고, 「Yoshiro Sakatani, a Member of the House of Peer, the Imperial Diet, and Korean Affairs Expert(Chosentsu) and Japanese Rule of Korea」, 『International Journal of Korea History』 18-1, 2013을 참조할 것.

인 커뮤니티의 특성을 포착해야 할 것이다.

마지막으로, 지방정치, 지역정치와 관련해서 재조일본인 유력자가 깊이 관여하고 있는 재향군인회, 소방조, 위생조합, 적십자지부에 주목할 필요가 있다.[25] 재향군인회, 소방조는 3·1운동 시기 독립만세운동을 탄압하거나,[26] 전시기 신사참배를 강요하는 등 식민권력과 함께 식민지통치의 최전선을 담당하고 있었다.[27] 위생조합 또한 일상적으로 조선인과 관계를 맺고 있었다는 점에서 이러한 단체들에 대한 연구는 지방정치, 지역정치를 규명하는데 필수불가결하다고 하겠다.

3. 사회·경제사

가지무라가 '아래로부터의 식민주의'라는 문제를 제기한 이후 기무라는 국제인구이동, 또는 노동력이동의 관점에서 일본제국주의 해명의 일환으로 재조일본인을 연구했다. 기무라는 『재조일본인의 사회사(在朝日本人の社會史)』(1989)나 재조일본인에 대한 다수의 논문을 통해 재조일본인의 존재를 일본인의 해외진출과정 및 일본 국내의 근대화와 관련한 국제인구이동현상으로서 파악하려는 사회학적인 접근을 시도했다. 즉 일본의 근대화 과정에서 해외로 진출한 일본인들 특히 청일,

---

25) 아직 시작단계에 불과하지만, 재향군인회와 소방조에 대해서는 앞의 松田利彦·陳姃湲編, 『地域社會から見る帝國日本と植民地: 朝鮮·台灣·滿洲』에 실려 있는 庵逧由香의 「朝鮮における帝國在鄕軍人會」와 松田利彦의 「植民地期朝鮮における消防組について」를 참조할 것.

26) 李昇燁, 「三·一運動期における朝鮮在住日本人社會の對應と動向」.

27) 駒込武, 「朝鮮における神社參拜問題と日米關係-植民地支配と「內部の敵」」, 『帝國の戰爭經驗』, 岩波書店, 2006.

러일전쟁을 계기로 활발하게 조선에 진출한 재조일본인들의 사회, 경제적 배경, 거류민단, 상업회의소, 재조일본인 저널리즘의 활동을 면밀하게 분석했다.28)

이후 개항장 및 거류지를 중심으로 형성된 식민도시에 초점을 맞추어 재조일본인들을 재조명한 연구들이 잇따랐다.29) 인천30), 군산31), 부산32), 목포33) 등 각 거류지별 재조일본인 사회의 형성과 그 인구변

---

28) 木村健二, 「在外居留民の社會活動」, 『近代日本と植民地5』, 岩波書店, 1993; 木村健二, 「朝鮮居留地のおける日本人の生活樣態」, 『一橋論叢』 115-2, 1996; 木村健二, 「在朝鮮日本人植民者の'サクセス・トーリー'」, 『歷史評論』 제625호, 2002 등 다수.

29) 손정목, 『한국개항기 도시변화과정 연구-開港場・開市場・租界・居留地』, 일지사, 1982; 孫楨睦, 『都市社會經濟史硏究 : 韓國開港期』, 一志社, 1982; 하시야 히로시 지음; 김제정 옮김, 『일본제국주의, 식민지 도시를 건설하다』, 모티브북, 2005.

30) 대표적인 연구로는 노영택, 「개항지 인천의 일본인 발호」, 『기전문화연구』 제5호, 仁川敎育大學畿甸文化硏究所, 1974; 橋谷弘, 「釜山・仁川の形成」, 『近代日本と植民地 3』, 岩波書店, 1993; 김학준, 「개항 시기와 근대화 노력 시기의 인천」, 『한국학연구』 6・7합집, 인하대학교 한국학연구소, 1996; 정광하, 「개항장을 기반으로 한 일본의 대한침략사 소고」, 『통일문제와 국제관계』 제8호, 인천대학교 평화통일연구소, 1997; 양상호, 「인천개항장의 거류지확장에 관한 도시사적 고찰」, 『논문집』 제1호, 1998; 강덕우, 「인천개항과 관련한 몇 가지 문제」, 『인천학연구』 제1호, 인천대학교 인천학연구원, 2002; 박찬승, 「조계제도와 인천의 조계」, 『인천문화연구』 제1호, 2003; 김윤희, 「개항기(1894~1905) 인천항의 금융 네트워크와 韓商의 조건」, 『인천학연구』 제3호, 인천대학교 인천학연구원, 2004; 이규수, 「개항장 인천(1883~1910) -재조일본인과 도시의 식민지화-」, 『인천학연구』 제6호, 인천대학교 인천학연구원, 2007; 문영주, 「20세기 전반기 인천 지역경제와 식민지 근대성 : 인천상업회의소(1916~1929)와 재조일본인(在朝日本人)」, 『인천학연구』 제10호, 인천대학교 인천학연구원, 2009 등을 참조할 것.

31) 김영정 외, 『근대 항구도시 군산의 형성과 변화 : 공간, 경제, 문화』, 한울아카데미, 2006.

32) 坂本悠一・木村建二, 『近代植民都市 釜山』, 櫻井書店, 2007; 홍순권 편, 『부산의 도시형성과 일본인들』, 선인, 2008; 아이 사키코, 「부산항 일본인 거류지의 설치와 형성」, 『도시연구』 제3호, 도시사학회, 2010.

33) 고석규, 『근대도시 목포의 역사 공간 문화』, 서울대학교 출판부, 2004.

동, 거류민단, 상업회의소의 현황 등 각 지역의 재조일본인에 대한 연구가 축적되고 있다. 영어권에서는 피터 듀스(Peter Duus)가 개항기부터 한국병합까지의 재조일본사회를 개괄했다.[34] 또한 재조일본인의 인구변화 양상을 연도별·출신지별·산업별로 추적한 거시적인 연구도 발표되었다.[35] 지방정치와 중복되는 부분이 많으므로 생략하겠다.

한편 경제사 분야에서는 일본제국주의의 조선지배 성격을 해명하기 위해 일찍부터 연구자들이 주목해 왔다.

안병태[36]는 일본의 군국주의적 진출, 자본주의적 진출, 제국주의적 진출이 육해군, 공관, 금융기관과 함께 상업회의소, 거류민의 활동 및 상호관계 속에서 그 특질이 현저하게 드러난다고 문제를 제기하면서 재조일본인의 경제활동에 주목하였다. 이후 조선에 진출한 기업에 대한 연구는 농업[37], 수산업[38], 금융[39], 상업[40] 등 다양한 분

---

34) Peter Duus, *The abacus and the sword : the Japanese penetration of Korea, 1895~1910*, Berkeley : University of California Press, 1995.
35) 기무라 겐지, 「植民地下 朝鮮 在留 日本人의 特鄕-比較史的 視點에서-」, 『지역과 역사』 제15호, 부경역사연구소, 2004; 이규수, 「재조일본인의 추이와 존재형태 : 수량적 검토를 중심으로」, 『歷史敎育』 제125호, 역사교육연구회, 2013.
36) 안병태, 『한국근대경제와 일본 제국주의』, 백산서당, 1982.
37) 浅田喬二, 『日本帝國主義と舊植民地地主制』, 御茶の水書房, 1968; 이규수, 「후지이 간타로(藤井寬太郎)의 한국진출과 농장경영」, 『大東文化研究』 제49호, 성균관대학교 대동문화연구원, 2005; 홍성찬, 「일제하 전북지역 일본인 농장의 농업경영-1930, 40년대 熊在本朝農場 地境支場의 사례를 중심으로」, 『일제하 만경강 유역의 사회사 : 수리조합, 지주제, 지역 정치』, 혜안, 2006; 최원규, 「일제하 일본인 지주의 농장경영과 농외 투자-전북 옥구군 서수면 사례-」, 『일제하 만경강 유역의 사회사 : 수리조합, 지주제, 지역 정치』, 혜안, 2006; 하지연, 『일제하 식민지 지주제 연구 : 일본인 회사지주 조선흥업주식회사 사례를 중심으로』, 혜안, 2010.
38) 藤永壯, 「植民地下日本人漁業資本家の存在形態―李堈家漁場をめぐる朝鮮人漁民との葛藤」, 『朝鮮史研究會論文集』 제24집, 1987; 여박동, 「일제하 통영, 거제지역의 일본인 이주어촌형성과 어업조합」, 『日本學志』 제14호, 일본연구학회, 1994; 김수희,

야에서 이루어졌다.

하지만 재조일본인 개별 자본가와 기업 활동에 대한 실증연구는 거의 이루어지지 않았다. 기무라 겐지 이후 김명수, 배석만, 코노 노부카즈 등이 재조일본인기업가에 관한 구체적인 사례연구를 진행해 왔다.

기무라는 조선의 과학적 경영관리의 선구자로서 경성상공회의소 회장 가다 나오지(賀田直治)를 다뤘고,41) 이후 재조일본인 실업가 12명의 전기를 검토하여 경력, 경영수법, 제 단체, 공공사업을 포함한 공직 관계, 조선인과의 교류, 고향과의 관계를 밝혔다.42)

김명수는 토목청부업자인 아라이 하쓰타로(荒井初太郞)43)와 대만 개발에 종사하다가 조선으로 건너와 큰 부를 축적한 가다 가문(賀田家) 가다 가네사부로(賀田金三郞), 가다 나오지(賀田直治))의 사례를 연구했다.44) 아라이 하쓰타로의 사례연구를 통해서 김명수는 일본인

『근대 일본어민의 한국진출과 어업경영』, 경인문화사, 2010.
39) 홍성찬, 「日帝下 平壤지역 일본인의 銀行설립과 경영 : 三和·平壤·大同銀行의 사례를 중심으로」, 『延世經濟研究』 3-2, 延世大學校經濟研究所, 1996; 홍성찬, 「韓末·日帝初 在京 일본인의 銀行 설립과 경영 : 京城起業·京城銀行의 사례를 중심으로」, 『한국사연구』 제97호, 한국사연구회, 1997; 홍성찬, 「日帝下 在京 일본인의 朝鮮實業銀行 설립과 경영」, 『延世經濟研究』 6-2, 延世大學校經濟研究所, 1999.
40) 木村健二, 「朝鮮進出日本人の營業ネットワーク―邱谷愛介商店を事例として―」, 杉山伸也編, 『近代アジアの流通ネットワーク』, 創文社, 1999; 하야시 히로시게, 『미나카이 백화점 조선을 석권한 오우미상인의 흥망성쇠와 식민지 조선』, 논형, 2007.
41) 木村健二, 『戰時下植民地朝鮮における經濟團體と中小商業者』, 東京國際大學博士學位論文, 2006.
42) 木村健二, 「在朝日本人史硏究の現狀と課題―在朝日本人實業家の傳記から讀み取り得るもの―」, 『일본학』 제35호, 동국대학교 일본학연구소, 2012.
43) 김명수, 「재조일본인(在朝日本人) 토목청부업자 아라이 하츠타로(荒井初太郞)의 한국진출과 기업활동」, 『경영사학』 26-3, 한국경영사학회, 2011.9.
44) 김명수, 「한말 일제하 賀田家의 자본축적과 기업경영」, 『지역과 역사』 제25호, 부경역사연구소, 2009.

토목업자의 한국 진출 배경과 과정, 한국 진출 이후의 토목청부업 활동과 성장 뿐 아니라, 재조일본인 토목청부업자가 일본경영사에서 차지하는 위치와 특징을 해명했다. 또한 가다 가문(賀田家)의 사례를 통해 가다 가문의 자본축적과 기업 활동을 검토함으로써 재조일본인 기업가의 세대교체와 그 특징을 밝혔다.

코노 노부카즈45)는 러일전쟁 이후 조선에 진출하여 패전 후에도 일본에서 '수산재벌'로 살아남은 나카베 이쿠지로(中部幾次郎)의 하야시카네 쇼텐(林兼商店)의 경영과 자본축적과정의 사례를 연구했다. 이를 통해 조선수산업의 변천과정에서 일본인의 역할과 식민지를 기반으로 발전한 일본 수산업의 기원을 밝혔다.

배석만은 부산의 대표적인 재조일본인 유력자 가시이 겐타로(香椎源太郎)와46) 매축업자인 이케다 스케타다(池田佐忠)47)를 검토했다. 특히 가시이 겐타로의 분석 시점을 일본경질도기를 인수한 이후로 설정함으로써 재조일본인 기업가의 성공요인과 귀환 후의 기업 활동을 해명했다. 또 부산항 개발의 주역이었던 이케다 스케타다의 기업 활동 전반을 밝힘과 함께 그가 성장할 수 있었던 주요 요인으로서 정치권, 군부, 관료계의 인맥을 분석해 내었다.

---

45) 코노 노부카즈, 「일제하 중부기차랑(中部幾次郎)의 임겸상점(林兼商店) 경영과 "수산재벌(水產財閥)"로의 성장」, 『동방학지』 제153집, 연세대학교 국학연구원, 2011.
46) 배석만, 「일제시기 부산의 대자본가 香椎源太郎의 자본축적 활동 - 日本硬質陶器의 인수와 경영을 중심으로-」, 『지역과 역사』 제25집, 부경역사연구소, 2009.10. 김동철은 일제시기 전체에 걸친 카시이의 활동을 자본가로서의 활동만이 아닌 '지역의 대변자', '지역 일본인사회의 대변자'로서 카시이의 사회경제활동을 명확히 했다.(김동철, 「부산의 유력자본가 香椎源太郎의 자본축적과정과 사회활동」, 『역사학보』 제186호, 역사학회, 2005).
47) 배석만, 「부산항 매축업자 이케다 스케타다(池田佐忠)의 기업 활동」, 『한국민족문화』 제42호, 부산대학교 한국민족문화연구소, 2012.

이처럼 개별 재조일본인 자본가에 대한 연구가 축적되고 있다. 자본축적과정과 식민권력과의 상관관계, 전시경제통제를 둘러싼 식민권력과의 관계에 대해서는 보다 면밀한 분석이 요구된다. 또한 기무라도 지적하고 있듯이, 앞으로는 재조일본인 기업의 사사(社史)나 재조일본인 기업가의 수기(手記), 활동 등을 종합적으로 검토함과 동시에 '폐쇄기관' 관계문서 등 새로운 사료를 발굴해서 경영의 실태를 밝히는 연구가 시급하다고 하겠다.[48] 나아가 이들은 귀환 후 조선 사업자회, 중앙일한협회 등을 조직하여 해외재산획득운동에 관여했을 뿐만 아니라 한일수교가 성립된 후 '경제협력'을 명목으로 한국에 재진출하기도 하였다는 점을 감안하면 전후 한일관계에서 재조일본인 기업가의 역할도 밝혀야 할 것이다.

4. 교육사, 여성사, 언론사

재조일본인에 관한 관심이 높아지면서 연구대상은 교육사, 여성사, 언론사 분야로도 확대되었다.

교육사 분야에서는 주로 교육제도와 일본인 자녀의 교육문제, 일본인 교사를 중심으로 한 연구가 진행되어 왔다.

먼저 재조일본인 교육을 주제로 한 연구는 2000년대 중반 이후 본격적으로 시작되었다. 이나바 쓰구오(稻葉繼雄)[49]는 개항기부터 식민지 시기 전체에 걸쳐 일본인 교육에 대하여 개략적으로 정리하고

---

[48] 앞의 木村健二, 「在朝日本人史硏究の現狀と課題-在朝日本人實業家の傳記から讀み取り得るもの-」.
[49] 稻葉繼雄, 『舊韓國, 朝鮮の「內地人」敎育』, 九州大學出版會, 2005.

학교별 사례를 연구했다.

교육제도에 대해서는 일본인의 교육을 담당하기 위해 설립된 단체인 학교조합을 주제로 한 연구가 진행되었다. 거류민역소-거류민단-학교조합으로 이어지는 일본인 교육단체의 변화와 그에 따른 일본인 교육의 변화에 대한 사례가 경성과 부산을 중심으로 규명되었다.[50]

일본인 교사 일반에 대해서는 이나바[51]가 출신지와 출신학교를 서일본과 일본의 고등사범학교 4교(東京, 廣島, 東京女子, 奈良女子)를 조사하여 조선 교육과의 관계를 해명했다. 야마시타 다쓰야(山下達也)는 식민지 조선의 교원을 민족만이 아니라 일본 경험, 교원양성과정, 조선에서의 경력, 학력, 자격, 성별 등 여러 관점에서 분석했는데, 조선에서 태어나 일본을 경험하지 않은 일본인 교사의 존재를 발굴해 냈다.[52]

한편 재조일본인 교원 개인에 초점을 맞춘 연구는 극히 드물다. 조선인학교 교장으로 재임 중에 프롤레타리아 교육의 보급을 도모하기 위해 노력하다가 치안유지법 위반으로 조선인 제자들과 구속되었던 조코 요네타로(上甲米太郎)에 대해서는 신도 도요오(新藤東洋男)의 연

---

50) 송지영, 「일제시기 부산부의 학교비와 학교조합의 재정」, 『역사와 경계』 제55호, 부산경남사학회, 2005; 이송희, 「일제하 부산지역 일본인사회의 교육(1) - 일본인 학교 설립을 중심으로-」, 『한일관계사연구』 제23호, 한일관계사학회, 2005; 이송희, 「일제시기 부산지역 일본인의 초등교육」, 『지역과 역사』 제19호, 부경역사연구소, 2006; 강재순, 「1910년대 부산학교조합의 구성과 성격」, 『부산의 도시형성과 일본인』, 선인, 2008; 조미은, 「일제 강점기 일본인 학교조합 설립 규모」, 성균관대학교 사학과 박사학위논문, 2010; 이동훈, 「'경성'의 일본인 사회와 자녀교육 - 통감부 시기와 1910년대를 중심으로-」, 『서울학연구』 제45호, 서울시립대학교 서울학연구소, 2011.
51) 稻葉繼雄, 『舊韓國~朝鮮の日本人敎員』, 九州大學出版會, 2001.
52) 山下達也, 「植民地朝鮮の師範學校における「內地人」生徒-官立大邱師範學校を中心に」, 『歷史學硏究』 819, 2006; 山下達也, 「植民地朝鮮における「內地人」教員の多樣性-招聘教員と朝鮮で養成された教員の特鄕とその關係」, 『日本の教育史學』 50, 2007; 山下達也, 『植民地朝鮮の學校教員-初等教員集團と植民地支配』, 九州大學出版會, 2011.

구 이래 일찍부터 연구자들로부터 주목받아 왔다.[53] 조선에서 태어나 태평양전쟁시기 제자들을 정신대로 보냈던 여교사 이케다 마사에다(池田正枝,[54] 1922년 전북 고창 출생)에 대해서는 녹취자료를 바탕으로 연구가 진행되었다. 1941년부터 1945년까지 경성사범대학에서 교편을 잡은 다카하시(高橋信彦)에 대해서는 하라 도모히로(原智弘)가 조선체험과 인식의 변화를 그렸다.[55] 이외에도 전남 영광에서 태어나 패전까지 약 4년간 조선인을 가르쳤던 여교사 스기야마 토미(杉山とみ)[56]에 대한 구술, 「상갑미태랑일기(上甲米太郎日記)」 등 구술과 회고록, 전기, 개인기록의 발굴이 진행되고 있다. 교사는 경찰과 더불어 재조일본인 가운데 예외적으로 조선인과의 접촉이 가장 많은 직업이다. 그렇기 때문에 고마고메 다케시(駒込武)가 적확하게 지적한 것처럼, 한편으로는 지도자의식을 가지면서 다른 한편으로는 조선인과의 상호작용을 거듭함으로써 마음의 '무장'을 해제하여 자신의 역할에 막연한 의문을 가지기도 한다. 따라서 다른 직업과 대비하여 교사라는 직업의 독자성을 드러낼 필요가 있다.[57] 또한 생존자의 고령

---

53) 대표적인 연구로는 新藤東洋男, 『在朝日本人敎師-反植民地敎育運動の記錄-』, 白石書店, 1981; 園部裕之, 「在朝日本人の參加した共産主義運動」, 『朝鮮史硏究會論文集』 제26집, 1989; 靑木敦子, 「ある日本人の朝鮮體驗-「上甲米太郞日記」史料紹介」, 『東洋文化硏究』 제8호, 2006; 高麗博物館編, 『上甲米太郞 : 植民地・朝鮮の子どもたちと生きた敎師』, 大月書店, 2010이 있다.
54) 안홍선, 「12살 소녀들을 정신대로 보낸 어느 일본인 교사의 '참회의 여정'」, 『교육비평』 제21호, 교육비평사, 2006; 桶浦鄕子, 本間千景, 安洪善他, 「在朝日本人女性敎師の見た植民地支配-池田正枝さんへの聞き取り調査から」, 『敎育史フォーラム』 제2호, 2007.
55) 하라 토모히로, 「재조일본인 교원의 조선체험-어느 사범학교교원의 사례-」, 『한국사연구』 153, 한국사연구회, 2011.
56) 杉山とみ, 『ゆく言葉が美しくて』, 五十嵐寬, 1993; 20세기 민중 생활사 연구단 편, 『스기야마 토미 : 1921년 7월 25일생』, 눈빛, 2011.

화로 인해 조선을 체험한 사람들의 증언을 채록하는 작업은 더욱 더 시급하다고 할 수 있겠다.

한편, 여성사 분야에서는 특정한 유력 재조일본인 여성 활동가에 주목한 연구와 구술, 질문지 조사, 회고록을 분석한 인류학적 연구, 여성단체에 대한 연구로 크게 나눠볼 수 있다.

먼저, 임전혜는 '침략의 첨병'으로서 식민지배와 제국주의 통치에 관여한 재조일본인여성 활동가에 처음으로 주목했다.[58] 임전혜의 문제의식은 이후 연구에 수용되어 심화되었다. 즉 애국부인회 창립자이자 광주에서 실업학교를 창립하고 불교포교활동을 도왔던 오쿠무라 이오코(奧村五百子),[59] 한일부인회를 창립하고 숙명여고보 학감으로 봉직하면서 조선인 여학생을 교육했던 후치자와 노에(淵澤能惠),[60] 녹기연맹 부인 회장이자 재조일본인 여성교육기관인 청화여숙의 숙감으로 내선일체운동에 힘썼던 쓰다 세츠코(津田節子)[61] 등 조선통치에 깊숙이 관여한 지도층 재조일본인여성의 조선 활동과 조선인·조선인식을 분석했다. 최근에는 지도층 뿐 아니라 그다지 알려지지 않

---

57) 駒込武의 山下達也『植民地朝鮮の學校教員-初等教員集團と植民地支配』에 대한 서평(『教育學研究』79, 2012).
58) 任展慧,「朝鮮統治と日本の女たち」, もろさわようこ編,『ドキュメント女の百年5 女と權力』, 平凡社, 1978.
59) 오성숙,「일본 여성과 내셔널리즘 – 오쿠무라 이오코, 애국부인회를 중심으로-」,『日語日文學研究』77-2, 한국일어일문학회, 2011.
60) 村上淑子,『淵澤能惠の生涯:海を越えた明治の女性』, 原書房, 2005; 윤정란,「19세기 말 20세기 초 재조선 일본여서의 정체성과 조선여성교육사업」,『역사와 경계』제73호, 부산경남사학회, 2009; 스가와라 유리,「일제 강점기 후치자와 노에(淵澤能惠): 1850~1936의 조선에서의 활동」,『일본학』제35호, 동국대학교 일본학연구소, 2012.
61) 안태윤,「식민지에 온 제국의 여성-재조선 일본여성 쓰다 세츠코를 통해서 본 식민주의와 젠더」,『한국여성학』24-4, 한국여성학회, 2008.

았던 인물들도 새롭게 발굴되고 있다. 헬렌 리[62]는 총독부 관료의 딸인 아사노 시게코(淺野茂子)가 1942년 1월 1일부터 4월 29일까지 기록한 일기(大和塾日記)를 분석해서 재조일본인여성의 황민화 이데올로기의 내용과 그 내면화·현실화 과정을 생생하게 그렸다.

다음으로 조선인 남성과 결혼하여 조선에 정착한 일본인 여성에 관한 연구를 비롯하여, 구술, 질문지 조사를 통한 재조일본인여성의 생활사, 생애사가 연구되었다.[63] 최근에는 경성여자사범학교와 재조선 고등여학교 졸업생에 대한 앙케이트 분석을 통해 여성(여교사), 여성 식민자들의 식민지배책임에 대한 분석이 이루어지고 있다.[64]

마지막으로 한일부인회, 애국부인회 등 여성단체에 관한 연구이다. 히로세 레이코(廣瀨玲子)는 관제부인단체인 애국부인회의 설립과 대한제국시기의 활동(한일융화, 식민지화 원조), 1930년대의 활동(군사원호활동)을 밝혀 여성의 식민지지배에 대한 책임을 추궁했다.[65]

---

[62] 헬렌 리, 「제국의 딸로서 죽는다는 것」, 『아세아문제연구』 51-2, 고려대학교 아세아문제연구소, 2008.

[63] 인류학적 연구로는 가세타니 도모오, 「재한일본인처의 형성과 생활적응에 관한 연구 -생활사연구를 중심으로-」, 고려대학교 사회학과 석사학위논문, 1994; 다바타 가야, 「식민지 조선에서 살았던 일본 여성들의 삶과 식민주의 경험에 관한 연구」, 이화여자대학교 여성학과 석사학위논문, 1996; 니이야 도시유키, 「한국으로 '시집온' 일본인 부인-생애사 연구를 중심으로-」, 서울대학교 인류학과 석사논문, 2006; 권숙인, 「식민지배기 조선 내 일본인학교-회고록을 통해본 소·중학교 경험을 중심으로」, 『사회와 역사』 제77호, 한국사회사학회, 2006.

[64] 咲本和子, 「「皇民化」政策期の在朝日本人―京城女子師範學校を中心に―」, 津田塾大學, 『國際關係學研究』 제25호, 1998; 咲本和子, 「植民地のなかの女性教育―」, 「皇民化」政策期朝鮮における京城女子師範學校―」, 巨大情報システムを考える會, 『〈地〉の植民地支配』, 社會評論社, 1998; 廣瀨玲子, 「帝國の少女の植民地體驗―京城第一高等女學校を中心に―」, 科學研究費成果報告書, 2012.

[65] 히로세 레이코, 「대한제국기 일본 애국부인회의 탄생」, 『여성과 역사』 제13호, 한국여성사학회, 2010; 廣瀨玲子, 「植民地朝鮮における愛國婦人會―1930年代を中心に」,

2000년대 이후 재조일본인에 대한 관심이 고조되면서 그동안 거의 활용되지 않았던 재조일본인이 발간하는 잡지, 신문과 그 발행자에 대한 연구도 활기를 띠게 되었다.

경성에서 34년간 발행된 종합잡지『조선급만주(朝鮮及滿洲)』에 대해서 최혜주[66]는 일련의 연구를 발표하고 있는데, 잡지의 성격과 함께 일본지식인의 조선인식과 만주인식을 분석했다. 반면,『조선급만주』와 쌍벽을 이루는 종합잡지『조선공론(朝鮮公論)』에 대해서는 상대적으로 연구가 부진하다.[67] 재조일본인이 발행하는 신문에 대해서는 유력 지방신문을 중심으로 연구가 진행 중이다.

장신[68]은 1908년에 인천에서 창간된『조선신문(朝鮮新聞)』(1919년 경성으로 본사 이동)을 중심으로 인천에서 발행되는 신문의 경영과 성격을 밝히고, 이를 통해『조선신문』이 인천의 일본인 기업과 상업가들의 권익을 대변했다는 것을 지적했다.

배병욱[69]은『부산일보(釜山日報)』의 발행자인 아쿠타가와 다다시(芥川正)에 주목하여 그의 언론활동이 '문장보국'이라는 '국가주의'의 실천

『北海道情報大學紀要』제22호, 2011.
66) 최혜주, 「한말 일제하 샤쿠오(釋尾旭邦)의 내한활동과 조선인식」, 『한국민족운동사연구』제45호, 한국민족운동사학회, 2005; 최혜주, 「잡지 ≪朝鮮≫(1908~1911)에 나타난 일본 지식인의 조선 인식」, 『한국근현대사연구』45, 한국근현대사학회, 2008; 최혜주, 「잡지『朝鮮及滿洲』에 나타난 조선통치론과 만주 인식 : 1910년대 기사를 중심으로」, 『한국민족운동사연구』제62호, 한국민족운동사학회, 2010.
67) 「해제」, 한일비교문화연구센터 편, 『조선공론 총목차, 인명색인』, 어문학사, 2007; 김청균, 「일본어잡지『조선공론(朝鮮公論)』(1913~1920)의 에세이와 한국인식」, 『한림일본학』제18호, 한림대학교 일본학연구소, 2011.
68) 장신, 「한말·일제 초 재인천 일본인의 신문 발행과 조선신문」, 『인천학연구』제6호, 인천대학교 인천학연구원, 2007.
69) 배병욱, 「일제시기 부산일보사장(釜山日報社長) 아쿠타가와 타다시(芥川正)의 생애와 언론활동」, 『石堂論叢』제52호, 東亞大學校 附設 石堂傳統文化硏究院, 2012.

이었고, '부산'의 이익을 우선하는 '지역주의'의 산물이었음을 밝혔다.

박용규[70], 미즈노 나오키(水野直樹)[71], 이상철[72], 김태현[73]은 일본인이 경영하는 신문 전체에 대해서 그 발간 실태와 계보, 저널리즘 활동의 특징과 재조일본인 사회의 동향 및 조선·조선인에 대한 인식을 검토했다.

재조일본인의 저널은 조선, 조선인에 대한 인식과 식민자로서의 우월감, 제국의식뿐만 아니라 지역사회의 동향을 파악할 수 있는 귀중한 자료이므로 새로운 자료의 발굴과 더불어 이에 대한 보다 실증적인 연구가 필요하다. 단순한 언설분석만이 아니라 경영에 대한 분석과 함께 식민권력과의 역학관계 속에서 재조일본인 언론의 성격과 특징을 파악해야 할 것이다. 국립중앙도서관에 소장되어 있는『조선신문』(1924~1942년)이 공개되면 이 분야도 더욱 더 활기를 띠게 될 것이다.

5. 귀환, 식민지 인식, 재조일본인 2세

일본의 패전과 더불어 한반도에서 귀환한 사람은 100만 명(민간인 72만 명)에 달했다. 패전에 따른 일본 식민자들의 일본 귀환은 지역에

---

70) 박용규, 「구한국 지방시문에 관한 연구」, 『한국언론정보학보』 제11호, 한국언론정보학회, 1998; 박용규, 「일제하 지방신문의 현실과 역할」, 『한국언론학보』 50-6, 한국언론학회, 2007.
71) 미즈노 나오키, 「식민지기 조선의 일본어 신문」, 『역사문제연구』 제18호, 2007.
72) 李相哲, 『朝鮮における日本人經營新聞の歷史 : 一八八一－一九四五』, 角川學藝出版, 2009.
73) 김태현, 「한국강점 전후『경성신보』와 재한일본인사회의 동향」, 『한국민족운동사연구』 제68호, 한국민족운동사학회, 2011; 金泰賢, 『朝鮮における在留日本人社會と日本人經營新聞』, 神戶大學大學院文化研究科博士論文, 2012.

따라서는 결코 순탄하지만은 않았다. 대만이나 38도 이남 지역과는 달리 만주나 38도 이북 지역에서 귀환한 일본인들은 시베리아 억류, 강제노동, 강간, 살상, 약탈을 당했고 이러한 잔혹한 체험은 그들을 식민지 지배의 '가해자'가 아니라 참혹한 전쟁의 '피해자'로 인식시키는 계기가 되었다. 해외 귀환자에 관한 연구는 중국잔류고아 문제가 사회적 이슈로 대두하고 귀환 장병 2세들의 회고록 출간이 붐을 이루던 1990년대에 시작되었다. 2000년대에 들어서는 사료·연구방법·문제의식 등에서 질적 변화를 보이기 시작했다. 재조일본인의 귀환, 식민지 체험과 기억을 둘러싼 연구, 재조일본인 2세들의 아이덴티티에 관한 연구가 잇따라 발표되었다.

재조일본인의 귀환에 관한 연구는 많은 축적이 있으므로,74) 지면상 본고에서는 최근에 출간된 박사논문이나 저서를 중심으로 살펴보겠다.

이연식75)은 일본인의 귀환을 둘러싼 조선총독부와 미, 소군정의 송환정책, 이에 대한 조선인 사회의 논의를 정리하고, 재조일본인들의 귀환양상을 그들의 체험과 기억 등을 통해 세밀히 그려냈다. 그러나 일본 자료(森田芳夫編, 『朝鮮終戰の記錄』, 巖南堂書店)에 치우친 아쉬움이 있다.

최영호76)는 패전을 맞은 일본인들이 해방공간에서 자신들의 권익

---

74) 대표적인 연구로는 Lori Watt, *When Empire Comes Home - Repatriation and Reintegration in Postwar Japan -*, Harvard University Asia Center, 2009; 加藤聖文 저, 안소영 역, 『대일본제국 붕괴 : 1945년 일본의 패망과 동아시아』, 바오, 2010; 蘭信三 編, 『帝國崩壞とひとの再移動 : 引揚げ, 送還, そして殘留』, 勉誠出版, 2011을 들 수 있다.
75) 이연식, 「해방 후 한반도 거주 일본인 귀환에 관한 연구 : 점령군·조선인·일본인 3자간의 상호작용을 중심으로」, 서울시립대학교 대학원 국사학과 박사논문, 2009.
76) 최영호, 『일본인 세화회 - 식민지 조선 일본인의 전후』, 논형, 2013.

옹호와 귀환자 원호를 목적으로 만든 단체인 세화회(주로 서울, 부산, 도쿄)의 전후활동에 대해서 1945년 8월에서 46년 3월까지의 조직의 초기 활동을 중심으로 다뤘다.

이처럼 재조일본인의 본토 귀환 후 그 동향에 관한 의미 있는 성과들이 발표되었다. 이 시기에는 일본학계에서도 체험과 기억에 관한 연구가 붐을 이루면서 패전 후 일본인의 식민·이주와 귀환체험을 둘러싼 '공적기억'의 형성과정을 다룬 연구가 발표되었다. 식민지에서 여러 계층의 일본인들이 다양한 체험을 하였음에도 불구하고 왜 귀환국면의 '고통스런' 기억만 남게 되었고, 이것이 어떻게 공적기억으로 자리 잡게 되었는지를 분석했다.

구 조선총독부 관료를 비롯한 재조일본인이 일본으로 돌아가 결성한 구우구락부·동화협회·중앙일한협회·우방협회 등의 활동과 이들이 발행한 기록물에 대한 연구는 이들의 조선인식, 재조일본인 귀환자가 현대 한일관계에 미친 영향을 고찰했다.77) 귀환한 경성제대 교수들에 초점을 맞춘 연구는 패전 후 일본에서의 활동과 일본학계로의 편입, '귀환자' 지식인으로서 정체성을 밝혔다.78) 또한 재조일본인 귀환자들의 조선·조선인·한국 인식의 다양한 유형, 경성회·부산회·월맹회·성진회 등 조선을 고향으로 한 귀환자들의 향우회와 동창회 활동, 2세들의 새로운 귀환자 네트워크 등에 관한 연구가 발표되었

---

77) 정병욱, 「조선총독부 관료의 일본 귀환 후 활동과 한일교섭-1950, 60년대 同和協會·中央日韓協會를 중심으로-」, 『역사문제연구』 제14호, 역사문제연구소, 2005; 노기영, 「해방 후 일본인의 귀환(歸還)과 중앙일한협회」, 『한일민족운동연구』 제10호, 한일민족문제학회, 2006; 이형식, 「패전 후 귀환한 조선총독부관료들의 식민지 지배인식과 그 영향」, 『韓國史硏究』 제153호, 한국사연구회, 2011.

78) 정준영, 「경성제국대학 교수들의 귀환과 전후 일본사회」, 『사회와 역사』 제99호, 한국사회사학회, 2013.

다.79) 그 밖에도 한일회담 전후에 결성된 후지카이(不二會, 불이흥업주식회사 관련자들이 결성한 모임)의 사례를 통해 귀환자의 식민지 체험에 대한 인식이 어떻게 전이되고 왜곡되었는지가 검토되었다.80)

마지막으로 재조일본인 2세에 주목하여 그들의 정체성을 분석한 연구들이 발표되었다.

고길희81)는 마산에서 태어난 일본인 조선사학자 하타다 다카시(旗田巍)에 주목하여 재조일본인 1세와 2세 사이에는 조선과 일본을 대하는 생각 혹은 그 인식구조에 차이가 있다는 것을 밝혔다.

니콜(Nicole leah cohen82))은 재조일본인 2세에 대한 인터뷰를 통해서 그들의 이중적인 정체성(doubled identity) 및 식민자 집단의 잡종적 성질(hybrid nature)을 지적했다.

이처럼 조선에 살았던 일본인이라고 하더라도 직업, 세대, 젠더, 지역 등에 따라 각기 다른 식민지 체험을 가지고 있다. 그럼에도 불구하고 식민자의 식민지 기억은 조선총독부관료나 경성제대 교수들이 집필에 가담한 『일본인의 해외활동에 관한 역사적 조사』(조선편)로 대표되는 '공적기억'으로 수렴되고 만다. 이러한 '공적기억'에 수렴되지 않는 다양한 체험들을 복원해 내는 동시에, 전후에도 부식되지 않는 재조일본인의 '제국의식83)'을 축출해내는 작업이 필요하다.

---

79) 김경남, 「재조선 일본인들의 귀환과 전후의 한국 인식」, 『동북아역사논총』 제21호, 동북아역사재단, 2008.
80) 이규수, 「식민지 체험자의 기억 속의 '제국'과 '식민지'- 후지카이(不二會)를 중심으로-」, 『역사와 경계』 제79호, 부산경남사학회, 2011.
81) 고길희, 『하타다 다카시』, 지식산업사, 2005.
82) Nicole Leah Cohen, *Children of Empire : Growing up Japanese in Colonial Korea 1876~1946*, Columbia University Ph. D, Dissertation, 2006.
83) 식민지 일본인의 제국의식에 대해서는, 尹健次, 「植民地日本人の精神構造 -「帝國

6. 나오며

재조일본인 연구는 이처럼 2000년 이후 정치사, 경제사, 사회사, 교육사, 여성사, 언론사 등 각 방면에서 활발히 진행되어 왔다. 그전까지 식민지 연구가 경제사와 민족운동사에 관심이 집중되다 보니 상대적으로 관심이 적었던 이 분야에 대해서는 젊은 연구자들이 많은 관심을 보이고 있다. 새로운 소재가 주는 신선함으로 인해 과도하게 주목된 측면도 부정할 수 없지만, 당분간은 그 열기는 식을 것 같지 않다. 따라서 앞으로의 재조일본인 연구의 전망과 방향에 대해서 본문에서 언급했던 내용과 함께 필자 나름의 감상을 제시하면서 글을 마무리하고자 한다.

먼저, 재조일본인 연구의 한계를 자각해야 한다. 이승엽은 재조일본인이 한 번도 정치의 주역이 되지 못했고, 재조일본인에 대해 과대평가는 삼가 해야 한다고 지적했는데,[84] 필자 역시 이에 전적으로 동감한다. 재조일본인이 식민지 지배블록의 일원으로 일정한 자율성을 가지고 있는 것은 사실이지만, 식민권력의 입장에서 보면 재조일본인은 어디까지나 통치의 대상이자 때로는 조선통치(조선민심)의 안정을 위해서는 통제해야만 하는 '껄끄러운 존재'이기도 했다. 따라서 이러한 복잡하고 중층적인 식민지제국일본의 정치구조와 정치역학을 간과한 채 재조일본인의 자율성을 지나치게 강조하게 되면 일본 내 정치세력, 식민권력, 조선인과의 상호작용을 제대로 파악할 수 없게 된다.

다음으로, 해외연구의 동향과 다양한 학문분과의 연구동향에 주의를 기울여야 한다. 재조일본인 연구는 한국학, 일본학 연구의 세계화와

意識」とは何か」, 『思想』 제778호, 1989를 참조할 것.
84) 이승엽, 『植民地の「政治空間」と朝鮮在住日本人社會』.

학문의 탈경계적 경향으로 인해 지역적·학문적으로 급속히 확산되고 있다. 즉 지역적으로는 한국뿐만 아니라 일본, 미국 등지에서, 학문적으로는 역사학뿐만 아니라 정치학, 사회학, 문학, 문화인류학, 경제학 등에서 동시에 진행되고 있으며 실증적으로 치밀해지고 이론적으로 정교해지고 있다. 재조일본인을 바라보는 시각도 연구하는 지역 및 학문영역에 따라 달라질 수밖에 없다. 재조일본인을 일본사의 영역에서 볼 것인가, 한국사의 영역에서 볼 것인가, 아니면 식민지제국일본의 역사에서 볼 것인가에 따라서, 또 분석하는 방법론에 따라서 재조일본인을 바라보는 시각에는 차이가 생길 수밖에 없다. 해외연구의 동향이나 다양한 학문분과의 연구동향을 소홀히 하는 것도 문제지만, 반대로 연구 동향의 맥락이 무시된 채 무분별하게 경도되는 것도 문제다.

세 번째로 식민지에서 영위한 생활과 귀환과정의 체험이 향후 구 거류지에 대한 역사관·지역관의 형성은 물론이고, 종전 후 양국·양 지역 관계에 중대한 영향을 미친다는 점에서 재조일본사를 전전과 전후와의 관련 속에서 파악하는 작업이 중요하다.

네 번째로 재조일본인 연구도 비교의 시점이 필요하다. 고유한 역사적 맥락을 무시한 단순 비교가 아니라 연구 심화를 위한 상호참조로서의 비교가 검토되어야 한다. 즉 일본제국의 다른 식민지와의 비교(在臺日本人, 在滿日本人 등) 나아가서는 다른 제국과 그 식민지와의 비교(식민자 특권 및 제국통합 등) 속에서 재조일본인사를 상대화하는 작업이 필요하다.[85]

다섯 번째로 새로운 사료의 발굴이 시급하다. 재조일본인 연구가

---

[85] Caroline Elkins·Susan Pedersen, *Settler Colonialism in the Twentieth Century : Projects, Practices, Legacies*, New York : Routledge, 2005.

점차 심화됨에 따라 중앙에서 지방으로, 단체에서 개인으로, '공적 기억'에서 '개인적 체험'으로 관심이 이동하고 있다. 분석 자료도 정책자료를 근간으로 한 공기록 중심에서 점차 개인의 체험, 회고, 증언 등 일상적이고, 개별적이고, 다양한 개인기록으로 옮겨가고 있다. 따라서 이러한 연구경향에 대응하기 위해서는 전기, 회고록, 수기와 같은 문헌사료 이외에도 인터뷰, 구술 등의 문화인류학적인 데이터를 효과적으로 활용할 필요가 있다. 귀환한 일본인들의 수기, 회고록을 다수 소장하고 있는 학습원대학의 우방문고 자료, 재조일본인이 자비로 출판한 도서를 다량 소장하고 있는 일본의 국회도서관, 지방도서관을 보다 적극적으로 활용할 필요가 있다. 또한 생존자의 고령화로 인해 조선을 체험한 사람들의 증언을 채록하는 작업은 더욱 더 시급하다.

마지막으로 재조일본인 사회는 지역에 따라 큰 편차를 보이고 있고 재조일본인의 존재형태의 차이는 전후 조선인식의 차이와도 연결된다. 하지만 많은 연구가 주로 도시를 대상으로 하고 있기 때문에 농촌부에 거주하는 재조일본인에 대한 연구가 필요하다.[86] 재조일본인 사회의 다양성에 주목해야 한다.

---

86) 鄭勝振・松本武祝, 「植民地朝鮮の日本人農村移民村と同化主義 : 全羅北道・大場村里の事例」, 『東アジア近代史』 제16호, 2013.

식민지 일본인의 정신구조

- '제국의식'이란 무엇인가 -

윤건차[*]

1. 서론

'쇼와(昭和)'가 끝나고, '쇼와'가 하루하루 멀어져 간다. 그러나 '쇼와'는 결코 망각되어서는 안 될 시대이다. 일본 민중과 아시아 민중들에게 한없는 고통을 가져온 일본제국주의는 1945년(쇼와 20) 8월 15일 패전으로 붕괴되었지만, 극복되었어야 할 '제국의식'은 여전히 여러 위상으로 일본인의 의식 안에 잠재해 있다. '쇼와'가 종언을 고했다고 해서 '제국의식'이 불식될 리 없으며, 오히려 그것은 사람들의 일상적 '무관심' 속에서 끈질기게 살아 숨 쉬고 있다.

일반적으로 일본의 근대라는 것은 국가권력의 팽창이자 영토의 침략적 확대이며, 민족적 우위의 자부심이었다. 강대한 군사력을 행사하며 대만·조선·중국에 대해 식민지적 침략을 계속해 가던 중에 일본인의 '제국의식' 또한 형성되었고, 그 기저에는 강한 민족적 차별감이 자라나고 고정화되어 갔다. 특히 대만·조선 영유 후, 나아가서는 '만주사변' 이후 15년 전쟁 기간 중에 천 만 명 이상의 일본인이 바다를 건너 아시아 각지에서 생활한 것은 일본인의 '제국의식' 형성에서

---

* 尹健次, 가나가와(神奈川) 대학 외국어학부 국제문화교류학과 교수.

결정적인 의미를 가졌다. 더욱이 일본제국주의에 있어 식민지는 국내 모순의 외부적 '해소책'으로서 중요한 정치적 위치를 점했을 뿐만 아니라, 제국의 성립·전개의 전 과정에서 불가결한 구조적 일환으로서 자리매김하고 있었다. 따라서 식민지에서 살았던 일본인의 생활의식·정신구조는 오늘날에 이르러서도 아직 극복되지 못한 일본인의 '제국의식'의 전형을 이루는 것이라고 생각할 수 있다.

일본 근대사 연구는 일본제국주의 연구를 빼고서는 성립될 수 없고, 일본제국주의 연구는 일본 식민지 연구를 불가결한 구성부분으로 한다. 근년에 일본제국주의 연구 실적이 쌓이며 그 일환으로서 일본 식민지 연구도 더욱 깊어져 가고 있지만, 아직 일본제국주의의 총체적·체계적 파악까지는 이르지 못했다. 그 중에서도 사상사·정신사 분야에서는 70년대 이후 '이민 수기', '전쟁체험기', '잔류 기록', '가해 고백기' 등이 다량 출판되어 일종의 붐을 이루었음에도 불구하고, 그 학문적 연구는 거의 등한시되고 있다고 해도 좋을 것이다.

여기에서는 일본의 식민지 중에서도 가장 중요한 위치를 점한 조선 및 '만주'(중국 동북지구, 이하 기호 생략)에 살았던 일본인을 대상으로 검토함으로써, 일본인의 '제국의식'의 전형에 다가가고자 한다. 물론 식민지에서 살았던 일본인이라고 해도 식민지 관료, 군인, 기업 경영자, 지식인·교원, 회사원, 상인, 소매상, 지주, 농민, 낭인, 주부, 학생·생도, 기타 다양한 형태가 있으며 그들을 하나의 범주로 묶는 것은 곤란하다. 그렇지만 지배민족의 일원으로서 식민지에 살았던 일본인 한 사람 한 사람에게는, 식민자(植民者)들 사이에 공통되는 생활의식·정신구조가 있었다고 생각할 수 있다. 오히려 희미하게나마 그런 전체상을 제시하는 것이, 전전(戰前)과는 다른 형태로 일본인이 전 세계에 진출하고 있는 오늘날의 '국제화' 문제와 연결되지 않을까 생각된다.

2. 재조선 일본인 식민자

일본의 식민지 영유는 주지하는 바와 같이 1895년(메이지 28) 대만에서 시작된다. 그러나 막부 말기의 개항 이후에 이미 해외 이민이 개시되고 있었다. 최초로 외무성에 이민과(移民課)를 만든 에노모토 다케아키(榎本武揚)는 고노에 아쓰마로(近衛篤麿) 등과 더불어 1893년(메이지 26)에 '식민협회'(殖民協會)를 설립했는데, 그 취지서에서는 "이주 식민"의 사업은 목하, "우리나라의 급무"라고 강조하고 있다.

오노 가즈이치로(小野一一郎)의 논고「이민현상에 나타난 제국국의(移民現像にあらわれた帝國主義)」[1]에 따르면, 1900년(메이지 33)의 통계에서 당시의 대만 재주 일본인은 약 3만 8천 명, 조선은 약 1만 5천 명, 중국(만주를 포함)은 약 3천 명, 하와이는 5만 7천 명, 미국 본토는 3만 2천 명이었다. 1935년(쇼와 10)에는 대만·조선·중국 외에 남양군도 등을 포함하는 식민지권의 일본인은 약 175만 명이며, 당시 재외인구 총수는 약 230만 명이었기 때문에 해외에 진출한 일본인 중 3분의 2가 이 권내에 집중되어 있던 셈이 된다. 참고로 당시 북아메리카(하와이를 포함)의 일본인은 29만 명, 남아메리카 22만 명, 동남아시아 3만 명이었다. 이것이 태평양전쟁 직전인 1940년(쇼와 15)에는 대만이 약 32만 명, 조선 69만 명, 만주 106만 6천명, 사할린 38만 명(다만 대만은 1939년 수치임)으로, 식민지권의 일본인 인구가 격증하게 된다.

일본이 영유한 식민지 중에서 가장 중요한 전략적 위치를 점한 것

---

1) 小野一一郎,「移民現像にあらわれた帝國主義」,『歷史公論』통권38호, 1979.1.

은 조선이었다. 일본 자본주의경제의 발전에 따른 농민층의 분해, 상대적 과잉인구의 증가, 그리고 좁은 시장이라고 하는 일련의 모순의 배출구는 우선 조선으로 향했고, 뒤이어 조선을 통해 중국으로 향했다. 그야말로 "이 조선해협을 가장 먼저 일본의 스파이가 건넜다. 이어서 총포를 둘러멘 병사들이 건넜다. 그리고 주판을 쥔 상인들이 건넜다. 그 사이 사이에 극소수의 괭이를 짊어진 농부들이 건넜다."(나가타 시게시(永田稠), 『滿州移民前夜物語』)

〈표 1〉 재조선 일본인 인구

연도	인구
1876	54
1880	835
1885	4,521
1890	7,245
1895	12,303
1900	15,829
1905	42,460
1910	171,543
1915	303,659
1920	347,850
1925	443,402
1930	527,016
1935	619,005
1940	707,742
1944	712,583

출처 : 모리타 요시오(森田芳夫), 『朝鮮終戰の記錄』

재조일본인 식민자에 대해 논한 연구는 오늘날 극히 소수에 불과하다. 가지무라 히데키(梶村秀樹)의 「식민지 조선에서의 일본인(植民地朝鮮での日本人)」[2]과 「식민지와 일본인(植民地と日本人)」[3], 기무라 겐지(木村健二)의 「메이지기 조선 진출 일본인에 대하여(明治期朝鮮進出日本人について)」[4]과 「근대 일조 '관계' 하의 재조일본인(近代日朝『關係』下の在朝日本人)」[5] 등이 그것이다. 이 중에서 가지무라 히데키의 두 논문은 재조일본인 사회의 전체상을 묘사한 훌륭한 논문으로 많은 시사점을 준다. 물론 이 논문들 외에도 단편적으로 조선 재주 일본인에 대해 쓴 글들은 문학작품이나 문학비평을 비롯하여 여기저기서 볼 수 있다. 그 중에서도 무라마쓰 다케시(村松武司)의 『조선식민자(朝鮮植民者)』는 조선에서 살았던 한 일본인의 반평생에 관한 이야기를 듣고 써낸 것으로, 시정(市井)의 식민자라고 하는 관점에서 기록한 중요한 자료이다.

〈표 2〉 재조일본인 직업별 구성

년	1911 (메이지 44)	1922 (다이쇼 11)	1933 (쇼와 8)	1939 (쇼와 14)	1942 (쇼와 17)
농림축산업	20,623	38,573	39,031	33,257	29,216
어업 및 제염업		10,775	10,208	9,540	9,093
광업	26,811	63,999	68,888	18,604	23,265
공업				111,808	141,063
상업	67,625	126,893	151,787	144,647	136,801
교통업				37,705	53,874
공무원 및 자유업	41,269	117,080	230,135	246,967	297,236

---

2) 梶村秀樹,「植民地朝鮮での日本人」,『地方デモクラシーと戰爭』, 文一總合出版, 1978.
3) 梶村秀樹,「植民地と日本人」,『日本生活文化史』제8권, 河出書房新社, 1984.
4) 木村健二,「明治期朝鮮進出日本人について」,『社會經濟史學』제47권·제4호, 1981. 12.
5) 木村健二,「近代日朝『關係』下の在朝日本人」,『朝鮮史研究會論文集』제23집, 1986. 3.

기타	444,475	20,642	21,746	24,932	32,651
무직·무신고	9,886	8,531	21,309	22,644	29,661
계	210,989	386,493	543,104	650,104	752,860

출처: 가지무라 히데키, 「植民地朝鮮での日本人」

　재조일본인 인구는 〈표 1〉에 보이는 바와 같이, 러일전쟁으로 조선이 '보호국'이 된 1905년 이후 본격적으로 증가하여 식민지 통치 말기에는 70여만 명으로, 족히 일본의 작은 부(府)·현(縣)에 상당할 정도까지 급증하였고, 패전과 동시에 '총 귀환'에 의해 한꺼번에 소멸되었다. 〈표 2〉에 보이듯이, 직업별 구성에서는 공무원 및 자유업이 매우 많으며 상업·교통업도 그 구성 비율이 상당히 높다. 무직·무신고 등 직업불명인 부분도 일관되게 많은데, 그에 비해 농림·목축업 등은 항상 낮은 숫자를 나타내고 있다.

　가지무라 히데키의 「식민지 조선에서의 일본인(植民地朝鮮での日本人)」에 따르면, 재조일본인의 출신 지방은 식민지 지배의 전 기간을 통틀어 큰 변동이 없이, 야마구치(山口), 후쿠오카(福岡) 순이며 이하 규슈(九州) 일원과 주고쿠(中國)·시코쿠(四國) 지방의 서부, 그리고 관리나 상인의 출신지로 보이는 대도시들이다. 재조일본인의 지역 분포는 경성부(서울)가 있던 경기도나 부산부가 있던 경상남도만으로도 40~50%를 넘으며, 거기에 약 5%로 보이는 농촌지역의 읍 등 소도시에 사는 관리나 상인을 더하면 결국 재조일본인의 약 5분의 4는 도시생활자였다는 셈이 된다. 대·중도시에서 일본인들은 자신들만으로 일본인 구역(町)을 만들고 거의 조선인과 직접적으로 접촉하지 않는 형태로 일상생활을 지내는 경향이 있었다. 한편 나머지 5분의 1인 농촌생활자의 경우에는 나름대로 조선인과 접촉이 있는 생활을 했다고 생각된다.

　이주와 불가분의 관계인 일본의 식민사상은 1890년 전후(메이지 20년대 초) 시기에 홋카이도 식민으로부터 해외 식민으로 전환하였고, 일반적으로 식민지권으로의 이민은 국가권력과 자본을 배경으로 하는 제국주의적 침략·지배와 함께 이주하기 시작하여 근대적 통치 기구나 근대적 공업·교통업·광업·신용부문에 흡수되었다는 것이 지적되고 있다.6) 그러나 조선의 경우 1905년의 통감부 설치 이전에 들어온 일본인들은 일본사회로부터 배척되어 조선 땅으로, 말하자면 아래로부터 침략해 온 것이며, 그 후 일본국가가 직접 조선 식민지화에 착수한 시기 이후에 건너 온 자들과는 의식이나 행동 면에서 조금 달랐던 듯하다.

　1876년(메이지 9) 강화도조약에 의해 개항된 부산, 원산, 인천 등의 거류지에 건너와서 그곳에 생활의 근거를 잡은 소위 '초기 거류민'은, 적어도 청일전쟁 전까지는 '생계가 막막한 궁민들', '히토하타구미(一旗組 : 별다른 자본 없이 새로운 땅에서 큰 이익을 노리고 사업을 시작한 한탕주의자들을 의미–역자)', '모험 상인' 등의 무리였다.7) 그들은 박약한 자본 또는 적수공권(赤手空拳)으로 조선에 건너와서, 철권(鐵拳)의 힘을 빌려 일확천금의 이익을 노렸다. 그들 중 다수는 메이지 전반기의 급격한 자본주의화, 사회운동으로부터 튕겨 나온 몰락 상인이나 빈농, 그리고 몰락 사족(士族)층이었다. 이런 경향은 청일전쟁이라고 하는 큰 소용돌이 안에서 보다 광범한 계층의 일본인들을 끌어들여서, 조

---

6) 福島新吾, 「明治期における植民主義の形成」, 『思想』 1967年 1月號; 小野一一郎, 「日本の移民問題」, 『國際移住』 1, 1958.
7) 安秉珆, 『朝鮮社會の構造と日本帝國主義』, 龍溪書舍, 1977, pp.185~187.

선으로 가는 도항자(渡航者)들은 격증해 갔다. 즉 "아산(牙山)에서 우리 군이 승리함에 이어 평양과 하이양다오(海洋島)에서 대승리했다는 보도가 있은 후…… 상업의 혼란을 기회로 뜻밖의 횡재를 얻으려고 하는 자들과 군인, 군대, 부속 인부를 상대로 하는 각종 상인들은 계속해서 도래"(인천일본영사관으로부터 외무성에 보낸 전보) 했으며, 일본국내의 신문에 게재된 '도한(渡韓)' 장려 기사가 이를 배가시켰다.[8]

『조선식민자』의 주인공인 우라오 분조(浦尾文藏)가 조선에 건너온 것은 갑오농민전쟁, 청일전쟁의 전 해인 1893년, 21세 때의 일이었다. 이후 그는 '병합'의 시기를 거쳐 1945년까지 약 52년간 조선에서 살았다. 그는 조선에 건너오자 조선말을 배워서 통역으로 청일전쟁에 종군했고, 그 후에는 조선인삼 매매, 궁정이나 우편국의 통역, 목탄가게, 부동산업, 감자 재배, 사채업, 설탕 도매상, 우편국 근무, 목재상, 카페 경영 등 거의 모든 일에 관계했다. 당연히 그는 모험적으로 한탕을 올리려고 했을지도 모른다. 고향에서 일생을 보내는 비참함을 견디기 어려웠던 심정도 있었을 것이다. 분조에게서 이야기를 듣고 기록한 그의 손자 무라마쓰 다케시는, "주위 사람들은 그의 과거를 알지 못한다. 어디서 굴러먹던 '말 뼈다귀'인지 모를, 그런 '말 뼈다귀'이기 때문에 어떤 거리낌도 없이 약삭빠르게 움직일 수 있었다. 그의 저돌(猪突)과 맹진(猛進)은 고향으로부터 떨어져 나왔기 때문에 가능했다"고 말하고 있다.[9] 그야말로 별 볼일 없는 민중의 한사람이며 시정의 생활인이었던 일본인이, 식민자로서 조선에 건너오자마자 순식간에

---

8) 樋口雄一,「日淸戰爭下朝鮮における日本人の活動」,『海峽』8, 社會評論社, 1978.12, pp.37~39.
9) 村松武司,『朝鮮植民者』, 三省堂, 1972, p.2.

자유롭고 뛰어난 장사 수완을 가진 인간으로 변모한 것이었다.

이와 같이 '히토하타구미'가 방약무인(傍若無人)하게 행동하고 파렴치하게 거저먹기 식의 이득을 보며 "당시 조선은 천국과 같았다"고 느끼는 신분이 될 수 있었던 것은, 그들이 식민자로서 피지배 지역에 있었기 때문이었다. 거기에는, 그들이 자각했든 아니든, 독선적인 일본의 국가의식과 '정한론(征韓論)'적 이데올로기로 대표되는 아시아 멸시감이 침투되어 있음을 볼 수 있다. 실제로 '초기 거류민' 중에 '성공한 자'들은 차츰 '국사(國士)'를 자처하며 나중에는 국책에 자진하여 협력하려고 하였고, 한편으로 또다시 자본에 의해 억눌리게 된 자들은 일본국가의 위광을 배경삼아 조선인에 대한 차별감정이라고 하는 형태로 자기의 자존심을 확인하려 하는 경향을 나타내었다. 즉 어느 쪽이든 조선의 저변에 침투한 식민자들은 조선 땅에서 일본제국주의를 이데올로기적, 사회적으로 지탱하는 '제국의식'의 포로들이었다.

러일전쟁 후 일본의 조선식민지화가 본격화되자, 재조일본인 사회의 구조에도 일종의 변동이 나타났다. 즉 1905년 이후 통감부, 이어서 1910년 이후 총독부 체제가 확립되면서, 재조일본인들의 주류는 식민지관료 및 군인, 그리고 기업의 중견엘리트들이 되었고, 식민지권력을 정점으로 하여 조선인 사회 위에 군림하는 식민자 사회가 형성되었다. 이 식민자 사회는 지배 권력의 폭력장치인 군대의 후원으로 성립되고 유지되는, 군 주도/관 우위의 군인·관료들의 천하였다. 경제의 담당자들도 '히토하타구미'나 모험 상인으로부터 권력과 밀착한 독점 재벌로 옮겨 갔고, 특권적 회사원 등의 엘리트 식민자들이 도시의 일본인 구역에서 언뜻 보기에 스마트하고 우아한 생활을 영위했다.

물론 식민자 사회의 저변은 어중이떠중이 상인들이나 노동자·농민의 유입으로 확대되어 갔다. 당시 일본 국내자본을 조선으로 유도하거나 대량의 일본인들을 조선으로 이주·정착시키려는 여론이 일어났는데, 그 전형적인 예가 농민 이식이었다. 우치다 다케사부로(內田竹三郞)가 회주(會主)를 맡고 있던 일한농회(日韓農會)에서는 일본에서 인구과잉·불우·궁경에 직면한 중류 자산가, 특히 농가의 차남·삼남을 대상으로 이주를 장려했는데, 거기에는 일본 국내의 농업문제 타개라고 하는 왜곡된 자본주의 발전의 모순이 내재하고 있었다.[10] 실제로 여러 종류의 '도한안내서(渡韓案內書)'들이 간행되었는데, 『백엔의 소자본·도한성공법(百円の小資本·渡韓成功法)』(朝鮮日日新聞社 편, 1910년)이 그 중 대표적인 것이다.

여기서 일본인 식민자의 행실에 대해 말한다면, 본국의 일본인에 비해 거칠고 폭력적이며 금전에 대해 악착스러웠음은 쉽게 상상할 수 있을 것이다. 그 중에서도 식민지 통치기구에서 근무하는 관료·군인·헌병·순사가 그러했다는 것은 말할 필요도 없다. 조선인 혁명가의 생애를 그린 님 웨일즈의 『아리랑』 중에서, 주인공인 김산(金山)은 도쿄에서 보낸 학생시절을 떠올리며, "나는 일본에 있는 일본인들이 조선에 있는 일본인들과 매우 다르다는 것에 놀랐다. 이는 당연하다고도 할 수 있으며, 제국주의의 지배인이나 종업원으로서 식민지 사람들을 맞이하기 위해 고용된 만큼 모국에 있는 자들과는 태도가 완전히 다르다"[11]고 말하고 있다. 또 조선독립운동 투사이자 뛰어난 민족 사가였던 박은식(朴殷植)도 자신의 저서에서, "관료주의는 어디에 있어도 관료주의지만, 조선의 그것만큼 번거로웠던 곳은 없을 것이

---

10) 木村健二, 앞의 책, 1986.3, p.203.
11) ニム・ウェールズ, 松平いを子譯, 『アリランの歌』, 岩波文庫, 1987, p.92.

다. 일본의 식민지 관료 중 고상한 인격자들은 실로 미미하고, 압도적 대다수는 인격 열등자들이다"라는『차이나 프레스』특파원의 보고를 부록으로 들며12) 그 폭력성을 구체적으로 고발했다. 게다가 식민지 관료들이 하급관리까지를 포함하여 금전에 대해 지독했다는 점은 일본의 제국의회에서 논의될 정도였다. "실제로 내지에서는 2, 30원을 받던 하급 관리의 신분이던 자가 일단 한국의 관리가 되면 100원 이상을 취한다, …… 그리하여 한국의 지방에 있는 일본 관리들은 꽤나 재산을 모아서 관리 노릇을 하면서 고리대를 부업으로 삼는 자들이 있다고 한다."(1910년)13)

3. 만주 이민과 일본인 관리

일본의 식민지 통치에서 만주는 특별히 중요한 의미를 가졌다. '관동군', '만철(滿鐵)', '만주 이민'에 관련되는 출판물은 패전 후 40여 년을 지나 오늘날에 이르기까지도 적지 않다. 특히 모략·학살·생체해부 등에 관한 관동군의 포학·잔인함은 아무리 이야기해도 다 할 수 없을 것이다.

일본의 만주지배는 철도를 중심에 두고 획책되었다. 만철 총재 마쓰오카 요스케(松岡洋右)는 만철을 "우리 충성스럽고 용맹한 10만 영령의 벽혈(碧血) 위에 견고하게 놓인 황유회광(皇猷恢廣 : 황제의 도가 사방으로 확산됨)의 생명선"(『만철을 말하다(滿鐵を語る)』)이라고까지 서술했다. 1931년의 '만주사변', 그리고 다음해의 '만주국' 성립은 이 '생

---

12) 朴殷植, 姜德相 譯注,『朝鮮獨立運動の血史』2, 平凡社, 1972, p.237.
13)『第二十六回帝國議會衆議院議事速記錄第五號』, 1910(明治43)年2月1日, p.79.

명선'을 지키기 위한 것이었다. 남만주철도가 국책회사로서 창립된 것은 1906년(메이지 39)의 일이다. 자본금 2억 엔 중 1억 엔은 일본정부의 현물출자, 나머지 1억 엔은 민간으로부터 모집하였다. 민간 모집은 대단한 붐을 불러왔고, 만철 주식이 널리 국민들 사이에 분산 소유됨으로써 만철은 '국민적 회사'로서 친근한 성격을 가지게 되었다. 일찍이 만철사원의 가슴에서 빛났던 사장(社章) 배지는 '붉은 석양'과 함께 일본인의 기억에 새겨져 있는데, 그것은 식민지 수탈의 상징이기도 했다.

만철 회사가 거둔 거액의 수입은 철도 운송과 항만·호텔 등의 경영, 해마다 10만 가까이 '채탄화공(採炭華工 : 석탄을 캐는 중국인 노동자)'을 폐인으로 만들었던 푸순(撫順) 탄광의 '다코베야(タコ部屋 : 강제적 노무자 합숙소)' 노동시스템 등으로 얻을 수 있었다. 거기서 올린 거액의 식민지 이윤은 만철 일본인 사원의 풍족한 급여를 보장했고, 수뇌진들에게는 아낌없는 기밀비를 제공하여 윤택한 대외활동·조사정보활동비용 지출을 가능하게 했다. 1919년(다이쇼 8) 도쿄제국대학 정치학과를 졸업하고 다음해 만철조사기관에 취직한 이토 다케오(伊藤武雄)의 초봉은 85엔으로, 제국대학을 졸업하고 중앙관청이나 미쓰이(三井), 미쓰비시(三菱)에 취직한 자들에 비해 상당히 좋았다고 한다. 게다가 만주에서는 40~100%의 외지수당이 붙었고, 그 외에 가족수당이 25엔, 아카시아의 도시 다롄(大連)에는 멋진 사택이 마련되었으며 사택 외 거주자에게는 본봉의 30%를 주택료로 지급했고, 근무상황이나 직책에 따라 다르겠지만 원칙적으로 연 4개월분의 보너스까지 있었다. 이는 전형적인 식민지형 급여였는데, 그에 비해 만철 중국인 사원의 평균 일당은 44전으로, 일본인 사원의 최하층 고용인 쿨

래스의 평균 일당 2원 53전의 5분의 1밖에 되지 않았다.14)

만주의 근대사는 남쪽에서 북상하는 중국인 이민과 시베리아로부터 남하하는 러시아 이민, 그리고 한일 '병합' 후 동쪽 한반도 북부에서 옮겨온 조선인 이민, 그리고 '만주국' 성립과 함께 강행된 일본인 농업 이민이라고 하는, 이민경합의 역사로 그릴 수 있다.

오늘날까지 이어지는 비극의 대명사인 만주 이민은, '만주사변'의 다음해인 1932년부터 관동군 주도하에 배출된 집단농업이민이었다. 직접적으로는 쇼와 초기의 경제공황과 농촌피폐의 산물이었는데, 도항비 지급 등 제반 시책 하에 배출된 남미 브라질로의 가족이민과 달리 만주 이민은 보다 중요한 목적, 즉 식민지 지배를 위한 군사적·정치적 목적을 달성한다고 하는 일본의 중국침략의 저변을 담당하는 국책 이민이었다. 즉 일본제국주의의 육지의 '생명선'인 만주 방비와 만주국의 건국사상인 '오족협화(五族協和)' 실천 등의 사명을 등에 지고 적극적으로, 나중에는 반강제적으로 배출되었다. 이는 과잉된 농촌인구를 이민으로 해결하려 한 경제갱생운동이 되었고, 그것이 '오족협화'를 통해 개척한다고 하는 이데올로기로 미화되었을 때 농본주의자는 물론 소작운동 지도자들이나 좌익전향자까지 끌어들이는 운동이 되어서, 만몽개척 청소년 의용군으로서 10대의 청소년까지도 동원되기에 이른다.

"만주를 개척하라(ひらけ滿州)"라는 말과 함께 "멀리 바라보이는 광대한 농지가 당신의 것이 된다―"는 달콤한 말에 이끌려 가보면, 과연 선전은 거짓이 아니었다. 나가노 현(長野縣)의 시모이나군(下伊那郡)

---

14) 伊藤武雄, 『滿鐵に生きて』, 勁草書房, 1964, 〈解說〉 p.292; 山田豪一, 『滿鐵調査部』, 日經新書, 1977, pp.81~82.

야스오카무라(泰阜村)로부터 '분촌이민(分村移民)' 이주지였던 산코성 (三江省 : 만주국의 한 성으로 지금의 헤이룽장성(黑龍江省) 동북부에 위치함 —역자) 가센현(樺川縣) 오야츠나미(大八浪)에는 고향의 산중에서는 상상도 할 수 없던 기름진 농지가 기다리고 있었다. 비료를 주지 않아도 잘 자라는 감자, 풍성하게 여무는 벼이삭의 물결, …… "저 야스오카의 산중에 있었다면 평생 별 볼일 없었을 것이다. 오기를 잘했다." 희망에 가득 찬 이야기들이 꽃을 피웠고, 금의환향할 수 있으리라는 전망도 생겼다.(『기록 일본인(ドキュメント日本人)』 5, 棄民) 일본정부의 기민(棄民)이나 마찬가지인 시책으로 인해 크게 늘어난 빚에 고뇌하면서도, 처음으로 지주가 된 이민자들은 이렇게 하여 현지인들을 부리면서 자신들의 미래를 장밋빛으로 그려나갔다. 각지에 거류민회가 생기고 일본인 학교가 개교하였으며, 재향군인회가 만들어지고 소방조(消防組)와 국방부인회 분회가 조직되었다. 학교 교사들도 당시 내지에서 45~47엔 하던 급료가 만주에서는 200엔 정도가 되었고, 기차도 만철을 타면 무료였으며 형제나 부모를 위해 100엔을 내지에 보낼 수도 있었다.15) 다만 개척 농가에서는 각 호마다 총을 구비하였고 경비 훈련도 받았다. 실제로 '무장 이민'이라고도 불렸던 개척 농민은 『만주개척사(滿州開拓史)』(滿州開拓史刊行會, 1966년)에 따르면 총 수의 약 50%가 북만주 국경 부근의 성·현에 이주하였고 40%가 중앙의 비민(匪民) 분리지구에, 나머지 10%가 교통산업 요충도시 부근에 이주했다고 한다.

만주이민은 산촌의 빈농·소작인 배출, 차남·삼남 대책이라고 하는 색채를 강하게 띠고 있었다. 이런 의미에서 이민자들은 피해자이기도 했다. 그러나 한편으로 중국·조선인과의 관계에서 말하면 이민

---

15) 『近代民衆の記錄』 6, 滿州移民, 新人物往來社, 1978, p.347.

자들은 가해자 이외의 그 무엇도 아니었다. 만주에서 이민자들에게 주어졌던 것은 군부가 소련-만주 국경지대의 중국인·조선인 농민들로부터 싼 값에 강제적으로 사들인 기경지(旣耕地)였다. 특히 거의 조선인 농민에 의해서 경작되어 왔던 무논(水田)에 일본인 이민자들이 강한 집착을 보였기 때문에, 경지를 빼앗긴 조선인 농민의 비율은 중국인 농민의 경우보다 훨씬 높았다. 이 의미에서 만주 이민은 현지 주민들을 '비족(匪族)'으로 몰아넣는 근원이었다.

그러나 결과적으로 장밋빛 꿈은 무참히도 무너졌다. 패전 당시 만주에서 전개되고 있던 일본인 개척민(청소년 의용군을 포함) 27만 명은 필설로 다 할 수 없는 간난신고(艱難辛苦)를 겪지 않을 수 없었고, 그런 끝에 약 8만 명이 황야의 흙이 되었다.

1938년(쇼와 13) 통계에 따르면 만주 재주 각 민족의 인구는 일본인이 약 50만 명, 조선인이 약 105만 명, 만주인 약 3,670만 명, 기타 약 6만 5천 명이었다.16) 요시미 요시아키(吉見義明)에 따르면 베이징의 일본인 식민자는 1939년 말에 약 3만 5천인에 달했고, 그 내역은 회사원·은행원·상점 사무원이 가장 많았으며, 이어서 철도원·예기(藝妓)·관공리의 순이었다. 가장 경기가 좋았던 것은 요릿집·카페·음식점·여관·셋방·하숙 등이며, 민간 토건업자들의 진출도 두드러졌다고 한다. 같은 시기 조선인은 약 1만 명이 있었다. 스자좡(石家莊)에는 중일 전면전쟁 개시 전에는 일본인이 없었지만, 1937년 10월 일본군의 침입과 함께 "군용 납품 상인 및 예기, 작부를 필두로" 음식점·요릿집·여관·카페·잡화점 등의 업자들이 격증했다.17)

---

16) 大本營陸軍部研究班, 「海外地邦人ノ言動ヨリ見タル國民教育資料(案)」, 1940年 5月, (高崎隆治編, 『十五年戰爭極秘資料集』 제1집, 龍溪書舍, 1976).

일본제국주의에 의한 만주 지배의 최대 피해자는 만주의 조선인들이었다. 그들은 '신(新) 일본인'으로서 침략의 한쪽 편을 거들도록 강요당했다. 동시에 그들 중 가장 완강한 항일분자인 민족주의자나 공산주의자들은 일본의 관헌으로부터 소위 사자 몸속의 벌레*(아군이면서 배반한다는 의미-역자)*로 간주되어 매우 가혹한 탄압을 받았다. 또 한편으로 중국인들로부터는 일본제국주의의 앞잡이가 아닌가 하는 터무니없는 혐의를 받았고, 그 때문에 반만(反滿) 항일운동의 창끝은 종종 조선인들에게 향했다. 원래 중국인과 조선인 사이는 일본의 만주침략 때까지는 민족적 이해가 대립하는 면은 없었으며, 오히려 공통하는 면이 많았다.[18] 그러나 야마다 쇼지(山田昭次)가 주장하는 바와 같이, 일본제국주의는 조선인을 중국인과 적대하도록 부추겼고, 연대해야 할 중국·조선의 피압박민족들 간에 분열을 가져왔다. 중국인, 조선인에 대한 차별·분단 정책을 일삼았고, 양자에 편견·반목의 씨를 뿌렸다.[19]

그렇다고 해도 중국에서의 일본인 식민자들의 행동은 일본육군 자체가 눈살을 찌푸릴 정도의 상황이었다. 1940년(쇼와 15) 5월, 대본영(大本營) 육군부 연구반이 정리한 『해외지 일본인의 언동에서 본 국민교육 자료(안)(海外地邦人ノ言動ヨリ觀タル國民敎育資料(案))』은 다음과 같이 서술하고 있다.[20]

무엇보다도 일본인 식민자에게 '황군'은 절대적인 존재이며, 자신들의 민족적 우월감의 원천이었다. 일본인 식민자들 중에는 조선·만

---

17) 吉見義明, 『草の根のファシズム』, 東大出版會, 1987, pp.96~97.
18) 小林弘二, 『滿州移民の村』, 筑摩書房, 1977, pp.158~159.
19) 山田昭次, 「解說·滿州移民の世界」, 前揭, 『近代民衆の記錄』 6, p.45.
20) 大本營陸軍部硏究班, 「海外地邦人ノ言動ヨリ見タル國民敎育資料(案)」, 앞의 책.

주 등을 여기저기 경유해 온 자가 많고, "늘 일확천금을 꿈꾸며 황군의 이름을 이용하여 혹은 그 위력을 빙자하여 간교한 수단으로 폭리를 탐하려고 한다.", 그 때문에 온갖 수단을 사용하여 군인들에게 접근하고 돈으로 조종하여 큰 이익을 얻으려고 생각하고 있다. 일본인의 대부분은 중국인에 대해 패전자, 피정복자라는 '편견'을 가지고 중국인들에게 모멸적 행위를 하여 그 반감을 사고 있다. 일반적으로 일본인은 중국인의 결점만을 알고 그 장점을 알려고 하지 않으며, 중국인에게도 '상류의 요인'이나 '중류인', '인텔리', '쿨리(苦力 : 중국인 하층노동자)' 등 여러 부류가 있음에도 불구하고, 모든 사람들을 마치 쿨리를 대하는 듯한 태도로 접하고 있다. 즉 잘못된 민족적 우월감을 구가하여 "지나 민중을 노예시"하고, 폭행·만취 등의 추태를 저지르고 있다. 이런 행동들은 모두 전쟁 하에서는 어떤 행위도 허용된다고 하는 '오류'에 의한 것으로, "영구적 개척의 정신"을 결여한 소위 "불이 난 소란을 틈타 도둑질하는 식의 근성" 때문이다.

여기에서 일본인의 횡포에 고심하던 대본영 육군부 연구반은, 일본인이 '성전의 목적'을 바로 이해하지 못한 것과 도항한 일본인이 "원래 소질이 저열한 하급자"라는 점에서 문제의 원인을 구하고 있다. 그러나 실제로는 "재만일본인의 상당수는 소위 식민지적 기분에 침윤"되어 있었으며, 특히 만주지배의 중핵인 식민지 관료나 국책회사 상급직원들은 '만주국 건국', '오족협화'의 '정신'을 잃고 민족적 우월감에 젖어 '주색의 향락'을 즐기고 있었다. 만주를 중심으로 하는 중국의 식민지 일본인의 횡포성은, 바로 일본제국주의의 식민지 지배와 그것을 지탱하는 '제국의식' 그 자체에 원인이 있었다고 하지 않을 수 없다.

4. 식민자의 정신구조

　일본인 식민자 사회는 조선·만주 모두 극단적인 관존민비의 사회였고 군인과 관료들의 천하였으며, 이를 둘러싸고 독점기업의 사원을 비롯하여 상인이나 여러 비생산적 노동자의 큰 무리가 존재하고 있었다고 할 수 있다. 식민지 어디에도 일본인 거지는 없었다. 식민지 1세가 2세가 되고 3세가 되었던 조선에서도, 일본인 식민자들은 점차 권력이나 광영을 잃어가기는 했지만 마부나 짐꾼 등 육체노동자는 없었으며, 따라서 피억압 '계급'은 의식 안에 들어오지 않았다. 식민자 1세에게 있어 식민지란, 거기에서 얻은 부(富)를 고향으로 가지고 돌아가기 위해 준비된 땅을 의미하는 것이었다. 해외에 나간 일본이민자들은 어디에서나, 말하자면 일본 본국의 연장선상에 있는 타향살이들이었다. 그 때문에 이민자들이 얼마만큼의 돈을 가지고 금의환향했을 때 고향 사람들에게 그 돈에 대해 경의를 받는 일은 있었을 지라도, 타향 생활 그 자체에 대해서는 마음속으로 멸시받을 수밖에 없었다.

　조선·만주의 일본인 식민자들은 도시생활자와 농촌생활자의 두 부류로 크게 나눌 수 있다. 관료나 회사원, 상인 등 도시생활자들은 실질적으로는 일본의 지방도시에서 지내는 것과 큰 차이가 없는 일견 스마트한 하이칼라였으나, 대부분은 토지나 사람들에 조화되지 못하고 단순한 지식조차 가지고 있지 않은 경향이 강했다. 농촌생활자들의 경우, 조선에서는 교원이나 순사, 영세상인, 우체국·금융조합 직원 등과 그 가족이 주위의 조선인과 약간의 접촉을 가지면서 생활했고, 만주에서는 집단이주한 개척농민과 그 가족이 사역인(使役人)인 중국인·조선인과 일정한 관계를 가졌다. 그러나 그러한 이름 없는 식민자 일본인에게도 피식민자인 조선인·중국인에 대한 것은 거의 아무것도 보이지 않았다.

식민자의 생활은 대개 풍요로웠고 문명의 혜택을 입고 있었다. 그와 반대로 식민자에게 있어 식민지라는 것은 언제나 빈곤한 토지였으며 피식민자는 늘 불결한 존재였다. 이것이 사실인지 아닌지 보다도, 비참함과 빈곤함, 세계의 조류에서 뒤쳐진 것이 모두 식민자들이 그 땅에 상륙했을 때 이미 거기에 있었다고 생각했으며, 식민자들은 지배를 계속해가는 동안에 빈곤이나 비참함을 발견해도 그것이 식민지 지배에 의한 것이라고 의심하는 일 없이 지낼 수 있었던 것이다(무라마쓰 다케시,『조선식민자』). 군인은 총검으로 임신부의 배를 찌르고 포로의 머리를 뎅강 베어버리는 것에 어떤 아픔도 느끼지 않았다. 조선의 산속에서 살며 할 만한 가사일도 없이 쥐꼬리만한 월급이라며 한탄하면서도, 식민자의 주부들은 조선인 하녀를 싸게 고용하고는 쾌감과 허영을 즐기고 있었다(고바야시 마사루(小林勝),『쪽발이(チョッパリ)』). 여기에는 지배·피지배의 관계가 관철되었고, 피식민지인은 철저하게 피동적인 피치자(被治者)로서밖에 파악되지 않았다.

앞에서 들었던 대본영 육군부 연구반의『해외지 일본인의 언동에서 본 국민 교육 자료(안)』과 같이, 조선에서도 조선인에 대한 식민지 일본인들의 지나친 모멸·방만한 태도를 경계하기 위해, 조선헌병대사령부가『조선 동포에 대한 내지인 반성 자료 목록(朝鮮同胞に對する內地人反省資錄)』이라는 제목으로 시정을 요하는 행위의 사례집을 한정 출판한 일이 있다(1933년). 그 서문에서는 "조선통치의 정밀(靜謐)을 파괴하고 조선의 인신(人身)을 어지럽히는 것은 소위 공산주의사상도 사회주의기구도 독립사상도 아니라, 사려 없고 무분별한 내지인

의 경솔한 언동이다"라며, '내지인'에게 맹성(猛省)을 촉구하고 있다.

같은 일본인과 조선인이라도 떠돌이들의 섬인 '가라후토(華太 : 사할린)'에서는 일상생활에서 서로 돕는 '이웃 관계'가 있었다고 한다. 강제연행이나 징용으로 온 조선인들은, 본토에서 신개척지인 홋카이도(北海道)를 거쳐 유랑의 길을 거듭해 온 일본인들과 밑바닥 사회를 형성했고, 이질적인 자들끼리 애정에 찬 인간적인 관계를 가질 수 있었다고 한다.21) 그러나 풍속·관습·문화의 차이에 지배·피지배 관계가 겹치면 차별의식의 씨앗이 되어서, 지배자는 차별의 허구를 간파하지 못한 채 피지배자를 인간으로서 느끼지 못하게 된다. 어떤 사회학자에 따르면 메이지 이후 하와이, 남·북아메리카, 조선, 대만, 중국본토 등 각 방면으로 많은 이민, 해외노동자를 배출한 세토나이카이(瀨戶內海)에 있는 작은 섬의 어촌을 조사한 바, "어느 나라 사람이 가장 친분을 쌓기 좋았는가"라는 설문 항목에 대해, 조선에서 돌아온 사람들은 결코 조선인이라고는 쓰지 않았다고 한다. 조선인과 사귀어 본 기억이 없기 때문이라고 하는 것이 그 이유이다. 적어도 대등한 입장이어야만 비로소 '사귀기'의 좋고 나쁨이 문제가 되는데, 조선에 나가 있던 일본 이민자들은 다른 문화·사회를 가진 민족과의 접촉이라는 과제를 주체적으로 생각하려는 입장에 놓여본 적이 없었기 때문이다.22) 실로 피지배자·피식민자가 보이지 않는다는 것이, '민중'의 한 사람인 일본인 식민자를 '파시스트'로 만들고 '지배자'로 만들었다.

일본인 식민자에게 가장 마음을 의지할 수 있는 곳은 일본 국가 그 자체였다. 그 중에는 폐쇄적인 '고국 일본'에 등을 돌리고 '새로운 국

---

21) 〈對談〉, 「『天皇の世紀』と『私』」, 『世界』, 1988年 12月號, p.17(李恢成의 발언).
22) 大野盛雄 編著, 『ラテン的日本人―ブラジル二世の發言』, NHKブックス, 1969, pp.20~21.

가'인 '만주국'으로 꿈을 이어간 자나, 조선에서 태어난 일본인 식민자 2세·3세들이 희박해진 '조국 일본' 의식밖에 가지고 있지 않았던 경우도 있지만, 압도적 다수의 일본인 식민자들은 일본국가에 자기의 의지할 바를 구했다고 해도 좋을 것이다.

근대 일본의 민중 중에 가장 이른 시기에 민족의식·국가의식을 자각적으로 발동시킨 것은 메이지유신 전후부터 산업자본가로 전환하려 하던 상인과, 그 무렵부터 해외로 팔려 나갔던 빈농의 딸들이 아니었을까 생각된다. 그 중 '가라유키상'이라고 불렸던 해외 매춘부는 막부 말기에서 메이지기를 거쳐 제1차 대전이 끝나는 다이쇼 중기까지의 동안에 조국을 뒤로 하고 북으로는 시베리아나 중국대륙, 남으로는 동남아시아의 여러 나라들을 비롯하여 인도·아프리카 방면으로까지 나가 몸을 팔았다. 그곳에서의 손님은 주로 중국인이나 여러 종족의 원주민들로, 아마도 크나큰 굴욕감을 맛보았을 것임에 틀림없다. 그녀들은 일본국가의 외화획득책의 협력자였으며, 따라서 '가라유키상'이라는 존재 자체는 근대일본국가가 취한 아시아 침략정책의 가엾은 희생자였다고 생각할 수 있다.23) 모리사키 가즈에(森崎和江)는 이런 '가라유키상'의 마음을 지탱한 것은 '히노마루(日の丸)'였다고 말한다. "히노마루는 위대한 사람이 외교에서 사용하는 깃발 정도로 생각한다면 큰 잘못이야. …… 외국 사람들은 나를 히노마루로 보았어", "히노마루 덕분에 상하이에서도 싱가포르에서도 봄베이에서도 나는 지독한 꼴은 당하지 않았어." 외국의 매춘숙(賣春宿)을 전전하며 다종다양한 민족의 남성들의 노리개가 되었던 일본 여성들이 마음속 깊이 자기 자신을

---

23) 山崎朋子, 『サンダカン八番娼館―底邊女性史序章―』, 筑摩書房, 1972, pp.7~12, pp.270~271.

구원했던 것이 바로 그것이었다.24) 다만 이 경우 '히노마루' 안에는 당초에 '천황님'은 포함되어 있지 않았고, 러일전쟁 이후가 되어야 겨우 '히노마루'와 '천황님'이 연결되었다고 생각된다.25)

그런데 일본제국주의가 일본인 식민자들에게 부과한 중요한 정치적 임무는 '일본적 질서'를 굳건히 세우는 것이었다. 일본서기(日本書紀)의 '兼六合以開都, 掩八紘而爲宇(천지와 사방을 아울러 도읍을 열고, 천하를 가려 지붕으로 삼는다)'에서 '조어(造語)'된 '팔굉일우(八紘一宇)'라는 말은, 공식적으로는 1940년(쇼와 15) 8월 제1차 고노에(近衛) 내각이 「기본국책요강」에서 '대동아신질서' 건설에 대해 이용한 것이다. 그러나 그 이념의 계열은 이미 메이지 정부 성립 당초부터 사용되고 있었고, 일본인이 세계를 지도할 민족이라고 하며 천황을 정점으로 하는 일본적인 세계통일(정복)을 노리는 것이었다. 조선에서의 '내선일체'나 '황민화', 만주에서의 '오족협화'는 그 표현 형태는 다르지만 모두 일본인 식민자를 중핵으로 하는 '일본적 질서'의 확립을 목적으로 하는 것이었다. 이것은 일견 '동화'를 표방하면서도 내실은 '차별'을 본질로 하는 것이었다. 천황·황족·화족·사족·평민이라는 천황제 민족 질서의 하위에 오키나와인·아이누·신평민(피차별민)을 끌어들이고, 또한 그 아래에 조선인이나 중국인을 위치시켜 갔다. 천황제파시즘 체제의 확립 이후 일본민중의 서열의식은 매우 엄격해졌고, '이등병·군마·군용견·군용 비둘기·군속'이라고 하듯이 군속은 군인인 이등병 다음이 아니라 군용 비둘기에도 미치지 못하는 존재가 되었다. 군속조차도 될 수 없었던 조선인·중국인이 전쟁에서 소모품

---

24) 森崎和江, 「からゆきさん」, 『ドキュメント日本人』 5, 棄民, 學藝書林, 1969.
25) 〈對談〉, 「もうひとつの移民論」, 前揭, 『歷史公論』 通卷38號, p.44(森崎和江의 발언).

으로 취급된 까닭이 바로 이것이다.

　일본인 식민자들은 한편으로는 '내지 사람'에 대해 '안전한 곳에서 느긋하게 있는 자들'이라고 하며 적의를 가졌고, 자신들이 일본국가의 피라미드 구조 안에서 피해자라고 의식하고 있었다. 그러나 다른 한편으로는, 의식·무의식중에 스스로 '내지 사람'을 모방하여 사는 것에 집착하며 '일본적인 생활'에 구애되었다. 경성(서울)의 거리(町) 중에는 '메이지마치(明治町)', '하세가와초(長谷川町)', '다케조에마치(竹添町)', '오시마초(大島町)' 등 일본식 명칭의 거리가 범람하였고, 일본식 복장으로 거리를 활보하는 광경이 일상적이었다. 그런데 조선이나 만주의 식민자들 뿐만 아니라 하와이, 미국 본토, 브라질 등 이민 일본인 사회에서는 어디든 내지와 마찬가지로 아이누[26]나 특히 오키나와 출신자[27]에 대한 멸시가 엄연히 존재하고 있었다. 이것은 영국 내부에서는 '중심'부 잉글랜드에 대해 '가장자리'에 위치했던 스코틀랜드와 웨일즈 민중들이, 영국의 제국주의적 발전 경과에서는 제국지배의 '중심'이자 '제국의식'의 중요한 담당자가 되었다는 점을 상기시킨다.[28]

　그러나 일본인 식민자의 정신구조를 지탱한 '제국의식'은, 당연한 말이지만 그 깊은 부분에서는 피식민자와의 관계에 의해 규정되고 있었다. 식민지 권력이 항상 일본인 식민자들에게 '일등국민이 되어라'고 분기(奮起)를 촉구했던 것은 결코 우연한 일이 아니다. 민족차별·

---

26) 예를 들어 '오족협화'를 내건 만주에서의 아이누 멸시에 대해서는 『朝日新聞』, 1988. 12.2.夕刊, 東京版 참조.
27) 오키나와 출신자에 대한 멸시에 대해서는 日本人海外發展史叢書, 『明治海外ニッポン人』, PMC出版, 1984, pp.401~402; 鳥越皓之, 『沖繩ハワイ移民一世の記錄』, 中公新書, 1988, pp.56~65 참조.
28) 木畑洋一, 『支配の代償』, 東大出版會, 1987, p.224.

민족멸시는 식민자와 피식민자를 연결하고 있던 기본적인 관계를 요약하며 상징한다.

프랑스 식민지 지배하에 있던 튀니지 출신의 알베르 멤미는 그의 저서인 『식민지-그 심리적 풍토-』 중에서, 식민자와 피식민자의 관계를 다음과 같이 그려내고 있다.

"그(식민자)는 저들(피식민자)을 멀리하려고 마음먹을 수조차 없다. 그는 저들과 끊임없이 관계하며 살아야 한다. 왜냐하면 그에게 그와 같은 생활을 하게 해주는 것도 그가 식민지에서 찾으려고 결의한 것도 다름 아닌 그러한 관계였으며, 많은 수입과 특권을 만들어 내고 있는 것도 그 관계였기 때문이다. 그는 다른 한쪽 접시에 피식민자가 올라타 있는 저울의 한쪽 접시 위에 있다. 그의 생활수준이 올라가는 것은 피식민자의 그것이 내려가기 때문이며, 그가 노동력을 공급받고 거의 아무것도 요구할 줄 모르는 많은 하인들을 부리는 혜택을 입을 수 있는 것은 피식민자가 마음대로 착취할 수 있는 대상이고 식민지의 법으로 보호받지 못하기 때문이며, 그가 저렇게나 손쉽게 행정상 지위에 나아갈 수 있었던 것은 그런 지위가 그를 위해 놓여 있었으며 피식민자들에게는 제외되어 있었기 때문이다. 그가 편하게 숨을 쉬면 쉴수록 피식민자들은 숨이 막혀 갈 뿐이었다. …… 식민자는 모두 특권자이다. 왜냐하면 식민자는 피식민자에 비해서, 또한 그 희생 면에서 특권자이기 때문에."29)

식민지 지배자는 그 인식체계에서 식민지 지배를 정당화·합리화하기 위해, 일본·일본인의 우월성을 강변하고, 모든 피지배자를 열등하고 무가치하게 보았다. 바꾸어 말하면 식민자는 피식민자의 가치

---

29) Albert Memmi, 渡邊淳譯, 『植民地ーそ の心理的風土ー』, 三一書房, 1959, p.15, p.19.

를 인정하지 않고 부정했으며, '개(個)'로서가 아니라 '집단'으로서 '물체화'했다.

5. 식민지의 일본 지식인

일본인 식민자에 대해 이야기할 때 지식인은 매우 중요한 지위를 점한다. 지식인이 결집한 장소로서는 응당 교육·연구기관을 들 수 있는데, 그 중 대표적인 것으로 조선에서는 경성제국대학, 만주·중국에서는 동아동문서원(東亞同文書院), 건국대학(建國大學), 그리고 만철조사부가 있다.

'환상의 명문학교'라고도 불린 상하이의 동아동문서원은 일청무역연구소(日清貿易研究所)를 전신으로 하며, '대동아공영권', '오족협화'의 정신 하에 '중일 집협(輯協)', '중국 보전'을 흥학(興學)의 요지로 내걸었다. 즉 중일 양국의 우호협력에 의해 독립 부강한 중국을 만들기 위한 인재양성을 목적으로 했다. 여기에는 대륙을 동경하며 중국에 청춘을 건 일본인 청년들이 모였는데, 그러한 로맨티즘이 일본의 대륙침략정책 속에서 파탄되고 결국에는 대일본제국 및 동아동문서원과 함께 사라져 간 것은 말할 필요도 없다. 야마모토 다카시(山本隆)의 논픽션 『동아동문서원생(東亞同文書院生)』(河出書房新社, 1977년)에는 가문과 일본에 질식한 19세 청년이 동기 신입생 90명과 함께 꿈에 그리던 중국으로 건너가는 모습이 생생하게 그려져 있다. 또한 오시로 다쓰히로(大城立裕)의 소설 『아침, 상하이에 얼어붙어(朝, 上海に立ちつくす)』(講談社, 1983년)에서는 동아동문서원에서 공부한 일본인·중국인·조선인 청춘 군상을 생생하게 그려내어 복잡했던 정치세계

와 인간 모습의 구체상이 오늘날까지 전하고 있다.

신징(新京, 현재의 창춘(長春))에 설립된 건국대학은 '만주국'의 엘리트 관료 양성기관으로, 전원 기숙사제의 6년제 대학이었다. 학생의 반수는 일본인이고, 나머지 반수가 중국인·조선인·몽골인·러시아인으로, 단지 만주국을 위해서만이 아니라 아시아 여러 민족, 아시아 여러 나라들의 평화공존을 위한 대학이라는 의의를 부여받았다. 그러나 실제로는 야마다 쇼지의『흥망의 폭풍우-만주, 건물 미국 대학 붕괴의 수기(興亡の嵐-滿州·建國大學崩壞の手記-)』(かんき出版, 1980년)에도 기록되어 있듯이, 미나미 지로(南次郞)·도조 히데키(東條英機) 등 관동군 관계 막료(幕僚) 및 기시 노부스케(岸信介) 등 만주국 고관들로 이루어진 민족 질서 추진파에 의해 일본인 우위의 민족 질서 강화가 날로 진행되었으며, 결국 패전으로 인해 10년을 채 채우지 못하고 그 존재가 소멸되었다.

이들 동아동문서원이나 건국대학에는 "대륙에 뼈를 묻을 각오"[30]로 온 일본인 학생도 많았지만, 이상과 현실의 간극과 모순은 어찌할 수 없었다. 비록 '민족협화'가 고창되었지만, 조선인 학생들로부터는 소·중학교에서 조선어 사용이 금지되고 민족문화가 압살되는 실상이 호소되었다. 또한 만주족·한족 학생들로부터는 반만항일을 부르짖은 사람들이 대낮에 형장에서 일본군에게 처형되는 실태가 보고되었다. 뿐만 아니라 일본인 학생들도 개별적 의식과는 관계없이 통역 등 군사적 역할을 등에 지고 전장으로 끌려 나갔다. 실제로 패전이 가까워짐에 따라 이들 학교는 '스파이 양성기관'이라고 한층 강한 지탄을 받았고, 비(非)일본인 학생들은 언젠가부터 모습을 감추게 되었다.

---

30)「昭和にんげん史」,『朝日新聞』1988.10.21.夕刊, 東京版 참조.

'오족협화', 그것은 환상이었다. 『아침, 상하이에 얼어붙어』에 그려져 있는, 조선총독부가 파견한 동아동문서원 조선인 학생은 말한다. "나는 조선인이라고 주장한다. 그러나 한편으로는 매우 일본인이 되고 싶어 하고 있다.", "조선인과 일본인이 서로 죽고 죽이는 이미지는 떠오르지만, 이 둘이 하나가 되어 지나인(支那人)을 죽이는 것은 생각할 수 없다.", "나는 원래 동아동문서원을 발판으로 삼아 중국과 친숙해지려고 했다. 그를 통해 조선을 보기 위해서였다. 그런데 서원에 있으면 어중간하게 들뜬 기분이 되었다. 서원 안에는 일본인밖에 없지 않은가, 라는 것이 새삼스럽게 의식된다. 중국인 선생도 일본인 안에 섞여있는 자밖에 없다. 저들이 일본인 교수와 학생을 받아들이고 있는 것이 결코 아니다, 라고 생각한다.", "조선에는 많은 일본인이 있다. 저들이 지배하는 조선을, 조선에 있으면 질릴 정도로 보게 된다. 그러노라면 서원의 일본인이 그리워진다." 즉 집으로부터가 아니라 조선으로부터 해방되고자 하여 온 동아동문서원의 조선인 학생에게 서원이란 '평등'하게가 아니라 '무책임'하게 있을 수 있는 곳이었다.

물론 만주족·한족 학생의 입장에서 보면 또 달랐다. 저들에게 있어 '창씨개명'을 한 조선인은 신용할 수 없는 존재였고, 조선인을 일본인이라고 생각하고 있었다. 학내에는 국민당이나 공산당의 비밀조직이 있었고, 항일을 가슴에 몰래 품고 있었다[31]고 한다. 다만 동아동문서원이나 건국대학에는 일본국내와는 다른 자유주의적인 학문분위기가 있었으며, 반전사상이나 마르크스주의에 호감을 가진 교사도 적지 않았으며 도서관에는 휴머니즘이나 마르크스주의에 관한 문헌

---

31) 건국대학 최후의 제8기생이었던 도호쿠사범대학(東北師範大學) 교수·일본연구소장 宋紹英의 이야기, 1988년 11월, 도쿄.

들도 많았다.

여기서 일본의 식민지인 조선·만주의 마르크스주의에 대해 말하자면, 엄격했던 일본 국내에 비해서 조선은 몰라도 만주에서는 꽤나 공공연하게 마르크스주의 서적들이 읽혀지고 논의되고 있었다. 동아동문서원에서도 건국대학에서도, 속칭 '적화사건(赤化事件)'으로 제적·퇴학 처분을 받고 적발·체포된 자들이 있었다. 게다가 만주의 마르크스주의 중심지는 다름 아닌 만철조사부였다. 소위 '만철 마르크스주의'라는 것이 곧 그것이다.

패전 직전에는 40만 명에 이르는 사원을 가졌던 만철은, 전성기에는 2천 몇 백 명의 조사 요원을 거느린 조사기관도 가지고 있었다. 이토 다케오의 『만철에 살아(滿鐵に生きて)』에서는, 만철사원을 이데올로기적으로 나누면, (1) 일반적 주류의 생각은 만주를 일본의 생명선이라고 보는 자들로, 일본인 사원의 대부분이 이 범위에 들어가며, (2) 민족협화주의적 생각을 가진 자는 많지는 않았지만 분위기로서는 전 사원에 미치고 있었다고도 할 수 있고, (3) 주관적이기는 했지만 반식민주의적 생각이 조사기관을 중심으로 존재했다[32]고 한다. 실제로 '만주국'의 군사적 측면을 담당한 관동군에 대해 경제 정책적 측면을 담당했다고 할 수 있는 만철조사부에는 마르크스주의자가 많았고, 이들은 마르크시즘의 방법론을 익힘으로서 식민지 특유의 편협성에서 벗어났거나 혹은 벗어날 수 있는 가능성을 가지고 있었다.

태평양전쟁기가 되면 일본인 좌익 명사인 오자키 호쓰미(尾崎秀實), 호소카와 가로쿠(細川嘉六), 이토 리쓰(伊藤律), 이토 요시미치(伊藤好道), 니시 마사오(西雅雄), 호리에 무라이치(掘江邑一) 등이 잇달아 조

---

[32] 伊藤武雄, 앞의 책, pp.12~14.

사부에 들어오는데, 조사부에 들어오는 경로는 대략 3가지 정도였다. 첫 번째는 내지에서의 탄압이 심해져 운동이 무너지자 만주에라도 가자고 생각하여 온 자들, 두 번째는 경찰에 몇 번이나 검거되어 전향서를 썼지만, 경찰로부터 신용을 받지 못하고 위험분자 취급을 받아 만주로 추방당해 온 자들, 세 번째는 역시 운동에 관계했었기 때문에 내지에서는 취직할 수 없어서 만주로 온 자들33)이었다. 그리고 마르크스주의가 곧 '빨갱이'(역적)이던 시대에, '좌익의 꽃밭'이라 불리며『만주평론(滿州評論)』,『만철조사월보(滿鐵調査月報)』등에 "상당히 날카롭고 수준 높은 좌익 이론"이 실릴 수 있던 배경에는 두 가지 사정이 있었다고 한다. 하나는『일본자본주의발달사강좌(日本資本主義發達史講座)』의 형태로 결실을 보았던 일본 특유의 강단(講壇) 마르크스주의의 문제로, 그 근대주의지향이 전향이론으로 매개되었을 때 손쉽게 권력에 포섭되어 체제 '혁신'의 이론으로 전환할 수 있었다. 두 번째는 이를 받아들인 권력 측의 문제로, 인원 부족을 보충하면서 조건부이기는 하지만 앞선 것, 도움이 되는 것은 무엇이든 받아들였다.34)

하지만 만철 마르크스주의는 관동군의 절대적 위세 아래, 그 비호 하에 권력 이데올로기로 편입되었으며, 비록 그 이데올로그들이 넓은 시야에서 인터내셔널한 입장에 눈을 뜨고 반제국주의 운동에 끌렸다고 해도 피식민자인 인민대중과 손을 잡는 일은 만에 하나라도 있을 수 없었다. 알베르 멤미는, 식민자이며 동시에 혁명가인 인간은 존재하지 않으며 식민지·피식민지의 관계에서 '좌익 식민자'라고 하는 것은 존재할 수 없다고 명확하게 서술하고 있다.35) 사실 만철조사부에

---

33) 위의 책, p.217.
34) 山田豪一, 앞의 책, pp.129~130.

오래도록 근무하며 한때 좌익탄압의 '만철사건'으로 옥살이를 하고 패전 후에는 일변하여 중일우호운동에 진력했던 이토 다케오도 다음과 같이 술회하고 있다.36)

"나는 펑톈(奉天)이나 창춘(長春)의 형무소 시절, 밤에 조용해지면 자주 인터내셔널가를 부르는 목소리를 들었습니다. 만주에서는 9.18 이후에도 끊임없이 반만항일의 게릴라 활동이 벌어졌고, 그 투사들이 잡혀와 같은 형무소에 있었습니다. 그들은 용감했고, 운동시간에는 형무소 산책장에 같이 있었을 때도 있었습니다만, 살아날 가망도 없는데 운동시간은 매우 활발하게 운동했습니다. 조금도 주눅 든 기색 없이, 일견 유유자적한 옥중생활을 보내고 있었습니다. 또 '선만(鮮滿)' 국경의 간도성(間島省)이나 동변도(東邊道)에 거주하는 조선인 천도교 신자들이 또한 잡혀와 옆 감방에 있었던 때가 있었습니다. 저들의 태도에도 단호한 데가 있어서 감탄하였습니다. 마찬가지로 군의 탄압으로 잡혀온 사이라고는 하지만 저들과 우리들 사이에는 매우 현격한 차이가 있다고 하지 않을 수 없습니다."

그렇다면 대체 식민지의 일본 지식인의 사고방식·정신구조에는 어떤 문제, 결함이 내재되어 있었던 것일까. 이에 대해서는 여러 가지 이해·해석이 가능하겠지만, 한마디로 하면 역시 일본지식인은 피식민지·피식민지인에 대해서 '방관자'였다고 할 수 있을 것이다.

조선에서 태어난 식민자 2세인 하타다 다카시(旗田巍)는 부산중학을 수료한 뒤 구마모토(熊本)의 제5고등학교에 진학하였고, 거기서 다이쇼 데모크라시의 영향을 받아 『공상에서 과학으로』라든가 『사적

---

35) Albert Memmi, 渡邊淳譯, 앞의 책.
36) 伊藤武雄, 앞의 책, p.257.

유물론』 등의 좌익사상을 배웠다. 하지만 방학이 되면 양친이 있는 마산으로 돌아와 조선인들과 야구나 테니스를 함께 하면서도, 조선인들의 괴로움에 대해서 특별히 들어보려고도 하지 않았다. 유물사관이라든가 사회주의에 대해서는 생각하면서도 일본의 조선지배에 대해서는 관심이 없었다. 이후 하타다는 조선사연구를 목표로 하는데, 당시 경성제국대학에 있던 일본인 조선사연구자들도, 몇 안 되는 조선인 학자들과의 교류는 거의 없었다고 한다.[37] 물론 경성제대에도 미야케 시카노스케(三宅鹿之助) 등 약간의 좌익 교수가 있어서 조선인 학생과 접촉을 가졌지만 그것은 매우 예외적이었다.[38] 대부분은 '방관자'였던 것이다.

다만 여기서 식민자와 피식민자의 접촉·교류를 가능하게 한 매개항으로서 마르크스주의·좌익사상만을 드는 것은 적당하지 않을 것이다. 매개항은 어디까지나 피식민자인 '민중'이요, '민중의 생활'이었다고 생각해도 좋을 것이다.

패전까지 20년이나 경성제대 교수로서 조선에서 생활했던 아베 요시시게(安倍能成)는 전문분야를 연구하는 한편『청구잡기(靑丘雜記)』나『근역초(槿域抄)』등 조선에 관한 서적을 남겼다. 그 안에서 그는 나름대로 재조일본인 사회의 폐쇄성과 편협성을 지적하며 일본문화의 한계성에 비판을 더했고, 또 조선인을 동정하는 언사들을 하고 있다. 그러나 그 알맹이는 "관찰자로서의 나의 눈에 비친 인상"[39]이었고, 대부분은 조선의 풍물이었으며 풍광이 아름다운 자연이었고, 유람하며

---

[37] 旗田巍,『朝鮮と日本人』, 筑摩書房, 1983, p.49, pp.293~294.
[38] 兪鎭午,「片片夜話」,『東亞日報』, 1974.3.26.
[39] 安倍能成,『靑丘雜記』, 岩波書店, 1932, p.33.

다닌 명승고적이었다. 그의 자서전 『나의 내력(我が生ひたち)』(岩波書店, 1966년)에서도, 조선에서의 생활이 길었음에도 불구하고 그 시기에 대한 기술은 매우 조금밖에 없고, 내용도 가족, 친구, 대학, 학문, 여행, 미술, 도자기, 불교건축에 관한 것에 한정되어 있다.

그에 반해 1942년 여름부터 겨우 3년간 경성제대 조교수로서 조선에 살았던 니시 준조(西順藏)는 아베 요시시게와는 다른 시점을 가지고 있었다. 그도 처음에는 조선인의 생활문화를 수준 낮은 것으로 간주하였고 조선인의 의식을 비굴하다고 보았다. 하지만 그러는 동안 점차 반대의 생각을 가지게 되었고, 조선인들의 삶 위에 느긋하게 앉아 생활하는 일본인의 생활, 그 텅 빈 오만의 추한 모습에 진력이 나게 되었다. 그리고 결국 조선인이 일생을 살면서 고생하고 땀 흘리며, 한탄하고 웃으며 살아가고 있음을 깨닫게 된다. "망망몽롱(茫茫朦朧)·애매모호"한 이방생활 중에 그의 조선·조선관은 때때로 들르는 종로의 뒷골목 선술집에서, 또 시장의 노점에서 조선인을 조선인으로 발견한 실감으로부터 시작되어 하나의 확실한 전회(轉回)를 이루었던 것이다.[40] 여기에는 분명 피지배자·피식민자인 '민중'이나 '민중의 생활'에 대한 공감이 있었다.

박춘일(朴春日)의 『근대 일본 문학의 조선상(近代日本文學における朝鮮像)』(未來社)이나 다카자키 류지(高崎隆治)의 『문학 속의 조선인상(文學のなかの朝鮮人像)』(青弓社)에서는 식민지 조선의 문학을 포함한 일본의 근대문학에서, 피지배자·피식민자인 '민중'이나 '민중의 생활'에 대한 시점·공감이 얼마나 결여되어 있었는가를 밝히고 있다. 예를 들어 조선을 대표하는 일본인 가인(歌人) 집단이 펴낸 『조선 가수(朝鮮歌

---

40) 西順藏, 『日本と朝鮮の間』, 影書房, 1983 참조.

集)』(朝鮮歌話會, 1934년)에 수록되어 있는 73인의 작품 약 1,200수 중에 조선인을 대상으로 소재를 선택한 것은 겨우 30수밖에 없다. 조선의 자연은 읊었어도 조선인의 풍속이나 모습은 부재하다. 냉소적으로 말하자면 조선에는 일본인은 있어도 조선인은 없었던 것이다.[41]

물론 재조일본인 사회에서도 지배·피지배의 관계를 넘어 민족우월감을 의식적으로 무너뜨리려 한 일본인이 약간이지만 존재했다. 3·1운동의 심경을 이해하려고 한 크리스천 병사 나가이 요시(永井叔),[42] 교사생활을 하면서 진실된 시를 썼던 우치노 겐지(內野健兒, 新井徹),[43] 1930년 전후 조선에서 사회주의적 반제투쟁에 관여한 교사 조코 요네타로(上甲米太郞),[44] 조선 동지들과 함께 싸워 감옥에 갇혔던 노동자 이소가야 스에지(磯谷季次) 등.[45] 아마 이들 이외에도 일본과 조선의 연대를 추구한 일본인이 있었겠지만, 다수는 역사 속에 묻힌 채로 있다. 저들의 행동은 조코 요네타로가 그 전형으로[46], 일본인 식민자 사회에서는 '미치광이' 취급을 받았는데, 이런 행동이야말로 피지배자·피식민자인 '민중'이나 '민중의 생활'과 공존하려고 했던 것이었다. 덧붙여 말하자면 일본 국내에서 재일조선인과의 해후(邂逅)를 통해 피지배민족에 공감을 보낸 나카노 시게하루(中野重治, 『비 오는 시나가와 역(雨の降る品川驛)』, 1929년)나 마키무라 히로시(槇村浩, 『간도 발치장의 노래(間島パルチザンの歌)』, 1932년) 등도 잊어서는 안 될 존재일 것이다.

---

41) 高崎隆治, 『文學のなかの朝鮮人像』, 靑弓社, 1982, p.83.
42) 梶村秀樹, 「植民地朝鮮での日本人」, 앞의 책, pp.333~335.
43) 新井徹著作刊行委員會編, 『新井徹の全仕事』, 創樹社, 1983 참조.
44) 新藤東洋男·池上親春, 『在朝日本人敎師の鬪いの記錄』, 人權民族問題硏究所, 1966 참조.
45) 磯谷季次, 『わが靑春の記錄』, 影書房, 1984 참조.
46) 旗田巍의 回想, 梶村秀樹, 「植民地支配の朝鮮觀」, 『季刊三千里』 제25호, 1981.2, p.39.

6. 식민자 2세의 의식

　식민지에서 태어나 자란 '식민지의 아이들', 즉 식민자 2세는 자기의 존재를 응시하며 존재의 근거를 캐물어 갔을 때 식민자라는 사실, 자기모순에 부딪치지 않을 수 없었다. 실제로 일본 패전 후 '조국'으로 귀환한 식민자 2세가 자기 생의 원점에 얽매이며 자기 부정을 통해 재생하려는 노력을 꾀했을 때, 식민지에서 태어나 자랐다고 하는 사실 자체가 고통이 되어 압박해 왔다. 물론 스스로를 국가권력의 피해자로 파악하고 역사의 총체로부터 자기의 역사를 떼어 내어 사는 경우에는, 책임의 논리를 탈락시킨 개(個)의 의식구조 안에서 안주할 수도 있었다. 그러나 '일본인 총체로서의 자신'을 주시하며, 자기와 옛 식민지를 연결하는 개적(個的) 책임을 추구하려고 했을 때, 그것은 일본제국주의의 식민지 지배 실상을 파헤쳐 내어 자신의 모습 그대로를 백일하에 내보이는 것 밖에 다른 방법이 없었다. 패전 후 일본에서 고바야시 마사루, 모리사키 가즈에, 무라마쓰 다케시라고 하는 문학적 영역 안에서, 또 하타다 다카시의 역사학 영역에서 그와 같은 식민자들의 재생의 작업이 탐구되었다. 그런데 그런 작업은 식민자 2세라고 하는 죄를 짊어져야 할 존재이면서 가해자로서의 식민자, 피해자로서의 피식민자라고 하는 단순한 도식을 용인하지 않는 굴절된 회로를 필요로 했다.

　"조선에 대해 이야기하는 것은 무거운 일이다"라고 한 모리사키 가즈에는, 경상북도 대구부 미카사초(三笠町)에서 태어나 17년간 조선에서 생활했다. "나의 원형은 조선으로 인해 만들어졌다. 조선의 마음, 조선의 풍물 풍습, 조선의 자연에 의해." 어렸을 적, "옛날 옛적 할아버

지와 할머니가 있었습니다. 할아버지는 산에 풀 베러 가시고 할머니는 냇가에 빨래하러…" 라는 이야기를 부모에게서 들었을 때, 나이 든 일본인을 모르는 그녀에게 있어 "할아버지 할머니"는 백의를 입은 노옹(老翁)·노파(老婆)였다. 모리사키 가즈에(森崎和江)에게 있어 조선은 "어머니의 나라"였으며, 조선의 대지를 들이마시고 자신의 감정이나 감각을 거기에서 키웠다. "나는 일본인들만의 거리-관리와 군인들만의, 대구부 육군관사가 줄지어 서 있는 구릉지-에 살면서, 거기서부터 조선인도 내지인도 오가는 길을 지나다니며 풀을 보고 물을 만나기도 했다. 이중 삼중으로 에워싸여 있다는 감각, 그것이 일상성이었다. 이렇게 조선과 일본 또는 일본인 사이의 관계성을 어떻게 사상화(思想化)할 수 있는가에 고투한 모리사키 가즈에는, 그 궤적을 평론집『어머니 나라와의 환상혼(ははのくにとの幻想婚)』(現代思潮社, 1970년)이나 『이족의 원기(異族の原基)』(大和書房, 1971년) 등에 담아냈다.

조선에서 태어나 군관 학교에 들어가기까지 16년간을 조선에서 보낸 고바야시 마사루도, 조선 식민자의 자식으로서 체험한 것을 중요한 모티브로 삼아 『포드, 1927년(フォード·一九二七年)』(『고바야시 마사루 작품집(小林勝作品集)』 제1권, 白川書院 수록) 등 일련의 소설을 집필했다. 그의 초기 작품에는 자기의 소년기 체험에서 소재를 구한 단편소설이 많으며, 고향으로서의 조선을 그리고 있다. "나"의 아버지는 일본에의 절망에 대한 담보물과도 같이 조선에 대한 소박한 '애착'을 품고 있었는데, 조선 땅에 있는 자신이 대체 어떤 존재인가 하는 것을 물으려고 하지는 않는다. 거기에는 일본에의 절망과 표리관계에 있는 조선에의 '애착'이 식민지에 대한 의식, 즉 식민자로서의 자의식 결여와 종이 한 장 차이라는 느낌을 떨쳐버리지 못하는 형태로 그려

져 있다. 그렇지만 보다 내성적인 그의 후기 작품에서는 이름 없는 '선량'한 일본인 안에 숨어있는 식민자의 모습이 차례차례 충격적으로 드러난다.47) 그를 통해 고바야시 마사루는 식민자의 자식으로서의 책임을 자각하고 재생으로의 길을 모색해 간 것이 아닐까.

식민자 2세가 고향으로서의 조선관을 확립해 가는 프로세스는 다양하며, 그 내실도 사람마다 상당히 다르다. 식민지 조선에서 "한 살이던가 그 무렵"부터 유소년 시대를 보낸 소설가 유아사 가쓰에(湯浅克衛)는 그 작품세계 안에서, 활기찼던 연싸움이나 손수 만든 팽이 돌리기, 장날의 붐비는 모습 등 즐거웠던 나날을 기억 속에 담지만, 머지않아 '내지'라고 하는 말에서 더없이 아름다운 울림을 느끼게 된다. 그러나 입학시험으로 상경했을 때 내지인이 자신을 조선인이라고 착각하자 무의식중에 불쾌함을 느끼고, 그때까지 단 한 번도 외국으로 의식한 적 없던 조선을 고향이라고 부르는 것에 강한 저항을 나타낸다. 결국은 유소년시절을 보낸 조선 땅에 대한 애착을 느끼면서도 식민자 2세로서 조선인 위에 군림하며 조선사회의 실권을 쥐어 가게 된다.48)

식민자 2세는 그 정신 내부에 각각 고유한 '조선화(朝鮮化)'를 가지고 있는데, 많은 경우 무의식중에 "조선이 일본이다"라고 생각하도록 만들어져 간다. 그러나 그것이 지배·피지배의 틀 안에 있는 한, 일상적으로 접촉하는 조선인이 대등한 동포가 될 리는 없었다. 하타다 다카시는 일본인·조선인 공학인 소·중학교에서 조선인 생도를 따돌리는 일 없이 함께 놀고 함께 싸우기도 했다. 그렇지만 유감스럽게도

---

47) 磯貝治良, 「戰後日本文學のなかの朝鮮」, 『季刊三千里』 제29호, 1982.2, pp.211~212; 齋藤孝, 「小林勝と朝鮮――一つの思い出」, 『季刊三千里』 제39호, 1984.8, pp.15~16.
48) 任展慧, 「植民地二世の文學」, 『季刊三千里』 제5호, 1976.2.

조선인 아이들과 친하게 지낸 경험이 적었고 가까운 친구도 없었으며, 조선인 집에 초대받은 일도, 조선인을 초대한 일도 없었다고 한다. 즉 일본인 아이들과 조선인 아이들은 다른 세계에 살았고, 일본에 대한 것은 배워도 조선에 대한 것은 아무것도 몰랐다.[49] 의식했든 하지 않았든, 여기에는 부모 세대에 의해 주입된 조선인에의 멸시가 있었고, 그 속에는 혼돈 미분 상태의 콤플렉스가 잠재되어 있었다. 그것은 또한 주위 세계로부터 저해당하고 있다고 하는 "타지인(他地人) 의식"이기도 했다. 그 결과 무라마쓰 다케시가 썼듯이, 일본을 모르는 3대째(3세)들은 일본으로부터 막 온 1대째 식민자들을 두려워했고, 또 "지배자"가 될 수 없는 자신들을 부끄러워하며 갈 곳을 잃고 방황하기도 했다(『조선식민자』).

식민지가 과거완료형인 조선과 현재진행형인 만주·중국에서는 약간의 차이가 있었으나, 식민자 2세의 생활과 의식에는 기본적으로 차이가 없었다. 만철사원의 자식으로서 1924년에 관동주(關東州) 다롄(大連)에서 태어난 센다 가코(千田夏光)는 일본인만이 사는 일본인 거리에서 자랐고, 일상적으로 접촉하는 중국인이라고 해봐야 양친을 따라 중국요리를 먹으러 갔을 때 탔던 마차의 마부나 병원에 다닐 때 탔던 인력거의 인력거꾼 정도였다. 아카시아로 뒤덮인 일본인 거리에서 감미로운 생활을 보내는 식민자들은, 저임금으로 혹사당하며 평균 사십 몇 세로 죽어 가는 중국인의 고통을 알 리 없었다. 식민자들에게 피식민자는 어디까지나 '물건'에 지나지 않았다(『식민지 소년 노트(植民地少年ノート)』).[50] 그리고 식민자의 근면과 피식민자의 나태함만큼

---

49) 旗田巍, 앞의 책, pp.288~291.
50) 千田夏光, 『植民地少年ノート』, 日中出版, 1980, pp.14~15.

식민자의 특권을 합리화하고 피식민자의 빈궁을 정당화해주는 것은 없었다.51)

식민자의 아이들은 많은 경우 일본인 거리의 일본식 목조 가옥에서 살면서, 일본식 옷을 입고 일본풍의 식사를 하며 일본 학교에 다녔다. 학교교육에서 조선어가 완전히 말살된 조선에서 10년, 20년 살았어도 아는 조선말이라고는 겨우 7, 8개의 단어뿐이었고, 그래도 아무런 불편이 없었다.52) '오족협화'를 부르짖었던 만주에서는 일본인이 오족의 일원에 지나지 않는다는 이유에서인지 만주국 일본인 관리에게 중국어 습득이 장려되었고 학교교육에서도 일부 다루어졌는데, 그 실효는 크지 않았다.53) 본래 하나의 민족어로서 아름다운 울림을 가졌을 일본어도 지배·피지배 관계에서는 추한 실체가 되었고, 보급되어가는 일본어의 선두에 있던 것도 '바카야로(馬鹿野郞)'라고 하는 욕이었다.54) 그리고 식민지의 아이들은 일생생활 중에 '공산주의'라든가 '독립운동'이라고 하는 것이 말해서는 안 될 금기임을 알게 되었고, 일본인으로서의 특권을 몸에 익혀나갔다.

이런 식민지의 아이들에게 '조국 일본'은 가설이자 이상이며 과장이었다. 무라마쓰 다케시는 "나는 조선에서 태어났을 때부터 일본인이고 싶다고 생각했다. 그러나 일본에 돌아갔을 때 비로소 내가 일본인이

---

51) Albert Memmi, 渡邊淳譯, 앞의 책, p.98.
52) 森崎和江, 『ははのくにとの幻想婚』, 現代思潮社, 1970, p.222; 長田かな子, 「四五年八月十五日」, 『季刊三千里』 제31호, 1982.2, p.117.
53) 大本營陸軍部硏究班, 「海外地邦人ノ言動ヨリ見タル國民敎育資料(案)」, 앞의 책, pp.111~113.
54) 「馬鹿野郎!の罵聲を浴びての引き揚げ」, 『朝日新聞』 1946.8.15, 「聲」欄; 竹內實 「『內鮮一體』の小說」, 『思想』, 1970年 11月號, p.81.

아님을 자각하게 되었다", "즉 예전에도 지금도 반(半)일본인·반조선인이다"라고, 스스로 토로하고 있다.55) 센다 가코(千田夏光)도 자신의 누이동생이 송환선으로 일본의 항구에 도착했을 때 가장 먼저 했던 말이 "어머, 저기서 일본인이 일하고 있네."였다고 하면서, 항구에서 하역 작업을 하는 항만노동자는 모두 중국인 쿨리일 것이라고 믿고 있었다는 것, 그리고 다롄의 일본인 주택에서 수세식 화장실에 익숙해져 있었기 때문에 그렇지 않았던 일본의 재래식 화장실에서 1년 가까이나 변비로 고생했다는 것을 기록하고 있다.56)

패전을 경계로 '태어난 고향'은 하루아침에 '외국'이 되었고, 세계는 '꿈'에서 '거짓말'처럼 역전했다. 송환되어 온 식민자들의 폐쇄된 정신구조는 일본근대가 본질적으로 가지고 있던 '쇄국'의 사상으로 인해 일본 국내에서 더욱 닫혀갈 수밖에 없었다. 일반적으로 일본인 식민자들은 내지의 일본인들보다 조선인·중국인에 대한 편견과 차별의식이 더 강했다. 그럼에도 불구하고, 식민자들은 송환자가 되어 내지로 돌아오자마자 하루아침에 처지가 일변하여 동포들로부터 노골적인 차별을 받게 되었다. 예를 들어 혼다 야스하루(本田靖春)와 이쿠시마 지로(生島治郞)는 모두 '외지' 출생 소설가로, 일본인이 얼마나 우수하며 일본이 얼마나 아름다운 나라인가 하는 교육을 받고 자랐다. 그러나 내지에 한 발짝 발을 들인 순간부터 그 꿈은 무참히 깨져 버렸다. 하루라도 빨리 태어난 고향인 '외지'로 돌아가고 싶다고 생각했지만 이룰 수 없었고, 그것은 그 후 문학작품 안에 투영되어 가게 되었다.57) 실제로는 조선·만주 등에 이민하여 살다가 패전 후 송환

---

55) 村松武司, 앞의 책, p.12.
56) 千田夏光, 앞의 책, p.161.

되어 온 자들 중에는 탄광을 전전하며 떠돌아다니다가 폐광이 된 후에 다시 해외로 달아난 자들이 많다. 중앙아메리카의 도미니카 이민의 대부분은 그런 재도항자(再渡航者)들인데, 한번 고향을 버린 사람들을 일본은 받아들이지 않았던 것이다.

여기서 식민자 2세를 중심으로 하는 귀환자의 소위 '망향(望鄕)'에 대해 말하자면, 그것은 어디까지나 '옛 일본'에의 그리움일 것이다. 조선에서 자란 혼다 야스하루(本田靖春)는 자신에게는 "나를 기다리는 친구가 한사람도 없을 뿐더러 내가 찾아갈 옛 지인도 없다", "대체 함께 이야기하고 서로 그리워할 친구도 없는 땅을 고향이라고 부를 수 있는 것일까"라고 물으며, "내가 사랑해 온 것은 내가 태어나고 자란 '경성'이지, 조선 혹은 조선인이 아니었다."고 술회하고 있다.[58] 사실 근년 간행된 '외지 일본인사(日本人史)'의 대부분은 '망향지(望鄕誌)'이며, 또 '외지'로의 '고향 방문'의 행선지는 자신이 태어나고 자란 집과 일찍이 다녔던 일본인 학교이며, 기껏해야 옛 일본인거리이다. 고바야시 마사루는 생전에 자신이 태어나고 자란 조선을 "'그립다'고 해서는 안 된다"고 자신을 타일렀다고 한다. 그야말로 '고향'을 그립다고 생각하는 심정과 대결하는 것에서부터, 일찍이 식민지에 살았던 일본인은 자신이 가진 '제국의식'과의 투쟁을 시작할 수 있었을 지도 모른다.

7. 결론을 대신하여 – '제국의식'이란 무엇인가

근대의 일본인이 역사적으로 가져 왔던 '제국의식'의 전형은 지금

---

57) 本田靖春, 『私のなかの朝鮮人』, 文春文庫, 1984, pp.239~240, 〈解說〉生島治郞.
58) 위의 책, p.185.

까지 서술해 온 식민자들에게서 찾아볼 수 있다. 그리고 이 일본인 식민자들의 '제국의식'은 일본제국주의의 식민지 지배가 포학해지면 포학해질수록, 또 식민자와 피식민자 사이의 모순이 깊어지면 깊어질수록 한층 노골화되었다.

1942년(쇼와 17) 5월, 각의(閣議)에서 조선의 징병제 실시가 결정되자 일본인 사이에서 복잡한 반향이 생겨났다. 사법성 형사국의 「조선에 대한 징병제 실시의 각의 결정 발표에 관한 반향 조사(朝鮮に對する兵制實施の閣議決定公表に關する反響調査)」[59]에 따르면, 내지 일본인의 대다수는 '시기상조'라고 하면서도, 일부에서는 일본국가와 조선인을 위해 경하할 일이라는 의견도 있었다. 그러나 조선에 사는 일본인의 반응은 철저하게 반대였다. 그 이유는 조선인의 불손한 태도를 한층 조장할 것이며, 저들의 성격에서 보아 의무교육실시·급료인상·참정권 등의 반대급부를 요구할 것이므로 전체적으로 일본인의 생활을 압박하게 된다는 것이었다. 여기에서는 조선인은 '동포'가 아니라 일본인에게 복종해야 할 존재라고 하는 의식이 뚜렷이 드러나고 있다. 그렇지만 전쟁 국면이 악화되고 특히 1944년 11월 이후 도쿄가 미 공군 B-29의 대 편대의 공습을 받고부터 일본인 식민자들은 갑자기 '온순'해지기 시작했다고 한다. 그때까지 멸시했던 조선인의 기분을 살피려는 언사들을 하며, 고추나 마늘은 건강에 매우 좋다든가, 조선인 여성이 머리 위에 물건을 이고 걷는 것은 몸을 만드는 데 이상적이라든가 하는 등, 조선인의 풍속 관습을 칭찬하는 기사가 신문이나 '학술서'에까지 나타나게 되었다.[60]

---

[59] 司法省刑事局, 「朝鮮に對する鄕兵制實施の閣議決定公表に關する反響調査」, 『思想月報』 제95호, 1942.6.

다만 천황제국가체제에 주술적으로 속박된 일본인의 '제국의식'이 그리 쉽게 붕괴되지 않았음은 말할 것도 없었다. 패전한 뒤인 1945년 12월, 미국 육군정보부가 베이징에 있는 일본 민간인·군인의 의식을 조사한 「베이핑(北平, 베이징) 일본인의 정치의식조사」(미 국무성 조사국 분석)61)에 따르면, 과연 "세계에서 으뜸가는 일본"이라고 하는 의식이 무너지기 시작하고 구미인(歐美人)에 대한 우월감은 없어지고 있었으나, 일본의 천황은 신성한 존재이며 일본국민은 다른 극동 국가의 국민들보다 뛰어나다는 생각이 압도적이었다. 중국이 품고 있는 문제에 대해서는 그다지 지식이 없었고, 일본인들은 중국인들에게 미움 받고 있지 않으며 그렇기는커녕 호감을 사고 있다고 생각하고 있었다. 전쟁에 대한 죄의식은 없었고 조선의 독립능력에 부정적이었으며, 중국에 있는 조선인은 일본인에 대해 정직하지도 충실하지도 않다고 보고 있었다. 그리고 일본에 있어 만주는 경제적으로 불가결하며, 대만도 계속 영유해야 한다고 하는 자들이 대다수였다. 즉 식민지 지배의 부당성을 인정하지 않았고, 따라서 그것에 대한 죄악감도 별로 없었으며 전쟁책임에 대한 자각도 희박했다.

일반적으로 '제국의식'이란, 자신이 세계정치 안에서 힘을 가지고 지구상 다른 민족에 대해 강력한 지배권을 휘두르며 영향력을 미치고 있는 나라, 즉 제국의 '중심'국에 속한다는 의식이다.62) 그것은 '팔굉일우'를 내건 일본의 경우, '만세일계(萬歲一系)'의 천황의 '적자(赤子)'로서 군사력을 배경으로 하는 일본국가의 일원이라는 점을 지나치게

---

60) 高俊石, 『越境—朝鮮人·私の記錄』, 社會評論社, 1977, pp.307~308.
61) 「北平の日本人の政治意識調査」, 『資料 日本現代史』 3, 大月書店, 1981 수록.
62) 木畑洋一, 앞의 책, p.275.

의식하고 '탈아입구'의 사상적 기반 하에 강한 아시아 멸시관을 보였으며, 동시에 그와 표리 관계에 있는 '일본민족'의 우월의식에 의해 지지되고 있었다. 또한 그것은 '천황제 민족 질서'에서 보이는 엄격한 상하관계를 포함하면서, 타자·타민족에 대한 억압의 책임을 그 상하관계 속에서 차례차례로 남에게 전화(轉化)시켜 가는 '억압 이양의 원리'에 따라 아무도 책임을 지지 않는 무책임체제를 그 특질로 했다. 뿐만 아니라, '문명국' 일본은 '뒤쳐지고 더러운' 종속민족을 지도해야 할 지위에 있다고 하면서도, 그 실상은 천황제 이데올로기라고 하는 비문명적·비과학적 세계에 안주한다고 하는 허구를 그 안에 품고 있었다. 그리고 무엇보다도 일본의 '제국의식'은 철저한 자기중심주의·이익중심주의에 사로잡혀서, 피지배자·피식민자를 '물건'으로서 취급하고 그에 동정을 보내지 않을 뿐만 아니라 인간으로서의 아픔을 느끼지도 못했다.

'쇼와'라고 하는 시대는 비록 패전 후의 '평화'로운 기간이 길었다고 해도, 역시 '전쟁의 시대'로서 파악할 수밖에 없다. 패전 후부터 쇼와가 끝나기까지의 사십 몇 년간 역사에서 일본제국주의나 그 식민지 지배, 전쟁의 참화(慘禍)에 대한 반성은, 일본정부는 물론 일반 민중에 이르기까지 매우 약했다고 하지 않을 수 없다. 일찍이 식민지에서 살았던 일본인은 피해자적 뉘앙스를 띤 '귀환자(引揚者)'라고 불리며, 가해자적 의미를 가지는 '식민자'라고는 불리지 않는다. 그리고 오늘날에 이르기까지 전쟁반대·평화의식의 정착 뒷면에 잔존한 '성전(聖戰)' 관념, 전쟁책임·전후책임의 풍화(風化), 아직도 상처로 고통 받고 있는 재일아시아인에 대한 방치, 그리고 아시아 나라들에 대한 뿌리 깊은 제국주의적 발상 등, 이 모든 것은 전전(戰前)으로부터 이어진 '제국의식' 그 자체의 지속에 다름 아니다. 뿐만 아니라 이제 세계로 경제적 진출하고 있는 일본인들은 자기중심적이고 억압적이며 고립된 자기의 모습을 다시금, 지구상 구석구석에서 내보이고 있는 듯하다. 거기에는 분명 새로운 '제국의식'이 자라고 있다고 생각해도 틀리지 않을 것이다.

[번역 : 김은주]

재조일본인 실업가의 전기에서 알 수 있는 것[*]

기무라 겐지[**]

1. 들어가며

　재조일본인사 연구가 활발하다. 그것은 다양한 방면에서 이루어지고 있다. 첫째는 조선총독부 관료군에 관한 것으로서 고문시험에 합격한 경력(career) 집단부터 토착관료(生え抜き官僚)까지 그 경력이나 정책 면에서의 역할 등, 근래 급속하게 연구가 진전되었다. 오카모토 마키코(岡本眞希子)[1]·마쓰다 도시히코(松田利彦)·야마다 아쓰시(やまだあつし)[2] 일본인 교육자에 관한 연구도 신도 도요오(新藤東洋男)[3] 이래 구술 등이 함께 축적되고 있고,[4] 근년에는 재조선고등여학교나 여자사범학교 졸업생에 대한 앙케트 조사 분석을 통해 여성의 식민지 지배 책임에 관한 연구도 이루어지게 되었다.[5] 재조일본인의 지방정치나

---

[*] 본고는 2012년 한국 동국대학교에서 개최된「국제학술심포지엄 재조일본인의 사회사」에서 보고한 원고를 가필·수정한 것이다. 이승엽씨의 당일 보고로 香椎源太郎의 私家版 전기가 있음을 알게 되어 그것을 추가 인용하였다. 지면을 빌어 감사드린다.
[**] 木村健二, 시모노세키(下關) 시립대학 경제학부 국제상학과 교수.
1) 岡本眞希子,『植民地官僚の政治史-朝鮮·台湾総督府と帝国日本-』, 三元社, 2008.
2) 松田利彦·やまだあつし 編,『日本の朝鮮·台湾支配と植民地官僚』, 思文閣, 2009.
3) 新藤東洋男,『在朝日本人教師-反植民地教育運動の記録-』, 白石書店, 1981.
4) 혼마 치카게 기록(신호 번역),『스키야마 토미 : 1921년 7월 25일생』, 눈빛, 2011.
5) 咲本和子,「植民地のなかの女性教育」,『知の植民地支配』, 社会評論社, 1998; 広瀬玲子,『帝国の少女の植民地経験-京城第一高等女学校を中心に』, 科学研究費成果報

『내선융화』에서 담당한 역할을 해명하는 연구도 등장하게 되었다.6) 더 나아가 일본인 경찰관에 의해 이루어진 조선어학습에 관한 연구나 재조일본인의 생활 실태 등에 대한 문화인류학적 분석도 진행되고 있다.7) 그러한 연구의 배경에는 일본인과 조선인 사이의 접촉·교류라는 측면을 보다 구체적으로 밝히고, 그 위에서 차별의 구조나 영향의 본질을 해명하려는 요구가 있다고 하겠다.8)

이러한 상황 속에서 실업가에 관한 연구는 의외로 적다고 생각된다. 유마니쇼보에서 복간된 『식민지 제국 인물 총서 조선 편(植民地帝國人物叢書 朝鮮編)』 전20권(2010)에서도 관료에 오른 은행가인 하야시 시게조(林繁藏)와 아리가 미츠토요(有賀光豊)를 제외하면 실업가로 불릴 수 있는 자는 도미타 기사쿠(富田儀作)에 관한 1책뿐이며, 개개의 논문에서 인용되는 경우는 있어도 각각의 전기를 정면에서 다루고 있는 연구는 거의 없는 것 같다.

따라서 이하에서는 현재까지의 시점에서 필자를 파악할 수 있었던, 소위 자수성가로 부(富)를 축적한 토착 재조일본인 실업가 12명에 관한 전기를 다루고, 그것들의 특징이나 간행 의도, 그리고 그로부터 알 수 있는 것을 제시하며, 그것이 일본이나 한국 근대사 연구에 어떻

告書, 2012.
6) 홍순권, 「1910~20년대 '부산부협의회'의 구성과 지방정치-협의원의 임명과 선거 실태 분석을 중심으로」, 『역사와 경계』 60호, 2006; Jun Uchida, "Brokers of Empire Japanese Settler Colonialism in Korea 1876~1945", Harvard Univ. Press, 2011.
7) 鈴木文子, 「山陰から見た帝国日本と植民地-板祐生コレクションにみる人の移動と情報ネットワークの分析を中心に-」, 『国立民族学博物館調査報告』 69, 2007; 「『玩具と帝国』-趣味家集団の通信ネットワークと植民地」, 『文学部論集』 93호, 仏教大学, 2009.
8) 李スンヨプ, 「『顔』が変わる-朝鮮植民地支配と民族識別」, 竹沢泰子編, 『人種の表象とリアリティ』, 岩波書店, 2009.

게 활용될 수 있을지에 대해 고찰해 보고자 한다.

2. 전기의 간행

〈표 1〉은 전전·전후를 통틀어 공간·사가판(私家版)을 불문하고 간행된「재조일본인 실업가」의 전기 목록이다. 전전에 집필 혹은 간행된 것이 7점, 전후가 5점으로서 대부분이 친인척에 의해 간행된 사가판(私家版)으로 불리기에 적절한 것이다. 분량은 각기 다른데, 6번의 하자마(迫間)의 경우처럼 모두 합쳐 18쪽 남짓의 약력과 연보로 이루어진 것부터 7번의 후쿠나가(福永) 686쪽, 4번의 도미타(富田) 599쪽 등, 많은 분량에 이르는 것도 있다. 형식은 자필에 의한 일기풍(風)의 5번 가메야(龜谷), 자전풍의 것을 타인이 전기풍으로 엮은 3번 가시이(香椎)와 4번 도미타(富田), 읽을거리의 형식인 12번 다테이시(立石), 그리고 타인에 의한 회고담이나 좌담회를 포함하는 것 등이 있었다.

이 중 전전기에 간행된 것은 대부분이 죽은 시점이나 혹은 그 후 몇 년 안에 쓰인 것이다. 1번의 야마구치 다헤에(山口太兵衛)는 작성 과정 중 사망했다. 유일하게 생전에 간행된 것은 3번 가시이 겐타로(香椎源太郎)의 전기인데, 가시이에게 은고(恩顧)를 받았다는 다카하라(高原木二)가 집필하였다. 그 간행 취지는 가시이의 "금일까지 사회에 공헌한 열력(閱歷)과 수상(壽像)[9]이 건설된 경과를 편찬"하고, 제막식에 배부하기 위해(序) 라고 되어 있다. 야마구치 다베에 전기의 경우, 작가(writer) 기타카와 요시아키(北川吉昭)가 집필하였는데, "다

---

9) [역자 주] 대상인물이 생존 중에 그려지거나 건립된 초상화나 초상조각을 말한다. 사후의 것은 유상(遺像)이라고 한다.

년 진력(盡力)하신 공적에 갚아야 하는 바가 있기 때문"(山口太兵衛翁 表彰會, p.1)이라고 하거나 또한 「야마구치 옹을 이야기하는 좌담회」 (1934년 9월)에서 좌장 가다 나오지(賀田直治) 경성상공회의소 회두는 "이것은 조선 통치의 측면사가 되기도 하는 것이며, 또한 이전의 어려운 사정을 후대인에게 알려 세도인심(世道人心)을 밝히는 자료가 되리라고도 생각합니다"(p.66)라고 밝히고 있다. 동생 핫토리 마사타카(服部正喬)가 집필한 2번 핫토리 겐지로(服部源次郎)의 전기는 "친인척 젊은이들에게 선물한다"고 되어 있다. 도미타 기사쿠 자신이 만년에 그 생애를 받아쓰게 한 것을 이야기풍으로 기술하고 그것을 장남인 세이치(精一)가 간행한 4번은 "자손의 수양과 성려(省慮)에 도움을 준다" (머리말)고 되어 있다. 또한 전 경성법학전문학교 교수 구루마다 아쓰시(車田篤)가 집필한 7번 후쿠나가 세이지로(福永政治郎)의 전기에는 후쿠나가에게 은고(恩顧)를 받았다는 발행자 오카지 데이지로(岡治定治郎)·가와시마 이치조(川島一三)의 전기 편찬의 말에 "하등 부가하는 바 없이, 또한 하등 억손(抑損)하는 바 없이 옹의 사업, 옹의 성행을 충실히 천명하게 되었다"고 되어 있다. 다른 한편 이 책에 「서(敍)」를 기고한 일본 내지의 평론가 사사가와 린푸(笹川臨風)는 "이 전기는 翁의 명한(名翰)을 다음 세대에 전하는 것만이 아니라 후손과 자제에 대한 훌륭한 교훈이자 지도이다"라고 하고 있다. 한편 6번의 『迫間房太郎翁略傳』은 사망했을 때에 부산부에서 발행된 것이다.

전후 간행에 대해 말하자면 우선 8번의 『中村精七郎傳』은 1945년 7월에 탈고한 것이다. 그 때의 「서문」에는 집필 작가인 마토바 신지로(的場新治郎)가 "옹의 언행은 영원히 눈부시게 빛나는 주옥이다. 다행히 이 전기가 후진의 지침이 되고, 옹을 아는 계기가 된다면"이라고 되어 있다. 또한 "일대의 역사는 운명과 노력의 합작으로 이루어지는 명화로서 국가, 사회에 대한 봉사실천의 에마키(繪卷)이다"(나의 말)라고 되어 있다. 이 구절은 1947년 6월, 77살(喜壽) 축하연에서 동인에게 헌상했을 때에도, 또한 초판본을 1958년에 간행했을 때에도, 2003년에 야마마루(山九)주식회사 창립 85주년을 기념하여 복간되었을 때도 일체의 가필, 수정이 이루어지지 않는다. 11번의 이케다 스케타다(池田佐忠)의 전기에는 장남 이케다 구니지(池田國司)가 집필한 것으로 사업 일단에 관여한 야마구치 현(山口縣) 유야쵸(油谷町)에서의 정사(町史) 편찬 과정에서 받은 의뢰와 부산중학(釜山中學) 동창회에서 받은 의뢰로 인해, 그리고 "인간으로서의, 아버지에 대한 존경심에서 쓴 것이고, 이러한 인물을 선조로 모신 우리의 자부심을 자손에게 전달하는 것을 염원한 것"(머리말)이라고 되어 있다. 또한 12번 다테이시 요시오(立石良雄)의 전기는 손자인 다테이시 노부요시(立石信義)가 집필했으며, "중소기업 3대의 땀과 눈물, 쓴웃음의 기록으로서 어딘가의 참고로 해 주신다면 다행입니다"(머리말)라고 되어 있다. 5번 가메야에서는 "조선에서 생활하고 있는데 조선 사람들이 그다지 등장하지 않는 것도 마음에 걸린다"(머리말)고 단정하고 있다. 한편 같은 머리말에는[10] 패전과 조선의 분리를 계기로 "사람들은 각각의 입장에서 모든 사정에 대해 반성하게 되고, (중략) 당연하다며 처음부터 믿어 의심치 않고 있었던 것을 의심하기 시작했다"며, "패전 후 갖가지 운명은 우리들에게 있어 시련이자 도야(陶冶)였으며, 진정한 강함을 향한 도약대이자 새로운 활력으로의 각성이었다"고 위치 짓고

---

10) 이 머리말은 가메야 아이스케(龜谷愛介)의 손자인 가메야 다쓰오(龜谷辰男)가 썼다.

있다. 그러나 일본인의 조선 체험을 이러한 시점에서 재평가하려는 자세는 매우 드물었다고 하지 않을 수 없다. 전전·전후 모두 두드러진 변화는 없고, 전체적으로 본인의 공적에 보답하면서 후배를 위한 지침으로 삼는 것이 주요한 발간 취지였다고 할 수 있다.

3. 전기에서 알 수 있는 것

이러한 실업가의 전기에서 알 수 있는 것을 1) 경력, 2) 경영 수법, 3) 제단체·역직 관계(공공사업을 포함), 4) 조선인과의 교류, 5) 향리(鄕里)와의 관계의 형식으로 〈표 1〉, 〈표 2〉에 정리해 보았다. 이하, 이 순번으로 각각 검토해 보자.

〈표 1〉 재조일본인 실업가의 전기와 주된 경력

제목	간행 연도	쪽수	출신지	생몰년	출자, 경제활동
1. 山口太兵衛翁	1934	217	鹿兒島縣 川內	1864~1934	父 나가사키에서 조선 무역→유신 후 파탄, 도쿄를 거쳐 84년 경성무역상
2. 服部源次郎傳	1934	375	三重縣 三重郡 三重村 大字小杉	1878~1928	생가 반농반상, 共興學舍 입문, 05년 마산 귀향→08년 통영에서 금대업, 미곡상, 토지
3. 巨人香椎翁の片鱗	1935	62	福岡縣 筑紫郡 御笠村 字天山	1867~1946	차남으로 近鄕에 유력한 문벌에서 香椎家로 양자→상경, 오사카에서 실패→05년 부산군용통조림
4. 富田儀作傳	1936	599	兵庫縣 川邊郡 中谷村 上野	1858~1930	생가 大庄屋, 酒屋→파산, 瓦職奉公→광산노동자→지원병→관리, 97년 오사카 小西和상점에서 대만 製腦→99년 경성광산경영
5. 龜谷愛介遺誌 活字製本	1934 이후 집필 1979	10+40	長崎縣 對馬嚴原	1864~1944	생가 植松 小상업, 회선업 龜谷 양자 衰況→77년 부산→95년 원산 무역상

6. 迫間房太郎翁略傳	1942	9+9	和歌山縣那賀郡池田村大字西三谷	1860~1942	오사카 五百井長 상점→파탄→80년 부산 무역→04년 독립
7. 持圓福永政治郎翁傳	1943	686	滋賀縣神埼郡建部村	1864~1935	庄屋, 숙부 高瀨의 뒤를 이어 86년 부산에서 잡화상, 면포상
8. 中村精七翁傳 山九株式會社八五周年復刻	1958 2003	265	長崎縣北松浦郡平戶稗田	1872~1948	03년 인천 木村組→04년 진남포 기선회사
9. 荒井初太郎傳智の咆哮	1971	132	富山縣礪波郡松澤村字島村	1868~1945	생가 肝煎役→十勝線 철도공사, 旭川 荒井組를 동생에게 맡기고 04년 경부 철도 공사 청부, 08년 청주에서 토목사업, 13년 경성에 본거
10. 籾から精米·糠から油を(加藤平太郎一代記)	1978	451	山口縣熊毛郡佐賀村字尾國	1881~1962	1886년 쓰시마로 건너가 齊藤家에 맡겨진다. 러일전쟁 후 진남포에서 정미공장장, 20년 독립하여 加藤정미소 설립
11. 池田佐忠事業と人生	1999	463	熊本縣天草	1885~1952	1916년 육군 경북에서 제대→조선식림사업→부산항만 수축사업→울산축항사업
12. 盛運·强運·幸運-石油と海運の三代記-(立石良雄·立石信吉·立石信義)	2005	318	福岡縣宗像郡赤間町字名殘	1883~1941	1898년 오사카 蠟燭問屋 松尾商店 견습(丁稚)→番頭 11년 조선, 중국 시찰 후 부산지점 개설, 洋蠟燭 제조판매→13년 석유 판매, 19년 立石상점 독립→유조선(tanker)업

1) 경력

우선 출신지로 보면 재조일본인의 출신 부현(府縣)의 상위는 야마구치(山口)·후쿠오카(福岡)·구마모토(熊本)·나가사키(長崎)·가고시마(鹿兒島) 순이 된다.[11] 이 12명은 규슈(九州)·야마구치 외에 근기권(近畿圈)이 많음을 알 수 있다.

---

11) 「本籍者ノ現在地別人口」, 『朝鮮昭和十五年國勢調査結果報告』, p.24.

조선 도항연도는 1, 5, 6, 7번의 4명이 청일전쟁 전이고, 나머지 8명이 대략 러일전쟁 이후가 된다.12) 이 1, 5, 6, 7번은 소위 선구자적 존재로서 각각 거류지의 중진적 존재가 되고 있다. 그리고 모두 당초는 피고용인이였지만 나중에 독립한 케이스이고, 그 업종도 상업이 중심이었다.

이에 비해 나머지 8명의 경우, 역시 4, 8, 11, 12번은 피고용인에서 나중에 독립하였고, 2, 3, 9, 10번은 당초부터 독립영업자였다. 주된 업종은 일반 상업인 2번 이외에 3번은 수산업, 4번은 광산업, 8번은 기선회사, 9번은 토목청부업, 10번은 정미업, 11번은 식림·축항사업, 12번은 석유판매업으로 매우 다양했음을 알 수 있다.

2) 경영수법

경영면에서는 업종으로 조선미의 대(對)일본 수이출이나(따라서 정미업도 겸한다. 2, 5, 10) 일본 면포의 조선 수입, 나중에 이입(1, 7) 등의 무역에 종사하는 경우가 많았다. 또한 기선회사나 운송업에 종사하는 경우도 많았고(2, 5, 8, 12), 더 나아가 농지·시가지 등 토지 경영에 관여하는 경우도 있었다(2, 4, 5, 6, 7). 한편, 사업의 활동장소로서 조선 안은 물론(그 경우 각지에 지점망을 전개했음은 말할 것도 없다) 멕시코에 주목하거나 실제로 오사카나 모지(門司), 고쿠라(小倉)에 지점이나 공장을 설치하는(5, 12) 경우도 있었으며, 더 나아가 중국에 관심을 강하게 보이는 경우도 있었다(6).

또한 국가적 산업 혹은 국가적 사업이라는 점에 매우 열심이었던

---

12) 이 시기의 재조일본인에 대해 『人事名鑑』 등의 기록 사항으로 분석한 것으로 졸고, 「在朝日本人植民者의 『サクセス·ストーリ』」, 『歷史評論』 625호, 2002가 있다.

자가 많았던 것도 지적할 수 있을 것이다. 예를 들어 1번의 야마구치 다베에의 경우는 철도·전기가스사업을 일본 측으로 탈취하는 데 진력하고 있고, 3번의 가시이(香椎)는 전력이나 철도의 국유화를 강하게 제창하고 있다. 또한 4번의 도미타 기사쿠(富田儀作)는 양잠업을 국가적 산업으로 위치 짓고 양잠전습소를 개설하기도 했으며, 5번의 가메야 아이스케(龜谷愛介)는 데라우치의 장려에 보답하기 위해서라며 연안어업(沿取漁業)이나 식림사업을 개시하고 있다. 6번의 하자마 후사타로가 러시아의 군사진출에 대항하는 관점에서 재빨리 군산의 토지를 매수한 것은 유명하다. 또한 그는 만주사변 후, 중학교에「지나어」를 설치할 것을 호소하고 있다. 그리고 약전(略傳)에서는 "옹은 언제나 눈빛을 국가의 대국에 쏟았다"(p.167)고 하고 있다. 9번의 아라이 하쓰타로의 전기에서는「국책에 편승하여」라는 장(제5장에 상당)이 마련되어 있다(구체적으로는 함경북도의 철도공사).13) 11번의 이케다 스케타다는 특히 1930년대 이후 부산·울산의 항만 수축이나 공업도시 건설에 참여하고 있으며, 일본의 대륙정책에 조응한 항만도시 건설을 표방하고 있다.14) 한편 특별히 7번 후쿠나가의 경우처럼 경영수법과 종교적 측면의 관계도 중요한데, 본고에서는 언급할 수 없었다.

---

13) 아라이 하쓰타로(荒井初太郎)에 관한 연구로는 김명수,「재조일본인(在朝日本人) 토목청부업자 아라이 하츠타로(荒井初太郎)의 한국진출과 기업활동」,『경영사학』제26집 제3호, 2011이 있다.
14) 이케타 스케타다(池田佐忠)에 관한 연구로는 배석만,「부산항 매축업자 이케다 스케타다(池田佐忠)의 기업 활동」,『한국민족문화』 42, 2012; 同,「1930년대 부산 赤崎灣 매축 연구」,『港都釜山』제28호, 2012가 있다.

3) 제단체 · 역직관계

이것과 관련되어서도 많은 경우, 거류민단 의원, 상업회의소 회원·회두(會頭), 면장, 금융조합장, 도평의원 등을 역임하고, 또한 복지·교육사업 등에 참여하는 등(3, 4, 7), 공적기관에서 활동하고 있다. 3번의 가시이 겐타로는 부산의 상(工)업회의소 회두를 1920년부터 35년까지 15년 역임했으며, 그 사이에 항로개척이나 전력통제, 산미증식 등을 총독부에 강하게 호소하고 있다.[15] 이러한 점으로 인해 대부분이 서훈(敍勳)을 받거나 동상이 세워지고 있는 점도 공통하고 있다. 더 나아가 패전 후의 귀환 때 일본인 세화회에서 진력하는 경우도 많았다(3, 10, 11, 12).

4) 조선인과의 교류

넓은 의미에서의 조선인과의 교류가 전기에 어떻게 그려지고 있는지에 대해서는 전술했듯이 고인의 회고록에서도 거의 등장하지 않고, 기껏해야 2번이나 5번에서 조선어 학습을 한 것, 4번에서 조선인에 대해 일본어 교육을 한 것 등이 나타나고 있는 정도이다. 그 가운데 초기에 조선정부 요인과 접촉한 경력이나(3, 8, 9), 공동으로 사업을 시작한 케이스(10), 더 나아가 노동자에 대한 동일 대우(12)나 지도자와의 친교(9) 사례는 흥미롭다. 적어도 이권에 얽히는 사항이나 원활한 사업 전개를 계속해 가기 위해 어느 정도 양호한 관계를 쌓아 두는 것은 실업가로서 불가결한 조건이었다고 할 수 있을 것이다.

---

[15] 조선에서의 상공회의소 발간자료와 제 활동에 대해서는 『DVD판 동경상공회의소소장 전국상공회의소관계자료 제Ⅱ기 : 東アジア일본인 상공회의소 관계자료 수록 목록』, 雄松堂, 2011을 참조할 것.

5) 향리(鄕里)나 내지와의 관계

고향과의 관계는 소학교 등에 대한 기부(2, 4, 9), 현인회(縣人會)의 간사(世話役)(1), 그리고 향리에서의 총선거 입후보(9, 낙선) 등이 있었다. 전기에서는 언급되지 않은, 향리로부터의 구인(求人)이나 호출, 자금조달 등도 있었다고 생각되지만, 점차 주요한 루트가 아니게 되어 갔다고 볼 수 있다. 야마구치 현 구마게군(熊毛郡) 우마시마(馬島)에서 온 재조일본인 성공자는 다이쇼기에 추위를 피하기 위한 별장을 우마시마에 건설했다고 알려져 있지만,[16] 5번의 가메야는 고향인 쓰시마가 아니라 효고(兵庫)의 아시야(芦屋)에 일시 별택을 구입한 적이 있어 서 일본의 부유한 지주의 상징(status symbol)을 체현하고 있었음을 알 수 있다. 더욱이 원산 정착 후에도 경성에 택지를 확보하는 등, 부동산 투자에 여념이 없었다.[17] 9번의 아라이는 도쿄 메구로(目黑)의 센조쿠(洗足)에 별장을 가지고 있다.

4. 끝내며

이상 검토해 온 바를 정리하면 대략 다음과 같다.

즉 우선 초기에 선구자적으로 진출한 자들은 특히 국가적인 이익에 중점을 두고 행동하고 있었음을 거론할 수 있다. 그것은 국가의 명운에 스스로의 존망을 걸었던 측면이 있었던 점에 기인한다고 할 수 있

---

16) 졸고, 『在朝日本人の社會史』, 未來社, 1989, 제2장.
17) 가메야(龜谷愛介)의 영업활동에 대해서는 졸고, 「朝鮮進出日本人の營業ネットワーク -龜谷愛介商店を事例として-」, 『近代アジアの流通ネットワーク』, 創文社, 1999를 참조할 것.

지만, 그러한 관점은 그 후에도 계속되어 특히 전시기에 크게 팽창해 간다. 그러한 행동 양식이 인양 때에 간사(世話役) 활동으로 이어졌다고 할 수 있을 것 같은데, 전시통제경제와 개별 영업 내용의 관련성 등을 구체적으로 본 후에 개별 이해보다 국가적 이해라는 평가도 재검증할 필요가 있을 것이다. 또한 패전에 의한 전 재산 상실 때의 견해에 대해서는 거의 언급하고 있지 않다.

조선인과의 교류나 향리와의 관계는 그다지 상세하게 논하고 있지 않은 점이 특징이라고 할 수 있다. 그것이 실제로 적었는지, 아니면 생략되어 있는지는 명백하지 않지만, 전혀 관계없이 진행되고 있었을 리는 없고, 단체 등의 활동을 통해 금후 점차 이 부분의 해명이 기다려지는 바이다.

한편, 고인 혹은 그 자손을 포함해 귀환 후의 소식은 불명확한 부분도 많지만, 대개 그 사업 활동이 조선 내에서만 그치지 않고, 전전기에 일본 내지를 포함하여 다국적으로 전개하고 있었던 경우는 귀환 후에도 계속하여 사업을 행하고 있는 케이스가 많다고 생각된다.

이외에 자료적으로는 동일 인물에 관해 가토 헤이타로(加藤平太郎)의 경우 오직 장녀가 쓴 다수의 저작이 있고, 또한 다테이시(立石) 상점이나 나카무라 세이시치로(中村精七郎)의 경우, 각각 전자는 『株式會社立石商店卄五年沿革史』(1936), 『株式會社立石商店事業槪況』(창업 30주년 기념, 1941), 후자는 야마마루(山九) 주식회사의 『山九七十五年史』(1994), 『山口七十五年史 各事業部門のあゆみ』(1994)가 있다. 또한 가시이 겐타로는 그가 인수한 일본경질도기주식회사(日本硬質陶器株式會社)의 사사(社史)에서 언급되고 있고,[18] 가시이와 함께 오이케 다다스케(大池忠助)에 관해서는 서훈(敍勳) 때의 「光榮錄」(1928)이라는, 그의 사적(事績)에 관한 상세한 기록이 있다. 이외에도 아직 묻혀 있는 일기류가 있다고 알려져 있으며, 그러한 것들의 발굴이 기다려지는 바이다.

더 나아가 근래, 「폐쇄기관 관계」로서 일본의 외무성 외교 사료관과 국립공문서관(쓰쿠바 분관)에서 일본의 패전과 함께 폐쇄된 기관의 내부문서가 공개되어 있다. 그 중에서도 동양척식주식회사 관계 자료에는 동양척식이 투자·융자한 재조일본인 기업에 관한 상세한 분석 자료가 포함되어 있어 귀중하다.[19]

금후는 이번에 검토한 전기류와 상기 자료 및 개별적으로 발표된 언행록, 그리고 행동 등을 서로 잇댐으로써 보다 종합적인 인물상을 부상시키는 것이 요구될 것이다. 이러한 점을 해명하여 식민지 통치 하에 진행된 조선 경제의 특징도 보다 선명해져 갈 것이라고 생각한다.

[번역 : 전영욱]

---

18) 배석만, 「일제시기 부산의 대자본가 香椎源太郎의 자본축적 - 日本硬質陶器의 인수와 경영을 중심으로 -」, 『지역과 역사』 25, 2009.
19) 전게한 배석만의 일련의 연구는 주로 이 「폐쇄기관 관계문서」를 이용해 정리된 것이다.

2부 재조일본인 사회의 형성과 정착

❖ **재조일본인 사회의 '자치'와 '한국병합'** _ 이동훈

❖ **식민지기 조선에서의 동화정책과 재조일본인** _ 우치다 준

❖ **식민지 조선의 애국부인회** _ 히로세 레이코

재조일본인 사회의 '자치'와 '한국병합'*

— 경성거류민단의 설립과 해체를 중심으로 —

이동훈**

1. 머리말

1910년 '한국병합(韓國倂合)'은 지배민과 피지배민, 즉 일본인과 조선인의 '병합'을 의미하지는 않았다. 일본인과 조선인의 융합을 강조한 '병합유고[1]'의 취지와는 달리 일본인과 조선인의 경계는 제도적으로 그대로 유지되었다. '한국병합' 당시 식민지 조선[2]에 설립되어 있었던 11개의 일본인 거류민단에 대해 통감부는 '본래 외국에 주거하는 제국 신민이 설립한 단체로 조선이 제국의 영토에 귀속된 이상 자연히 지방 행정기관에 편입되어야 할 것[3]'이라며 거류민단(居留民團)을 해체되어야 할 것으로 간주하고 있었다. 하지만 일본인 거류민단은 병합 이후에도 잠정적으로 존속하게 된다. 이처럼 '한국병합'이 공포된

---

* 이 논문은 李東勳, 「在朝日本人社會の'自治'と'韓國倂合': 京城居留民團の設立と解體を中心に」, 『朝鮮史硏究會論文集』 제49집, 2011을 번역한 것임.
** 李東勳, 도쿄(東京)대학 총합문화연구과 박사과정.
1) 「諭告」, 『朝鮮總督府官報』, 1910년 8월 29일.
2) 국호와 관련해서 본 논문에서는 원칙적으로 조선시대는 '조선'으로 대한제국 시기는 '한국'으로 1910년 8월 29일 勅令 제318호에 의해 조선으로 개칭된 이후는 '조선'으로 칭하기로 한다. 조선시대부터 식민지시기를 총칭하는 국호로는 '조선'을 사용하기로 한다. 또한 한국인과 조선인의 사용도 이에 따른다.
3) 『朝鮮總督府官報』, 1910년 8월 29일, 統監府訓令 제16호.

1910년 8월부터 '부제(府制)'가 실시된 1914년 4월까지 약 3년 7개월간 행정적으로 일본인과 조선인은 분리되어 있었다.

　최근 식민지 조선과 관련한 연구에서 식민지 권력과 피지배자의 관계를 지배와 저항이라는 이항 대립적 구도로 파악하는 것의 한계점이 지적되어 왔다. 식민지 권력과 그에 저항하는 피지배자란 도식으로 설명할 수 없는 식민지 공간 혹은 식민지 담론이 존재한다는 문제의식이다. 이와 같은 인식에 기초하여 일본학계의 식민지 조선 연구와 한국학계의 일제강점기 연구 동향에서 검토대상으로 주목받고 있는 것이 식민자, 즉 '재조일본인(在朝日本人)'의 존재이다. '모험꾼의 막벌이', '일본자본주의 모순의 배출구'라는 선구적 비판4)과 '풀뿌리 민중의 침략주의5)'라는 평가는 재조일본인의 침략적인 성격을 강조한 것으로 재조일본인에 대한 고정된 이미지를 생산해왔다. 그러나 최근 재조일본인에 관한 연구는 식민지 권력과 일본인사회 사이에 존재했던 갈등, 타협, 협력 등의 스펙트럼을 다각적으로 검토할 필요가 있다는 인식 아래 다양한 논의가 이루어지고 있다.6)

　본 논문에서는 1920년대 이후 재조일본인 사회에서 참정권 및 지방

---

4) 梶村秀樹, 「植民地と日本人」, 『日本生活史 8 : 生活の中の國家』, 河出書房新社, 1974; 同, 「植民地での日本人」(金原左門編 『地方文化の日本史(9)地方デモクラシーと戰爭』), 文一總合出版, 1978.

5) 高崎宗司, 『植民地朝鮮の日本人』, 岩波新書, 2002.

6) 1920년대 재조일본인 사회의 지도층과 단체의 동향에 관해서는 內田じゅん, 「植民地期朝鮮における同化政策と在朝日本人 : 同民會を事例として」, 『朝鮮史研究會論文集』 제41호, 2003; 李昇燁, 「全鮮公職者大會 : 1924~1930」, 『二十世紀研究』 제4호, 2003; 同, 「'문화정치' 초기 권력의 動學과 재조일본인사회」, 『일본학』 제35집, 동국대학교 일본학연구소, 2012를 참조. 부산의 일본인사회의 동향에 관해서는 홍순권, 「일제시기 '부제'의 실시와 지방제도 개정의 추이」, 『지역과 역사』 제14호, 2004; 同, 『근대도시와 지방권력』, 선인, 2010을 참조.

자치 요구의 기점이 되는 일본인 거류민단의 설립과 해체를 연구대상으로 하여 일본인사회의 계층분화, 특히 지도층의 변화에 주목한다. 식민지 조선에서 일본인 커뮤니티를 형성하고 있었던 관리(官吏), 군인, 경찰, 상인, 육체노동자 등의 일본인 식민자는 동일하게 재조일본인이란 틀에 속하지만 그 계층별 성격과 식민지에서의 역할은 구별되어야 할 것이다. 관리, 군인, 경찰 계층은 식민지 권력에 속하지만 민간의 일본인은 민족별 구도에 있어서는 지배 권력에 속하면서도 식민지 통치에서는 지배를 받는 대상이기도 했다. 이와 같은 양면성은 재조일본인 사회를 이해하는 데 있어서 중요한 요소이다. 이 점을 환기하면서 본 논문은 식민지 권력에 속하는 일본인이 아닌 민간 일본인이 설립한 자치단체를 검토대상으로 한다. 식민지 조선의 정치 공간에서 민간의 '일본인사회[7]'라는 축을 추가함으로써 일본제국의 '식민지 경영'의 실태가 또 다른 각도에서 구명될 수 있을 것이다.

이 시기 일본인사회의 최대 과제는 '자치[8]'의 존속이었다. 본 논문은 이 점에 주목하여 '한국병합'과 1914년 거류민단 해체 전후를 중심으로 일본인 자치단체의 변화를 검토하고자 한다. 지역적으로는 한반도의 정치·경제의 중심지인 '경성(京城)[9]'을 중심으로 살펴보고자 한다.[10] 조선의 개항 이후 일본인의 한반도 정착과정은 일본인들이 지

---

7) 본문 중 사용하는 '일본인사회'는 특별한 언급이 없는 한 민간의 일본인사회를 가리킨다. 이러한 취지에서 본 논문은 일본 민중이 형성한 커뮤니티의 여론에 주목하고자 한다.
8) '자치'는 일반적으로 한 나라 안의 지방자치를 의미한다. 해외 식민지로 이주한 일본인들이 거류지에서 행한 것을 '자치'로 지칭하기는 어렵다. 그러나 재조일본인들이 이를 '자치'로 표현한 것에는 그들의 시대의식과 현실인식이 담겨 있다고 볼 수 있다. 이에 주목하여 본 논문에서는 '자치'라는 용어를 그대로 인용하여 사용하고자 한다.
9) 식민지시기 서울지역을 지칭하는 지명으로 '京城'을 사용한다. '京城'이란 지명은 19세기 말부터 재조일본인 사이에서 일반적으로 사용된 지명이다. 이하 따옴표를 생략한다.

역사로 간행한 '○○발달사(發達史)', '○○발전사(發展史)'에 기록되어 있다. 경성의 경우는 경성거류민단 간행의 『경성발달사(京城發達史)』가 주요한 사료(史料)가 되는데 이를 바탕으로 1910년대까지 일본인사회의 형성과정을 시기별로 나누면 4기로 구분할 수 있다. 제1기는 1880년대 일본인의 '입경(入京)'에서 러일전쟁에 따른 거류민 급증 시기까지, 제2기는 통감부 시기, 제3기는 '한국병합'에서 1914년 민단 해체까지, 제4기는 민단 해체 이후의 1910년대이다. 이 구분은 경성뿐만 아니라 대부분의 일본인 거류지에 해당되는 시기구분이다. 본 논문에서는 제2기 통감부 시기부터 제3·4기 1910년대 중반까지를 중심으로 '자치'에 관한 일본인 사회의 논의와 대응을 검토하고자 한다.

본 논문은 거류민단에 관한 선행연구[11]를 참조하면서 다음의 3가지 논점에 주목하고자 한다. 첫 번째는 일본인 사회의 여론 형성에 주목한다. 선행연구에서는 관헌사료가 주로 이용되어 왔지만 본 논문에서는 일본인 경영의 신문과 잡지를 폭넓게 이용하여 일본인 사회의 여론을 추출하여 보다 실상에 가까운 일본인사회를 그리고자 한다.

---

10) '한국병합' 전후 경성의 일본인사회의 계층분화와 잡거지라는 성격이 경성의 일본인 사회에 미친 영향에 대해서는 졸고, 「韓國併合」前後の在朝日本人社會―雜居地'京城'を中心に」, 『年報地域文化研究』 제14호, 東京大學大學院總合文化研究科地域文化研究專攻, 2010.

11) 木村健二, 「明治期の日本居留民團」, 『季刊三千里』 제47호, 1986; 同, 『在朝日本人の社會史』, 未來社, 1989; 同, 「在外居留民の社會活動」(大江志乃夫編 『岩波講座近代日本と植民地 제5권 膨張する帝國の人流』), 岩波書店, 1993; 孫禎睦, 『韓國開港期都市變化過程研究―開港場·開市場·租界·居留地』, 一志社, 1982; 同, 『韓國地方制度·自治史研究(上) : 甲午更張~日帝强占期』, 一志社, 1992; 山中麻衣, 「서울거주 일본인 자치기구 연구」, 가톨릭대학교 국사학과 석사논문, 2001; 정혜경, 「『매일신보』에 나타난 1910년대 재조일본인」(수요역사연구회 편, 『식민지 조선과 『매일신보』 : 1910년대』), 신서원, 2002; 姜再鎬, 『植民地朝鮮の地方制度』, 東京大學出版會, 2001; 홍순권, 앞의 논문; 同, 앞의 책.

두 번째는 일본인사회에 대한 식민지 권력의 방침이 일관되지 않았던 점에 주목한다. 제국사 연구에서 식민지 권력과 식민자가 반드시 동일한 입장 혹은 동일한 이해관계를 가지지 않는다는 점은 논증되어 왔다. 식민지 조선도 예외는 아니었는데 '한국병합'은 식민지 권력과 일본인사회의 이해관계에 균열을 초래하는 계기가 되었다. 이로 인해 식민지 권력은 일본인사회에 대한 정책에 수정(修正)을 가하지 않을 수 없었다. 세 번째는 일본인 자치단체의 변화, 다시 말해 거류민역소→거류민단→학교조합, 부협의회로 바뀌는 과정에 주목한다. 자치단체의 변화와 함께 일본인사회의 지도자 계층이 어떻게 변화하는지를 연속 혹은 단절이라는 관점에서 분석한다. 이상, 위의 세 가지 논점을 중심으로 일본인사회의 '자치'를 둘러싼 식민지 권력과의 갈등 및 타협의 과정을 검토하는 것을 본 논문의 과제로 삼고자 한다.

2. 경성거류민단의 설립

경성에 이주한 일본인들이 자치단체를 설립한 것은 거류지가 공인된 1885년경이었다. 이 시기 일본인 인구는 80명 정도였는데 자치단체의 대표는 남녀를 불문하고 호구의 가장이 한 달씩 교대하는 시스템을 취하고 있었다.12) 이후 자치단체의 명칭에 변화는 있었지만 경성거류민역소는 거류민으로부터 세금을 징수하여 거류지의 교육, 토목, 위생, 신사 등에 관한 업무를 행했다. 하지만 거류민역소는 그 법적 근거가 없었기 때문에 업무를 위한 채권 발행은 불가능하였고 체납에

---

12) 「京城民團の沿革」, 『京城新報』, 1910년 7월 26일자.

대해 강제적 조치를 취할 수 없었기 때문에 체납자가 속출하는 문제를 안고 있었다. 이러한 이유로 19세기 말부터 부산, 인천의 거류지에서는 거류민역소의 법인화 요구가 있었다.13) 1904년 제1회 재한 일본인 거류지 대표자 모임에서도 법인화 문제는 논의되었는데 협의 결과 법인화 문제를 제국의회에 건의하기로 결정되었다.14) 이러한 움직임에 따라 1904년 9월 본국의 외무성에서는 거류민단법안을 작성하여 주한 공사관에 자문을 구했다.15) 같은 해 12월에는 경성거류민단의 민장(民長)인 나카이 기타로(中井喜太郎)가 도쿄로 건너가 관할기관인 외무성 통상국(外務省通商局)을 방문하는 한편, 중의원 의원에게 로비활동을 펼쳤다.16) 그 결과 1905년 3월 법률 제41호 '거류민단법(居留民團法)'이 발포되었고 이듬해 7월에는 통감부령 제21호 '거류민단법시행규칙(居留民團法施行規則)'이 공포되었다. 거류민단법은 해외에 있는 제국 신민의 단체에 대하여 법적 자격을 부여한 법률로, 기본적으로는 본국의 행정단위인 시정촌(市町村)에 준거하여 본국의 기존 법률체계와 한국의 지역적 사정이 감안된 형태로 입안된 법률이었다.17)

그 결과 〈표 1〉에서 알 수 있듯이 1906년부터 1908년에 걸쳐 거류민단이 차례로 설립되었고 경성거류민단이 설립된 것은 1906년 8월 15일이었다. 경성거류민단은 의결기관인 민회의원 20명과 집행기관

---

13) 仁川府, 『仁川府史』, 1933, pp.170~171.
14) 京城居留民團役所 編, 『京城發達史』, 1912, p.160; 中井綿城, 『朝鮮回顧錄』, 東京糖業研究會出版部, 1915, pp.121~122.
15) 大韓民國文教部國史編纂委員會編, 『駐韓日本公使館記錄』 제22권, 1991. 機密送第72號, 1904년 9월 4일, 外務大臣 小村壽太郎가 特命全權公使 林權助에게 보낸 전보.
16) 中井綿城, 앞의 책, pp.146~147.
17) 統監府地方部, 『民團制度實例』, 1908, p.95.

인 민장(民長), 조역(助役), 회계(會計), 서기(書記)로 구성되어 있었다.[18] 거류민단법의 시행은 거류민단체에 법률적 근거를 부여한 측면이 두드러지지만 한편으로는 거류민단체가 통감부에 대해 종속적이게 되는 결과를 초래했다. 거류민단을 감독하는 기관으로 1906년 2월에 설치된 통감부를 비롯하여 이사청(理事廳)(영사관의 역할)이 있었다. 1896년 제정된 '재경성제국거류민규칙(在京城帝國居留民規則)'과 비교해 보면 거류민단의 종속적 성격은 확연해진다. 영사가 단독으로 일본인단체를 감독했던 것이 이사관과 통감의 이중 감독 체제로 바뀌었으며 민회해산권과 민장임명권은 이사관보다 상위인 통감이 보유하게 되었다.

'거류민단법시행규칙'의 조문을 보면 거류민단은 조직권, 입법권, 재정권을 인정받고 있었다. 이는 현재의 자치 개념을 충족하는 수준이기도 하다. 먼저, 조직권을 보면 임기 2년인 민회의원의 선거권은 거류민단세를 연간 5엔 이상 납부하는 만 25세 이상의 남성에게 주어졌다. 또한 관리, 신관(神官), 승려, 학교 교원의 피선거권은 부정되었다. 임기 3년의 민장은 '거류민회에서 이를 선거하여 감독 장관의 인가를 받아야 한다'고 정하여 공선(公選)제 형식을 취하고 있었다. 재정 면에서 거류민단은 민단세, 사용료, 수수료 및 부역 현품을 부과·징수하는 권한을 가졌으며 민단세 체납자에 대한 강제 조치도 가능해졌다. 입법권을 보면 '거류민단은 거류민의 권리 의무 및 거류민단의 사무에 관해 거류민단 규칙을 제정할 수 있다'고 규정되었는데 1911년 11월 당시 경성거류민단이 제정한 규칙은 20항목에 이르렀다.[19]

---

18) 위의 책.
19) 京城居留民團役所 編, 『現行京城居留民團規則類集』, 1911.

⟨표 1⟩ 거류민단법 시행 이후 한국에 설립된 일본인거류민단

거류민단 명칭	설립일	1906년 8월말		1907년 6월경		1908년 6월말	
		호구	인구	호구	인구	호구	인구
釜山居留民團	1906년 8월 15일	4,131	15,877	4,018	15,948	4,776	18,704
仁川居留民團	1906년 8월 15일	3,046	12,710	3,058	12,376	2,966	11,612
京城居留民團	1906년 8월 15일	3,000	11,380	4,035	14,314	5,240	17,788
平壤居留民團	1906년 8월 15일	1,469	4,405	1,538	5,201	1,864	6,634
鎭南浦居留民團	1906년 8월 15일	727	2,739	748	2,904	774	2,661
群山居留民團	1906년 8월 15일	406	1,510	602	2,362	818	3,162
馬山居留民團	1906년 9월 1일	589	2,313	731	2,727	910	3,355
元山居留民團	1906년 9월 1일	946	5,015	1,029	4,447	1,040	4,232
木浦居留民團	1906년 10월 15일	516	2,128	606	2,459	756	2,901
大邱居留民團	1906년 11월 1일	649	1,928	698	2,416	859	2,882
龍山居留民團	1907년 9월 15일					1,396	4,653
新義州居留民團	1908년 2월 15일					549	1,574
총 12개 거류민단		15,479	60,005	17,063	65,154	21,948	80,158

출전 : 統監府, 『統監府施政一斑』, 1907.1, pp.8~9(1906년 8월말); 統監府總務部, 『韓國事情要覽』, 1907.6, p.55(1907년 6월경); 統監官房, 『韓國施政年報』 제1차, 1908.12, pp.402~408 (1908년 6월말).

경성거류민단의 민회를 구성하게 될 의원 선거는 1906년 10월에 실시되었는데 선거가 가까워 오자 일본인사회에서는 선거열기가 고조되었다. 동부유지자회(東部有志者會), 서부유지자회(西部有志者會), 동지회(同志會) 등의 모임이 결정되었고 각자 지지 후보를 발표했다⟨표 2⟩. 당시 유권자는 660여명이었고 실제 투표자는 500명 정도였다.[20] 당선자는 나카무라 사이조(中村再造), 와다 쓰네이치(和田常市), 야마구치 다헤에(山口太兵衛), 모리 가쓰지(森勝次)를 포함한 20명이었다. 이 네 명은 1880년대에 경성에 온 '개척자'적인 인물이었고 그 외 의원도

---

20) 「議員選擧期日の確定」, 『朝鮮新報』, 1906년 9월 19일자; 「京城選擧模樣」, 『朝鮮新報』, 1906년 10월 9일자.

대부분 상인계층이었다. 그들 중에는 청일전쟁과 러일전쟁 전후하여 전당포 경영 혹은 부동산 가격의 급등으로 부를 축적한 인물이 다수 있었으며 이들의 이야기는 일본인사회에서 '성공담'으로 전해지고 있었다.[21] 거류민단 설립 이후 처음으로 실시된 선거여서인지 선거는 과열양상을 띠었으며 투표를 조건으로 장사 거래를 요구하는 촌극도 벌어졌다.[22]

한편, 민장 선거에서는 압도적인 표차로 구마가이 세타로(熊谷瀨太郎)가 당선되었다.[23] 전직 경찰관인 구마가이의 민장 당선은 거류지의 사회적 요구와 관련이 있었다. 당시 민단 의원과 민단직원, 소학교 건축 기사의 부정사건이 연이어 일어나 거류민단 내부에서도 기존의 병폐를 일소하자는 목소리가 있었다.[24] 1903년 전임 민장인 나카이 기타로의 부임과 1906년 구마가이 민장의 당선은 거류민인구의 증가로 인한 일본인사회의 성장을 의미하는 것이었다. 과거 민장은 오랜 기간 거류지에 체류한 경험이 있는 상인이 비상근으로 일했으나 나카이와 구마가이 민장의 경우 전임(專任)민장으로 체류기간은 짧았지만 행정업무와 관련한 소양을 지닌 인물이었다. 이들 민장의 당선은 일본인사회의 성장에 따른 사회적 요구를 반영한 결과였다고 할 수 있다.

---

21) 「成功談」, 『朝鮮』 제19호, 1909.9, pp.69~70; 崑崙山人, 「京城の成功者昔物がたり」, 『朝鮮及滿州』 제118호, 1917.4, pp.148~151.
22) 「京城選擧の彙報」, 『朝鮮新報』, 1906년 10월 8일자.
23) 「京城民長選擧の結果」, 『朝鮮新報』, 1906년 11월 1일자.
24) 「京城の選擧大勢」, 『朝鮮新報』, 1906년 10월 5일자; 「京城民團役所の紊亂(一)」, 『朝鮮新報』, 1906년 11월 13일자.

〈표 2〉 1904~1906년 경성거류민단 의원

1904년 (16명 정원)	1905년 (16명 정원)	1906년 의원				
		(20명 정원)	입경년도	출신지	소속	직업
中村再造	中村再造	中村再造	1885년	福岡	東部	무역업
和田常市	和田常市	和田常市	1885년	大分	西部	무역업
山口太兵衛	山口太兵衛	山口太兵衛	1885년	鹿兒島	西部	포목점 경영
鷹取虎次郎	鷹取虎次郎	鷹取虎次郎	1893년	兵庫	東部	다다미 제조업
貞島品吉	貞島品吉	貞島品吉	1895년	佐賀	東部	과자 제조업
關繁太郎	關繁太郎	關繁太郎	1887년	佐賀	東部	무역업
增田三穗	增田三穗	增田三穗	1896년	福岡	西部	가구 제조업
曾我勉	曾我勉	曾我勉	1895년	東京	西部	토목 건축업
菊田眞	梶原末太郎	梶原末太郎	1887년	大分	東部	무역업
依田陸次郎	秋吉富太郎	秋吉富太郎	1887년	福岡	西部	철물점 경영
城六太	濱野德次郎	濱野德次郎	1887년	東京	東部	前외무성서기, 잡화점 경영
前田熊市	阪井義明	阪井義明	-	佐賀	東部	-
江口虎次郎	中島司馬之介	中島司馬之介	1894년	佐賀	西部	前신문기자, 농업
進辰馬	田代宗四郎	進辰馬	1894·5년	福岡	西部	잡화점 경영
江川文吉	大坪文吉	釘本藤次郎	1895년	佐賀	東部	철물점 경영
淵上貞助	淵上貞助	森勝次	1885년	福岡	西部	무역업
		古城管堂	1903년	大分	東部	前의사, 실업가
		酒井政平	-	山口	東部	미곡·주류점 경영
		田中常次郎	1893년	東京·和歌山	-	무역업, 어용상인
		三好和三郎	1899년	大阪	西部	무역업, 환전상

'한국병합' 이전, 경성의 일본인 거류민은 해외에 체류하면서도 일본 국내법의 속인적(屬人的) 법제의 영향권 내에 있었다고 설명할 수 있다.[25] 1906년 일본인 거류민단의 성립은 거류민의 법인화 청원 운동의 의도와는 달리 거류민단이 당국의 규제 아래 놓이는 결과를 낳

---

25) 中內二郞, 『居留民團の硏究』, 三通書局, 1941, pp.2~4.

앉다. 당국은 거류민을 식민 정책의 보조자로서 설정하고 감독 및 보호 정책을 실시하고 있었다. 1906년 11월 미우라(三浦) 이사관은 구마가이 민장이 개최한 원유회에서 "한일 양국은 한일 협약에 따라 일신동체(一身同體)를 이루게 되었다. 신민 상호간의 관계 또한 이와 마찬가지로 거류민단 사무에 관해서 공동으로 대처하고 위생·교통 등에 관해서도 일치 협력하여 시설의 완비를 이루도록 해야 할 것이다. 요컨대 일본거류민은 경성 시정(市政)의 고문(顧問)이 되어 솔선해서 거류지의 발전에 실질적 성과를 거둘 것을 희망하며 본인도 제군들과 함께 이러한 취지에서 일치 협력할 것을 약속한다.26)"는 연설을 했다. 이처럼 당국은 거류민에게 '고문'적 역할을 기대하며 '조선인을 이끌고 유액(誘掖)할 자27)'로 거류민을 설정하고 있었던 것이다.

3. 통감부 시기 거류민정책의 변화와 일본인사회의 대응

1) 거류민단 민장의 관선제 시행

통감부의 설치 후 시간이 지나면서 당국의 거류민 정책은 변화의 조짐을 보였다. 당국은 거류민단에 대해 영향력을 행사하는 일련의 조치를 취하게 되는데 그 첫 단계로 1906년 5월 15일 통감부령 제15호 '거류민단법시행규칙'의 개정이 이루어진다. 제17조 피선거권 제한 조문이 '관리'에서 '이사청 관리 및 거류민단 관리'로 개정되었는데 이에 따라 이사청 관리를 제외한 관리, 즉 통감부 관리에게는 민단 의원

---

26) 「熊谷民長園遊會」, 『朝鮮新報』, 1906.11.25.
27) 朝鮮總督府, 『朝鮮統治三年間成績』, 1914, p.11.

피선거권이 부여되게 되었다.28) 이어 1908년 7월 22일 통감부령 제23호에 의해 동 규칙이 개정되어 민장의 관선(官選)제가 시행되었다.29) 제5조 3항 '민장은 거류민회에서 이를 선거하고 통감의 인가를 받아야 한다30)'는 조문이 '민장은 통감이 이를 임명한다.31)'로 개정되어 관선제가 되었다. 또 임기 2년의 조항이 삭제되어 당국이 임명한 민장이 지속적으로 것이 가능해졌다. 이러한 조치는 거류민단 측과 사전 협의 없이 일방적으로 시행된 것이었고 통감부의 거류민단에 대한 정책변화를 알리는 신호탄이었다. 이에 대해 일본인 언론계는 거류민 자치의 정신을 파괴하는 행위라고 비난했다.32) 경성을 비롯하여 부산, 군산, 목포의 거류민단도 반대 성명을 발표하고 적극적인 대응에 나섰다.33) 잡지『조선』의 편집장 샤쿠오 순조(釋尾春芿)도 민장 관선 문제를 포함해 조선에서 관민 간에 반목이 일어나는 이유로서 '관존민비(官尊民卑)의 폐해', '통감부의 간섭 압제 정책', '이토(伊藤)통감의 한국본위주의(韓國本位主義) 정책'을 예로 들면서 비판을 가했다.34)

> "관리가 입을 열면 말하길 재류민은 필경 해외로 돈벌이에 나선 자들이며 깡패 같은 사람들이다. 오늘날에는 상당한 재산을 모으고 상당한 위치를 가진 자들이나 20년 혹은 10년 전까지는 맨몸이었던 자이며 교양도 없고 품위도 없으며 단지 약간 모험심이 풍부한 자들로 한인의

---

28) 統監府,『公報』, 1908.5.16.
29) 統監府,『公報』, 1908.8.1.
30) 吉野勝·吉田英三郎, 앞의 책, p.22.
31) 統監府地方部,『民團制度實例』, 1908.5, p.7.
32) 「民團自治の破壞」,『京城新聞』, 1908.7.23.
33) 「民長官選の統監府令に對する在韓居留民團の叫び」,『朝鮮』제7호, 1908.9, pp.7~8.
34) 「朝鮮に於ける我官民の反目」,『朝鮮』제7호, 1908.9, pp.24~31.

무지를 이용해 뜻밖의 이익을 보려는 자들에 지나지 않는다. (중략) 그리하여 이토통감이 부임하자마자 도처에 있는 재류민을 부랑민이라 부르며 재류민을 안중에 두지 않는 태도를 보였는데 하급보다 상급관료가 더 심했다. 속물관리 무리는 더욱 재류민을 경시하였고 통감부 사람들은 그 하급 무리에 이르기까지 기세가 등등했다. 그 중에서도 특히 이사관이라는 자는 행정과 사법 두 가지 권력을 장악한 셈이라 관직은 낮아도 인민에 대한 권세는 다른 관리의 위에 있었다."[35]

1908년 9월 20일경에는 40여명으로 구성된 '관선철폐기성동맹회(官選撤廢期成同盟會)'가 조직되었다. 제1회 총회에서는 회비로 상당한 금액이 모이는 등 일본인 사회로부터 지지를 받고 있었다.[36] 이 시기는 거류민단 선거가 임박한 시기로 민장의 관선화는 선거 운동의 중요한 논점이 되었다. 경성 내에서는 '기성동맹회(期成同盟會)', '혁신동지회(革新同志會)', '중앙조합(中央組合)', '경성공민회(京城公民會)' 등이 결성되어 각각의 후보를 공표했으나 '기성 동맹회'가 추천하는 후보자가 당선될 것으로 예상되고 있었다. 같은 해 10월 제2회 민단선거가 실시되었고 〈표 3〉과 같은 의원이 당선되었다. 의원 20명 중 15명은 '관선철폐기성동맹회'의 후보자였는데 거류민의 대부분이 동맹회를 지지했던 것을 알 수 있다. 기성동맹회의 후보가 얻은 득표는 전체의 약 73%를 차지하고 있었지만 나머지는 기성동맹회에 대항한 '혁신동맹회'나 그 밖의 동맹회에 투표를 했고 그 지지자의 상당수는 관리였을 것으로 추측된다.[37] 하지만 실제로 통감부 관리가 의원으로

---

[35] 「朝鮮に於ける我官民の反目」, 『朝鮮』 제7호, 1908.9, pp.25~26.
[36] 「官選撤廢期成同盟會」, 『京城新聞』, 1908.9.27.
[37] 「議員總選擧」, 『京城新聞』, 1908.10.9; 「一昨夜の民團役所」, 『京城新聞』, 1908.10.10.

당선된 예는 없었으며 이전과 변함없이 의원 20명 중 16명은 상인으로 구성되어 있었다.

〈표 3〉 1908년 10월 경성거류민단 의원 당선자

성명	득점	소속	출신지	입경년도	직업
中村再造	533	同盟	福岡	1885년	무역업
山口太兵衛	496	同盟	鹿兒島	1885년	포목점 경영
和田常市	449	同盟	大分	1885년	무역업
古城管堂	402	同盟	大分	1887년	실업가
梶原末太郎	98	同盟	大分	1887년	무역업
釘本藤次郎	381	同盟	佐賀	1895년	철물점 경영
關繁太郎	379	同盟	佐賀	1887년	무역업
森勝次	337	同盟	福岡	1885년	무역업
中島司馬之介	33	同盟	佐賀	1894년	농업
曾我勉	328	同盟	東京	1895년	토목건축업
菊池謙讓	458	同盟	熊本	1893년	언론인·교육가
前田熊市	399	同盟	佐賀	1895년	도자기 판매업
城六太	382	同盟	熊本	1895년	전당포·토목업
石井新	346	同盟	大阪	-	위생업(衛生業)
田中始一郎	317	同盟	福岡	1893년	시계점 경영
秋吉富太郎	537	革新	福岡	1887년	철물점 경영
林田金次郎	485	革新	長崎	1894년	잡화점 경영·환전상
大村保太	370	革新	熊本	1904년	전당포 경영
皆川廣濟	329	革新	東京·神奈川	1905년	변호사
松永達次郎	326	革新	長崎	-	무역업

출전 : 『京城新聞』 1908년 10월 10일자; 京城府編, 『京城府史』 제2권, 976頁; 中田孝之介, 『在韓人士名鑑』, 木浦新報社, 1905; 鈴木庸之助編, 『日韓商工人名錄』, 實業興信所, 1908; 京城新報社編, 『朝鮮紳士錄』, 京城新報社, 1909; 川端源太郎, 『朝鮮在住內地人實業家人名辭典』 第一編, 朝鮮實業新聞社, 1913.

비고 : 同盟은 '民長官選撤廢同盟會', 革新은 '革新同志會'를 가리킨다. 자료를 찾을 수 없거나 불분명한 경우는 '-'로 표시했다. 출신지가 확실치 않은 경우는 이를 같이 표기했다.

거류민단에서는 관선제에 반대하는 운동을 전개했는데 같은 해 11월에는 민회의 대표의원이 이토 통감에게 진정서를 제출했지만 돌아온 답변은 없었다. 이에 굴하지 않은 거류민단의원들은 본국의 중의원을 대상으로 로비 활동을 전개했으며 개정 법안이 중의원에 제출되기에 이르렀다.38) 1909년 2월 16일 중의원 의회에서 오우치 조조(大內暢三) 의원은 "주한 동포는 우리 국권 확장을 ○○한 자이며 공로자이다. 그러나 오늘날에 이르러 통감 관리에게 무능한 자라 불리고 교육을 받지 못한 자라 불릴 뿐 아니라 민장 관선제를 발표하여 우리 자치제를 어지럽혔다39)"(○ : 해독 불가능한 부분)라고 비난하며 공선으로의 복귀를 주장했다.

거류민단 민장의 관선제는 거류민의 입장에서 보면 자치제에서 스스로 조직을 구성할 수 있을 권리를 침해하는 것이었다. 통감부가 관선제를 단행한 이유에 대해서는 병합 이후 조선인에게도 동등한 선거권, 피선거권을 주지 않으면 안 되는 점에 대한 논의가 통감부 내부에 있었다는 기무라 겐지(木村健二)의 해석이 있다.40) 그러나 이 관리의 발언41)은 일본인 사회의 여론을 진정시키기 위한 것으로 통감부의 거류민 정책 전환을 가져온 직접적인 원인을 언급하고 있는 것은 아

---

38) 「民長官選問題」, 『京城新報』, 1909.2.9; 「民團法の建議」, 『京城新報』, 1909.2. 18; 「民長官選問題と帝國議會」, 『朝鮮』 제13호, 1909.3, p.9.
39) 『帝國議會衆議院議事速記錄』 23, 東京大學出版會, 1980, p.135.
40) 木村健二, 『在朝日本人の社會史』, 未來社, 1989, p.78.
41) "朝鮮に於ける自治的機能は頗る幼稚にして民長選擧の競爭は小さき日本人社會の秩序を破り(前略)韓地に於ては治外法權撤去さるる期も余り長からざることと思ふ其際は居留民長なんかは無くなりて京城を初め各地其日韓兩民を支配すべき市長を置かるに至るであろう其際は是非共官選で無くてはならぬから、先づ其前準備と考へて善かろう", 「石塚總務長官代理を訪ふ」, 『朝鮮』 제7호, 1908.9, p.63.

니라고 보여 진다. 이 발언은 일본의 외국인 거류지 폐지의 경험을 살린 형태로 한국의 외국인 거류지 폐지에 관한 논의가 1908년 시점에 통감부 내에 존재했다는 것을 보여준다. 관선의 배경에 대해서는 오히려 "조선에서의 자치적 기능은 매우 유치하고 민장 선거 때의 경쟁은 작은 일본인사회의 질서를 깨고 있다42)"는 비판에 주목할 필요가 있다. 통감부는 관선제로 한 이유에 관해 민단 경비의 절약과 민단 의원 선거 시의 파벌 형성 문제를 들고 있다.43) 경비절약의 경우, 통감부 관리들이 민회 의원 또는 민장에 당선되면 무보수로 일하게 되는 것이 그 이유였다. 그리고 파벌 형성 문제에 관해서는 "당시 민단 의원은 여하튼 고향별로 세력을 형성하여 세력쟁탈로 흘러갈 때가 많았고 민장 선거 때에는 쓸데없는 분쟁을 빚었는데 그 폐해는 나아가 민단의 행정업무를 저해할 정도의 상태44)"라는 기술에서 드러나듯 과열양상을 보이는 선거열기와 이익집단의 형성에 대해 당국은 사회의 안정을 저해하고 있다고 보고 있었다. 이러한 인식은 당시 통감부 서기관이었던 고다마 히데오(兒玉秀雄)가 제국 의회 개정 법률위원회에서 행한 답변에서도 확인된다.

"한국에 체류하는 본국인은 오래전부터 거주해 온 사람과 근래 이주한 사람이 있어 자연적으로 서로 간의 감정이 좋을 리가 없기에 처음 5년간 시험 삼아 했던 민선(民選)을 폐지하고 관선으로 하였다. 당시 신의주, 대구와 같은 곳에서는 민장 선거 때문에 분쟁이 일어나 며칠 업무를 쉬는 일 조차 있었다. 이것이 민선의 폐단이 아니고 무엇이겠는가? 그 후 원

---

42) 「石塚總務長官代理を訪ふ」, 『朝鮮』 제7호, 1908.9, p.63.
43) 「朝鮮に於ける我官民の反目」, 『朝鮮』 제7호, 1908.9, p.29.
44) 京城府, 『京城府史』 제2권, 湘南堂書店, 1936, p.800.

산, 신의주, 대구에서 임용된 관선 민장은 인민의 화합이나 모든 면에서 좋은 성과를 거두고 있다. 또 이번 본회의에 (개정안을) 제출한 자가 법률미비에 편승하여 관선제로 바꾸었다고 주장하지만 결코 그러한 일은 없다. 그리고 통감부가 거류민을 압박한다고 하였으나 통감부에서는 인민의 편의를 헤아리고 개량에 힘쓸 뿐 압박한 적은 없다.45)"

그리고 고다마는 위원회에서 "원칙상 민선을 불허할 이유는 없다. 적당한 시기에 이르면 민선으로 복귀시키는 것 또한 가능하다고 생각한다46)"라고 대답하는 등 잠정적인 조치라고 설명했다. 결국 당시 의회 다수석을 차지하고 있던 이토 히로부미(伊藤博文)의 정우회(政友會)는 개정안에 대해 반대를 고수했고 다른 의원들로부터 별다른 호응을 얻지 못했다. 이에 따라 관선화 반대운동은 결과를 낳지 못한 채 일단락되었다.

민장 관선제 폐지 운동이 재개된 것은 1909년 11월 구마가이(熊谷) 민장이 임기 만료로 민장을 사임한 때였다. 그런데 새로운 민장의 임용에 대해 통감부가 취한 조치는 거류민의 여론을 의식한 것이었다. 미우라(三浦) 이사관은 와다(和田) 의회 의장을 통해 적임자를 추천하도록 했다.47) 이 방식은 민회의 추천을 거쳐 민장을 결정하는 방식으로 하나의 절충안이었다. 이에 따라 거류민단은 협의회를 열고 고조 간도(古城管堂), 기쿠치 겐조(菊池謙讓), 와다 쓰네이치(和田常市) 3명을 추천했다. 이에 통감부에서는 고조를 민장으로 선정하고 임명을 발표하게 된다.48) 통감부가 당국에 대한 비판도 서슴지 않는 기쿠치

---

45) 「民長官選問題」, 『京城新報』, 1909.2.26.
46) 「民團長民選案」, 『京城新報』, 1909.3.14.
47) 「民長後任の選定」, 『京城新報』, 1909.11.8.

겐조와 같은 언론인보다 무난한 인물을 선호하는 것은 당연했다.

민장 관선제에 대한 거류민의 대응을 검토하면서 확인이 되는 점은 일본인사회 내부에서도 관선제에 관한 온도차가 보인다는 점이다. 관선제 반대에 적극적이었던 것은 기성동맹회, 민단 관계자, 일부 유력자 및 언론인이었다. 이들을 제외한 일반 거류민은 민장 관선제와 같은 정치적 문제에 그다지 관심을 기울이지 않았다. 이것은 일본인 사회의 계층에 따른 인식 차이로 설명할 수 있지만 "주한 일본인은 이제 조금씩 먹고 사는 것 이상의 문제에 대해 다소의 노력과 희생을 하겠다는 마음가짐을 양성하지 않으면 종국에는 한인49)처럼 될 우려가 있다는 것을 잊어서는 안 된다50)"라는 주장에서 볼 수 있듯이 일반 거류민에게 관선제 문제는 먹고 사는 문제와 거리가 있는 정치적 문제였다. 러일 전쟁을 전후로 해서 일확천금의 꿈을 가지고 한국에 온 일반 거류민에게 '신천지(新天地)'에서 물질적으로 성공하는 것이 현실적인 목표였을 것이다. 이러한 거류민의 뿌리 깊은 '돈벌이 근성'은 언론인에 의해 개선되어야 할 식민지 문화로서 비판의 대상이 되고 있었던 것이다.51)

---

48) 「京城民長の任命」, 『京城新報』, 1909.12.5. 古城管堂는 제국대학 의과대학 출신의 인텔리로 1887년 인천 일본인거류지 공립병원장으로 초빙된 인물이다. 1903년 재차 도한하여 민단의원, 동양생명보험회사 임원 등을 역임했다. 川端源太郎, 『朝鮮在住內地人實業家人名辭典』第一編, 朝鮮實業新聞社, 1913, pp.185~186.

49) 원문은 ヨボ.

50) 「民長官選問題と帝國議會」, 『朝鮮』 제13호, 1909.3, p.9.

51) 「民長官選問題と帝國議會」, 『朝鮮』 제13호, 1909.3, p.9; 「朝鮮問題は在韓邦人にて解決せざるべからず」, 『朝鮮』 제14호, 1909.4, p.55.

2) 경성·용산 거류민단의 합병

1887년 전후부터 일본인의 이주가 시작된 용산에 거류민단이 설립된 것은 1907년 9월 15일이었다. 당시 용산의 인구는 3천명 정도였으며 경성거류민단에 합병되기 직전인 1910년 5월에는 약 만 명을 넘고 있었다. 거류민단 민장 관선제 문제와 더불어 통감부의 거류민 정책이 어떠했는지를 파악할 수 있는 것이 경성과 용산거류민단의 합병 문제이다. 이 문제는 용산거류민단 설립 초기부터 있었던 것으로 보이는데 처음 합병설을 꺼낸 것은 미우라(三浦) 경성이사관이었다.[52] 이 문제는 1908년 11월 무렵부터 본격적으로 논의되었지만[53] 실제 합병이 결정되는 것은 1910년 7월이었다. 합병에 이르기까지 다소 시간이 걸린 이유는 용산거류민단의 반발이 있었기 때문이다. 합병 소문이 나돌자 용산거류민단 의원과 유지들은 대회를 열고 합병을 절대 반대하기로 결정했다.[54] 합병하면 민단세가 증가할 것이라는 것이 그 이유였는데 통감부는 용산 민단의 반대 의견을 받아들여 합병설은 중단되기에 이른다.[55]

그 후 합병 문제가 다시 논의되게 된 것은 용산민단의 태도가 변한 1910년 2월경이었다. 용산민단의 태도가 합병으로 기울어진 것은 민단의 재정 상황에 대한 자각에서였다. 용산민단은 비교적 인구가 적은 소규모 민단이었기 때문에 징수 가능한 수입에 한계가 있었고 장기적으로 봤을 때 민단 경영이 곤란해질 것이라는 판단이었다.[56] 용산거류민

---

52) 「風聞錄」, 『朝鮮』 제10호, 1908.12, p.96.
53) 「京龍民團合併に就き」, 『京城新聞』, 1908.11.21.
54) 「時事日誌」, 『朝鮮』 제10호, 1908.12, p.94.
55) 「合倂反對上伸」, 『京城新聞』, 1908.12.19.

단의 태도 변화로 합병은 빠른 속도로 진행되어 미우라 이사관은 두 거류민단의 민장과 의원들을 이사청에 초대하고 협의회를 열었다.57)

한편, 경성거류민단 내부에서는 찬성론과 반대론이 대립하고 있었다. 이러한 찬반론은 정치적인 것이기 보다는 용산에 토지를 소유하고 있는지, 경성의 어느 지역에 살고 있는지 등 개인적인 이해관계에 의한 것으로 보인다. 결국 1910년 6월 24일 통감부 고시 제130호로 두 거류민단의 합병은 발표되었다.58) 그 결과 7월 5일자로 용산거류민단은 경성거류민단에 편입되어 일체의 권리와 의무는 경성거류민단에 승계되었다.

제3장에서는 민장 관선제 문제와 거류민단의 합병 문제를 통해 '한국병합' 이전의 식민지 권력과 일본인사회의 관계를 검토했다. 1908년은 통감부가 거류민 정책에 미약하나마 전환을 시도한 시기였다. 통감부 관리에 대한 피선거권 부여, 민장의 관선제, 민단 합병에 대한 간섭은 식민지 권력이 거류민을 어떻게 자리매김해야 할지 고민한 흔적이 엿보이는 부분이다. 그러나 애초의 계획대로 엄밀한 의미의 관선제는 시행되지 않았으며 경성과 용산거류민단의 합병도 일본인사회의 의견이 수용된 형태로 전개됐다. 이 시기 통감부와 이사청이 철저한 거류민 통제정책을 취했다기보다는 일본인사회의 동향을 예의 주시하는 시기였다고 평가할 수 있을 것이다.

---

56)「京龍合併の再發」,『京城新報』, 1910.2.22;『京城府史』제2권, p.1048.
57)「京龍合併と理事官」,『京城新報』, 1910.4.12.
58) 統監府,『公報』, 1910.6.24.(號外)

4. '한국병합'과 거류민단의 해체

'한국병합에 관한 조약'이 공포된 것은 1910년 8월 29일이다. 그 전날인 8월 28일 『경성신보(京城新報)』에는 '한일관계의 복고(復古)', '시국경과(時局經過)에 대한 상세 보도'라는 기사가 실렸고 거류민들 사이에서도 병합에 대한 소식이 퍼지고 있었다.[59] 병합이 공포되자 거류민 언론에서는 '반도 문제의 해결', '시국의 해결'이라고 보도하며 이를 환영했다.[60] 경성거류민단에서도 9월 2일 고조 민장과 와다 민회 의장이 대표로 통감관저를 방문하여 감사 및 축하의 말을 전했다.[61] 병합이 단행되자 거류민과 관련된 제도에도 변화를 가져왔다. 1910년 8월 29일 제령 제1호 '조선에서의 법령 효력에 관한 건'이 공포되어 '거류민단법' 및 '거류민단법시행규칙'을 잠정적으로 유효케 하는 조치가 내려졌다. 또한 이날 당국은 훈령 제16호를 공포하고 거류민단에 대해 "지금 당장 이것을 폐지할 수 없는 사정이 있으므로 일단 잠시 그 존재를 인정하고 장래에 이를 대신할 지방제도의 완성을 기다린 후에 정리를 해야 할 것이다[62]"라는 입장을 표명했다. 이어 9월 30일 칙령 제354호 '조선총독부관제(朝鮮總督府官制)'의 공포에 의해 거류민단에 관한 업무는 통감부 총무부 지방과에서 총독부 내무부 지방국으로 이관되었다. 이어서 이날 공포된 칙령 제357호 '총독부지방관관제'에 의해 경성부(京城府)가 경성거류민단의 감독 기관이 되었다.[63]

---

59) 『京城新報』, 1910.8.28.
60) 『京城新報』, 1910.8.30, 9.1.
61) 「民長の統監訪問」, 『京城新報』, 1910.9.3;「活氣ある京城民會」, 『京城新報』, 1910.9.3.
62) 『朝鮮總督府官報』, 統監府訓令 제16호, 1910.8.29.

'한국병합' 당시 조선에 존재했던 11개의 일본인 거류민단은 '외국의 영토 내에 설치된 속인(屬人)적 행정기관64)'으로의 성격을 지녔고 병합과 동시에 해체되어야 할 존재로 인식되고 있었다. 그러나 거류지 폐지 문제는 지방제도가 정비되고 난 이후로 연기된다. 1910년 9월 7일 통감부령 제57호 '거류민회 의원은 그 임기가 만료 되어도 계속해서 당분간 재임하는 것으로 간주한다'는 고시(告示)가 내려져 10월로 예정되어 있었던 의원선거는 중지되었다.65) 그 후 총독부 외사국(外事局)에서는 1911년 1월부터 7월까지 일본인 거류민단의 상황, 외국인 거류지에 관한 현황 조사를 실시했다.66)

거류민단의 해체에 관한 소식이 퍼지자 일본인사회에서는 "일본과 조선 두 나라의 국민을 같이 통치하는 것은 50년 후에나 실시되어야 할 이상주의로 지금 즉시 실현하려는 것은 대단히 성급한 생각이다67)", "조선인의 면(面)이나 동(洞)과 같은 자치 기관과 동일하게 취급하는 것은 도저히 불가하다68)"라는 '민단폐지 시기상조론'이 주류를 이루고 있었다. 일본인사회에서는 자치제는 유지하되 조선인과 동일한 취급을 받는 사태는 최대한 피하고자 했다. 통감부령 제57호가 1911년 1월 31일에 폐지됨에 따라 중지되었던 민단 의원 선거가 실시되었다.69) 1910년 말 25세 이상의 일본인 남성 인구는 약 만 천 명이

---

63) 『朝鮮總督府官報』, 1910.9.30.
64) 中內二郞, 앞의 책, pp.2~4.
65) 『朝鮮總督府官報』, 統監府令 제57호, 1910.9.7; 「議員選擧の中止」, 『京城新報』, 1910.9.7.
66) 朝鮮總督府外事局, 「居留地關係書類」 국가기록원 소장(CJA0002272, CJA0002273).
67) 「總督府と民團」, 『京城新報』, 1910.11.23.
68) 「時事:民團の存廢如何」, 『朝鮮』 제41호, 1911.7, p.7.
69) 『朝鮮總督府官報』, 朝鮮總督府令 제55호, 1910.12.10.

었고 이 중에 민단세 제한 조건을 충족시킨 것은 그 절반 정도로 유권자는 5,445명이었다.[70] 유권자를 구분하면 옛 경성민단 지역 거주자 4,495명 중 민간인이 2,894명, 관리가 1,601명이었다.[71] 용산 지역의 경우는 직업 데이터가 없어 파악이 어렵지만 용산지역에 철도국 관리가 많이 거주했던 것을 감안하면 적어도 전체 유권자 수의 약 30~40%는 관리였을 것으로 추정된다. 1910년 경성 거주 일본인의 직업별 인구 통계에서 관리의 비율이 약 19%임을 보면 관리들의 선거권 획득 비율이 높은 것을 알 수 있다. 이러한 유권자의 변화는 과거 상인 중심의 의원 구성에도 변화를 가져오게 된다.

1911년 1월 선거를 앞둔 시점에도 거주 지역, 현인회(縣人會), 업종별 조합 등 다양한 이해관계에 따른 파벌 형성을 보이고 있었다. 거주 지역에 따라 동부, 서부, 중부, 용산 지역으로 나뉘었고 해당 지역의 이익을 대변하는 후보자 선정이 이루어졌다.[72] 1월 31일 병합 이후 최초의 경성 민단의원 선거가 남대문소학교에서 열렸다. 의원 30명을 무기명 비밀투표로 뽑는 선거였는데 용지에 10명의 이름을 쓰는 형식을 취하고 있었다. 선거 결과 나카무라 사이조(中村再造), 야마구치 다헤에(山口太兵衛), 와다 쓰네이치(和田常市), 소가 쓰토무(曾我勉) 등 원로급 의원에 속하는 4명은 건재했으나 새로운 의원이 다수 진출했다. 가장 많은 득표를 얻은 하라 가쓰이치(原勝一)를 비롯하여 아마노 쓰네지로(天日常次郎), 다카하시 쇼노스케(高橋章之助) 등은 러일전쟁

---

70) 『總督府統計年報』, 1910년도 연령별 인구에서 25세 미만의 남성인구는 약 9천명으로 추정되므로 25세 이상의 남성인구는 약 만 천명으로 추정된다.
71) 구 용산민단 지역의 선거인수는 950명이었다. 「選擧名簿確定」, 『京城新報』, 1910.12.27.
72) 「選擧界の表裏」, 『京城新報』, 1911.1.15.

후에 이주한 자로 거주기간이 짧은 인물이었다.[73] 그 외 변호사와 언론인이 각각 세 명씩 당선된 점은 주목할 만한 변화였다.

선거 후 첫 번째 민회가 열리자 논의의 초점은 민단의 미래로 모아졌다. 민회는 총독부에 답변을 요구했으나 민단제의 장래에 대해서는 아무런 단서를 얻을 수 없었다.[74] 당시 총독부 조사국이 거류민단에 관해 조사를 하고 있었고 1911년 8월경 총독부 측과 본국의 척식국(拓殖局)과 법제국(法制局) 사이에 거류민단의 처리를 둘러싼 논의가 이루어지고 있었다. 그러나 의견차를 좁히지 못하게 되자 법령의 제정은 불확실하다는 정보가 총독부측에 전달되는 상황이었다.[75] 이러한 가운데 1912년 3월 14일 민회에서 거류민단 폐지에 반대하는 미나가와(皆川)의원의 건의서가 채택되어 자치제 문제에 관한 진정위원회가 설치되었다. 건의서에서 미나가와는 거류민단 해체의 필요성은 인정하면서도 해체 이후에 본국의 시정촌(市町村) 수준에 버금가는 새로운 자치제도를 도입할 것을 주장했다.

"민단법 적용과 그 시행규칙은 이미 폐지해야 할 성질을 가지고 있어 이것을 폐지하는 것을 처음부터 피할 수 없다. 단지 폐지 이후 이를 대신할 제도에 대해서는 미리 직접적으로 이해관계가 있는 민단에 자문을 구하기를 바란다. (중략) 현 제도가 폐지된 이후의 새로운 제도는 제국

---

73) 原勝一는 1907년에 大韓勸農株式會社 임원으로 한국에 부임했다. 天日常次郎는 1906년 도한하여 남대문 밖에 정미소를 운영한 인물이다. 高橋章之助는 1905년에 도한하여 경성에 변호사 사무소를 개업하면서 永登浦殖産合資會社를 설립한 인물이다. 川端源太郎, 『朝鮮在住內地人實業家人名辭典』 제1편, 朝鮮實業新聞社, 1913, pp.26~27, pp.101~102, p.199.
74) 「京城新民會」, 『京城新報』, 1911.2.11.
75) 「民團制と調査難」, 『京城新報』, 1911.8.27.

본토의 현행 시정촌(市町村)제와 비교하여 한층 완비된 자치 제도를 본
토에서 이주할 주민을 대상으로 특별히 시행하는 것이 바람직하다. (중
략) (본국인의) 이주에 진척이 있으려면 제국 본토에 있는 것에 비해
충분한 권리와 이익을 누리게 하여야만 자진하여 부모의 나라를 떠나
조선 땅에 뼈를 묻는 것을 감수할 것이다. 그리하여 자주적 지방 자치제
도는 인민이 가장 중시하는 것이니 서둘러 이를 완성할 필요가 있다.[76]"

이어 3월 25일에는 데라우치(寺內) 총독관저를 방문하고 이러한 취지를 전달했다.[77] 1912년 8월·9월경 총독부 내에서는 민단 해체를 가져올 '부제안(府制案)'이 거의 완성되고 있었다. 새로운 지방 제도인 '부제안'은 세 가지 방안이 있었는데 우선 취조국(取調局)의 원안을 총독관방 총무국과 척식국(拓植局)이 수정한 안, 그리고 외사국장 고마쓰 미도리(小松綠)의 안, 내무부의 안이 논의되고 있었다.[78] 결과적으로는 내무부의 방안이 채택되게 되는데 거류민 관련 내용을 요약하면 ① 1912년 내에 거류민단 제도를 폐지한다. ② 거류민의 교육 부문은 학교 조합이 담당하고 위생 사업은 부(府)로 이관한다. ③ 기타 사업은 부에 승계된다. ④ 일본인과 조선인 합동의 자문 기관을 설치한다. 등 4항목으로 정리할 수 있다.[79] 거류민단의 폐지와 일본인 교육을 담당하는 경성학교조합의 설치가 결정된 것이다.

이러한 결정이 신문보도 등을 통해 알려지자 조선 각지의 거류민단

---

76) 「民團廢止と建議」, 『朝鮮新聞』, 1912.3.16.
77) 「自治制問題陳情」, 『朝鮮新聞』, 1912.3.26.
78) 「府制案關係書類」, 국가기록원 소장(CJA0002541). 세 안에 관해서는 姜再鎬, 앞의 책, pp.143~155.
79) 「府制案關係書類」, 국가기록원 소장(CJA0002541);「民團廢止案決す」, 『朝鮮新聞』, 1912.8.16;「民團廢止後の組織」, 『朝鮮新聞』, 1912.8.20;「民團廢止と当局」, 『朝鮮新聞』, 1912.9.21.

은 1912년 9월 21일·22일 양일에 걸쳐 민단의원 연합협의회를 개최하고 이에 대한 방안을 논의했다. 이 자리에서 두 가지의 결의사항이 채택되었는데 "민단 현재 지역 내에 있는 내지인에 대하여 지금의 거류민단 제도 이상의 완전한 자치 제도를 존속 시행할 것", "지방의 상황에 따라서는 조선인과 일본인의 합동 특별 자치제를 시행할 것"이라는 내용이었다. 그리고 운동 방법으로 본국의 총리 및 척식국 총재, 귀족원과 중의원에 탄원 활동을 전개하기로 결정하였다. 9월 24일 의원들은 야마가타(山縣) 정무총감(政務總監)을 방문하여 "원래 제도의 구별은 백성의 민도(民度)가 같지 않기에 존재한다. 우월한 백성들은 우월한 제도를, 미개한 백성들은 미개한 제도를 필요로 한다."는 내용의 결의안을 제출했다.[80]

〈표 4〉 1913년 1월 경성거류민단 의원 당선자

성명	득표	출신지	입경년도	경력 및 직업	戶別稅 납부액
海津三雄	1,682	靜岡	1885	沼津兵學校 졸업, 朝鮮專門參謀官, 統監府 鐵道局, 용산거류민단 민회 의장	25
田中半四郎	1,639	京都	1904	東京成城學校 졸업, 中央氣象台 조선특파원으로 입경, 토목건축업	30
小川勝平	1,560	大分	1906	소송대리업, 상업회의소 의원, 특허변호사	20
梶原末太郎	1,473	大分	1888	무역업, 十友合資會社 설립, 京城銀行 임원	380
池田長次郎	1,354	福岡	1904	군속 출신, 경성상업회의소 의원 전당포·미곡상조합 조합장	40
古城海溪	1,354	大分	1886	大分縣立醫學校 졸업, 거류지 공공의사 贊化病院 설립	260
深水淸	1,315	熊本	1903	日本法律學校 졸업, 漢城新聞主幹 1907년 韓國殖産會社 임원	13
淸水繁太郎	1,274	山口	1892	전당포, 시미즈상점(淸水商店)경영, 목재상	160

---

80)「民團聯合會決議」,『朝鮮新聞』1912년 9월 25일자;「聯合會と統監訪問」,『朝鮮新聞』, 1912년 9월 25일자.

秋吉富太郎	1,185	福岡	1887	철물점 경영	235
牧山耕藏	1,129	長崎	1906	早稻田大學政治經濟科 졸업, 京城日報 입사 日本電報通信支局長	20
竹內菊太郎	1,090	新潟	1907	1907년 統監府鐵道官吏局事務官補 1912년 鐵道局副參事高等官	40
中村再造	1,077	福岡	1885	청일전쟁 시 어용상인 京城銀行 및 日の丸水産會社 설립, 무역업	1,000
新田耕市	1,069	山口	1907	下關商業學校 졸업, 三井物産 직원 1912년 大正館 설립, 임대업	40
工藤武城	1,019	熊本	1905	1905년 漢城病院 産婦人科部長으로 입경 京城婦人病院 병원장	120
關繁太郎	1,015	佐賀	1889	전당포, 인삼거래, 어용상인, 關商店 경영 京城銀行 전무	260
高橋章之助	976	群馬	1905	明治法律學校 졸업 前 군마현 의원(立憲政友會), 변호사	45
靑柳綱太郎	964	佐賀	1901	東京哲學館 졸업, 朝鮮研究會主幹 저술출판업	13
小林藤右衛門	957	和歌山	1906	어용상인, 黃海道 樂山金鑛 경영, 경성상업 회의소 의원	45
宇都宮高三郎	943	愛媛	1908	英利法律學校 졸업, 신문기자, 1908년 京城 通信社 설립	15
天日常次郎	916	東京	1906	정미소 경영	100
增田三穗	895	福岡	1896	京城상업회의소 의원, 가구제조판매업	120
近藤佐五郎	869	佐賀	1897	福岡藥學校 졸업, 서화·골동품판매업	80
久保田虎介	835	山口	1891	朝鮮新報營業監督, 전당포, 인삼수출 十友合資會社 설립	80
井上貞傳	817	東京	1908	關西大學法律科 졸업, 前 경찰, 토지임대업	50
鍋島宇吉	809	大阪	1907	잡화점(鍋島商店) 경영	50
大村友之丞	781	島根	1907	前 大阪朝日新聞 기자, 러일전쟁 종군기자 朝鮮新聞社 기자	10
田中三郎	704	福岡	–	龍山駐在師團經理部長 小柳津式天理農法研究所 설립	25
木谷安吉	682	大阪	1906	토목건축업	40
兼古礼三 (礼藏)	675	新潟	1905	주조업, 1913년 宇惠喜醬油株式會社 설립	100
松本彌三	658	山口	–	–	–

출전: 『朝鮮新聞』, 1913년 1월 10일자; 『京城府史』 제2권, pp.976~978; 川端源太郎, 『朝鮮在住內地人實業家人名辭典』 제1편, 朝鮮實業新聞社, 1913; 朝鮮公論社編, 『在朝鮮內地人紳士名鑑』, 朝鮮公論社, 1917.
비고: 진하게 표시된 의원은 1913년에 이전에 거류민단 의원으로 당선된 적이 없는 의원이다. 호별세 납부액은 1913년도 기준이다. 자료를 찾을 수 없거나 불분명한 경우는 '-'로 표시했다.

그러나 거류민단의 해체는 1912년에 곧바로 시행되지 못했다. 1913년 1월 민회의원 선거가 예정대로 실시되었는데 민단 해체를 앞두고도 선거 열기는 식지 않았다.[81] 〈표 4〉에서 보이듯 의원구성에 있어서도 변화를 보였다. "종래 민회의 중추(中樞)는 항상 자산가에 의해 장악되었다. 무식하더라도 다소 재산을 가진 자의 이해관계에 따라 민단이 좌우지되는 상태였다[82]"는 언급에서도 알 수 있듯 이전에는 고액의 호별세(戶別稅)를 내는 자산가가 의원석을 거의 독점하던 상황이었다. 이런 상황에 변화가 생겨 중간층이 다수 진출했다. 의원의 직업을 살펴보면 언론인, 실업가, 변호사, 의사 등이 당선되었는데 기존의 상인 중심의 의원구성에서 다양화된 점을 확인할 수 있다.

'부제안'이 확정된 단계에서 거류민단 해체가 연기된 것은 외국인 거류지 폐지 문제와 관련이 있다. 새로운 지방제도의 정비는 일본인 거류민단의 해체 외에도 각국 거류지와 중국인 거류지의 폐지 문제가 맞물려 있었다. 당시 조선에는 인천, 마산, 군산, 진남포, 목포, 성진에 각국 거류지가 있었고 인천, 부산, 원산에 중국인 거류지가 있었다.[83] 총독부는 일본인 거류민단과 외국인 거류지를 동시에 폐지함으로써 지방제도의 통일을 목표로 하고 있었던 것이다. 1912년 8월경

---

81) 「京龍の逐鹿界」, 『朝鮮新聞』, 1913.1.17.
82) 木村友之太丞, 앞의 책, p.268.
83) 朝鮮總督府 總務部外事局 編, 『外國居留地統計』, 1911.

총독부가 조선 주재 외국 영사와 직접 교섭을 시도하였고 도쿄 외무성과의 협의를 통해 1913년 2월경 총독부 외사국의 방침은 결정되어 있었다. 1913년 2월에 총독부와 경성 주재 각국 영사간의 회의가 시작되었고 의정서가 체결된 것은 1913년 4월 21일이었다. 같은 해 4월 말에 실시된 도(道)장관 회의에서 데라우치(寺內) 총독이 거류민단 해체에 대해 확언할 수 있었던 것도 외국인 거류지 문제가 확정됐기 때문이었다.84) 중국 거류지에 관한 협정은 늦어져 그 해 11월 22일 체결되었다. 이와 같이 외국인 거류지의 폐지 문제가 해결됨과 동시에 일본인 거류민단의 해체도 실현되었다. 그 후 1914년 4월 1일 '부제'의 실시와 동시에 '재조선 각국거류지 제도 폐지에 관한 조선총독부 외사국장 및 해당국 영사관 협의회 의정서', '재조선 중국거류지 폐지에 관한 협정'이 총독부 고시를 통하여 공포되었다.85)

'한국병합'부터 1914년 거류민단 해체까지 일본인사회에서는 다양한 방법으로 반대 및 탄원 운동을 전개했지만 총독부의 방침은 확고했다. 일본인 거류민단의 존속은 총독부가 외적으로 내걸고 있었던 '일시동인(一視同仁)'에 모순되는 것이었으며 총독부는 일본인 거류민단의 해체와 각국 거류지의 폐지를 통해 민족을 불문하고 동일한 행정을 시행할 방침을 세우고 있었다. 이러한 취지에서 데라우치 총독은 "내지인과 조선인을 동일한 행정 아래에 두어야 양국의 융합, 동화(同化)가 결과로 나타날 것이다86)"라고 말했던 것이다. 이러한 총독부의 논리에 대해 민단 관계자와 언론인은 민단 폐지 문제와 조선

---

84) 『朝鮮總督府官報』, 1913.5.27; 「時事寸言」, 『朝鮮及滿州』 제70호, 1913.5, p.8.
85) 『朝鮮總督府官報』, 1914.4.1, 朝鮮總督府令告示, 제103호・104호.(號外)
86) 寺內正毅, 「朝鮮統治の經過及施政の方針」, 『朝鮮公論』 제4호, 1913.7, pp.7~9.

인 동화(同化)는 별개의 문제이며 '일시동인(一視同仁)', '동화(同化)정책'은 당국의 구실일 뿐 결국 오래된 거류민 자치의 역사를 파괴하는 것에 지나지 않는다고 비난했다. 경성민장 고조는 "생활 풍속과 관습이 다르고 문화 수준에 차이가 있는 조선인"이기 때문에 "이 부제는 임시방편으로 옥과 돌을 혼합하여 일시적 통일을 기하는 것에 지나지 않는다"고 비난하면서 '부제'의 실시가 현실과 동떨어져 있음을 강조했다.[87] 다른 민단 관계자도 경성거류민단의 해체로 인해 "새로이 편입된 저급 하위의 국민"인 조선인과 함께 동일한 부(府)의 행정 아래에 놓일 것에 대해 반대를 표명했다.

> "특히 납세와 병역 그 외 국가에 대한 여러 의무를 놓고 볼 때 우리 모국인이 부담하는 것은 조선인과 비교가 되지 않는다. 따라서 향유해야 할 권리도 새롭게 편입된 조선인과 대오(隊伍)를 같이 할 수 없다는 것은 두말 할 나위도 없다. 그들도 같은 폐하의 적자(赤子)이다. 같은 제국의 동포이다. 그럼에도 조선인은 아직 저급 하층의 새롭게 편입된 백성에 지나지 않는다. 민도(民度)에서 후배(後輩)의 자리를 벗어나지 못했다. 이에 반해서 모국인은 신진문명의 화육(化育)을 받고 입헌제국의 통치하에서 성장하여 의무 및 권리 사상이 두텁고 자조(自助) 및 자치의 관념이 풍부하여 문명국민으로서의 능력을 충분히 갖추고 있다. 이렇듯 큰 차이가 나는 별개의 두 나라 국민을 공연히 일시동인(一視同仁)이란 미명에 얽매여 형식적인 동화(同化)라는 공상(空想)을 추구한 나머지 (두 국민을) 동일시하고 뒤섞으려는 당국의 견해는 일의 경중을 분별하지 못한 모순된 정책이라 말하지 않을 수가 없다."[88]

---

87) 京城居留民團長 古城管堂, 「法令の活用と其至難」, 『朝鮮及滿州』 제77호, 1913.12, p.27.
88) 「社論 : 在鮮母國人の自治制存廢問題を論ず」, 『朝鮮公論』 제8호, 1913.11, pp.4~5.

'자치'에 대한 일본인사회의 여론은 '우월한 백성들은 우월한 제도를, 미개한 백성들은 미개한 제도를 필요로 한다'는 주장에 축약되어 있다. 인천에서 발행된 『조선신문』에서도 "현재 일본인과 조선인은 그 능력, 성질, 습관에서 도저히 메꿀 수 없는 현저한 차이가 있다. 공연히 양자를 뒤섞어서 동일한 제도 아래에 두도록 하는 것은 공평함을 내세워서 소란을 초래하는 경향이 있다. 평등 속에 차별을 두고 민도(民度)에 따라 제도를 정하는 것이 양자에게 제각각의 본분을 깨우치게 하는 방법일 터인데 이 점을 감안하면 새로이 시행되는 부제(府制)는 너무나 동떨어져있음이 분명하다[89]"면서 문화 수준의 차이에 따른 차별을 주장했다. 일본인사회는 총독부가 내세운 '일시동인(一視同仁)'이 얼마나 허구적이고 비현실적인지를 누구보다도 일찍 꿰뚫어 보고 있었던 것이다.

일본인사회의 반대에도 불구하고 1913년 10월 30일 총독부 제령 제7호를 통해 '부제(府制)'가 공포되었다. 1914년 4월 1일자로 '부제'는 시행되었고 경성거류민단은 해체되었다. 1885년 총대역장(總代役場)으로 출발한 경성의 일본인 자치단체는 이로서 약 30년에 이르는 역사에 종지부를 찍게 된다. 경성거류민단은 1914년 3월 31일 경성호텔에서 기념회를 개최하고 경성신사에서 '경성거류민단 해체 봉고제(京城居留民團解體奉告祭)', '자치제 옥쇄 보고제(自治制玉碎報告祭)'를 거행하며 거류민단의 역사를 기념하는 행사를 개최했다.[90]

---

89) 「府制令に對する安立」, 『朝鮮新聞』, 1913.11.9.
90) 「民團解體奉告祭」, 『朝鮮公論』 제14호, 1914.5, pp.51~52; 木村友之丞, 『京城回顧錄』, 朝鮮研究會, 1922, pp.291~295.

5. 1914년 경성거류민단의 해체와 '자치'의 축소

1) 경성부협의회

1914년 4월 '부제'가 시행된 지역은 대부분 일본인 거류민단이 설립되어 있던 지역으로 전국에 12곳의 부(府)가 있었다.[91] '부제'는 겉으로 지방제도의 통일을 내걸고 있었지만 일본인이 다수 거주하고 있던 지역을 중심으로 실시되어 민족별 지방제도의 적용이라는 성격이 강했다. 경성거류민단의 사업은 원칙적으로 경성부에 승계되었지만 일본인 교육은 경성학교조합으로 이관되었다. 경성부의 자문기관으로 경성부협의회가 설치되어 일본인사회의 유력 인물이 임명되었다. 본 장에서는 일본인의 이익을 대변하는 거류민단이 해체된 후 일본인 사회의 여론을 집약하는 정치적 공간으로서 존재했던 경성학교조합과 경성부협의회에 대해 살펴보고 거류민단과의 연속성 혹은 단절을 검토하고자 한다.

부협의회는 일본인과 조선인 유지들로 구성된 자문기관이었다. 의장은 부윤(府尹)이었는데 '부제' 제13조에서 '부협의회원은 부 주민 가운데 조선 총독의 인가를 얻고 도장관(道長官)이 이를 임명한다'라고 규정되어 관선 형식을 취하고 있었다. 관선제로 한 배경에 대해 내무부장관 우사미 가쓰오(宇佐美勝夫)는 다음과 같이 말하며 일본인이 인구수에서 열세한 점을 고려한 조치임을 밝히고 있다.

"부협의회 의원의 선임에 대하여 역시 종래의 선거 제도를 유지하려

---

[91] 거류민단이 설립되어 있던 지역인 京城, 仁川, 群山, 木浦, 大邱, 釜山, 馬山, 平壤, 鎭南浦, 新義州, 元山과 거류민단이 설립되어 있지 않았던 淸津에 府가 설치되었다.

는 생각으로 여러 연구를 거듭했으나 만약 이것을 선거제로 하면 선거인 수에서 조선인이 내지인에 비해 훨씬 다수를 차지하기 때문에 선거 결과 는 분명 내지인이 압도당하게 될 것이다. 그렇지만 선거 자격에 제한을 두고 이러한 폐해를 막고자 하면 조선인의 감정이 좋지 않을 것이다. 그래서 어쩔 수 없이 선거 제도를 없애고 관선제로 하게 된 것이다.92)"

또한 '부제'의 조문에서 일본인과 조선인의 수 또는 비율이 명기되어 있지 않은 이유에 관해서는 전 거류민단 의원 오무라(大村)의 건의에 대한 관계자의 답변에서 그 이유를 찾을 수 있다.

"새로운 부제에 의하여 협의회가 조직되었을 때 당연히 이 협의회는 하나의 자문기관으로서 의결권은 없지만 협의회로서 의견은 발표할 수 있게 되어 있는 이상, 자문 사항이 제출되었을 때 만약 협의원 중에 일본 인보다 조선인이 과반수를 점하는 경우에는 조선인의 의견이 결국 의회의 의견으로 이어질 우려를 피할 수 없기에 당국에서는 미리 이런 사정이 참작되기를 요구하였고, 이 문제는 물론이고 부제에서 일본인과 조선인의 수를 정하지 않았던 것도 이러한 이유 때문이라는 답변을 들었다.93)"

즉, 인구수에서 소수인 일본인의 입장을 감안하여 '부제' 조문에 규정을 두지 않았다는 답변이다. 이러한 당국의 의도는 〈표 5〉 1914년 경성부협의회의 구성을 살펴보면 보다 명확히 나타난다. 경성부협의회는 일본인 8명, 조선인 8명의 동수로 구성되어 있었다.94) 경성부

---

92) 宇佐美勝夫, 「府制施行と內地人」, 『朝鮮公論』 제13호, 1914.4, pp.19~20.
93) 大村琴花, 「當局の意嚮と協議員に對する希望」, 『朝鮮及滿州』 제77호, 1913.12, p.32.
94) 1914년 4월 7일부로 12개 부협의회 위원이 임명되었는데 민족별로 보면 일본인 66명, 조선인 46명 합 112명이었다. 府別 위원수는 '府制施行規則' 제2조에 의거한 것으로 京城府 16명, 仁川府 10명, 群山府 6명, 木浦府 8명, 大邱府 10명, 釜山府 12명, 馬山府 8명, 平壤府 12명, 鎭南浦府 8명, 新義州府 6명, 元山府 10명, 淸津府 6명이었다.

협의회 일본인 위원의 경력을 분석해 보면 오쿠보 마사히코(大久保雅彦)를 제외한 7명은 모두 거류민단 의원 경력이 있는 자였다. 직업은 회사 경영 혹은 임원이 다수를 차지하였다. 한편 조선인 위원은 한성부민회(漢城府民會), 일진회(一進會), 동양척식회사(東洋拓植會社), 중추원 관련 인물이 많았다. 그 외 한성일어학교 출신으로 일본의 식민정책에 협조적인 인물들로 구성되어 있었다.

〈표 5〉 1914년 경성부협의회 위원

성명	출생년도(연령)	경력 및 직업
古城管堂	1857년(57세)	前 경성거류민단 민장, 前 인천공립병원장 前 京城医會長, 前 京城起業株式會社 사장
和田常市	1863년(51세)	前 경성거류민단 민장, 무역업, 와다상점(和田商店)경영 京城銀行取締役, 溫陽溫泉·宇惠喜醬油 사장
山口太兵衛	1865년(49세)	前 경성거류민단 민장, 일한가스·日ノ丸水産·京城銀行 중역 포목점(山口吳服店)경영
大久保雅彦	1870년(44세)	中央大學 졸업, 前 중의원 의원 1906년 경성에서 변호사업 개업, 경성변호사조합 회장
德久米藏	1867년(47세)	철도국·오카야마현청 근무, 前 대구거류민단 민장 前 용산거류민단 민회 의장, 벽돌제조업·토목건축업
中村再造	1855년(59세)	前 경성거류민단 민장, 京城銀行 중역 日ノ丸水産·滿州殖産會社 중역 역임
原勝一	1856년(58세)	前 赤間關市 시장, 朝鮮勸農株式會社 전무, 경성상업회의소 의원
兼古礼三 (礼藏)	1872년(42세)	용산에서 주조업, 宇惠喜醬油 전무
朴齊斌	1858년(56세)	前 전라북도 순찰사, 前 중추원 참의 조선귀족령에 의해 남작 작위 수여
俞吉濬	1856년(58세)	前 한성부민회 회장
韓相龍	1880년(54세)	前 韓國銀行 설립위원, 前 한성부민회 창립위원 동양척식주식회사 이사, 한성은행 중역
趙鎭泰	1852년(62세)	前 중추원 의관, 前 一進會 회원, 前 한성부민회 부회장 한성은행 중역, 동양척식주식회사 감사
芮宗錫	1871년(43세)	前 一進會 회원, 한성부민회 서무주임, 東洋用達合資會社 총무

安商浩	1874년(40세)	한성일어학교 제1회 졸업생, 東京慈惠医學校 漢城外國語學校・漢城官立医學校 교관
嚴達煥	1866년(48세)	한성일어학교 졸업, 오카야마현에서 조선어교사 영월공립보통학교 학무위원
金鎔濟	1867년(47세)	前 宮內部主事, 前 帝室制度整理局 위원 前 臨時皇室有 및 國有財産調査局 위원

출전 : 『朝鮮公論』제14호, 1914.5, pp.42~45; 細井肇, 『現代漢城の風雲と名士』, 日韓書房, 1910;
　　　 朝鮮公論社編, 『在朝鮮內地人紳士名鑑』, 朝鮮公論社, 1917.

부협의회의 민족구성은 표면적으로 '일시동인(一視同仁)'에 충실한 듯 보이지만 의원의 경력을 살펴보면 실질적으로는 그렇지 않았음을 알 수 있다. 총독부는 '대일협력(對日協力)'적인 인물을 기용하였고 협의회 운영은 총독부가 충분히 통제 가능한 상황이었다. 부협의회와 거류민단 사이에 인적인 연속성이 보이는데 이는 부협의회의 설치 목적과 관련이 있다고 할 수 있다. 총독부는 일본인사회, 특히 거류민단 의원의 경력을 가진 유력자를 부협의회로 포섭하고자 했다. 일본인사회의 유력 인물을 부협의회로 포섭함으로써 이후 '자치'에 대한 요구를 억제하고자 했던 것이다. 이러한 총독부의 의도와 부협의회의 자문기관으로서 한계는 부협의회를 형식적으로 기능하게 만들었다. 그 결과 부협의회 위원은 명예직에 가까운 것이 되었으며 부협의회 위원직이 일본인사회 내에서 갖는 정치적 영향력은 미미했다.

2) 경성학교조합

일본인사회에서 자녀교육은 주요 관심사이자 해결을 요하는 과제이기도 했다. 특히 일본인 인구가 적은 지방일수록 학교 설립에 어려움을 겪고 있었다. 이 문제를 해결하기 위해 통감부는 1909년 12월 27일 통감부령 제71호로 '학교조합령(學校組合令)'을 공포했다.[95] 그 결과 학교조합은 법적 근거를 인정받아 재정적 기반을 확보하게 되었다. 새롭게 설립되는 일본인 단체는 대부분 학교조합으로 설립되었고 이전 설립된 일본인회 혹은 총대역장도 학교조합으로 전환하는 절차를 거쳤다. 이 배경에는 총독부의 학교조합 일원화 방침이 있었는데 다음의 신문보도에서 드러나듯 총독부는 법적 근거가 없는 일본인회나 총대역장보다 학교조합을 설립하도록 유도해 '내지인' 교육의 안정화를 꾀하고 있었다.

> "지방에 거주하는 내지인은 통감부령에 따라 학교조합을 설립하였으나 그 중에는 아직 일본인회라는 이름 아래 작은 민단을 조직한 이들도 적지 않다. 그리하여 법령에 의거하지 않은 조직은 여러 가지 미비한 점이 적지 않을 뿐만 아니라 학교 경영 면에서 온전한 교원을 구하는 것이 어렵다. 또한 보통교육을 통일하는 면에서도 여러 가지 폐해가 있으므로 당국자는 가급적 학교조합으로 전환시키려고 하고 있다.[96]"

이러한 목적에서 설립된 학교조합은 거류민단이 해체된 부(府) 지역에서 일본인 교육을 담당하는 모델로 도입된다. 당국은 '부제'의 실시에 발맞추어 1913년 10월 30일 제령 8호 '학교조합령'의 개정안을 공포하는데 그 주요 내용을 요약하면 두 가지로 정리할 수 있다. 첫 번째로, '조합회는 조합에 관한 사건을 의결한다'(제7조)고 정하여 학교조합의 의결 사항을 학교 운영에 관한 항목으로 한정지었다. 두 번째로, 학교 조합의 관리자(부 지역은 부윤)에게 전결처분권, 의결취소권을 부여하여 그 권한을 강화했다.[97] 이러한 조치는 학교조합의 영

---

95) 統監府, 『公報』, 1909.12.27.(號外).
96) 『京城新報』, 1911.3.5.

역을 교육 사업에 한정시키는 동시에 운영도 당국의 통제 하에 두겠다는 의향이 반영된 결과라고 할 수 있다.

1914년 4월 '부제'가 시행되자 교육 부문을 제외한 행정 부문은 부에 승계되었다. 그와 동시에 경성거류민단의 자산 중에서 교육 관련 시설은 학교조합으로, 기타 재산은 경성부로 승계되었다.[98] 승계 내역을 살펴보면 교육 시설뿐만 아니라 신마치(新町), 요시노마치(吉野町)의 대지, 밭, 택지 등의 재산이 경성학교조합으로 이관된 것을 알 수 있다. 이것은 거류민단 의원이 우사미 내무장관을 방문해 "거류민단이 스스로 경영해 온 자치 단체에 속한 재산 중 특별하게 사용목적이 규정되지 않은 것은 모두 학교조합으로 이관해 줄 것[99]'을 요구하면서 관(官)재산의 불하와 학교 경비의 지원을 건의한 결과로 보인다.[100] 한편, 거류민단의 법적인 의무도 함께 승계되었는데 경성거류민단의 채무금 266,809엔의 73%에 달하는 194,684엔이 경성학교조합으로 승계되었다.[101]

경성학교조합으로 승계된 내용을 보면 교육과 관련하여 일본인사회

---

97) 제8조 '組合會ノ權限ニ屬する事件ノ一部ハ其ノ議決ニ依リ管理者ヲシテ之ヲ專決処分セシムルコトヲ得', 제12조 '組合會ノ議決其ノ權限ヲ超エ, 法令若ハ組合規約ニ違反シ又ハ公益ヲ害スト認ムルトキハ管理者ハ道長官ノ指揮ヲ請ヒ其ノ議決ヲ取消シ其ノ事件ヲ處理スルコトヲ得'

98) 재산의 승계 내역은『京城府史』제2권, pp.958~959.

99) 大村琴花, 「當局の意嚮と協議員に對する希望」,『朝鮮及滿州』제77호, 1913.12, p.32.

100) 학교조합의 재정문제를 해결하기 위해 민단측에서는 다음의 세 가지 안건을 총독부에 건의했다. 첫 번째, 기본재산으로 백만 엔 이상의 관유물을 거류민사회에 불하할 것을 총독부와 교섭할 것. 두 번째, 학교 교원은 국가의 관리로 봉급을 국가가 부담하고 거류민은 설비관리만을 담당하도록 할 것. 세 번째, 고등여학교 경비를 총독부에서 지출할 것. 大村友之丞 編, 앞의 책, pp.177~178.

101)『朝鮮總督府統計年報』, 1913, p.815;『京城府史』제2권, pp.958~959.

에 일정부분 '자치'를 인정해준 것으로 비춰진다. 그러나 1912년경 작성된 '부제안(府制案)' 중에서 취조국 원안을 총독관방 총무국 및 척식국이 수정한 안, 외사국장 고마쓰 미도리(小松綠)의 안을 보면 일본인 교육의 운영자는 경성부로 설정되어 있었다.102) '부제안'의 단계에서는 '내지'와 마찬가지로 지방 정부가 행정 전반을 통괄한다는 안이 존재했던 것이다. 결과적으로는 조선의 사정이 고려되어 내무부의 안이 채택되었지만 단순히 일본인의 '자치'를 일부 인정했다는 평가보다는 결정 과정에서 고려된 조선의 특수한 사정에 관한 검토가 필요할 것이다.

교육 부문이 학교조합에 승계된 배경을 살펴보면, 첫 번째로 거류민단이 안고 있던 재정적 문제를 들 수 있다. 1914년 경성거류민단의 부채는 당시 경성부 한 해 예산 410,330엔103)의 67%에 이르는 276,750엔이었다. 경성거류민단의 예산 편성에서 교육 부문은 그 대부분을 차지하고 있었는데 주로 소학교의 신축과 증축비용에 쓰이고 있었다. 1910년 이후의 예산 내역을 보면 교육비는 평균적으로 40~50%를 차지하고 있었는데 특히 소학교 2개교를 신축한 1911년에는 전체 예산의 57%에 달했다.104) 이러한 경성거류민단의 재정 문제는 근본적으로 거류민단의 세입 구조에 있었다. 특별한 수익 사업이 없는 거류민단의 세입은 거류민단 설립 시부터 해체에 이르기까지 그다지 큰 변화가 없었고 민단세가 세입의 60% 이상을 차지하고 있었다. 다시 말해 구조적으로 고정 재산 수입이 적고 민단세에 의존하는 재정문제를 안고 있었다.

---

102) 「府制案關係書類」, 국가기록원 소장(CJA0002541).
103) 『朝鮮總督府統計年報』, 1913, pp.804~809.
104) 『朝鮮總督府統計年報』, 1911, pp.296~300; 1912, pp.271~272.

〈표 6〉 1914년 6월 경성학교조합 조합회 의원 당선자

성명	득표	연령	출신지 및 族稱	직업
遠山熙	408	39	北海道 平民	商業銀行 지배인
石川眞三	405	40	東京府 士族	관리(조선총독부 철도국 技師)
馬詰次男	350	40	高知縣 士族	前 관리, 東亞煙草株式會社 이사
安住時太郎	318	43	高知縣 士族	前 조선총독부 재판소 검사, 변호사
吉本潤亮	308	49	山口縣 平民	의사
牧山耕藏	297	33	長野縣 士族	日本電報通信 지국장
岡正矣	274	60	東京府 士族	前 조선총독부 철도국 영업과장 일한가스전기주식회사 전무
大村百藏	268	45	福井縣 平民	前 신문기자, 보험회사(大間生命)상담역
吉田英三郎	267	41	東京府 平民	관리(조선총독부 총무국)
山岡元一	230	39	茨城縣 上族	관리(조선총독부 토목기사)
小川邱太郎	199	49	大分縣 平民	의사
山口太兵衛	171	49	鹿兒島縣 平民	포목점 경영, 경성부협의회 위원
田中半四郎	168	44	京都府 士族	前 조선총독부 관리, 토목업(朝鮮土木組)
須々木幸次郎	165	43	岡山縣 平民	토목업
池田長兵衛	161	46	大阪府 平民	우편소 소장·실판매업(糸商)
大和與次郎	161	44	石川縣 平民	운송업
中村時章	153	40	山口縣 士族	변호사
曾我勉	153	51	東京府 平民	우편소 소장·상업

일본인의 급증에 따른 학교 신축은 경성거류민단의 재정난을 악화시키는 원인이었다. 거류민단의 재정 문제는 경성뿐 아니라 각지의 거류민단에서도 보이는 공통된 문제였는데 1914년 당시 조선 각지 민단의 부채액은 합계 약 288만 엔에 이르고 있었다. 그 결과 총독부는 긴급한 사업 이외에 채권발행을 불허하는 방침을 세우고 있었다.[105] 학교조합으로의 승계는 실질적으로 부의 행정적 부담을 경감시키는 것과 동시

---

105) 「各地民團債」, 『朝鮮新聞』, 1913.5.12; 「朝鮮時事記要」, 『朝鮮公論』 제3호, 1913.6, p.64.

에 재정 부담이 거류민에게 전가되는 측면도 있었던 것이다. 통감부에 이어 총독부도 각 학교에 보조금을 지급함으로써 재정 문제를 완화하려고 했지만 일본인 학교조합의 재정난은 이후에도 계속되었다.

〈표 6〉은 1914년 경성학교조합 조합회 의원 당선자이다. 당선자의 직업을 보면 관리 5명[106], 회사 임원 4명, 변호사 2명, 의사 2명 등으로 이전 1911년과 1913년 경성거류민단 의원의 직업 구성과 비교하면 관리, 회사 임원의 증가가 눈에 띈다. 전체 의원 18명 가운데 경성거류민단 의원을 역임한 인물은 5명이었다. 경성거류민단과 경성학교조합 사이에 인적인 연속성이 높지는 않은 것으로 보여 지는데 그 요인은 일본 사회의 계층 분화에 따른 지도층의 변화와 학교조합의 단체적 성격에 있는 것으로 보인다. 통감부와 총독부가 설치되자 경성의 일본인사회는 과거 상인 주도의 사회에서 관리와 회사 임원이 주도하는 사회로 변모했다. 그리고 거류민단 의원이 부 내의 이해관계와 관련된 의결권을 지니고 있었던 것에 비해 학교조합 의원은 공공적 성격을 지닌 교육 사업에 관한 의결권만을 지니고 있었다. 결과적으로 학교조합 의원이 경성의 일본인사회에서 행사할 수 있는 권한은 민단 의원보다 대폭 축소되었다. 거류민단 의원들은 이러한 학교조합 의원직에 별다른 매력을 느끼지 못했을 것이다. 상인 계층보다는 관리나 회사 임원 등 사회적 의무를 중요시하는 인물이 학교조합 의원직으로 대거 진출하게 된다. 거류민단 해체 이후 학교조합 조합회는 유일한 의결기관이었고 제한적이지만 일본인사회에서 정치적 공간으로서 기능하게 된다.[107]

---

106) 우편소장을 겸임하고 있던 曾我勉와 池田長兵衛는 관리로 구분했다.
107) 在朝日本人의 교육사업 중 거류민단에서 학교조합으로의 승계에 관해서는 차후 논

6. 맺음말

본 논문은 1910년 '한국병합'의 의미와 당시 조선의 식민지 공간을 경성거류민단의 설립과 해체과정을 통해 재검토한 것이다. 식민지 조선과 관련한 연구에서 식민지 권력과 피지배민 뿐만 아니라 식민자라는 축을 추가할 필요가 있는 이유는 서양의 식민지와 다른 일본인의 조선 이주(移住) 형태에 있다. 멀리 떨어진 곳에 식민지를 보유하여 소수의 식민자 사회를 형성하고 있었던 대부분의 서양의 식민지와 달리 제국 일본에게 조선은 근접한 식민지였고 대량 이주가 가능했다. 초기에는 한반도와 가까운 규슈와 쥬고쿠 지방으로부터 많은 일본인이 이주하였고 '한국병합' 당시 일본인 거류지는 이미 30년이 넘는 역사를 지니고 있었다. 그 결과 식민지 공간에서 일본인사회는 이미 무시할 수 없는 세력을 형성하고 있었다.

통감부 설치 이전 일본인사회는 초기 이주한 '개척자' 출신의 소자본 상인 계층이 주도하는 사회였지만 통감부와 총독부가 설치됨에 따라 관리와 회사임원이 주도하는 사회로 변모했다. 이는 경성이 식민지 조선의 정치·경제적 중심지이기 때문에 관찰되는 것으로 다른 부산, 인천, 원산 등의 일본인 거류지보다 이러한 변모 양상은 뚜렷했다. 통감부는 식민지 개발을 진행함에 있어 일본인사회의 보조자적 역할을 인식하였고 '식민지 경영'의 파트너로서 이용하려고 했다. 통감부가 설치되고 나서 거류민단에 통제를 가하는 면도 보였으나 거류민에 대한 철저한 통제보다는 일본인사회의 동향을 주시하면서 감독 및 보호에 나서고 있었다.

문에서 논하기로 한다.

이러한 가운데 제도적인 정비를 수반하지 못한 채 '한국병합'은 단행되었고 행정상 잠정적인 조치가 취해졌다. 결과적으로 '한국병합' 전후 재조일본인과 관련한 제도는 단절보다는 연속성을 띠었다. 또한 '한국병합'은 식민지 권력이 일본인사회의 자리매김을 재검토하는 계기가 되었다. 식민지 공간에서 일본인 거류민단의 존재는 병합과 모순되는 것이었으며 없어져야 할 존재였다. 그러나 거류민단의 해체는 지방제도의 정비, 특히 외국인 거류지의 폐지 이후로 연기되었고 거류민단은 '한국병합' 이후에도 잠정적으로 존속하게 된다. 이 기간 동안 당국과 일본인사회 사이에는 '자치'의 존속을 둘러싼 갈등과 대립이 존재했다. '한국병합' 후 일본인사회에서는 조선인에 대한 교육방안과 동화(同化) 정책이 빈번하게 논의되었으나 일본인사회의 기득권 상실로 이어지는 완벽한 '일시동인(一視同仁)'에는 일관되게 반대를 표명했다.

결과적으로 경성거류민단의 해체는 식민지 공간에 정치적 변동을 가져왔다. 일본인사회는 거류민단 해체의 변화에 민감하게 대응하며 거류민단 해체 후의 새로운 '자치'를 모색했지만 얻은 결과는 '자치'의 축소였다. 거류민단 해체를 계기로 선택권을 잃은 일본인사회는 식민지 권력과 대립 관계에서 협력 관계로 변신을 강요받게 된다. 민단 의원 경력을 가진 일본인 사회의 지도층은 식민지 권력에 포섭되어 일본인사회의 '자치'에 대한 요구는 억제되었지만 거류민단 해체에 굴하지 않고 정치적 공간을 확보하면서 제한된 범위 내에서 새로운 형태의 '자치'를 모색하는 지도자층도 존재했다. 1910년대 일본인 사회의 '자치'에 대한 요구는 1920년대 이후 참정권부여와 지방자치 논의로 그 맥을 이어가게 된다. 이러한 과정 속에 경성의 일본인사회와 지도자층은 식민지 공간에서 수적(數的)인 '열세'를 극복하고 세력의 한 축(軸)으로 기능했던 것이다.

식민지기 조선에서의 동화정책과 재조일본인

- 동민회를 사례로 하여 -

우치다 준[*]

1. 시작하며

　1910년대 말부터 20년대에 걸쳐서, 일본의 조선통치정책은 큰 수정을 강요받았다. 1910년 병합이래, 총독의 절대적인 권한과 헌병경찰기구를 기반으로 '무단정치'를 행해왔던 조선총독부는 1919년의 3·1운동에 의해 부득이하게 '문화정치'로의 정책전환을 하게 되었다. 종래의 강압적인 통치방침이 아닌, 조선의 민족주의를 배려한 여러 정책의 실시를 통해 지배의 안정과 심화를 도모하려고 한 것이다. 그 내용은 '내선융화'라는 표어 아래 기본적으로는 동화정책을 계승하면서, 총독무관제와 헌병경찰제도의 폐지, 회사령의 철폐와 지방자문기관 설치로 일컬어지는 회유정책을 폭 넓게 실시하는 것이었다.

　이와 같은 표면상의 정책에 더해 치안대책으로서 경관의 증원과 함께 총독부가 힘을 쏟은 것이 친일세력의 육성과 이용이었다. 이를 「문화정치'의 최대 특색(特色)」으로 파악하고, 다양한 친일세력의 분석을 행한 것이 강동진의 연구이다.[1] 강동진에 따르면 문화정치 시기의 친

---

[*] 內田じゅん, 스탠포드 대학교 역사학과 부교수.
[1] 姜東鎭,『日本の朝鮮支配政策史硏究』, 東京大學出版會, 1979. 또한 조선인의 정치운동의 관점으로부터 각종친일·정치단체의 고찰을 한 것으로, 金東明,「支配と抵抗

일세력은 '직업적 친일분자'와 친일관료라는 양대 기둥(支柱)에 의해 구성되었고, 사이토 마코토(齋藤實) 총독은 이들 '친일파'를 조선사회의 각 계층에 침투시켜 각각의 사정에 적합한 '친일적 단체'를 조직·운영시킴으로서, 반일감정의 진정과 민족운동의 분열을 도모하였다고 한다. 또한 그 가운데 몇 개에는 재조일본인을 고문으로 배치하여 뒤에서 조종시키거나 일본인과 조선인 실업가들의 연합단체를 조직시키는 등 재조일본인도 민족운동대책에 활용하였다고 한다.

3·1운동 당시 재조일본인 인구는 35만 명으로 병합 당시의 약 2배로 급증하여, 당시 세계에서도 최대 규모의 식민지 사회를 형성하였다.[2] 그 경제적·정치적 중추인 경성을 거점으로 하는 재조일본인 유력자가 주도한 단체로서 주목되는 것이 1924년 4월 설립된 동민회(同民會)이다. 이는 경무국장 마루야마 쓰루키치(丸山鶴吉)의 지원 아래, 경성상업회의소 의원과 기타 민간유력자가 중심이 되어 결성된 일본인과 조선인의 합동단체로, 회원도 조선 내외의 유력자를 망라하여 관료, 실업가, 상공업자, 신문기자, 교육가, '낭인' 등이 광범하게 참가하였다는 점에서는 당시 최대 규모의 단체로서, 민족운동대책에서도 특히 중요한 위치를 점하고 있다고 보아도 좋을 것이다.

の狹間-1920年代朝鮮における日本帝國主義と朝鮮人の政治運動」(東京大學大學院總合文化研究科博士論文, 1998, 미공간)이 있다.

역자 주 : 강동진과 김동명의 연구는 다음과 같이 번역, 출판되었다. 姜東鎭, 『日帝의 韓國侵略政策史-1920년대를 中心으로』, 한길사, 1980; 김동명, 『지배와 저항, 그리고 협력-식민지 조선에서의 일본제국주의와 조선인의 정치운동』, 경인문화사, 2006.

2) 1922년 말 현재의 경기도내 일본인 총인구는 약 10만으로, 그 가운데 7만 여 명이 경성에 거주하였다. 도내의 일본인을 직업별로 보면, 30% 이상이 공무원·자유직업자로 가장 많고, 다음으로는 역시 30%가 상공업자였다. 朝鮮總督府 庶務部 調査課, 『朝鮮に於ける內地人』, 1923, p.5, p.19.

종래 민족운동대책에서 재조일본인의 역할에 대해서는 앞에서 서술한 강동진의 연구가 간접적, 단편적으로 취급하였을 뿐, 동민회의 활동내용에 대해서 상세히 논한 것은 전무하다.3) 또한 강동진이 언급한 것과 같이 동민회가 친일육성책의 연장선상에 있다는 것은 확실하지만, 총독부가 '위에서부터' 지시하여 민간유력자에 친일단체를 운영시켰다고 하는 것은 다소 일방적인 견해에 그쳐, 재조일본인 측의 동기와 지향성을 충분히 검토하지는 못하였다. 그래서 본고에서는 동민회의 설립과정, 임원구성, 활동내용 등을 구체적으로 검토하고, 특히 동민회의 설립배경·운영에 얽힌 재조일본인 리더의 이권과 정치적 의도에 초점을 맞춰, 1920년대 민족운동대책에서 재조일본인이 행한 역할을 해명하고자 한다.

이와 관련하여 필자는 경성상업회의소의 '토목파'인 재조일본인이 주도한 '산업진흥'운동을 고찰한 적이 있다.4) 이 글에서는 거류민단 폐지 후, 재조일본인의 경제적 요망을 정책에 반영시켜 이권신장을 도모한 유일한 '자치기관'이었던 상업회의소가, 1920년대 일본인과 조선인 사이의 자본제휴를 추진하는 동화정책의 반관적(半官的) 일익(一翼)으로서도 기능하였지만, 동시에 조선인 엘리트를 재조일본인

---

3) 병합 전후 시기의 재류일본인의 여러 활동에 관해서는 木村健二, 『在朝日本人の社會史』(未來社, 1989)에 상세하게 나와 있다. 또 개항기부터 종전까지의 재조일본인의 동향을 통사적으로 묘사한 高崎宗司, 『植民地朝鮮の日本人』(岩波書店, 2002)도 참조된다.

역자 주 : 高崎宗司의 책은 다음과 같이 번역, 출판되었다. 다카사키 소지, 이규수 역, 『식민지 조선의 일본인들 - 군인에서 상인, 그리고 게이샤까지』, 역사비평사, 2006.

4) Jun Uchida, "Settler Colonialism : Japanese Merchants under Cultural Rule in the 1920's", Harvard University Edwin O. Reischauer Institute of Japanese Studies, Occasional Papers in Japanese Studies No. 2002~03.

측의 '산업진흥'운동 내에 포함시키면서 '실력양성' 등의 민족적 요구를 끌어들이는 등 당국에 대한 진정효과를 높이는 수단으로도 삼았다는 것을 강조하였다. 이러한 운동을 주도한 멤버가 중심이 되어, 같은 시기에 동민회를 조직하였다는 정치·경제적 의미를 검토하는 것은 동화정책에서 재조일본인 정치운동의 전체적 특질을 다시금 파악하는 것과도 연결된다고 생각한다.

또 합동정치운동에서의 재조일본인과 조선인 유력자의 접촉 실태를 고찰하는 것도 본고의 중요한 과제 가운데 하나이다. 강동진의 연구에서는 동민회와 같은 일본·조선의 합동단체가 '대일협력'의 장으로서 기능하였다는 것이 전제로 되고 있지만, 본고에서는 대일협력을 '전제'로 보지 않고, 여러 겹으로 겹쳐진 민족 간의 이해관계와 모순을 포함한 '과정(process)'으로 파악하여, 재조일본인과 조선인 엘리트의 관계가 어떻게 전개되고 변화하였는가를 고찰해 보고 싶다. 동시에 이 프로세스를 고찰한 후, 재조일본인에 주목하는 것이 가지고 있는 방법론으로서의 중요성도 지적하고 싶다. 본고는 재조일본인을 총독부의 '주구(走狗)'로서 일면적으로 해석하는 것이 아니라, 동화정책의 주체이면서 또한 객체라고도 할 수 있는 그들의 식민자(settlers)로서의 양면성에 주목하여, 이것이 조선인과의 접촉에서 어떻게 작용하였는가를 고찰함으로써, 동화정책의 구성적 모순과 한계를 보다 두드러지게 나타낼 수 있다고 생각한다. 또 이와 같은 재조일본인 분석은 '지배자' 대 '피지배자'라는 이분법적 구도에서는 파악할 수 없는 일본의 식민지 조선 지배의 중층성·복잡성을 검토하는 데 있어서도 중요한 분석시각을 제시하는 것이라고 생각한다.

아래에서는, 먼저 동민회 설립의 일반적 배경인 3·1운동 후 사이토의 민족운동대책과 재조일본인의 동향을 개관한다. 다음으로 본 주제인 동민회의 조직과 활동내용을 동민회 단독의 활동과 다른 친일단체와의 합동정치운동으로 나누어 상세히 고찰한다. 마지막으로, 1930년대의 동민회의 활동을 소묘(素描)하고, 전망을 서술하려고 한다. 또한 자료에 관해서는 아직까지 사용되지 않은 동민회의 회보 『동민』과 「일제경성지방법원법철문서」(한국역사정보통합시스템 소장) 등을 병용(倂用)하여 동민회의 전체상을 가능한 범위에서 밝히려 한다.

2. 3·1운동 후의 민족운동대책과 재조일본인

1) 사이토 총독의 민족운동대책

1919년의 3·1운동 발발 후, 같은 해 8월의 관제개정에 의해 제3대 조선총독에 취임한 사이토 마코토는, 이른바 '문화정치'를 표방하여 식민지행정의 변혁을 시도하였다. 사이토는 치안대책의 관점에서 '민의창달'을 새로운 방침으로 내세웠다. 1919년 9월에는 재빨리 '각도유력자, 명망가 및 신지식을 가진' 조선인과 일본인 51명의 '민정 및 통치에 관한 의견 등을 청취'[5]하였고, 1920년대 초에는 지방자문기관을 설치하였다. 또한 산업조사위원회와 임시교육조사위원회 등에 조선인 및 일본인 유력자를 민간인 위원에 선임하여 간접적이나마 정책과정에 참가시키면서 자본가 계급의 회유와 민족운동의 분열을 도모했다.

그러나 사이토가 가장 중시한 것은 민족운동대책에 있어서의 민간인의 역할이었다. 부임 직후 작성되었다고 생각되는 「조선민족운동에

---

[5] 朝鮮總督府, 「朝鮮に於ける新施政」, 1921년 10월(友邦協會 編, 『齋藤總督の文化統治』, 1979에 수록), p.47.

대한 대책」이 그 골자가 되었는데, 이 구상에 의하면 사이토는 민족운동에 대처하기 위해서는 '민간유지'의 협력이 불가결한 것으로 보고, 그들을 통해 '귀족·양반·유생·부호·실업가·교육가·종교가 등 각각 그 계급 및 사정에 맞는 각종 친일적 단체를 조직'[6]시키는 것이 필요하다고 생각하였다. 그리고 1920년대 초 이른바 '친일파'[7]로 불렸던 조선인들에게 온갖 종류의 성격과 역할을 가진 친일단체를 조직시켜, 이를 이용하여 조선인 사회의 말단까지 총독부의 지배를 침투시키는 것을 시도하였다. 뒤에 설립된 동민회를 포함하여 1920년대 전반까지 조직된 주요한 친일단체는 〈표 1〉과 같다.

〈표 1〉 1920년대 전반기의 주요한 친일·정치단체

단체명	설립연월	주재자·회장	주체	기능(목적)
대정친목회 (大正親睦會)	1916.11	민영기	日·朝 합동단체	일본인과 조선인자본가·지식계급의 친목과 사교
교풍회 (矯風會)	1919.7	윤치호	사회단체	각 지방에서 '융화친목', '인우상조(隣友相助)', '풍속개량'의 추진
대동사문회 (大東斯文會)	1919.11	어윤적	유생단체	유생의 회유와 친일화·반일감정의 진정
유민회 (維民會)	1919.11	박영효	경제단체	교육진흥, 생활안정, 조선인 본위의 산업정책 확립
국민협회 (國民協會)	1920.1	민원식	정치단체	'신일본주의' 아래 참정권획득, 내지연장주의의 추진
유도진흥회 (儒道振興會)	1920.1	김영한	유생단체	각지의 향교의 부흥, 유도의 진흥과 유도세력의 만회

---

6)「朝鮮民族運動ニ對スル對策」,『齋藤實文書』9, (高麗書林, 1990), pp.184~189.
7) 본고에서는 조선귀족·실업가·대지주 등 병합당초부터 회유책의 대상이 되었고, 또한 관헌 측의 자료에서 '친일' 혹은 '내선융화' 단체로 규정된 단체를 통해 목적의식적으로 동화운동에 종사한 조선인 유력자에 한하여 '친일'이라는 표현을 사용하였다. 그러나 재조일본인에 초점을 둔 본고의 범위 내에서는 '친일파'의 정의와 성격규정을 충분히 하기 어려우며, 이는 금후의 과제로 하고자 한다.

조선소작인상조회 (朝鮮小作人相助會)	1920.8	송병준	소작인 단체	지주와의 제휴를 통한 소작쟁의의 미연방지·파괴
대동동지회 (大東同志會)	1921.10	선우순	지방단체	평안남도의 일본인·조선인의 '공존 공영', '조선인의 지도계발'
동광회조선지부 (東光會朝鮮地部)	1922.2	이희간	정치단체	흑룡회 계열 우치다 료헤이(內田良 平) 등의 지도 아래 조선의 '내정독 립' 청원
상애회조선지부 (相愛會朝鮮地部)	1924.4	이기동	노동자 단체	'내선공존공영', 노동·민족운동의 탄 압으로 총독부에 협력
동민회 (同民會)	1924.6	호조 도키유키 (北條時敬)	日·朝 합동단체	'내선융화'·동화사상의 추진, 산업 진흥, 사회교화
갑자구락부 (甲子俱樂部)	1924.8	오가키 다케오 (大垣丈夫)	日·朝 합동단체	내지연장주의에 기초한 참정권 획 득, 산업진흥

비고 :
1. 단체의 존속기간에 대해서는 동광회의 경우(1922년 10월 총독부의 명령에 의해 해산) 만이 확인 가능하지만, 강동진에 따르면 대부분이 1920년대 후반 쇠퇴, 형해화되었다고 한다. 덧붙여 말하면 동민회는 자료상 확인 가능한 범위에서 적어도 1940년까지 존속하였고 국민협회와 갑자구락부도 같은 시기까지 활동한 것 같다.
2. 재조일본인이 주도한 동민회와 갑자구락부의 성격을, 다른 조선인이 주재(主宰)한 단체와 같은 '친일단체'로 규정하기는 어렵다. 총독부 경무국의 치안관계 자료에서 동민회는 '내선인 합동'의 '내선융화단체'로, 갑자구락부는 '내선인 합동 정치결사'로 규정되었다.

출전 : 朝鮮總督府 警務局 編, 『朝鮮治安狀況』(1922년); 警務局保安課, 『治安狀況』(1927년 12월); 姜東鎭, 『日本の朝鮮支配政策史硏究』(東京大學出判會, 1979), pp.230~251.

또 유생단체에는 재조일본인 고문이 한명씩 있었는데, 모두 3·1운동 직후에 민정조사와 새로운 방침의 선전 역할을 담당한 인물이었다. 대동사문회 고문인 오가키 다케오[8]는 총독부가 1920년 12월에 「내지 및 외국에 대한 조선사정 소개」라는 목적으로 설립한 정보위원회[9]의 민간위원이었고, 유도진흥회 고문인 기쿠치 겐조(菊池謙讓)도 1920년대 초에 사이토로부터 '조선사정의 조사'를 위촉받았다.[10] 양자 모두

---

8) 「朝鮮情報委員會」, 朝鮮總督府 編, 『朝鮮總督府及所屬官署職員錄』, 1921~1924 각 년도; 『朝鮮人士興信錄』, 朝鮮新聞社, 1922, p.173.
9) 朝鮮總督府, 『朝鮮』, 1920년 12월, pp.136~137.

병합 이전부터 활동한 경성언론계의 중진으로 기쿠치는 '민비암살'에 관여하였고, 오가키는 '대한협회'의 고문을 맡는 등 한말 정변의 배후에서 책략을 꾸미고, 병합 후에도 지방행정기관과 언론계를 통해 재조일본인 사회를 주도하였다.

이들처럼 장사(壯士)와 같은 인물의 이용과 함께, 사이토는 동화정책의 일환으로서 '일선(日鮮)자본가의 연계'를 기반으로 하는 하나의 기관을 설립하여, 노농운동을 미연에 대처하면서 조선의 개발을 위해 일본인과 조선인의 계급적 결합을 촉구한다는 구상을 세웠다.[11] 그 첫 걸음으로서 사이토의 브레인 역을 담당하던 아베 미쓰이에(阿部充家)는 1921년 산업조사위원회가 개최되었을 때, 재조일본인과 조선인 실업가를 모아 이 기회에 '산업상에 입각한 단체를 조직'시켜 '실력양성론에 결부한 교육식산의 2대 강목을 목적으로 하면' 독립론은 자연히 도태될 것이라고 '열망'하였다.[12] 이와 같은 재조일본인과 조선인 유력자에 의한 연합단체의 구상은 후술하는 것과 같이 민족운동이 새롭게 고양되어, 조선인 주재의 친일단체가 급속하게 쇠퇴한 1923년부터 1924년에 걸쳐 보다 긴요한 과제가 되었고, 이것이 재조일본인 측의 동향과 서로 맞물려서 동민회 조직으로 구체화되었다.

2) 재조일본인의 동향

한편 재조일본인들도 3·1운동 후의 민족운동대책을 협의하였다.

---

10) 森川淸人, 『朝鮮總督府施政二十五周年記念表彰者名鑑』(表彰者名鑑刊行會, 1935), p.1169.
11) 「朝鮮民族運動ニ對スル對策」, pp.155~156, 이미 존재했던 일본인·조선인 단체인 대정친목회는 특별한 시정활동을 행하지 않았다.
12) 齋藤實 앞 阿部充家 서한, 1921년 9월 6일(일본 국립국회도서관 헌정자료실 소장 「齋藤實關係文書」. 이하 「齋藤實文書」로 표기).

예를 들어 1920년 10월, 조선 각 주요 도시의 일본인 유력자들은 극비리에 경성상업회의소에 모여, '조선인의 사상이 현저히 변화하여 (중략) 우리 실업계의 진운을 저해하는 것이 적지 않은' 것에 대해 3일간에 걸쳐 집중 토의하였다. 그러나 조속한 '문화정치'를 '조선인을 우대하는 것'이라고 비판하거나 독립사상에 대해 무력제압을 주장하는 쪽이 두드러졌고, 또한 동화정책을 통치방침으로 하는 것에 반대하는 자도 다수 나타나서 사이토의 새로운 정책에 대한 평가가 상당히 흔들리고 있었다는 것을 알 수 있다.13) 이들 재조일본인 리더는 병합 전부터 조선인 귀족·실업가와 빈번하게 교류하였지만, 기본적으로 조선인과 동일시되는 것에는 반발하였다. 이들은 5년 전 데라우치의 일본인·조선인에 대한 획일적인 통치정책으로 거류민단이 폐지된 것에 대해 맹렬한 반대 진정운동을 전개할 정도였다. 또한 당국이 수집한 조사보고 가운데서도 재조일본인의 조선인에 대한 일상적인 차별이 '내선융화'의 장해물이라고 하여 3·1 '소요'의 사회적 요인으로서 지적되었다.14) 아베 미쓰이에도 이를 신교육을 받은 조선인 '청년', '외국선교사'와 나란히 조선통치의 '3대 난관'의 하나로 여겨, 재조일본인에 대해 무엇인가 대책을 강구할 필요를 사이토에게 진언하였다.15)

이와 같은 재조일본인의 감정을 회유하기 위해, 총독부는 일본인이 집중된 지역에 한정시켜 자문기관에 선거제를 도입하는 등, '민의창달' 방침의 가운데 재조일본인의 특권을 온존시키는데 유의하였다.

---

13) 京城商業會議所, 『全鮮內地人實業家有志懇話會速記錄』, 1920.12.
14) 朝鮮總督府 官房 庶務部 調査課 編, 『秘·調査資料 第十集 朝鮮の獨立思想及運動』, 1924.
15) 阿部充家, 「朝鮮統治意見」, 1919년(『齋藤實文書』).

이와 같은 처치가 재조일본인의 조선인에 대한 양면성(ambivalence)과 동화정책에의 반발을 해소한 것은 아니었지만, 재조일본인 측도 당면한 민족운동에 대한 대책으로서 관민일치로 '산업의 개발'을 추진하고 '경제의 힘을 통해 조선을 정복할 것', '재선(在鮮) 내지인 유지가 협력하여 사회사업을 발달시켜 자선・구제・감화 등에 공헌할 것' 등 큰 틀에서 '문화정치'에 협조하는 형태로 민족주의에 대처해 갈 필요성을 확인하였다.16) 그리고 1922년에는 발 빠르게 총독부의 산업정책에 호응하여 전선 상업회의소 연합회가 '내선융화의 실을 거두기' 위한 '산업개발 4대 요강'을 제출하고, 와타나베(渡邊) 회두가 이끄는 '토목파(土木派)'가 중심이 되어 자금획득을 목표로 하여 중앙에 대해 진정운동을 개시하였다. 여기에 조선인 엘리트도 포섭함으로써 재조일본인들은 조선전체의 이익을 강조하면서, 철도부설 등에 연계된 자신들의 이권 신장을 도모하여 갔다.17)

더욱이 동화에 반발해 왔던 재조일본인과 그들에 대한 대책을 모색해 가던 총독부를 관민합동의 '융화' 운동으로 몰고 간 것은 1923년 관동대지진 당시 조선인 학살사건에 의한 민족운동의 재연이었다. 재조일본인들 사이에서는 이와 같이 불안정한 사회상황에 더해 지진에 의해 보조금과 사업공채가 삭감・연기되는 산업진흥운동에의 악영향을 받게 되자, 이러한 상황에 대처하여 조선에서의 여러 이익을 확대하기 위해서는 조선인과의 협력이 없어서는 안 된다고 하는 인식이 높아졌다. 한편, 총독부가 원조한 조선인 유력자가 운영하는 친일단체는 설립 직후부터 민족지와 일반 조선인의 배격을 받았고, 관동대

---

16) 京城商業會議所, 앞의 책, pp.14~15, p.243.
17) 京城商業會議所, 『京城商業會議所月報 朝鮮經濟雜誌』, 1922.3, pp.54~56.

지진 이후 나타난 반일감정의 고양은 친일단체의 약체화에 더욱 박차를 가하였다. 관동대지진 직후부터 '서로 견고하게 결속하여 강력한 지도단체를 조직하고 (중략) 공산 내지 독립 등의 천박한 시류사상을 일소시킬 것'[18]을 거듭해서 협의해 온 친일단체의 간부들은 1924년 3월말 '각파유지연맹'[19]을 결성하여 재편을 도모하였지만, 연맹의 활동은 오히려 민중의 반감을 증대시켰고 또한 내분에 의해 1925년 이후 급속하게 쇠퇴해 버렸다.

이와 같은 상황 아래, 재조일본인을 중심으로 하는 새로운 단체의 조직이 구체화된 것은 조선인 주재의 친일단체의 역할을 보완한다는 것에 그친 것이 아니라 이권신장을 겨냥한 재조일본인 측의 의도와, 이들을 통해 조선인 유력자를 포섭시켜 당국과 보조를 맞추게 한다는 총독부측의 생각이 중첩되어, 양자 사이에 민족운동에 대한 새로운 공명관계가 창출되었기 때문이었다. 더욱이 1924년 7월에 취임한 시모오카 쥬지(下岡忠治) 정무총감이 '산업제일주의'를 제창하여 재조일본인 산업진흥운동의 최대 협력자가 된 것도, 이러한 관계를 강화시켜 일본인·조선인 실업가의 결합을 촉진한 요인이 되었다고 할 수 있을 것이다.

---

18) 朝鮮總督府 警務局, 『關東地方震災ノ朝鮮ニ及ボシタル狀況』, 大正12年 12月(「齋藤實文書」).
19) 京城本町警察署長, 「大東聯盟會發會式ニ關する件」, 京本高秘 제2048호, 1924년 3월 26일(한국역사정보통합시스템 소장 「日帝京城地方法院法綴文書」 수록, 이하 「法綴文書」로 표기).

3. 동민회의 조직과 활동

1) 동민회의 조직 내용과 임원 구성

동민회 설립의 직접적인 계기는 호조 도키유키(전 학습원장), 다카시마 헤이사부로(高島平三郎, 동양대학 교수), 미야오카 나오키(宮岡直記) 중장 등의 '황민회(皇民會)'[20] 간부가 1923년 3월 말 경성에 와서 강연한 것에서 비롯된다. "조선에도 황민회와 같은 내선융화 단체를 만들고 싶다"고 한 사이토의 의향을 받아, 호조의 사위이기도 한 마루야마 쓰루키치(丸山鶴吉) 경무국장은 재빨리 경무국 촉탁인 나카무라 겐타로(中村健太郎)[21]를 불러 취지서의 작성을 촉구하였다. 그리고 관동대지진 직후 이것이 구체화되어, 사이토로부터 '민간 유력자와 논의해올' 것을 요구받은 나카무라는 조선 내의 민간 유력자들을 불러 같은 해 10월에 발기인회를 개최하였다. 더욱이 사이토로부터 "내선융화의 철저한 실행을 도모하는데 이를 조선에만 국한된 소규모로 해서는 안 된다"고 주의를 받았기 때문에, 나카무라는 자신과 마찬가지로 발기인회에서 실행위원에 선출된 사토 도라지로(佐藤虎次郎)·신석기와 함께 도쿄에 가 수개월에 걸쳐 일본 각지에서 운동하였다. 그 결과, 조선에 연고가 있는 유력자들을 중심으로 하여 백 명

---

20) 재단법인 황민회(皇民會)는 도쿄에 거점을 둔 사상단체로, 반사회주의·반공산주의를 내걸고 국가를 기반으로 하는 흥국운동(興國運動)을 표방하였다. 1920년 11월부터는 기관지 『皇民會報』도 발행하였다.

21) 나카무라 겐타로(中村健太郎)는 전 『漢城新報』의 조선어 주필로 기쿠치 겐조와 같이 '민비암살사건'에 관여한 민간인 가운데 한 사람이었다. 그 후 10년 이상 『京城日報』 본사의 이사 겸 『每日申報』 편집국장으로 근무하였으며, 1922년 8월 하순에 사직과 동시에 총독부 경무국의 촉탁에 취임하여 1941년까지 근속하였다. 朝鮮總督府 編, 『朝鮮總督府及所屬官署職員錄』, 1923~1941 각 년도.

이상의 찬동자와 기부금 약 30만 엔을 얻었다.22) 찬동자에는 전 총독부 관리들과 시부사와 에이이치(澁澤榮一),23) 사카타니 요시로(坂谷芳郎), 오쿠라 기하치로(大倉喜八郎), 도쿠도미 소호(德富蘇峰)와 같이 조선과 깊은 관계를 지닌 유력자를 시작으로, 미쓰이·미쓰비시 재벌 방면, 같은 해 호헌삼파 내각을 성립시킨 가토 다카아키(加藤高明) 및 사토와 오래 알고 지낸 사이였던 이누카이 쓰요시(犬養毅), 또 사토의 옛 낭인 친구였던 도야마 미쓰루(頭山滿)·우치다 료헤이 등의 국수주의자가 이름을 올려, 전 국회의원 사토 도라지로가 넓은 인맥을 만들어 정·재계의 유력자를 모았다는 것을 알 수 있다.24)

동민회는 1924년 3월 15일에 설립되었는데, 당시의 임원은 〈표 2〉와 같다. 임원의 특징을 보면, 조선인 측은 조선 귀족을 부회장과 고문으로 두고, 중추원 참의를 시작으로 조선을 대표하는 실업가·대지주·유력상인 및 다른 친일단체의 간부가 이사·평의원에 취임하였다. 즉 이들 조선인 임원은 병합 당초 포섭정책의 대상이 된 엘리트로서 산업진흥의 과제와 독립운동에 대한 이해관계를 공유하는 재조일본인 유력자와 함께, 더욱 넓은 범위의 조선인사회를 포섭하는 측에 둘러쌓여 있었던 것이다. 한편 일본인 임원도 조선인 측과 같은 모습으로, 회사 중역 및 복수의 공직을 겸임하는 지역 유력자를 망라하여, 그중 여럿이 상업회의소 임원을 역임하였고 초기에는 거류민단의 의

---

22) 中村健太郎, 『朝鮮生活五十年』(靑潮社, 1969), pp.83~89, 『同民』1924.6, pp.11~12, pp.80~81, 나카무라에 의하면, 사이토가 이 모임을 「同民」이라고 명명하였다고 한다.
23) 시부사와 에이이치는 동민회를 비롯하여 대동동지회와 상애회 등 '내선융화' 단체에 정기적으로 자금을 원조했다. 澁澤靑淵記念財團 龍門社 編纂, 『澁澤榮一傳記資料』 제31권(傳記資料刊行會, 1955~1971), pp.745~767.
24) 『同民』, 1924년 9월, pp.14~15; 中村, pp.88~89.

원, 뒤에는 부협의회 의원 등의 직위에 취임하는 등, 민간일본인 리더 층을 형성해 갔다. 또 임원의 다수는 후술할 갑자구락부라는 별도의 일·조(日·朝) 합동정치단체의 설립·운영과도 연관관계가 있다. 실제로 동민회의 활동 기획과 사무를 담당해간 것은 상임이사인 나카무라, 신석기, 사토와 상임간사인 스기(杉)[25]인데, 특히 나카무라는 총독부와의 중요한 연락 역할을 맡았다. 회원도 일본인과 조선인이 거의 반반으로 경성부내의 유력자와 지식계급을 망라하였고, 점차 지방회원도 증가하여 설립당초는 회원이 수백 명이었지만, 1930년대 초에는 약 3천 명에 달하였다.[26]

〈표 2〉 '동민회' 설립 당시의 임원

지위	이름	직업	주요공직	기타 소속단체
회장	호조 도키유키	전 학습원장		
부회장	이재극	남작		
	안도 마타사부로 (安藤又三郞)	경성철도국장	A	
고문	박영효	후작, 중추원고문	조선사편수회고문	
	이완용	후작, 중추원부의장	D, 조선사편수회고문	
	송병준	백작, 중추원고문	D	조선소작인상조회장

---

25) 스기는 병합 전후부터 격심한 이직을 반복하였지만, '내선융화'를 표방하여 '동아공창회(東亞共昌會)'를 일으키고, 조선 각지에서 순회강연과 출판 사업을 행한 낭인과 같은 인물이다. 『大京城公職者名鑑』(京城, 1926), pp.32~33, '일신상의 사정'에 의해 1925년 8월말에 상임간사를 사임하였다. 『同民』 1925.9, p.43.

26) 慶尙北道 警察部 編, 『高等警察要史』(朝鮮印刷, 1934; 『暴徒史編輯資料』, 1970 수록), p.55, 회원수의 지역별 내역은 1932년 12월 말일 현재의 것이지만, 이에 따르면 회원 총수 2,984명(일본인 1,504명, 조선인 1483명) 가운데 경기(779명)가 가장 많고, 다음으로 경북(450명), 충남(339명), '내지'(293명), 함남(222명)으로 이어지며, 다른 지방은 각각 50~150명 사이로, 만주에도 19명(일본인 9명, 조선인 10명)이 있다. 『同民會會報』 1932.12~1933.2, p.9.

	이름	직책/소속			
	시부사와 에이이치	자작, 실업가			
	도쿠가와 이에사토 (德川家達)				
상담역	도미타 기사쿠 (富田儀作)	도미타 합자회사장 도미타상회주인	C, D		
	오자키 다카요시 (尾崎敬義)	동양척식(주) 이사			
	가시이 겐타로 (香椎源太郎)	부산수산 사장 조선와사전기(주) 사장	A, C, D		
	다니 다키마로 (谷多喜磨)	경성부윤			
	노무라 기요시 (野村淸)	조선은행총재			
	마키야마 고조 (牧山耕藏)	조선신문사장	정우본당 대의사 회장		
	마에다 노보루 (前田昇)	경성연합청년단장	조선중앙위생회위원	조선불교대회부회장	
	마쓰야마 쓰네지로 (松山常次郎)	(주)황해사 사장 (토목건축청부업)	중의원의원, D		
	아키즈키 사쓰오 (秋月佐都夫)	경성일보· 매일신보 사장	조선중앙위행회위원		
	미야오카 나오키	중장, 황민회간부		황민회 간부	
	조진태	조선상업은행부두취	A, D	대정친목회	
	유맹	중추원참의	조선사편수회·구관 조사 및 제도조사 위원회		
상임 이사	나카무라 겐타로	총독부경무국촉탁		갑자구락부 대정친목회	
	사토 도라지로	조선농림(주) 전무취체역		갑자구락부	
	신석린	중추원참의		국민협회	
상임 간사	스기 이치로헤이 (杉市郎平)	공창사경영 (『共昌之道』 주간)			
이사	오무라 도모노조 (大村友之丞)	경성상업회의소 서기장	A		
	와타나베 미유키 (渡邊彌幸)	조선식산은행 비서과			

	이름	직업	기타	단체
	다카하시 쇼노스케 (高橋章之助)	변호사	A	갑자구락부
	다카야마 다카유키 (高山孝行)	조선특산물(주) 사장	B	갑자구락부 국수회
	구기모토 호지지로 (釘本藤次郎)	금물상 여러 회사 중역	A, C, D, 경성번영회· 위생조합회장	
	야마토 요지로 (大和與次郎)	운수업·농업, 조선운수계산(주)사장	B, 경성신사대총대 용산무덕관간사	갑자구락부
	야마기시 도미오 (山岸富雄)			
	아라이 하쓰타로 (荒井初太郎)	토목건축청부업, 여러 회사 중역	C, 조선토목건축협회장	갑자구락부
	방규환	주식중개인, 실업가	B	갑자구락부
	이병렬	『민중신문』 편집 겸 발행인	방면위원(方面委員)· 정총대(町總代)연합회 이사	국민협회
	이범승	경성도서관경영	경성부학교평의회원	
	조병상	가타쿠라(片倉) 생명 보험(주) 조선지국장	B, 경성부학교평의회원	갑자구락부
	유전	조선제사(주) 전무취체역	A, B	
	이진호	총독부 학무국장 (1924.12 취임)	A, 조선중앙위생회위원	
	원덕상(회계)	조선생명보험(주) 전무취체역	A, B, C, 종로금융조합장	갑자구락부
	김성욱	경성부협의회의원	B, 정총대	국민협회 대정친목회 갑자구락부
감사	가와치야마 라쿠산 (河內山樂三)	조선화재해상보험 (주)사장	A, B	
	한상룡	한성은행두취 조선생명보험부사장	A, C, D, 조선중앙위생회위원	조선실업구락부 회장, 대정친목회
평의원	*평의원회장 아루가 미쓰토요 (有賀光豊)	조선식산은행두취	A, D, 조선잠사협회장 조선산림회장	조선실업구락부고문
	호리우치 미쓰스케 (堀內滿輔)	치치부 견직물상 '치치부야' 경영	A, 경성실업동지회장	
	무샤 렌조 (武者鍊三)	경성전기(주) 전무취체역		

온다 도키치 (恩田銅吉)	조선우선(주) 사장	A	
오무라 햐쿠조 (大村百藏)	중앙물산(주)사장, 경성신문경영	B	갑자구락부
와타나베 사다이치로 (渡邊定一郞)	(주)황해사 사무취체역	A(경성상의회두), 조선토목건축협회 이사	국수회조선본부장 갑자구락부
구도 다케시로 (工藤武城)	경성부인병원경영	정총대	
후지이 간타로 (藤井寬太郞)	불이흥업(주)사장 조선토지개량중역	D, 대정·임익· 임옥·중앙수리조합장	
고바야시 겐로쿠 (小林源六)	죠지야(丁子屋) 상점·조선나사(螺絲) 제품(주)사장	정총대 경성상공연합회회장	조선불교단
고스기 긴하치 (小杉謹八)	토목건축청부업 조선인쇄(주)사장	정총대	갑자구락부
아다치 다케지로 (足立丈次郞)	경기도평의원	C, 조선축산협회· 조선농회상무이사	
아카기 만지로 (赤木萬二郞)	경성사범학교장 경성부시학관	조선교육회평의원	
사세 구마테츠 (佐瀨熊鐵)	목장경영		
사와무라 료이치 (澤村亮一)	스즈키상점 경성지점장		
시교 이타로 (執行猪太郞)	용산금융조합장		
오이 다쓰오 (住井辰男)	미쓰이물산(주) 경성지점장	경성곡물조합 조선광업회임원	
박승직	(주)공익사 사장 박승직상점		
장도	중추원참의 변호사, 실업가		
장두현	서울 護謨工 사장 조선상업은행중역		
고의준	총독부군수		동광회, 국민협회
유일선	'일본조합협회' 목사		
채기두	조선소작상조회간부		조선소작상조회
김영한	중추원참의		유도진흥회대표

김한목	중추원참의	구관조사위원회 제도조사위원회	
김한규	한일은행전무취체역 조선생명보험중역	A, C, 경성학교비평의원	조선실업구락부 대정친목회
어윤적	중추원참의	조선사편수회 교과서조사위원회원	
민대식	한일은행두취 조선토지개량취체역	조선금융제도조사위 원회촉탁	
오대환	경기도 군수 (1924년 퇴임)		국민협회

　　동민회는 이미 창립 1년 후에 재단법인으로 조직을 변경하고 본격적으로 활동을 전개하였는데, 초기에 일본에서 모은 기부금의 운용수입을 주요한 기금으로 하여 그 후에도 지역유력자로부터 많은 지원을 받아 상당한 재정기반을 확보한 것 같다. 매 년도의 활동자금에는 기부금을 시작으로 회원의 회비, 기본재산(금강산전기철도주식회사의 유가증권과 은행예금, 합계 약 2만 엔)으로부터의 수입금, 국고보조금(1천 엔) 등이 충당되었다. 동민회의 경비는 1925년도에는 약 16,000엔이었는데, 그 2년 후에는 약 26,700엔으로 증가하였다.27) 또 대구, 부산, 공주, 강경 등에 각각 지부를 설치하고, 이들의 운영에 대해서는 "도평의원 안에서 지부장, 부지부장, 이사, 평의원, 감사 등의 임원을 위촉하여, 도내에서 동민회의 운동전반을 맡아 본부와의 연락을 취할 것"이라고 하였다.28)

---

27) 京城府, 『京城府內社會事業槪況』, 1927, pp.48~50과 『同民』, 1929년 3월을 참조.
28) 中村健太郞, pp.89~90.

2) 활동방침과 내용

(1) 방침

「동민회 창립 취지」에 따르면, 동민회는 구미제국주의의 아시아 침입, 조선 내의 민족적 대립과 '사상악화'라는 내외의 불안정한 상황에 대처하기 위해, 일본인과 조선인의 "결합을 견고히 하여 서로 힘써 도우며", 밖으로는 아시아의 연대를 드러내고 조선 내에서는 '내선융화'의 이데올로기적 기반이 되는 흥국운동(興國運動)을 표방하였다고 한다(『同民』 1924년 6월, pp.80~81). 이 취지를 철저히 하기 위해 동민회는 '강령'으로서 "대국(大局)에 대처하여 내선융화의 철저한 실행을 기하고", "실질강건한 기풍을 길러 경조부박(輕佻浮薄)한 사조를 배척하며", "근면역행의 기풍을 키워 방종타약(放縱惰弱)의 폐를 경계한다"는 세 항목을 내걸고, 이를 동화운동의 지침으로 하였다. 상임간사인 스기에 따르면, 이는 '물질과 정신의 양 방면'으로부터 동화를 추진한다는 것을 의미하며, 조선에서의 자본주의 경제의 발달과 그 부작용(농촌피폐, 노동쟁의, 사상악화 등)에 대처하기 위한 '사상선도'를 동시에 추진하는 것을 목표로 한다는 것이었다(『同民』 1925년 7·8월, p.23).

동민회는 강령을 달성하기 위한 목적으로 다양한 활동을 기획하고 실행하였다. 자료의 제약이 있지만, 그 개요를 서술하면 다음과 같다.

(2) 강습회와 출판물을 통한 선전활동

먼저 동민회는 일반민중, 혹은 지식계급을 대상으로 하는 강연회와 활동사진회를 개최하였다. 그 내용은 '동민의 기본정신'과 '동아민족의 자각을 촉구한다'는 주제와 사상문제일반에 관한 것이 대부분으로서, 강습자는 일본으로부터 온 학자·전문가와 전·현직 총독부 관리가 담당했다. 강연회는 동민회의 선전과 회원모집의 목적도 가지고 있어서, 동민회 설립 후 반 년 간에 집중되어 이 사이 8회의 강연이 행해졌다. 청중 수는 '전후 8회에 8백 명 내지 1300명이 참석'해, 상당한 성황이었던 것 같다고 전해진다(『同民』 1924년 12월, p.8). 더욱이 지부조직이 확대되면서 이러한 '내선융화의 망'을 향해 '강연회, 연구회, 좌담회 등이 끊임없이 행해졌다'고 하며, 이때 나카무라는 일본어가 '4, 50세의 유지에게는 아직 보급되지 않았기' 때문에 자신이 '거의 조선어로 설명하고 강습'하였다고 회상하였다.29)

또 동민회는 그 취지와 강령을 철저하게 보급시키기 위해 『동민(同民)』을 발행하고, 제1호(1924년 6월)는 수천 부, 제2호(7월), 제3호(8월)는 모두 1만 부로 증간시켜 '전 조선'에 배포하고, 이후의 호는 매월 5천부 정도 조선 각 방면에 배포하였다. 유감스럽게도 상세한 배포처의 데이터는 없지만, 회보의 내용과 여러 기획의 대상으로부터 추측해 보건대 회원 및 지방 관공리에게 배포되었다고 생각된다. 회보는 당시의 신문잡지에서 보도되었던 '내선불융화(內鮮不融和)'의 근원을 일소하기 위해 '내선융화의 실을 거둔 것'을 빈번하게 보고할 것을 주요한 목적으로 하여, 강연회와 후술할 '동민하계대학'의 강연내용을 기재하는 것을 중심으로 '내선인 융화의 미담'과 '내선인의 결혼'의 증가경향 보고 등도 자주 게재하였다. 또 회보의 목차에는 '공존공영'과 '산업제일'주의라고 하는 총독부의 표어와 총독·정무총감의 훈시를 기재하여 총독부의 여러 정책을 선전하기도 하였다.

회보 외에도 각종 팜플렛을 배포하였는데, 예를 들어 1924년 7월 1일 미국이 '배일이민법(排日移民法)'을 실시한 날을 '유색인종을 모욕

---

29) 위의 책, p.90.

한 기념일'로 하여 이날 '내선인은 협력 일치하여 세계의 승자가 되자'고 적은 '엽서 포스터 수천을 전 조선에 송부'하였다(『同民』 1924년 12월, p.5). 또한 '여보'라는 말을 조선인의 대명사로 사용하지 않길 바란다고 일본인 동지들에게 주의를 호소하는 광고전단을 3만부 인쇄하여, 일반 재조일본인의 교화를 동민회의 한 사명으로 한 것도 알 수 있다(『同民』 1924년 9월, p.17). 회원 가운데에는 일본인을 대상으로 독자의 '융화' 선전활동을 행하는 자도 있었다. 예를 들어 대구지부를 창설한 와타나베 벤조(渡邊弁三)는 일본의 각 도시에서 '조선사정을 분명하게 알리는(=闡明) 사업'에 분주하였고, 구포에서 농원을 경영하고 있던 하야시 쇼조(林省三)는 '조선내의 내지인'을 대상으로 '세족(洗足)운동'을 열어 '조선인을 사랑하자, 구하자'라는 격문을 배포하고 강연회를 개최하기도 하였다.30)

(3) 사회·자선사업

이상과 같은 선전활동 이외에 동민회는 인사상담과 회원과 그 가족이 불행을 맞이하였을 때 '조위(弔慰)'를 실행하는 등의 사회사업도 행하였다. 특히 "각 지사 및 각 상업회의소에 의뢰하여 국가 사회에 공헌한 숨은 독행자를 조사"시켜, 이를 심사하여 감사장을 증정하고 그들의 '행장(行狀)'을 회보에 빈번하게 게재하였다(『同民』 1924년 10월, p.9). 그 대부분은 조선인으로서, 주로 '지방개량'·'산업개선'에 공헌한 서당교사와 독농가(篤農家), 직무에 열심인 학교 평의회원과 구장, 사회교육을 목적으로 하는 지방교육회와 조합 등, 모두 동민회의 '강

---

30) 李軫錫 外 著, 『渡邊翁紀念, 朝鮮を語る その一 朝鮮の地と人との再認識』(京城, 1934); 林省三, 『荒野の石』, 甲陽書房, 1964, pp.303~330.

령'을 일상적으로 실천해 가는 인물·단체였다.

한편, 재조일본인 임원의 다수도, 자선사업을 통해 '융화' 활동에 종사했다. 그 중에서도 열성적인 불교도였던 조지야 사장 고바야시 겐로쿠는 온갖 사회사업단체의 설립·운영을 자금면에서 지원하고, 또 점내에 청년훈련소와 여자점원수양기관을 설치하여 '조선인 자활(=授産) 사업'에 진력하였다. 1929년 백화점으로서 재출발하였을 때에는 매일 아침 조례에서 점원에게 '불법(佛法)·상도(商道)에 정진'하여 '특별히 조선인 여러분들을 소중하게' 여기도록 주의를 주는 등, '내선융화'를 일종의 상업전략으로 삼았다.[31]

(4) '동민하계대학'

동민회는 또한 "회의 취지강령을 관철시키기 위해 사회교화, 사상선도, 산업장려 등에 관련하여 지방의 중심인물을 양성할" 목적으로, '동민하계대학'을 1925년 8월에 개설하였다. 이는 동민회가 각 도 지사에 의뢰하여 모인 '장래지방의 중견인물이 될 사람'들이 본 대학에서 '침식을 함께하고', '필요한 학과'와 '동민정신'을 학습하여 '장래, 국가사회를 위해 진력'한다는 구상에 기초한 기획이었다(『同民』 1925년 7·8월). 제1회 하계대학의 사례(1925년 7월 27일~8월 5일, 경성 제2고등보통학교에서 개최)를 보면, 강습생은 각도로부터 선발된 전체 90명이 참가하였는데 그 민족별 내역은 조선인 60명, 일본인 30명이었다(〈표 3〉). 강습생의 30%가 보통학교 훈도였고, 다음으로 많은 수를 차지한 것은 면·부·군·도에 근무하는 지방관리·이원(吏員)과 청년회 임원이었다. 즉 여기에서는 1920년대부터 통치기반이 말단 조선인 사회에까지 확대된

---

31) 丁子屋商店, 『丁子屋小史』, 1963.

것에 따라 점차 증가한 조선인 공직자를, 지방의 중견 동화 이데올로그로서 단기 집중적으로 양성하여 지배자 쪽에 가까이 끌어들인다는 의도가 짐작된다. 이 기획은 친일세력만이 아니라, 민중의 일상생활에 밀착한 업무를 담당한 지방행정기관의 직원과 교원을 매개로 하여, 일반사회를 동화정책 내에 포섭하려고 기도한 것이라 해석할 수 있다.[32] 청강료는 무료로, 강습과목과 강사는 〈표 4〉와 같다. 참가자의 숫자와 지방별의 분포를 보면 다소 빈약한 감이 있지만, 총독부를 비롯하여 일본과 만철로부터도 강사진을 갖추어 당국에서도 그 효과를 크게 기대하였다. 강습이 종료할 때에는 '수업증서'와 강습기념휘장이 수여되었고, 강습증서 수여식은 시모오카 정무총감을 시작으로 학무국장과 경무국장 등의 총독부 고관도 참석하였다.

'동민하계대학'은 그 후에도 거의 매년 개최되었는데, 제2차 '산미증식계획'이 실시된 1926년에는 '농촌진흥에 관한 지방중견인물을 양성하는' 것에 주안을 두었고, 광주학생운동이 일어난 1930년에는 경성부 내의 일본인과 조선인 학생 수십 명을 포함한 강습생을 대상으로 '일반사상계의 학설 및 그 비판에 관한 강연'을 실시하는 등, 매년 총독부의 정책에 적응하는 주제가 선정되었다(『同民』 1926년 8월, pp.43~45;

---

32) 예를 들어, 나미키 마사토(並木眞人)씨의 '테크노크라트 형'과 '이데올로그 형'이라는 '대일협력'의 유형을 이용하여 본 대학의 주지(主旨)를 분석한다면, 재조일본인이 친일단체 임원을 맡는 '이데올로그 형' 대일협력자와 제휴하여, 그들보다 비교적 어린 세대인 '관리·교원·의원 등, 일상 업무 그 자체가 바로 식민지 지배의 실천이 되는' '테크노크라트 형' 대일협력자를 동화 이데올로그로서 양성한다고 하는 구조가 그려질 수 있다. 그러나 나미키씨가 1930년대 후반 이후에 초점을 맞춘 것과, 후술할 친일단체 임원을 포함한 조선인공직자 사이에 침투한 자치사상을 생각하면, 1920년대의 친일적 행위에 이러한 '대일협력'의 구분을 적용하는 것의 타당성에 대해서는 다시금 검증이 필요하다는 것을 부언해두고 싶다. 並木眞人, 「植民地期朝鮮人の政治參加について-解放後史との關聯において」, 『朝鮮史硏究會論文集』 제31집, 1993년 10월.

1930년 8월, p.6). 또 1929년 이후 '사상악화'를 우려한 동민회는 하계대학에서의 강습내용을 일반에게 보급시키기 위해 매년 강의록을 『동민총서』로 하여 출판하였다.

〈표 3〉 제1회 동민하계대학 강습생 일람(1925년 7월 27일~8월 5일)

	보통학교장·교원/직원		심상고등소학교장/훈도		사립학교 교원		면직원		부·군·도청직원		농업	
	조	일	조	일	조	일	조	일	조	일	조	일
경성												
경기도	1	2					1					
충청북도	4	2		2								
충청남도	5										3	
전라북도	3	1					1		2			1
전라남도	2								2			
경상북도		1					1		3	1		
경상남도	2						1					
황해도	3	1			2							
평안남도	1	1	1	1	1	1			2	1		
평안북도	1	3			1				3			
강원도												
함경남도							1		2			
함경북도									1			
합계	22	11	0	3	4	1	6	0	11	6	3	1
	33		3		5		6		17		4	

	청년회간부		신문기자		기타 공직자		회사·은행		불명		합계	
	조	일	조	일	조	일	조	일	조	일	조	일
경성		3			1				2	1	3	4
경기도	2				2						6	2
충청북도											4	4
충청남도							1				9	0
전라북도											6	2
전라남도											4	0
경상북도				1		1					5	3

지역	1	2	3	4	5	6	7	8	9	10	11	12
경상남도					1		1				3	2
황해도											5	1
평안남도				1							6	4
평안북도		1					1				3	7
강원도				1							1	0
함경남도	1	1									5	0
함경북도											0	1
합계	3	4	2	0	5	2	2	1	2	1	60	30
				2			7		3		3	90

〈표 4〉 제1회 동민하계대학의 강습과목 및 강사

강습과목	강사
동민정신	동민회 상임이사 사토 도라지로
국사대관	동경제대 교수 구로이타 가쓰미(黑板勝美)
인격적 생활의 원리	만철 조사과장 오카와 슈메이(大川周明)
조선의 금융	조선은행 정리주임 기시 겐(岸嚴)
세계대전 이후의 국제관계	이왕직 차관 시노다 지사쿠(篠田治策)
농업으로부터 본 조선	총독부 농무과장 와타나베 도요히코(渡邊豊日子)
사회교육의 실제	총독부 시학관 다카하시 하마키치(高橋濱吉)
조선에서의 상공업의 현황과 장래	총독부 상공과장 아다치 후사지로 (安達房次郎)
세계의 대세에 비추어 내선인의 각성을 촉구한다.	총독부 학무과장 히라이 미쓰오(平井三男)
조선의 연료에 대해	총독부 광무과장 구로키 기치로(黑木吉郎)
극동 시베리아와 조선인	만철 서무부 조사과 노나카 도키오(野中時雄)
조선역사대관	경성대학 예과부장 오다 쇼고(小田省吾)
통계에 대해	총독부 문서과장 구라하시 시(倉橋誌)
조선의 잠업에 대해	총독부 기사 다나카 아키라(田中明)
조선의 경제사정으로부터 본 산업	조선식산은행 이사 모리 고이치 (森悟一)
사회사업에 대해	총독부 사회과장 도미나가 분이치(富永文一)
조선의 치안	총독부 고등경찰과장 다나카 다케오(田中武雄)
유교에 대해	중추원 참의 어윤적
조선의 공업에 대해	중추원 서기관 야마자키 마사오(山崎眞雄)

출전 : 동민회(同民會), 『同民』 1925년 7·8월, pp.28~31.

(5) 보통학과·고등보통학과 강의록의 발행

다음으로 동민회는 회 안에 '교육부'를 설치하여 '학무국의 지도후원' 아래 1926년 후반부터 노동에 종사하고 있는 지방농촌의 조선인 자녀를 대상으로 한 통신교육을 시작하였다. 이는 일본에서 들어온 교재를 동민회가 독자적으로 편집하여 저렴하게 배포한 것으로서, 발간한 강의록은 '고급보통학과 전과'와 '보통학교 5, 6학년 학과'의 두 종류였다. 한글로 된 광고에 따르면 이는 '우리 조선의 유일한 독학용 강의록'으로서 고등과는 1년 3개월('속성과'는 10개월), 보통과는 1년('속성과'는 6개월)만에 졸업이 가능하다고 하였다. 자료에서 확인 가능한 연도의 발매부수와 가격은 〈표 5〉와 같다.

〈표 5〉 동민회 보통과·고등과 강의록 판매상황

연도	보통과 강의록		고등과 강의록		합계	
	판매부수	판매가격	판매부수	판매가격	판매부수	판매가격
1928	3,138	968.32	6,070	2,239.97	9,208	3,208.29
1932	4,192	1,218.15	4,939	1,121.27	9,131	
1933	6,903	3,085.00	5,317	3,078.00	12,220	6,163.00

강독자의 권유는 각도의 군수와 교육회장에게 의뢰하였는데 판매부수가 강독자수와 거의 일치하는 것으로 상정하면, 조선 각지로부터 상당한 수의 생도를 모았다는 것을 알 수 있다.[33] 그 중에는 청년회 등을 통하여 공동 학습하는 사례도 보이며, 한 예로 함경북도 경성군

---

33) 회보에는 각 도에서 기증한 구매자의 소식이 몇 개인가 게재되어 있지만, 구매자의 상세한 데이터는 없다. 또 1920년대에는 확인되지 않지만, 1933년도의 교육부 예산서에 의하면 입회비는 25전으로, 강의록은 보통과가 한 부에 50전, 고등과가 60전이었다. 『同民會會報』, 1933년 2월 16일~5월 20일, p.31.

주을온면에서는 '서명희씨 등의 지도 아래' 학습한 8명이 1929년 1월에 전과를 수료하고 졸업식을 거행했다(『동민부록(同民附錄)』 1929년 3월, p.1). 교육부의 사업비는 동민회의 지출비용 가운데서도 가장 컸는데, 당시 조선인의 취학률과 청년운동의 고양에 비추어 동민회가 지방청소년의 교육에 특히 힘을 기울였고, 또 사이토 총독도 교육제도의 보조기관으로서 동민회의 통신교육에 '모든 편의를 제공하여' 이를 지원하였다는 것을 알 수 있다.34)

(6) 잠업강습회

동민회는 총독부, 지방당국, 조선잠업회 등과 연계하여, 당시 농가의 부업으로서 가장 유망하다고 평가된 양잠업을 장려할 목적으로 잠업강습회를 매년 개최하였다. 1925년 10월에 개최된 제1회 잠업강습회에서는 13도의 '잠업독지가' 약 300명(일본인·조선인 거의 동수)을 모아, 8일간에 걸쳐 권업모범장 기사와 농림성 잠업시험장 기사 등 전문강사에 의한 강의, 경성부내의 제사공장과 수원잠업시험소의 견학, 활동사진 상영 등을 하였다. 당시 총독부도 '잠업 15개년 계획'이라고 하는, 조선의 산견액(山繭額)을 100만석으로 할 구상을 세웠는데 이케다 식산국장은 축사에서 총독부도 이번과 같은 강습회를 계획하였지만 '재정긴축을 맞아 그 뜻을 단념했다'면서, 동민회에 의해 강습회가 실현된 것을 크게 환영하고 있다(『同民』 1925년 12월, pp.51~55).

또 지부 가운데에서 가장 활발했던 대구지부도 와타나베 벤조 주사 인솔 아래, 경북 유수의 조선인 지주·실업가 십여 명을 모아 '전북농업

---

34) 예를 들어 1929년도의 경우, 교육부의 사업비는 4,554엔으로 연도 말의 교육부 자산은 약 1만 4천 엔이었다. 『同民』 1929년 3월, pp.6~8; 中村健太郎, p.92.

시찰단'을 조직하여, 전북의 '저명하고 선진적인 모범농장 및 수리시설'(후지농장(不二農場), 이시카와현농장(石川縣農場) 등 모두 일본인이 경영)을 방문하고, 또는 경상북도 당국과 공동으로 '농사개량연구회'를 조직하는 등, 의욕적으로 활동하였다(『同民』, 1925년 10·11월 및 12월).

이상 여러 분야에 걸친 사업을 실시한 동민회는 설립 수년 후 화광교원(和光敎園)과 향상회관(向上會館) 등과 나란히 부내의 주요 '수양기관'으로서 경성부로부터도 승인을 받았다.35) 이러한 내용은 모두 총독부가 내세운 기본정책에, 민간인이 '내선융화'의 간판을 걸어 대응하는 관민제휴의 구도에 기초한 것으로서 동민회는 사이토 총독의 시정과 '표리일체'36)가 되어 활동함으로써 효과를 거두었다. 이 점으로부터 동민회는 단순한 '융화' 단체가 아니라, 총독부의 여러 정책을 보완하는 역할을 담당한 외곽단체의 성격을 가지고 있다고 말할 수 있다.

그러나 제국 전체에 '운동망'을 확장한다는 설립 당초의 목표를 달성하는 것과는 거리가 멀었고, 경찰당국도 1920년대 말 동민회에 대해 '자금부족이 심각하기 때문에 동화 사업으로는 충분하지 않다'37)는 견해를 밝혔다. 또 회원 가운데에는 당시 '사회사업의 생산과잉'과 '융화업자', '비융화업자'의 출현을 지적하면서 '다른 사람을 설득'할 자격이 없는 일본인이 '내선융화'의 간판을 내걸은 '교화사업'이 범람하고, 혹은 '내선융화'를 돈벌이로 이용하는 조선인도 나타난다는 경향도 동화운동에 방해가 되는 것이라고 여겼다.38) 더욱이 동민회의 활동은 재

---

35) 京城府, 『京城府內社會事業槪況』, 1927, pp. 48~50.
36) 中村健太郎, p. 91.
37) 慶尙北道 警察部 編, 『高等警察要史』, p. 55.

조일본인의 조선인 '동포'에 대한 양면성(ambivalence)이라고 하는, 보다 근본적인 모순과 한계를 내포하고 있었다. 예를 들어 조선인 회원인 송달섭은 일반 일본인에 한정된 것이 아니라, 동민회 등의 '융화단체'의 회원들까지도, 회합이나 무엇인가를 분배할 때에는 반드시 내지인을 우선시하고, "생각이 난 후에야 조선인들의 것을 운운"하는 경향을 거론하였다. 그는 '내선융화'의 모범적 실천자가 되어야 할 재조일본인들이 조선인 동료를 차별적으로 대하는 이 모순된 태도가 오히려 '조선인 본위'를 원하는 민족적 요구를 부채질하여, 최대의 '융화 방해'가 되고 있다고 지적하였다(『同民』, 1925년 5월, p.37).

이러한 모순된 태도는 바꿔 말하면 조선인과의 '협력'은 불가결하지만 동일한 권리로는 만족할 수 없다는, 동화에 대한 재조일본인의 양면성이 표출된 것이라고 말할 수 있다. 더욱이 이 양면성은 한편으로 "조선인을 동화의 방향으로 몰아대면서", 또 한편으로는 이를 제한·억제하려고 하는 동화정책의 지배구조[39]를 반영한 것이었지만, 동시에 그 기반이 되는 조선인 회유책을 불안정하게 하는 요인이기도 하였다. 이와 같이 여러 모순의 근저에 결부된 상태에서 동민회는 활동을 계속하였는데, 이러한 모순이 표면화되자 재조일본인과 조선인 엘리트 사이에 알력이 생겼고, 더욱이 1920년대 말기 동민회가 다른 친일단체와 제휴하여 정치운동을 행함으로써 총독부와의 관계까지도 긴장시키게 된다. 여기까지는 총독부 외곽단체로서 동민회의 성격을 밝혀두었지만, 다음으로는 합동정치운동 가운데 반영되어 나타난 재

---

38) 井上收,「敎化事業の生産過剩」,『同民』, 1926년 1월; 方台榮,「最近二十年間の朝鮮人の思想の交換」,『朝鮮及滿洲』, 1927.4.
39) 糟谷憲一,「朝鮮總督府の文化政治」,『近代日本と植民地 2(帝國統治の構造)』, 岩波書店, 1992.

조일본인과 조선인의 접촉의 내면과, 총독부와의 관계 변화를 고찰해 보고자 한다.

4. 다른 정치·친일단체와의 합동정치운동

　동민회는 총독부의 지원 아래 사회교화사업에 종사하는 한편, 갑자구락부와 국민협회 등 '내지연장주의'를 내걸은 다른 정치·친일단체와 빈번하게 강연회를 공동 개최하거나, 혹은 다화회(茶話會) 등 비공식적인 회합을 통해 단체 간의 친목을 돈독하게 하였다. 특히 갑자구락부라고 하는 참정권 획득을 주요한 목적으로 하였던 정치결사는 그 간부가 동민회 임원과 중복되는 경우가 많았기 때문에, 양 단체는 밀접한 관계를 가지고 있었다. 갑자구락부는 동민회와 같은 일본인·조선인 합동단체의 모습을 하고 있었지만, 같은 시기에 참정권 진정활동을 벌였던 국민협회와는 달리 일본인이 집중되어 있는 경성과 기타 세 도시에 한정하여 중의원선거법을 조선에 시행할 것을 1925년 이래 중앙정부에 청원해 왔다. 이 점에서 갑자구락부는 경성을 거점으로 한 '원로'격인 재조일본인의 이권집단에, 소수의 경성부 내 조선인 공직자가 더해진 단체라고 보아도 될 것이다.[40] 부협의회·상업회의소

---

40) 갑자구락부는 1925년 12월과 다음해 1월에 제국의회에 참정권에 관한 청원을 하였고, 1928년 2월에는 「朝鮮在住者ニ對スル參政權附與ニ關スル件」(청원자 오가키 다케오 외 56명, 소개의원 마쓰야마 쓰네지로, 1928년 2월 19일 제출, 『第五十二回帝國議會衆議院請願文書表』, 제519호, p.264)이라는 청원서를 정식으로 제출하였다. 警務局 保安課, 『治安狀況』(1927년 12월) 5.정치활동, pp.6~7.(青丘文庫, 『朝鮮の治安狀況 昭和二年版』 復刻板, 不二出版, 1984년에 수록). 한편, 국민협회는 1921년에 참정권청원서가 중의원에서 채택된 이래, 매년 참정권 건백운동을 벌였다. 國民協會 宣傳

의원이 대부분을 점하고 있던 갑자구락부는 참정권의 획득을 통해, 일본 본국의 이익을 우선시하는 관료에게 의뢰하지 않고도 중앙정부로부터 보조금과 사업공채를 얻을 수단을 확보한다는, 당시 그들이 가장 중요시했던 정치적 과제의 실현을 추구하였다.41) 그리고 이에 따라 경찰당국으로부터도 "그들의 동정은 매우 주의를 요한다"라며 경계되고 있었다.42) 동민회는 표면적으로는 진정(陳情)하지 않았지만, 갑자구락부의 '내지연장주의'에 기초한 참정권 청원(=제국의회 참가)을 지지하고 조선의회의 설치(=조선자치)에 대해서는 전면적인 반대의 자세를 보였다는 점에서는 당국과 애매한 관계에 놓여있었다.

이 양 단체를 이끈 재조일본인 리더와 총독부의 관계가 크게 흔들린 것은 1920년대 말이었다. 사이토의 '문화정치'가 기대한 만큼의 효과를 거두지 못하고, 1927년 2월에는 신간회가 결성되는 등 민족운동이 점점 고양되어 동화운동도 여기에 압도되는 느낌이 있었기 때문에 동민회와 다른 친일단체는 시국간담회를 열어 참정권과 사상선도 등의 여러 문제를 협의하고, 상호 제휴하여 민족운동에 대처해가는 방침을 세웠다.43) 또 동민회는 「금호문(金虎門)사건」44)을 계기로 '내선

部 編, 『國民協會運動史』(1931.10), pp.9~41.
41) 예를 들면, 갑자구락부를 설립한 '전선공직자대회'의 준비위원의 설명을 참조할 것. 京城本町警察署長,「全鮮公職者大懇話會の件」, 京本高秘 제4062호의 1, 1924년 5월 29일(「法綴文書」).
42) 慶尙北道 警察部 編, 『高等警察要史』, p.53.
43) 朝鮮總督府 警務局, 『高等警察關係年表』, 1930, p.240.
44) '금호문사건'은 다카야마·사토 두 동민회 이사가 1926년 4월 26일에 사망한 조선왕조 최후의 왕 순종의 조문을 마치고 돌아오다가, 창덕궁의 금호문 밖에서 총독부 고관과 착각한 조선인에 의해 살해된 사건이다. 자세한 사항은 『同民』 1926년 8월 및 朝鮮總督府 警務局 圖書課 編, 『秘 李王殿下ノ薨去ニ際シ「諺文新聞紙ヲ通シテ見タル」朝鮮人ノ思想傾向』, 1926, pp.247~330을 참조.

융화'를 방해하는 다양한 '임시돌발적인 사건'에 대해 당국에 진정하는 등의 '실제적 처치'를 취해, 활동의 정치색을 강화하였다. 그러나 총독부와의 관계가 가장 긴장된 것은 야마나시 한조(山利半造)가 조선총독에 취임한 이후였다. 1927년 12월, 사이토를 대신하여 총독에 취임한 전 육군대신 야마나시는 당시 정우회내각을 조직한 다나카 기이치(田中義一) 수상의 맹우로서, 총독부에서의 당(=정우회)의 영향력 확대가 기대되었다. 이 때문에 당의 이해가 얽힌 식민지 인사라는 격심한 비난을 받았고 조선 내에서도 매우 평판이 나빴는데, 친일단체와의 관계까지 악화시킨 것이 바로 척식성 설치문제였다.45)

1) 척식성관제 반대운동

척식성 설치는 1920년 무렵부터 계속해서 중앙에서 논의되어 왔던 것이다. 1924년 12월, 내각의 보조기관으로서 척식국이 설치되었는데46) 1929년 3월, 다나카 내각은 그 권한을 더욱 확대하여 조선을 시작으로 식민지 행정사무의 일체를 통괄하는 중앙기관으로 '척식성'을 설치하며, 동시에 조선총독부 관제를 개정한다고 하는 구체적인 안을 제출했다. 그리고 야마나시는 다나카의 대(對) 중국 강경외교의 변명에 힘쓴 것처럼, 척식성관제에 대해서도 다나카의 안을 대변하는 모

---

45) 당시 정당내각의 식민지인사에의 영향에 관해서는 岡本眞希子,「政黨政治期における 文官總督制-立憲政治と植民地統治の相剋」,『日本植民地研究』10, 1998; 加藤聖文, 「政黨內閣確立期における植民地支配體制の摸索-拓務省設置問題の考察-」,『東アジア 近代史』創刊號, 1998.3; 木村健二,「朝鮮總督府經濟官僚の人事と政策」, 波形昭一・ 堀越芳昭 編著,『近代日本 經濟官僚』, 日本經濟評論社, 2000 등을 참조할 수 있다. 이하에 서술할 척식성관제안이 본국에서 조선총독의 감독권을 둘러싼 문제화가 된 것에 대해서도, 위 논문에 상세하게 나와 있다.

46) 山崎丹照,『外地統治機構の研究』, 高山書院, 1943을 참조.

습을 취했다.47) 그러나 이 관제안은 조선총독의 권한이 척식대신의 감독 아래 놓여 격이 떨어지게 되는 것을 의미하였기 때문에, 약 8년 간 총독으로 근무했던 사이토 마코토도 추밀원 정사위원회(精査委員會) 석상에서 "조선통치에 대해서는 다른 식민지처럼 대하는 것과 완전히 다르다고 생각한다"고 단언하면서, "조선만을 분리시켜 척식성의 관할 밖으로 할 계획은 없는가"라는 반대의견을 내었다.48)

이러한 일본정부의 관제안과 사이토의 반대의견에 이어서 각종 정치·친일단체는 맹렬한 항의운동을 개시하였다. 먼저 동민회의 박영철 부회장과 다른 13인의 조선인 간부는 조선총독을 척식대신 관할 아래에 두는 것은 "메이지 대제의 병합조서 및 다이쇼 천황의 일시동인 조서에 반하며, 명확히 조선을 식민지로 여기는 것으로서 동민정신에 위배되는 것"이라는 이유로, 4월 18일에 동민회를 탈퇴한다는 성명을 발표하였다. 이어서 동민회 본부도 긴급간부회를 열어, "동민회로서는 절대반대를 하는 것에 의견이 일치하여" 결의문을 다나카 수상과 구라토미(倉富) 추밀원 의장에게 즉시 전달하였다.49) 이러한 동민회의 태도에 촉발된 다른 친일단체들도 차례차례 반대를 표명하였다. 국민협회는 "십수년간 온갖 박해와 압박을 참고 인내하며 내선융화를 위해 활동해 왔던"것도, 척식성 신설에 의해 "수포로 돌아가 존속의 의의가 없어졌음으로" 곧 회를 해산할 것을 결의하였다.50) 갑

---

47) 木村, 앞의 글, p.299, 각주 20, 「拓植省官制案と總督府との關係-中樞院參議の意見陳情に對する山梨總督の說示槪要」, 『京城日報』, 1929년 5월 5일(석간), 2면.
48) 『京城日報』, 1929년 4월 14일, 2면.
49) 『朝日新聞』, 1929년 4월 18일(조간), 2면; 「拓植省新設が投げた波紋」, 『朝鮮公論』, 1929년 5월, pp.38~39.
50) 『朝日新聞』, 1929년 4월 19일(조간), 2면; 中藤末彦, 「拓植省問題と五團體の反對運

자구락부도 재빨리 간사회를 열고 반대결의문을 중앙에 타전하였다. 그러나 조선인 임원이 동민회를 탈퇴하는 것에 대해서는 '내선인이 별개의 행동을 취하면 주지(主旨)로 여기는 동민의 실(實)을 거두지 못하게'[51] 되기 때문에 각 단체는 연합하여 통일운동을 기할 것을 제창하고, 갑자구락부, 동민회, 국민협회 외에 대정친목회와 교육협성회도 가세하여 '척식성관제 반대동맹'을 조직하게 되었다.[52]

척식성관제 반대동맹회의 5단체의 간부·회원 및 동민회 탈퇴 그룹을 합친 80명은 4월 24일 경성공회당에 집결하여 단속경찰관의 감시하에 연합협의회를 개최하였다. 협의회에서는 다나카의 안과 이를 준수하려는 야마나시에 대한 비판이 속출하였는데, 마지막에는 "조선을 척식성 관할에 두어 식민지와 동일한 취급을 하는 것은 병합의 정신에 반하는 것으로 인식하며 절대 반대한다"고 하는 결의안을 만장일치로 가결하였고, 이를 다음 날 다나카 수상, 구라토미 의장, 귀족원·중의원 의장, 정우당·민정당 총재, 사이온지(西園寺) 공작, 시부사와(澁澤) 자작에게 타전하였다.[53] 또 진정위원인 박영철·조병상·최진 세 사람이 대회 직후 동경으로 건너가 중앙조선협회[54]를 시작으로 각 신문

動」, 『朝鮮公論』, 1929년 6월, 二の八.
51) 「別々の運動は面白くない-甲子俱樂部も二十日總會開催」, 『京城日報』, 1929년 4월 19일(석간), 2면; 「各團體一致運動に当れ 拓植省所管問題に對する甲子俱樂部の決議」, 『京城日報』, 1929년 4월 21일, 2면.
52) 「一丸となって運動する-拓植省官制反對諸團體反對同盟會組織」, 『京城日報』, 1929년 4월 21일(석간), 1면.
53) 京城本町警察署長, 「拓植省官制反對六團體協議會に關する件」, 京本高秘 제2503호, 1929년 4월 25일(「法綴文書」), pp.321~323.
54) 中央朝鮮協會, 『會報』, 1929년 12월, pp.65~67, 중앙조선협회는 전 총독부 고관과 일찍이 조선에 진출한 대기업·은행관계자 등이 중심이 되어, 1926년 동경에 설립된 총독부의 후원단체이다. 회장인 사카타니 요시로와 본부 임원인 마루야마 쓰루키치

사, 내각, 추밀원, 각 정당 등을 방문하여 한편으로는 조선이 대만과 남양제도 등과 동일시되는 것에 항의하고, 또 한편으로는 서양의 식민지주의와 일본의 '내지연장주의'는 근본적으로 다르다는 것을 주장한 「척식성 신설에 딸린 조선을 관할 외로 할 것을 요청한다」는 제목의 진정서 수천 장을 각 방면에 배포하였다.55)

결국 이미 예산안이 통과되었기 때문에 척식성 설치를 저지하는 것은 불가능하게 되었지만, 사이토의 반대의견과 사카타니 중앙조선협회 회장의 알선도 있어서, 5단체는 중앙정부에 '척식성'을 '척무성'으로 개칭하고, 성내에 '조선부'를 설치하여 특별 취급할 것 등의 요구를 관철시켰다. 또한 6월 19일 척무성 관제가 정식으로 공포될 때에도 그들의 요망 그대로 다나카 수상이 '조선의 인민은 모두 일본의 제국신민'으로서 "무엇보다 조선을 식민지처럼 바라보아서는 안 된다"라고 하는 담화를 발표하는 등, 척식성관제 반대동맹은 일정한 성과를 거두었다.56) 그리고 다나카 내각이 7월에 무너진 후, 하마구치 오사치(濱口雄幸) 내각의 탄생과 함께 야마나시 총독은 경질되고 사이토가 다시 총독에 취임하였으며, 하마구치와 사이토 사이에 협의가 진행된 결과 총독부 관제의 개혁은 중지하기로 하였다. 그러나 이 때 애매하게 처

는 동민회의 찬동자로서, 경성지부의 임원·회원의 대부분이 동민회의 임원을 역임하는 등, 양 단체의 인맥적 연결은 동민회의 총독부 외곽단체로서의 성격을 뒷받침하는 것이라고 말할 수 있다. 중앙조선협회는 재조일본인과 조선인 유력자가 일본정부 기타 중앙요로에 진정할 때 반드시 들른 곳으로서, 척식성문제 외에 철도망속성에 관한 진정도 알선하였다.
55) 陳情書 拓植省朝鮮除外同盟, 「拓植省新設に付き朝鮮管轄外を要請」, 1929년 4월(「齋藤實文書」).
56) 『京城日報』, 1929년 4월 21일(석간), 1면; 1929년 5월 21일, 2면; 1929년 6월 11일, 2면.

리된 감독권한문제는 본국에서 다시금 정치문제화가 되었다.57)

이상과 같이 척식성관제 반대운동은 본국정부에게 관제안을 수정시키는데 성공하였지만, 동시에 다양한 모순도 표출시켰다. 예를 들면 『아사히신문(朝日新聞)』(1929년 4월 23일 조간)은 '내지연장주의를 말한다면, 총독정치에 의한 특별취급보다도, 척식대신에 의해 직접 각의에서 대표되는 것이 한 걸음 나아간 것이라고 할 것이다'라는 견해를 밝히면서, '내지연장주의'를 표방하는 조선의 여러 단체가 관제안에 반대하는 이론적 근거에 모순이 있다는 것을 지적하였다. 더욱이 유의해야 할 중요한 점은, 이 운동이 일본인과 조선인 '협력자' 사이의 민족모순과 긴장을 뚜렷하게 나타내었다는 것이다. 예를 들면, 반대운동협의회에서 동민회·국민협회 간부인 한 조선인은 "조선인은 식민지의 백성이 되는 것에 반대하고 내지인은 이를 동정하는 것에 불과하다"58)며 같은 '내지연장주의'를 외치더라도 민족적 입장이 근본적으로 일치하지 않는다는 것을 지적하였고, 이는 척식성관제에 반대하는 동민회의 주요 조선인 임원이 일제히 동민회를 탈퇴하여 동민회 본부를 '매우 당황시켰던' 것에서도 나타났다.59) 한편 갑자구락부의 일본인 임원은 이를 "조병상 등의 아전인수적 이기주의로부터 나온 책모"로 보고, "만약 그들이 척식성관제를 반대한다고 하면, 먼저 사상단체인 동민회를 탈퇴하기 이전에 정치단체인 갑자구락부를 탈퇴하는 것이 지당하다고 할 수 있지만, 그런데도 그들이 갑자구락부를 탈퇴하지 않고

---

57) 岡本, 앞의 글, pp.7~11.
58) 京城本町警察署長, 「拓植省官制反對期成會打合會に關する件」, 京本高秘 제2403호, 1929.4.23.(「法綴文書」), p.318.
59) 『朝日新聞』, 1929년 4월 18일(조간), 2면.

동민회를 탈퇴한 것은 그 이면에 야망이 있기 때문이다"라며 그들의 행동을 '직업적'이라고 비난하고, (그들과는) "내선융화상의 고려로서, 고충이 있지만 행동을 함께 하는 것에 불과했다"는 속마음을 내보였다.[60] 조선인 임원의 행동의 정치적 의도를 직접 확인할 수 있는 자료는 보이지 않지만, 그들의 민족적 결속은 '대일협력' 체제 내에서 민족이익을 중시·우선하는 것을 시사하는 것이었다. 즉 참정권은 바라지만 일본인과는 근본적으로 다른 민족이익을 가지고 있다고 하는, '내지연장주의'에의 결합과 반발이라는 양면성(ambivalence)을 포함한 '민족의식'이 발현된 것이라고 해석할 수 있는 것은 아닐까.

재조일본인과 조선인 임원간의 민족이익의 불일치는 그 반 년 후에 일어난 광주학생운동에의 대책을 협의하는 과정에서 다시 현재화되었다.

2) 광주학생운동대책

척식성관제 반대 진정운동의 성공 후, 갑자구락부, 동민회, 국민협회, 대정친목회, 교육협성회 등 5단체는 같은 해 11월에 일어난 광주학생운동에 대해서도 12월 10일 합동대책협의회를 개최하였다. 광주에서 일본인 중학생이 조선인 여학생을 모욕한 것이 발단이 되어 전국으로 확대된 반일학생 데모·동맹휴교를 목격한 단체간부들은 이틀에 걸쳐 협의한 결과, 사건의 "근본은 총독부 당국의 방침이 적당하지 않았기 때문에 일어난 것이라는데 의견이 일치"하여, 그 대책안으로서 "학교와 가정의 연락을 밀접하게 하여 학부형의 오해를 해소

---

[60] 京城本町警察署長, 「拓植省官制反對運動에關하는件」, 京本高秘 제2503호, 1929년 4월 26일(「法綴文書」).

할 것", "맹휴 주모자 및 이면 책동자는 엄벌에 처할 것", "조선어신문에 광주사건의 진상을 발표하고, 장래 신문경영자의 인선에 주의할 것", "문화주의의 결함을 교정하고 민의창달을 도모할 것"이라는 4개 항목을 5단체 명의로 총독부 당국에 진언하였다.61)

이어 다음 해 1월 18일, 박 부회장과 와타나베 상업회의소 회두 등이 발기하여 부내의 일본인·조선인 유지 약 80명이 대책협의회를 개최하였는데 재조일본인 측은 관민합동의 조사기관 설치, 엄정한 상벌, 가정 내의 감독, 선도 철저 등 다양한 학생대책을 제안하였고, 조선인 측은 '검속학생의 구제 방법을 강구하는 것이 초미의 급무라는 것을 당국에 진정하여 관대한 처치를 바라는 것에 일치'하였다.62) 결국 '내지인 측의 제창'으로 '전원이 결의하여 진정하는 것은 온당하지 않기' 때문에 유지 각자가 당국에 건의하는 형식이 되었지만, 협의회가 개최된 시점에서 사건 주모자에 대한 재조일본인의 '엄벌주의'와 조선인 유력자의 '온정주의'가 충돌한 것은 이 사건에 대한 민족별 반응을 정리한 헌병대의 조사서에서도 명맥하게 나타났다. 갑자구락부 가운데에는 학생운동 후의 조선인 교육정책으로서 '중등학교 시설을 축소하라'는 등의 강경론을 말하는 사람까지 있을 정도였다.63) 또 고다마(兒玉) 정무총감이 의견을 청취하기 위해 소집한 중추원 고문·참의들도 "경찰관은 힘이 부족하여 내지인 측과 합의하여 소방조·재향군인 등의 응원 아래 마치 조선인을 토비(土匪)와 같이 취급하는 분위

---

61) 京城憲兵隊, 「京城を中心とする管內鮮人學生動搖の顚末」, 朝京 제250호, 1930년 1월 31일(「法綴文書」), pp.89~93.
62) 『京城日報』, 1월 18일(석간), 2면; 각주 61의 글, pp.92~93.
63) 각주 61의 글, pp.92~93, pp.95~97, p.104, 京城本町警察署長, 「甲子俱樂部總會開催に關する件」, 京本高秘 제684호, 1930년 2월 5일(「法綴文書」).

기"라는 것을 지적하는 등, '내지인' 일반에 대해 '규탄적 태도'를 보였다. 헌병대 또한 사상·계급을 불문하고 조선인 전체가 민족적 반감을 표시하는 것에 대해 "장래 어떤 계기가 있을 때마다 이와 같은 불상사가 반복되지 않겠느냐"라며 이것이 일시적인 문제가 아닌 것을 매우 우려하였다.64)

3) '내지연장주의'와 '자치주의'의 상극

이처럼 '대일협력' 체제 내에서 민족적 대립이 생긴 배경에는 재조일본인 리더가 요구하는 정치상의 '내지연장주의(=제국의회 참가)'와 1920년대 후반 친일단체 간부를 포함하여 조선인 공직자들까지 모색하기 시작한 자치주의(=조선의회 설치)라고 하는 정치사상면의 균열도 존재하였다. 재조일본인 가운데에는 조선의회 설치에 찬성하는 사람도 있었지만, 1925년 말 경성일보 사장 소에지마 미치마사(副島道正)가 발표한 '조선자치론'65)에 대한 재조일본인 유식자의 반응으로부터도 알 수 있듯이, 그 대부분은 반대 혹은 회의적인 태도를 보였고 전술한 것처럼 동민회·갑자구락부 임원들은 이를 전면적으로 기피하였다. 예를 들면 총독부의 후원단체로 있던 중앙조선협회의 본부임원이 1928년 6월에 경성을 방문하였을 때, 동민회 간부가 그들을 "조선의 (영토적) 자치설에 공명하여 이를 지지하는 것은 아닌가"라는 등으로 '힐난'하여 '상당히 격렬한 분위기'에 협회임원이 놀라는 등, 동민회의 '내지연장주의'에 대한 고집이 강고하고 노골적이었다는 것을

---

64) 京城憲兵隊, 앞의 글, pp.91~92.
65) 副島道正, 「朝鮮統治の根本義 上·中·下」, 『京城日報』 사설, 1925년 11월 26일~11월 28일.

짐작할 수 있다.66)

한편 공산당 사건과 6·10 만세운동 등 이어지는 사회주의적 반일 운동이 발각되고 특히 1927년 초 신간회가 결성된 것을 전후하여, 총독부가 민족운동대책을 재고하는 관점에서 자치, 즉 '조선 지방의회'의 설치를 연구하기 시작한 것은 강동진과 김동명 등이 이미 지적한 대로이다.67) 더욱이 이 시기 자치론이 이른바 타협적 민족주의자 뿐만 아니라 친일단체 임원과 조선인 공직자에게까지 확대 침투된 것은, 총독부의 조사서와 재조일본인의 의견서 등에서도 나타난다. 예를 들어 기쿠치 겐조는 "참정권의 획득, 특정 지방의 특정자치제 시행을 획책하여 엽관(獵官), 매명(賣名) 등에 힘을 쓰는 무리들이 최근 매우 발호하는" 것을 염려하였고, 특히 '국민협회, 동민회 등에 속한 조선인 가운데, 정무총감에 대한 비난을 도쿄 방면의 정국(政局)에서 책동하는 자도 있다"고 사이토에게 경고하였다.68) 기타 의견서와 총독부의 조사서에도 한상룡 등의 이름 있는 '친일파'까지도 배일적 언동을 하고, 내지연장주의로부터 '자치파'로 전향하였다고 하는 실정이 보고되고 있다.69)

이것이 단순한 일본인의 편집증(paranoia)이 아니었다는 것은 '전

---

66) 中央朝鮮協會, 『會報』, 1928.9, p.45.
67) 1920년대 말기의 자치론의 대두에 대해서, 강동진은 친일조성책이 막혀버린 것을 느낀 총독부가, 민족주의자의 유인정책으로서 의도적으로 양성한 것이라고 해석하였고, 김동명은 '자치주의 지배체제'에의 전환을 모색한 총독부와 최린 등 자치를 모색해온 타협적 민족주의자 사이의 바게닝 포인트(bargaining point)로서 고찰하고 있는데, 쌍방의 견해는 다시금 검증을 필요로 한다. 姜東鎭, 앞의 책, pp.373~386 및 pp.429~443; 金東明, 앞의 글, pp.188~194 및 pp.238~244.
68) 菊池謙讓, 「朝鮮統治意見」, 1929년 9월(『齋藤實文書』).
69) 「韓相龍の言動に關する件」(日付不明, 『齋藤實文書』).

선공직자' 대회의 예를 보아도 알 수 있다.70) 공직자대회는 전제적인 정부에 불만을 가지고 있는 경성부 협의회원과 기타 부내 공직자가 중심이 되어 개설한 연중행사로, 부협의회를 결의기관으로 할 것 등의 제도개정을 요구하면서 참정권 및 지방자치제의 실현 등을 요청할 목적으로 매년 12개부로부터 일본인과 조선인 공직자 대표를 모아 조선의 여러 문제를 토의하였다. 대회준비위원은 동민회 임원을 겸임하는 자가 많았는데, 1924년 6월의 제1회 대회 직후 그들이 중심이 되어 갑자구락부를 설립하고, 참정권 청원운동을 전개하였던 것은 전술한 대로이다. 그러나 회를 거듭하면서 "본회 당초의 목적에 반하여 내지인의 정치적 요구는 비교적 경시되고", "조선인은 노골적으로 민족적 주장을 하며 (중략) 대회는 오히려 조선인을 위해 역이용되고 있다"71)고 하는 현상을 초래하였고, 특히 양자의 참정권을 둘러싼 의견이 대립되어 1929년의 제6회 대회에는 자치(=조선특별입법기관의 설립)를 요구하는 조선인과 '내지연장주의'(=참정권 공포에 의한 제국의회의 연장)를 고집하는 재조일본인 사이에 상당한 분규가 있었다.72) 그리고 다음해인 제7회 대회에서는 '내선인 대립의 분위기' 가운데, 조선인 측이 주장한 '조선의회' 설치의안이 가결되는 결과를 낳았지만,73) 이는 협력체제 내에서 민족이익의 향상을 도모한다고 하는 재

---

70) 전선공직자 대회에서의 참정권을 둘러싼 논의의 자세한 내용은 김동명, 앞의 글, pp.208~213을 참조.
71) 朝鮮總督府 警務局, 『極秘 高等警察關係年表』, 1930, pp.200~201, 慶尙北道 警察部 編, 『高等警察要史』, p.53, 예를 들어 京城本町警察署長, 「第三回公織者大會會開催の件」京城警高秘 제2573호의 1, 1926년 12월(「法綴文書」)을 참조.
72) 『경성일보』, 1929년 10월 8일, 3면.
73) 『경성일보』, (호외) 1930년 4월 18일; 1930년 4월 29일, 4면.

조일본인과의 '접근전'74) 가운데 양성된 조선인의 '민족의식'이 출현한 것이었다.

한편 총독부는 종래의 '내지연장주의'로부터 자치문제의 해결을 배려한 정책으로의 전환을 검토하였기 때문에, 동민회·갑자구락부의 재조일본인 리더가 내걸은 주장은 총독부의 방침을 지원하기는커녕 '상당히 강한 반대론이 나올'지도 모르는 상태를 드러내었고, 이를 염려한 아베 미쓰이에는 1929년 말, 새로운 자치제도의 운영을 원활하게 하기 위하여 얼마간의 대책을 강구할 필요가 있다고 사이토에게 호소하였다.75) 얄궂게도 민족운동에 대처하기 위해 상호 제휴한 가운데 총독부가 지원했던 동화운동이 정책전환을 도모하는 이상, 거꾸로 방해가 될 가능성이 생겨났기 때문이었다. 그러나 주지하듯이 총독부의 '조선의회'안은 결국 중앙에서 문제시 되어, 1930년의 지방제도개정을 통해 지방자문기관을 결의기관으로 하는 것에만 귀결되었다.

이상과 같이 1920년대 말에는 합동정치운동이라는 '대일협력'의 구조 안에서, 재조일본인·총독부·조선인 엘리트와 공직자가 가지고 있던 각각의 의도가 복잡하게 뒤섞여 협력관계가 불안정화된 것으로 여겨진다. 그렇다면 재조일본인과 조선인 유력자의 소원함, 그리고 총독부와 재조일본인의 관계에서 생겨난 새로운 모순에 재조일본인

---

74) 나미키는 조선인 공직자가 "식민지 체제 내에서 총독부와의 접근전을 통해 「개량」을 요구한 것이 동시에 식민지 체제로의 포섭된다고 하는 양면적인(ambivalent) 상황" (앞의 논문, p.40)에 처했던 것을 지적하였지만, 본고에서는 재조일본인과의 합동운동을 매개로 한 '접근전' 가운데에서도 '민족성'이 발현된 것을 지적하고 싶다. 또 '대일협력'을 포함하는 양면성(ambivalence)에 대해서는 윤해동, 「식민지 인식의 '회색지대'-일제하 '공공성'과 규율 권력」, 『당대비평』 13, 2000년 겨울호 참조할 것.

75) 阿部充家, 앞의 편지, 1929년 11월 11일.

리더들은 어떻게 대처하였던 것일까. 하나는 1931년 9월의 만주사변 후, 만주를 일본인과 조선인의 경제적 협력의 장으로서 위치 지우려고 한 새로운 흐름이 지적된다. 예를 들어 한상룡이 '장래 이 시국이 해결된다면 제국의 권익 옹호에 의해, 또 조선인으로서 이익균점의 은혜를 입기 때문에 (중략) 요컨대 내선융화는 이해가 일치하게 된다'[76)]는 견해를 밝힌 것과 같이, 만주는 재조일본인과 조선인 사이의 민족이익이 이전과 같이 모순되지 않고 연결된다는 점에서 조선 내의 민족적 대립의 '연막'으로서 이용하는 데 적절하였다고 추측된다. 만주사변을 계기로 동민회와 갑자구락부는 '전선시국대회'를 개최하고, 혹은 '성명서'를 발행하여 관동군의 행동을 변명·옹호하고 그 후에도 국방의회 회원모집 원조, 만주파견군과 귀환군의 환송 등을 통해 일본의 중국대륙침략을 옹호하였다. 또한 동민회는 경성부와의 연락을 강화하여, 부의 사회교화망의 일원으로서 '생활개선' 운동이라고 하는 풀뿌리 레벨의 동화활동에도 종사하였다. 이처럼 만주를 기축으로 재조일본인·조선인엘리트·총독부의 협력관계가 재구축되었다고 추측되지만, 1930년대에 관해서는 다시금 연구할 필요가 있다.

5. 마치며

이상에서 본 것과 같이, 동민회는 한편으로는 '내선융화'를 추진하여 '문화정치'를 아래에서 지탱하는 외곽단체의 성격을 가지고, 또 한편으로는 재조일본인의 이권신장을 겨냥한 갑자구락부 및 다른 친일

---

76) 韓相龍, 「第七十一回例會席上に於ける挨拶」, 『朝鮮實業俱樂部會報』, 1932.1, p.5.

단체와 결합하여, 총독부·본국 정부의 틈에서 민족운동에 대처한다는 측면을 가지고 있다. 이와 같이 재조일본인 리더들은 당국과 조선인 유력자와의 상호제휴 관계를 유지하고, '내지연장주의'의 표면적인 구조 안에서 최대한의 권리를 확대할 것을 겨냥하였다고 말할 수 있을 것이다.

동민회를 통해 재조일본인 리더들은 조선인 엘리트를 시작으로 지방 공직자와 청소년 등과 광범위하게 접촉하여, 그들을 동화 '운동망' 가운데 편입시킬 것을 기도하였다. 당국의 지원과 안정된 재정기반 때문에 가능했던 다양한 분야의 사회사업은 많은 공직자와 지방 유력자를 끌어들여서 일반 조선인 사회에도 적지 않은 영향을 미친 것을 알 수 있다. 반면 동화운동을 능가하는 기세로 민족운동이 고양되어 가는 가운데, 직무상 '대일협력자'로서의 역할이 조직화되었던 공직자들도 그 대부분은 사상적으로 동화주의에 공명하지 않았던 것으로 보인다. 이는 자치사상의 침투에 의해 1920년대 말 재조일본인과 친일단체간부를 포함한 조선인 공직자의 사이에 정치사상상의 괴리가 생겼던 것으로부터도 추측된다.

또한 1920년대 말에는 재조일본인·조선인 엘리트·총독부 사이의 관계가 긴장되어 간 것을 미루어 알 수 있다. 그 배경에는 민족저항세력의 영향과 자치사상의 침투, 또 중앙정부의 식민지 인사개입이라고 하는 다양한 외적요인이 결합되어, '협력'의 형태가 다양화·복잡화되어갔다는 것이 상기된다. '척식성관제 반대운동' 등의 합동정치활동은 '내지연장주의'의 간판에 기초하여 단체 간의 결속을 과시하고 당국과의 마찰을 어느 정도 해소하기는 하였지만, 그 이면에 '대일협력'에 내재하는 민족모순도 표출시켰다. 그리고 학생운동대책협의회와 공직자대회에서 보인 일본인과 조선인 사이의 알력은 합동운동이 '협력'으로부터 '대립'의 장으로 바뀌었다는 착종된 민족이해를 포함한 '대일협력'의 우발성(contingency)이 드러난 것이다. 또 재조일본인의 조선인에 대한 양면성(ambivalence)에 기인하는 것이라고도 생각되지만, 이 견해의 타당성은 조선인 측의 동향도 파악하는 한층 깊이 있는 분석을 요구한다.

본고에서는 주로 내부 자료를 사용하여 1920년대의 동민회의 활동과 재조일본인의 활동을 정리하였지만, 새로이 조선인 측의 동화운동에의 참가 동기 및 조선사회의 대응을 밝히는 것이 필요하다. 또 만주사변후의 일·조 합동활동의 양상과 총독부의 여러 정책과의 관련을 다시금 해명해가는 것도 금후의 과제로 두고 싶다.

[번역 : 이현희]

식민지 조선의 애국부인회

- 1930년대를 중심으로 -

히로세 레이코[*]

1. 머리말

본고의 목적은 관제부인단체인 애국부인회가 전시하에 식민지 조선에서 어떤 활동을 했는지 밝히는 데 있다. 애국부인회가 여성 대륙 진출론자인 오쿠무라 이오코(奧村五百子)의 적극적인 활동과 군부의 지원에 의하여 1901년 창립된 여성 군사원호단체임은 주지의 사실이다.[1)] 애국부인회의 조직화는 일본본토에 한정되지 않았다. 청일전쟁 후 1895년에 맺어진 시모노세키조약에 의하여 일본의 식민지가 된 대만에서도 1904년 4월에 애국부인회 대중(臺中)지부가 발족하였다. (이는 1905년 7월 대만지부가 된다.)[2)] 한편 조선에서는 1906년 11월에

---

[*] 廣瀬玲子, 홋카이도(北海道) 정보대학 정보미디어학부 정보미디어학과 교수.
[1)] 애국부인회에 대한 연구는 千野陽一, 『近代日本婦人教育史』, ドメス出版, 1979; 「解題 愛國・國防婦人運動展開の軌跡」, 『愛國・國防婦人運動資料集』別冊, 日本國書センター, 1996; 佐治惠三子, 「軍事援護と家庭婦人―初期愛國婦人會論―」, 近代女性史研究會, 『女性たちの近代』, 柏書房, 1978; 片野眞佐子, 「初期愛國婦人會考―近代皇后像の形成によせて」, 『女の社會史 17-20世紀―「家」とジェンダーを考える』, 山川出版社, 2001 등이 있다.
[2)] 대만 애국부인회에 대해서는 洪郁如, 「日本の台灣統治と婦人團體―1904~1930年の愛國婦人會台灣支部に關する一試論―」, 『立命館言語文化研究』10・5・6호, 1999; 同, 「愛國婦人會台灣本部沿革史」解說, 『愛國婦人會台灣本部沿革史』下卷, ゆまに書房, 2007

애국부인회 한국지부가 발족한다. 러일전쟁을 거친 일본이 한국을 식민화하는 과정과 궤를 같이하여 애국부인회가 탄생했던 것이다.

조선애국부인회의 탄생 과정에 대해서는 이미 다른 논문으로 발표한 바 있는데,[3] 식민화의 과정 속에서 일본여성의 역할이 요구되었던 점이 주요 요인이었을 것으로 생각된다. 어느 국가 혹은 지역을 자국의 식민지로 지배하려고 할 때 그 곳에 진출하는 것은 상인·기업·군경이며, 이에 수반하는 유곽(=창기)이다. 또한 그 남성들의 배우자·가족도 식민 지배를 지탱하는 중요한 존재라고 할 수 있다. 이렇게 생각하면 조선의 식민지화 과정, 나아가 식민지 지배에서 여성이 어떠한 역할을 요구받고 그 기대에 부응해 나갔는지 묻는 것은 식민지 책임[4]을 생각할 때 피할 수 없는 문제이다. 아와야 도시에(粟屋利江)는 영국의 인도 지배에서 제국주의와 백인 여성들의 '공범'관계를 지적한다.[5] 멤사히브(여주인·Memsahibs)는 식민지배의 종속적 보강자로서 임무를 다했다. 여성이 식민지배의 요청을 수동적으로 받아들인 것이 아니라 적극적으로 제국의 유지에 참가하였다는 지적이다. 멤사히브(여주인)는 남편의 속성=지위·직업에 동화되어 피지배자 여성을 계몽하는 문명화 사명을 맡았다는 것인데, 이는 식민지 조선을 생각할 때에도 시사하는 바가 크다.

이 있다.
[3] 히로세 레이코, 「대한제국기 일본 애국부인회의 탄생」, 『여성과 역사』 제13호, 2010.
[4] 여기서 말하는 식민지 책임이란 永原陽子, 「「植民地責任」とは何か」(永原陽子 編, 『「植民地責任」論-脫植民地化の比較史, 青木書店, 2009, pp.24~29)에서 참고하였다. 여성의 식민지책임에 대해서는 졸고, 「女性の植民地支配責任を考える」(『北海道情報大學紀要』 제20권 제2호, 2009.3)도 참조.
[5] 粟野利江, 「白人女性の責務(The White Women's Burden) - インド支配とイギリス人女性をめぐる研究動向-」, 『歷史評論』 제612호, 2001.4.

순조롭게 활동을 이어나가던 애국부인회는 만주사변으로 일본이 전시체제에 돌입하자 전기를 맞이했다. 이 전기가 식민지 조선이라는 문맥 속에서 어떻게 전개되는지를 고찰하고자 한다. 같은 활동을 한다고 하더라도 내지와 외지에서의 의미는 다르다. 또한 같은 외지라 하더라도 대만과 조선에서의 의미가 다르다. 지리적 공간이 다르면 의미도 변할 수 있기 때문이다. 이러한 입장에 서서, 조선에서의 애국부인회 활동을 일본애국부인회와 상호관계·비교를 통해 살펴보면 조선애국부인회의 특징이 드러난다. 본고에서는 여기에 초점을 맞출 것이다. 따라서 본고에서는 애국부인회의 활동을 시계열적으로 상세히 서술하는 것이 아니라,[6] 애국부인회 조선본부가 맡았던 역할, 내지의 애국부인회와 비교했을 때 드러나는 특징을 밝히는 것으로 초점을 좁힐 것이다.

제1장에서는 만주사변의 발발에 따른 애국부인회 조직개혁 움직임과 비약적 발전을 이루어내는 과정을 본다. 제2장에서는 국방부인회와의 관계를 애국부인회가 어떻게 조정했는지, 또 중일전쟁 발발 후 국민정신총동원운동이 전개되는 과정 속에서, 애국부인회와 지역 단위로 조직된 애국반이 어떤 관계를 맺으며 군사원호활동을 펴나갔는지를 서술한다.

---

6) 조선애국부인회의 역사와 활동에 대해서는 별도의 논문으로 준비중이다.

2. 전시체제와 애국부인회의 조직개혁

1) 오바라 신조(小原新三)의 취임과 개혁방침의 제시

1931년 9월 만주사변이 발발하자 곧바로 오바라 신조(小原新三)[7] 전 니가타현지사(新潟縣知事)가 애국부인회 사무총장에 취임하였다. 오바라의 지휘하에 애국부인회는 전쟁체제를 떠받치는 조직으로서 기구를 개혁해 나가게 된다. 오바라는 취임하면서 다음과 같이 말했다. 애국부인회 창립 취지는 부인이 '동정 한 장'(역자 주 : 원문에는 '半襟一かけ'라고 되어 있다. 半襟은 기모노 목 부분에 때가 타는 것을 막고, 장식하기 위하여 덧대는 천으로, 한복의 동정과 비슷하다고 생각하면 된다.) 을 아낀 푼돈도 모아서, 제1선에 선 장병을 위하여 제2선, 제3선에 서서 그들을 성원하자는 것이었다. 그러나 지금 애국부인회는 "적어도 중류 이상의 부인이 아니면 가입할 수 없는 것처럼 되어 있다." 이렇게 된 원인의 한 가지는 애국부인회의 기구에 있다. 애국부인회는 '더 크게 대중적으로 내려가야' 하며, 그를 위해서는 애국부인회의 사업과 활동을 더욱 '대중에게 맞도록 개조해야 한다'고. 그리하여 다음과 같은 의견을 피력했다.

> 현재의 기구, 조직에서 위원구(委員區, 町·村)에 대하여 아무런 사업능력과 자원을 부여하지 않는 것은 본회가 쓸데없이 머리가 크고 다리가 왜소한 느낌을 주며, 회원들이 결코 자발적으로 회를 위하여, 또

---

7) 오바라 신조(小原新三)는 한국이 병합된 1910년 10월 1일, 조선총독부 지방국장으로 조선에 와서, 1917년 농상공부장관이 되었다. 1919년, 독립운동의 책임을 지고 미에현(三重縣) 지사로 전임하기까지 조선에 있었던 인물로, 조선의 내정을 잘 알고 있었을 것으로 생각된다. 朝鮮毎日新聞社,『朝鮮施政十五年史 全』, 1925, pp.911~912.

자기 수양을 위하여 노력하고 매진하도록 하는 것이 아니다. 정촌(町村)의 회원이 위원구의 자금 보조를 얻거나 강습을 받아서, 혹은 상호의 이익을 위하여 매월 혹은 때때로 회합을 열거나, 정촌 여자 청년당 및 기타 부인회와 연합하거나, 제휴하거나, 정촌 및 기타에 봉사한다고 인정되는 경우에는 정촌의 여자 향상을 위하여 이바지 할 바 적지 않음을 의심치 않는다. 이렇게 한다면 정촌 내의 여자회원의 모집은 지금보다도 훨씬 용이해 질 것이며, 또한 비로소 '애국부인회'가 일반민중적인 것이 되었다고 말할 수 있을 것이다. 또한 그렇게 되어야 비로소 '애국부인회'는 전국부인의 결속의 힘으로 비상시에 제1선에 선 남성을 성원하고, 평상시에는 그 결속력으로 사회에 봉사하며, 또한 여성 자신을 위한 유의미한 활동을 할 수 있는 민족적 대기관이라고 칭할 수 있을 것이다.[8]

오바라는 애국부인회 활동의 활성화·대중화를 이루기 위해서는 말단 조직에 재정 권한을 위임하고, 회원 여성의 자주성을 끌어내는 것이 중요하다고 생각했다. 이러한 기구개혁을 함으로써 전시에 걸맞은 활동을 전개할 수 있는 애국부인회로 변화시키고자 했던 것이다.

10월 27일, 28일 이틀에 걸쳐 전국주사(全國主事, 주사는 남성)회의를 개최하고 사무총장 이하 각 직원은 "본회의 부인을 어떻게 제1선에 세울 것인지를 기획하는 음지의 조력자여야 한다", "지부장 이하 임원이 앞장서서 본회의 사명을 유감없이 발휘할 수 있도록 보좌하여 일체의 사무를 도맡아야 한다"고 하였다. 애국부인회의 융성은 "부인의 분기활약"과 "제군의 보좌 여하"에 달려 있다는 것이었다.[9]

---

8) 愛國婦人會, 『愛國婦人會四十年史』, 1941, pp.470~472.
9) 愛國婦人會, 위의 책, pp.476~477.

12월 17일 이사회에서는 회원은 신분, 계급을 불문하고 모든 부인을 대상으로 할 것, 회비 수납률(당시 50% 내외)을 높일 것과 함께 총회시의 복장에 대해서 다음과 같이 제안하여 승인을 구하였다.

> 또한 경험상 유의해야 할 것은 총회 개최 시에 회원의 복장이다. 백금문복(白襟紋服-역자 주 : 가문의 무늬가 찍힌 여성의 정식 예복)같은 것은 고귀한 장소에 갈 때는 몰라도, 그렇지 않은 경우에는 필요하지 않으므로 아름답고 화려한 복식을 경계하고 간소·간단하게 하여 누구든 쉽게 출석할 수 있도록 주의한다면, 회원가입을 권유할 때에도 많은 유리함이 있다고 생각한다.10)

화려한 복장을 경계하여 문턱을 낮추고, 부유층 이외의 부인들도 조직하여 애국부인회의 대중화를 도모하고자 하는 의도가 명백하다. 1932년 1월 27일에는 평의원회를 소집하여 사무당국으로서 회의 방침에 관한 의견을 제시하였다. ① 간사부(市) 및 위원구(町村)에 사업능력을 부여하고 회원의 이익에 이바지한다. ② 회의 세력 대확장. ③ 종래의 서기 혹은 사무원 남성에게 맡겨 왔던 회원 권유·회비 징수를 회원 스스로 하도록 한다.11) 이어서 2월 15일, 16일에 각지 주사를 불러 협의회를 개최하고 3월 12일에 고문회의를 열어 백작 기요우라 게이고(淸浦圭吾), 자작 오가사와라 나가나리(小笠原長生), 미즈노 렌타로(水野連太郞), 육군 중장 호리우치 분지로(堀內文次郞) 등에게 이해를 구했으며, 3월 15일 이사회·평의원회의에서 제규칙 개정의

---

10) 愛國婦人會, 위의 책, p.480.
11) 愛國婦人會, 위의 책, pp.481~483.

결의를 얻어 애국부인회 기구개혁의 기초를 만들었다. 이 연장선상에서 1932년 10월부터 '부인보국운동'이 전개되었다.

오바라가 애국부인회의 대중화를 지향한 것은 만주사변 이후 전시체제에 적응하기 위함이기도 하지만, 1931년에 성립된 대일본연합부인회의 존재 때문이었다. "대일본연합부인회 및 기타 신흥부인회는 다수의 회원이 수양 및 기타를 목적으로 회에 입회함에 있어, 어떠한 직접적인 이익을 얻게 된다. 그러나 본회 회원은 간접적으로 국가사회에 공헌함에 그치며 자신에게 이익 되는 것이 없다. 이런 점을 비교하여 보면, 본회의 회원 모집 상 불리함이 있다."[12], "낮은 소견으로는 오늘날 갖가지 부인단체가 무수히 생겨나고 있는데, 이는 애국부인회가 뒤쳐졌기 때문이라고 생각 한다"[13]는 오바라의 말에서도 알 수 있는 바와 같이 전시체제에 호응하는 여성단체가 등장하고 있었다. 같은 시기에 오사카에서 국방부인회의 단초가 형성되어 1932년 3월에 오사카국방부인회가 발족하고, 곧 군부의 도움으로 12월에는 대일본국방부인회로 성장한다. 그야말로 부인단체의 정립시대가 도래한 것인데, 오바라가 애국부인회의 기구개혁문제를 꺼낸 것은 이러한 추세에 뒤떨어지지 않기 위함이었다.

2) 개혁의 구체화 - 분회분구제(分會分區制)의 실시

오바라가 추진한 개혁은 1933년 3월 15일 분회분구제(分會分區制)(지부규칙 중 개정)로 실행된다. 이를 도식화하면 다음과 같다.

---

12) 愛國婦人會, 위의 책, p.481.
13) 愛國婦人會, 위의 책, p.485.

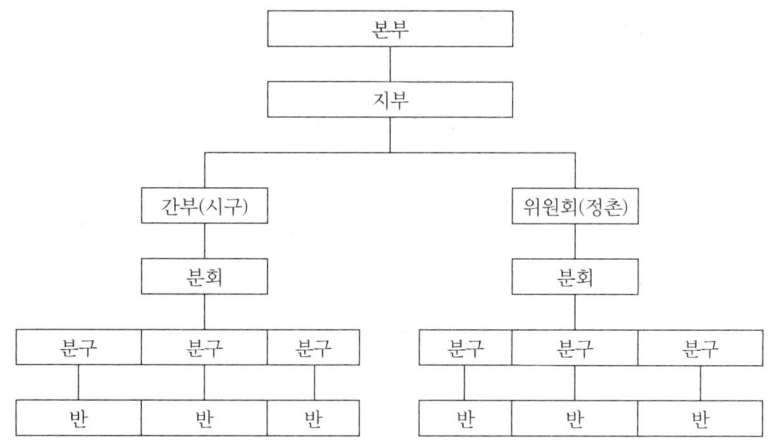

종래의 지부 아래에 분회·분구·반이라는 하부조직을 만듦으로써 회원의 자발적인 활동을 이끌어내고 회원의 확대를 꾀하는 것이었다. 분회에 대하여 "분회가 그 지역의 실정에 맞추어 가장 활동하기 쉽도록 제반 사무를 집행하면 된다"14)고 하고 있듯이, 실정에 맞춘 재량권을 인정했다. 분회의 임원은 분회장(정, 촌장 부인, 시장 부인, 구장 부인), 분회부장(약간명), 간사(회원중 유력자)로 이루어지는 여성진(女性陳)과 고문(시정촌장), 참여(參與; 관계과장·각종단체장·학교장 등), 서기 혹은 사무위원(공무원)이라는 남성진(男性陳)으로 구성되었다. 여성이 전면에 서고, 남성은 이를 보좌하는 역할을 맡았다. 연 1~2회 총회를 열고, 지부에서 분회에 활동자금을 교부하여 활동의 활성화를 도모하였다. "전국의 부현시정촌(府縣市町村)에 애국부인회의 조직망이 펼쳐지지 않고서는 부인의 결속을 기반으로 한 강력한 활동 및 운동이 불가능합니다.", "간사로 이름만 걸고 실제로는 아무것도 하지 않는 사람은 모두

---

14) 『分區, 班の組み立てと動き方』(1936年 3月 發行); 愛國婦人會, 앞의 책, p.661

사임하는 것이 낫다", "명망과 실력이 간사 정도는 아니더라도 굳건히 회를 위하여 활동해 줄 부인이 있다면 가령 위원이라는 편의상의 이름이라도 주어 임원으로 삼아도 상관없습니다."15) 위와 같은 말에는 애국부인회를 실동부대(實動部隊)로서의 조직으로 바꾸고자 하는 뜻이 담겨있음을 알 수 있다. 분회의 자금은 ① 지부에서 주는 교부금·보조금, ② 본부의 사업 장려 보조금, ③ 시정촌의 보조금, ④ 유지자의 기부금 외에 ⑤ 국기장(國旗章) 판매 이익금, ⑥ 영화회·음악회·연극관람회·바자회 등 개최 수익금, ⑦ 성냥, 비누 등 일용품 판매 수익금, ⑧ 회원의 공동 경작, 가마니·밧줄·멍석 제작, 걸레 제작, 삼베짜기 등 노동수익금, ⑨ 의무종료회원(종신회원)이 사업비에 충당할 목적으로 임의로 분회에 납부하는 회비가 있는데, ⑤~⑧의 항목은 회원 스스로 활동하여 만들어 내는 것이었다. 즉, 활동의 활성화가 자금 또한 만들어내는 순환구조를 의도한 것이다. 분회의 임무는 군사후원, 국체관념 및 봉공정신의 고취, 부덕의 함양, 애국저금 장려, 회원의 수양 및 오락향상, 부인보국운동의 취지 철저, 애국처녀단 혹은 애국소녀단의 설치 및 원조, 농촌구제운동 등 18개 항목이 열거되었다.

  분구(分區)는 소학교 구역, 재향군인회의 분회구역, 정회(町會)의 구역 등으로 결성하는 것으로 되어 있었으며, 임원은 분구장과 위원 약간명을 두고 적어도 1년에 1~2회 총회를 연다. 자원이 없으므로 경제 및 사업주체로 나누어지지 않지만 "회원의 합의에 의거, 서로를 위한 수양이든, 오락이든, 상호부조든, 생활개선이든, 애국저금이든 기타 공동 작업을 수행하는 것은 물론 괜찮으며 오히려 바람직한 일"

---

15) 『分區, 班の組み立てと動き方』(1936年 3月 發行); 愛國婦人會, 앞의 책, p.663.

이다. "더욱이 그런 비용은 분회의 경제에서 지출해도 좋으며 혹은 분회 내에서 갹출해도 좋다."16)고 되어 있다.

반은 구역 내의 정(町)마다 하나씩 둔다. 반장은 분구장과 분구 내 임원이 상의하여 정하거나 한다. 반은 "본회의 기초적인 조직 … 말하자면 제1차적인 계단을 위한 가장 중요한 조직"으로, 그 임무는 다음과 같이 설명하고 있다.

> 신사의 청소, 국기게양의 보급, 군인 유족·상이군인 등의 위무, 군인유족·상이군인 등의 가사 도움, 입·퇴영병 송영, 입영 가족 돌보기, 카드계급(생활곤란자 – 인용자)의 생활 상태를 평소에 주의 깊게 조사해 두고, 필요한 경우에는 분구나 분회에 보고하거나 관련 위원, 정회, 자치회 등과 연락을 취하여 구호 알선을 위하여 노력하는 일, 애국저금, 생활개선(특히 시간 엄수, 혼례 비용 절약, 허례허식 폐지 등) 실행의 협의, 견학여행(분회 혹은 분구가 적당한 경우도 있음) 등과 같은 것이 대체로 반구역 내에서 회원의 협의에 의하여 반의 임무로서 실행할 수 있다고 알고 있습니다. 특히 회원가입 권유, 회비 징수, 회원의 이동사항 정리도 주요한 반의 임무입니다.17)

회원은 회비만 내면 된다는 풍조를 시정하고, 반을 통하여 지역에 밀착한 활동을 전개하도록 요구받았다. 특히 회원가입 권유, 회비 징수, 회원의 이동사항 정리를 반이 스스로 수행하도록 했다는 점은 중요하다. 종래에는 회비징수, 회원 수 파악 등의 업무가 남성 서기 혹은 사무위원에게 맡겨져 있었으나 이를 변경하였던 것이다. 회원 스스로 회의 세력에 관심을 가질 수 있도록 하기 위함이었다. 단, 가정주부

---

16) 『分區, 班の組み立てと動き方』(1936年 3月 發行); 愛國婦人會, 앞의 책, pp.665~666.
17) 『分區, 班の組み立てと動き方』(1936年 3月 發行); 愛國婦人會, 앞의 책, p.676.

역할과의 균형에 대해서는 다음과 같이 언급하는 것을 잊지 않았다.

> 변경된 본회의 취지에 의하면 물론 가정도 중요하며 가정을 언제나 비워두고 회를 위하여 일하는 것을 바라는 바는 아니지만, 가능하면 회원이 가사일의 짬을 보아 나서서 자신의 수양과 건전한 가정을 만들고자 노력하며, 타인을 위하여, 국가를 위하여 봉사하도록 하자. 이렇게 나서는 것이 가정 사정상 도저히 어렵다면 가사의 절약-소위 '동정 한 장'의 절약- 으로 근소한 회비(1개월 불과 8전여)를 납부하여 이 사업을 익찬하는 일은 누구나 어렵지 않을 것이다.[18]

이렇게 하여 1933년 9월에 각 지방 본(本)·지부(支部)앞으로 통첩을 보내고, 분회 신설을 촉구하였다.

3) 애국부인회 조선본부의 분회분구반제(分會分區班制) 설치

조선 본부에서도 내지 본부에서의 분회분구반제 실시 방침에 따라, 1933년 11월 7일에 부군도위원부(府郡島委員部)를 분회로 변경하는 방침을 시행하였다.[19] 본격적인 움직임은 1935년 6월 23일 이마이다(今井田爲子) 본부장저에서 임원회를 열고 본부 직할이었던 경성부내의 회원을 분리하여 경성부에 분회를 설치하고 경성부내 각지에 분구제를 실시하기로 협의했다.[20] 8월 20일에는 각도지부사무담당자회의(各道支部事務擔當者會議)를 개최하고 9월 1일에 조선본부(朝鮮本部) 전임주사(專任主事)를 설치했다.[21] 그리고 12월 1일에 경성부 분

---

18) 『分區, 班の組み立てと動き方』(1936年 3月 發行); 愛國婦人會, 앞의 책, p.679.
19) 愛國婦人會, 『愛國婦人會四十年史』附錄, 1941, p.68.
20) 愛國婦人會朝鮮本部, 『愛婦朝鮮本部槪要』, 1941, p.69.
21) 愛國婦人會朝鮮本部, 『愛婦朝鮮本部槪要』, 1941, p.70.

회를 설치하였다.22)

12월 17일에는 경성부민관에 경기도내의 여자 교직원, 여자 사범학교생도 기타 경성부내의 유지부인 등 약 1천명을 모으고, 조선총독 우가키 가즈시게(宇垣一成)가 "조선부인의 각성을 촉구함"이라는 제목으로 연설을 하였다. "진실로 조선통치의 대업을 완성하고 병합의 정신을 철저화"하기 위해서는 "사회기구의 절반을 담당하고 있는 부인의 식견과 활동을 남자에 필적하도록"하여야 한다며, 조선부인에게 "현모양처"가 될 것을 요구하였다. 그 구체적인 내용은 다음 4항목과 같다.

1. 웃사람의 공경. 즉, 부모, 남편 등에게 효양정절(孝養貞節)을 다할 것
2. 가정을 정돈하여 남자가 걱정 없이 바깥일에 전념할 수 있도록 할 것.
3. 자녀의 교양. 즉, 가정 내에서 훌륭하게 자녀를 양육하고 교육할 것.
4. 가정화목의 중심이 되어 가정을 언제나 춘풍태탕(春風駘蕩)한 기운으로 충만하게 할 것.

조선부인의 현상을 보면, 이 4개 항목의 1은 우선 합격이다. 2는 "근면, 절약이나 저축, 증식과 같은 숫자 및 시간에 대한 관념, 공공에 봉사하는 사상이 현저하게 부족하다." 3, 4에 대해서도 불충분하다. 현상을 이렇게 파악하면서 "현모양처"가 되기 위해서는 "여자의 교양을 충분히 익히도록 하여 부덕을 향상시킬" 필요가 있다. 오늘 참여한 분들은 "솔선하여 조선부인의 각성에 경종을 울리고 또한 부

---

22) 愛國婦人會朝鮮本部, 위의 책, 1941, p.70.

덕 향상의 기수가 되어", "이 사업의 선구자로서 매진할"것을 간절히 바란다고 하였다.23) 이 강연은 조선부인의 체제내적 조직화를 의도하고, 그것을 지도적 입장에 있는 부인에게 호소한 것이었다.

1936년 3월 8일 경성분회의 총회가 열렸는데, 거기에는 조선부인의 모습도 간혹 보였다.24) 4월 13일에는 경성신사에서 경성부 분회기(分會旗)의 입혼식(入魂式)이 거행되었다. 이런 활동에 이어서 6월 26일, 애국부인회 조선본부는 각도지부장회의를 개최하고 분구반제확립회원배가오개년계획(分區班制確立會員倍加五個年計劃)의 실시를 결의하였다. 다음날인 27일에는 각도지부장 및 사무담당자를 위하여 분회경영에 관한 강습회를 개최하였다. 강사는 히시키(飛鋪秀一) 지방부장으로, 그곳에서 회원 복장을 명선(銘仙, 역자주 : 꼬지 않은 실로 거칠게 짠 비단) 이하로 하고, 애국 다스키(역자주 : 양어깨에서 겨드랑이에 걸쳐 十자 모양으로 엇매어 일본옷의 옷소매를 걷어매는 끈)를 걸 것을 정하였다. 또한 7월 6일까지 각도에서 부군도분회(府郡島分會) 사무담당자를 모아 동일한 강습회를 개최하였다.25) 이러한 활동은 내지 본부의 애국부인회 창립 35주년(1936년) 회원배가운동에 호응하는 형태로 추진되었다.26)

구체적인 방침은 애국부인회 조선본부가 낸 『분구반제실시 지침서』에 나타난다.

---

23) 宇垣一成, 「朝鮮婦人の覺醒を促す」, 朝鮮總督府官房文書課, 『躍進朝鮮の意氣と針路』, 1936.1.1.
24) 『京城彙報』, 1936년 3월호에 사진이 실려 있다.
25) 愛國婦人會朝鮮本部, 앞의 책, p.71.
26) 愛國婦人會, 앞의 책, pp.552~554.

회원 서로가 "애국부인회는 전국 부인의 것이다. 어디까지나 자신들의 것이다"라는 강한 인식 하에서 횡으로 회원 상호 단결을 긴밀히 하여, 곧 "아래에서 위로", "개인에서 대중으로"라는 주의를 가지고 반에서 분구로, 분구에서 분회로 세포조직을 쌓아올려, 전면적 활동을 할 수 있도록 고쳤다.27)

분구는 각 정(町)이나 동(洞) 또는 소학교나 보통학교의 학구(學區) 내에 두고, 분구 회원이 30명 이상인 경우에는 20명 내지 30명으로 반을 설치하고, 지역 상황에 따라서 반원 5명으로 조(組)를 설치한다고 되어 있다. 군(郡)·도(島) 분회에서는 읍면을 분구 단위로 하여 각 마을에 반을 두고, 마찬가지로 5명씩 조를 설치한다. 여학교, 공장, 백화점, 전화국, 전매국 등 많은 부인들이 활동하는 곳에서 회원 30명 이상인 경우에는 특별 분구, 30명 이하인 경우에는 특별반을 설치하기로 하였다. 여기에서도 내지와 마찬가지로 분구의 중요성이 역설되고 있다.

분구는 애국부인회 활동의 개별 세포임과 동시에 각 정(町)·동(洞)의 애국부인회, 각 읍(邑)·면(面)의 애국부인회이기 때문에 군사 후원 사업에 주력하는 동시에 지방의 사회공공사업에 협력하여 지방의 갱생 진흥에 공헌하도록 가능한 노력하여야 합니다. (중략) 분구반(分區班)에 돈이 없더라도 회원의 애정과 열성에 기반하여 할 수 있는 일이 많습니다. 요컨대 분구, 반의 임무는 전체 회원의 정신적 단결과 노력적 봉사를 주체로 하여 할 수 있는 일을 한결같이 실시하는 것입니다.28)

---

27) 愛婦朝鮮本部, 『分區班制實施の栞』, 1937.3.25, p.1, 민족문제연구소, 『日帝下戰時體制期政策史料叢書 제52권 總動員政策과 團體 4 愛國婦人會外』, 2001.
28) 愛婦朝鮮本部, 위의 책, pp.4~5.

이렇게 중시되는 분구반의 활동자금에 대해서는

> 각 분구, 반에서 회원이 공동작업, 공동경작 등을 하거나, 간이수공, 폐품 이용, 바자회 및 물품 판매 등을 통하여 수익을 얻을 수 있는 길을 강구하고, 사업을 수행하거나 회비를 납입하고 남는 것을 각자 저금하는 등의 방법으로 노력하고 있는 경우도 있습니다. 회원의 근로정신 고취, 공동정신 함양 등에도 이바지하게 되므로 일석이조의 효과를 얻을 수 있습니다.[29]

라고 하여 독자적으로 기지를 발휘, 자금을 만들어내는 것을 장려하였다. 영화회·음악회 개최도 그 수단의 하나였다.

1936년 10월 1일 시점에서 경성부 분회 내에는 이미 150여 개의 분구가 조직되었다. 그 정비 상황에 대하여

> 분구가 생기면서 군대의 송영, 조위(弔慰), 위안회 등에서 회원의 출석에 순서대로 당번을 정하여 질서정연하게 되었습니다. 회원 이동의 정리도, 회비나 기부금 징수도, 회원 모집도, 분구 임원의 활동을 통해 실시 된지 불과 2, 3개월 만에 3천 5백여 명의 신입회원이 생겼습니다. (중략) 분구반의 조직이 없는 것은 손발이 움직이지 않는 신체와 같은 것으로, 무엇도 할 수 없습니다. 분구반을 조직해야만 유사시에 중앙에서 버튼 하나만 누르면 전조선의 회원이 바로 일제히 움직여 부인총후(婦人銃後)의 책무를 온전히 다할 수 있습니다.[30]

이렇게 해서 조선에서도 애국부인회 조직개혁이 진행되어 갔다. 조직개혁의 효과는 회원 수의 증가로 나타났다. 1936년 이후 회원 수는

---

29) 愛婦朝鮮本部, 위의 책, p.5.
30) 愛婦朝鮮本部, 위의 책, p.7.

비약적으로 증가하여(〈표 1〉, 〈그림 1〉 참조), 1935년 이후에는 조선인 회원 수가 내지인 회원 수를 상회했다(〈표 2〉, 〈그림 2〉 참조). 또 애국부인회 분구는 1937년 7월의 중일전쟁 개시 이후 군사원호활동에서 그 기능을 유감없이 발휘하게 되었다. 분구반제확립회원배가오개년계획(分區班制確立會員倍加五個年計劃)이 개시된 지 2년 만인 1938년에는 그 목표가 달성되었다. 더욱이 계획 완성시기인 5년 후에는 회원 수가 4배에 달해 있었다.

4) 애국자녀단의 조직

이에 더하여 미혼여성을 조직하기 위하여 1937년 6월 3일 오노 데루코(大野テル子) 애국부인회 조선본부장은 각도지부장(各道支部長) 및 경성부 분회장에게 「애국자녀단 설치에 관한 건」을 발송하였다. 애국자녀단(혹은 처녀단·소녀단)은 "아직 공부중이거나 성년에 이르지 않은 자에게 부인보국의 정신을 단련시키고, 또한 그 실천에 노력하게 하여 국민의 어머니인 애국부인회원이 되는 날 그 명예와 절조를 완성하도록 소질을 함양시킨다"[31]라는 취지하에 1933년 제안되어 결성이 추진되었던 소녀·미혼여성 조직이었다. 애국본부가 발행한 『애국자녀단 지침서』에 따르면 소녀단은 10세 이상 19세 이하의 소녀로 조직되며 해당 연령의 애국부인회 회원도 단원이 될 수 있다. 처녀단은 16세 이상 20세 미만의 처녀로 조직되며 해당 연령의 애국부인회 회원도 단원이 될 수 있었다. 말하자면 애국부인회의 소녀판이었다. 미래의 부인에게 일찍부터 부인보국의 정신을 함양함으로써 향후의 애국부인

---

31) 「論旨」, 昭和 8年 11月 7日.

회 회원을 양성할 의도였다. 조선본부의 통첩은 내지·대만·만주에서 진척되고 있었던 애국자녀단의 조직화를 보고, "조선 내 각 지부, 분회에서도 속히 그것을 설치하도록 장려"32)하기 위하여 내려진 것이었다. 대상자는 각 중등 정도의 학교, 큰 회사, 상점, 공장의 만 12세 이상 20세 이하의 여학생·여자종업원으로, "공동훈련 상 지장이 없는 경우에는 20세 이상도 편의적으로 가입시킬 수 있다"33)고 하였다. 회비는 징수하지 않으며, 단체의 경비는 단원의 근로수입·보조금·기부금으로 조달하고, 단원의 폐품 회수 매각·생활개선 절약·근로봉사 작업에 의한 수익을 애국저금 하도록 하였다. 내지에서 애국자녀단에게 회비를 징수(1년 30전)한 것과 달리 조선에서 회비를 징수하지 않았던 이유는 경제적으로 하층에 있는 조선인 자녀도 조직하려는 의도가 있었기 때문이라고 추측된다. 단(團)에 대해서는 "유지비로서 첫 해 50엔 이내를 본부로부터", "차년도 이후에는 상당액을 지부, 분회 등으로부터 보조 받는다"고 하고 있다.34) 1937년 10월 발행된『애국부인회조선본부사업대요(愛國婦人會朝鮮本部事業大要)』에 따르면 이 시점에서 애국자녀단은 고등여학교 18단, 여자고등보통학교 8단, 각종여학교 3단, 여자강습소 1단, 부인단체 2단, 여자제사공장 3단, 계 35단이 결성되어 회원 수는 9,864명이었다.35)

---

32) 「愛國子女團設置に關する件」, 昭和 12年 6月 3日 朝愛發第514號, 愛婦朝鮮本部, 『愛國子女團設置の栞』, 1937, p.1; (『日帝下戰時體制期政策史料叢書 제52권 總動員政策과 團體 4 愛國婦人會外』, 2001).

33) 각주 32)와 같음.

34) 「愛國子女團設置に關する件」, 昭和12年 6月 3日 朝愛發第514號, 愛婦朝鮮本部, 『愛國子女團設置の栞』, 1937, p.13.

35) 『愛國婦人會朝鮮本部事業大要』, 1937.10(『日帝下戰時體制期政策史料叢書 제52권 總動員政策과 團體 4 愛國婦人會外』, 2001).

3. 국방부인회와의 관계조정

1) 밀접한 관계를 요구받다

식민지 조선에서 국방부인회가 언제 정식으로 창립되었는지 명확하지 않지만, 1934년 "경성을 중심으로 만들어졌"으며, 회원 수는 "겨우 수백 명"이라는 기록이 있다. 본부는 용산에 있는 제20사단 사령부 내에 두었다. 1938년 5월말의 조사에는 회원 수 87,387명이라고 한다.[36] 1937년에 애국부인회의 회원 수는 183,842명이었으므로, 역사가 깊은 애국부인회가 압도적으로 많은 회원을 확보하고 있었다. 국방부인회의 구체적인 활동이 최초로 확인되는 것은 1935년 5월 27일의 해군기념일. 국방부인회 경성분회가 강연회·영사회(映寫會)를 개최하고 50여명이 참가하였다는 기사이다.[37] 1936년 11월 25일에 국방부인회 경성연합분회 제1회 총회가 열렸다.[38] 그리고 1937년 11월 13일에 국방부인회 경성본부 결성식이 거행되었다.[39]

애국부인회와 국방부인회의 대립·갈등에 대해서는 이미 잘 알려진대로였다. 1937년 6월 28일, 경성·오사카(大阪)·효고(兵庫)·오카야마(岡山)·히로시마(廣島)·시마네(島根)·야마구치(山口)의 각 부현지부(府縣支部) 주사(主事)가 주사회의를 열고 이 문제를 도마 위에 올렸다. 7월 5일에는 스기야마(杉山) 야마구치 현 지부 주사의 명의로 본회의 지시를 요청하였다. 그 문서에는 "최근 군부의 제창 알선으로 인한 국방부인회의 약진은 애국부인회 지부로서 매우 중압감을 느끼

---

[36] 京城日報社, 每日申報社 編, 『昭和14年度 朝鮮年鑑』, p.141.
[37] 『京城彙報』, 1936, 6월호.
[38] 『京城彙報』, 1936, 12월호.
[39] 『東亞日報』, 1937.11.14.

며 거의 대립적 경향이 있어, 현 상태대로의 추이라면 본회의 진흥상 다대한 지장을 초래함"이라고 되어 있어, 국방부인회의 급속한 성장이 위협으로 받아들여지고 있음을 알 수 있다. 9월 15일, 서무부장 명의의 답신이 있었다. ① 국방부인회의 태도여하와 상관없이 본회의 사명 수행을 위하여 전념할 것, ② 트러블이 발생할 경우 연대구(連隊區) 사령관과 상의하여 처리할 것, ③ 국방부인회로부터 애국부인회의 지부장 및 임원에게 국방부인회 임원을 겸직해 달라는 요청이 있을 경우, 국방부인회의 본지부장(本支部長)을 겸직하는 것은 피할 것. 그 외의 임원이 되는 것은 그 지방의 실정에 맡김. ④ 분회 임원이 국방부인회 임원을 겸직할 경우에도 지방의 실정에 맡길 것이라는 것이 그 내용이었다.40) 대립·갈등을 막는 대책이 나타나 있다. 단, 회원에 대한 통달(通達)은 아직 내려지지 않았다.

　이러한 애국부인회와 국방부인회의 관계는 식민지 조선에서는 어땠을까. 1937년 9월 28일 조선총독부 정무총감은 각도지사에게 통달「애국, 국방 양 부인회에 관한 건(愛國, 國防兩婦人會に關する件)」을 내렸다. 중일전쟁 발발 후 2개의 "애국적 부인단체"의 활약으로 총후활동이 활성화되어 "두 부인회의 병립에 의하여", "양자의 활동에 좋은 영향을 주었다"는 측면도 있지만, "그러나 한편으로는 양자의 경쟁으로 폐해가 없다고 할 수 없다. 헛된 경쟁의식으로 인한 배타적 행동을 하여, 세상 사람들에게 기이한 생각을 가지게 한 사례가 하나 둘 발생하고 있다. 이런 일은 두 부인회가 목표하는 활동에 오점을 남길 뿐 아니라 거국일치하여 총후 임무를 다해야 하는 중대한 시국에 심히 유감스러운 일이다"라고 지적하고 있다.41)

---

40) 愛國婦人會, 앞의 책, pp.832~833.

여기에는 내지의 애국부인회에서 보이는 국방부인회 성장에 대한 위기감은 없다. 오히려 두 단체의 대립으로 원활한 총후활동에 방해가 되는 부분을 방지한다는 뉘앙스가 강하다. 확실히 애국부인회는 수적으로도 우세했고, 국방부인회도 내지에서처럼 폭발적으로 성장하는 모습은 확인되지 않는다. 이는 조선에 재주하는 일본부인의 계층이 비교적 부유층이었다는 점과도 관계가 있을 것이다.

> 통달의 구체적인 내용은 ①두 부인회의 분회 이하 간부를 가능한 공통으로 할 것. ②애국부인회원은 가능한 국방부인회원이 되도록 권장한다(단, 회비의 이중 부담 문제가 생기지 않도록 고려한다). 국방부인회원 전원이 애국부인회원이 되는 것이 바람직하지만, 현재의 규칙으로는 곤란하므로 우선 국방부인회원 중에서 적당한 부분이 애국부인회원이 될 수 있도록 권장한다. ③두 회의 활동에 대해서는 간부 간에 충분한 연락 통제를 취하여 적당한 분담을 정하거나 공동 행동을 하는 등 밀접한 관계를 쌓아 결코 배타적 행동을 하지 않도록 상의할 것이었다.42)

여기서 주목해야 할 것은 위의 통달이 내지 본부가 두 단체에 관한 성명을 내기도 전에 내려졌다는 점이다. 이는 식민지 조선에서 두 단체의 관계조정이 중요한 과제였다는 것을 시사해 준다. 또한 9월 15일에 나온 내지의 지시와 비교하면 조선에서 두 단체는 더욱 밀접한 제휴관계를 요구받고 있었다고 볼 수 있다. 분회 이하 간부를 공통으로 할 것, 애국부인회원은 가능한 국방부인회원이 될 것이라는 지시는 내지에서 보이지 않는다. 대륙의 병참기지인 조선에서는 대립을 배제한 신속한 군사원호활동이 무엇보다도 중요했다. 더욱이 조선여

---

41) 愛國婦人會, 위의 책, pp.833~834.
42) 愛國婦人會, 위의 책, pp.834~835.

성도 회원으로 조직한다는 과제를 목전에 둔 시점에 두 단체의 대립·갈등은 저해요인 밖에 되지 않을 것이었다. 이런 의미에서도 애국부인회와 국방부인회의 대립·갈등은 조속히 싹을 자를 필요가 있었다. 이 문제에 관해서는 조선애국부인회가 내지보다 앞서, 독자적으로 방침을 내놓았던 것이다.

이런 움직임을 받아들여 내지본부에서 10월 20일 국방부인회문제 처리를 위한 임원회를 열었고, 그 후 국방부인회 간부와도 협의를 거쳐 두 단체 회장 연명으로 화친제휴(和親提携)에 관한 성명을 발표하게 되었던 것이다. 제반 사정으로 인하여, 각 본부장 앞으로 성명「대일본국방부인회와의 친화제휴에 관한 건」이 보내진 것은 1938년 6월 13일이었다.[43]

식민지 조선에서 통달이 내려진 직후인 10월 1일, 조선총독부는 「황국신민의 서사」를 제정하고, 다음해인 1938년 4월에는 조선남성을 대상으로 하는 지원병제도를 실시하였다. 그야말로 본격적인 전시체제에 돌입하는 것인데, 애국부인회와 국방부인회의 관계조정으로 군사원호활동의 길은 신속하게 닦여 나갔다.

2) 애국반과 손을 잡고

중일전쟁이 개시된 지 1년 후인 1938년 7월 1일 국민정신총동원조선연맹·국민정신총동원경성연맹의 창립총회가 열렸고, 7월 7일에는 국민정신총동원조선연맹·국민정신총동원경성연맹의 발회식이 열림으로써 조선에서도 국민정신총동원운동이 개시되었다. 애국부인회 조선본부·국방부인회 용산지부는 국민정신총동원조선연맹의 가맹

---

43) 앞의 책, 『愛國婦人會四十年史』, pp.837~839.

단체가 되었다. 내지의 국민정신총동원운동은 '거국일치', '견인지구(堅忍持久)', '진충보국(盡忠報國)'을 목표로 내걸었는데, 조선에서는 그 외에 '내선일체'와 '황국신민화'를 가장 중요한 목표로 삼았다. '내선일체'는 구체적으로 지원병제도, 조선교육령의 개정, 관폐대사(官幣大社) 부여신궁(扶餘神宮) 창설이었으며, '황국신민화'는 궁성요배, 신사참배, 황국신민의 서사 제정, 애국일(매월 1일) 제정, 애국반 결성이었다. 그중에서도 애국반은 국민정신총동원조선연맹을 정점으로 하고, 그 하부 조직인 지방연맹조직 아래의 기초실천기구로 위치 지어졌다. 즉 애국반은 '국민정신총동원운동조직망(國民精神總動員運動組織網) 중 최말단의 기초실천기구로서 대략 10호로 애국반 하나를 결성케 하고, 인보공조(隣保共助), 본 운동 실천의 중심기구'44)였다. 일본인은 물론 모든 조선인을 조직하여 황국신민화를 이루고 전쟁에 동원하는 것을 목표로 하였다. 이 운동은 1940년 10월 16일, 국민정신총동원조선연맹을 개조한 국민총력조선연맹으로 계승되었다.

> 애국반의 활동을 열거하면 애국일(매월 1일)에 집회(常會)를 열고 일상적으로 궁성요배, 신사(神社)·신사(神祠)의 청소 및 보수, 근로봉사, 폐품회수, 애국저금 장려, 도로공사 등의 애국 작업, 반원거주지 부근의 청소 근로 작업, 일상생업의 공동 작업이었다. 상호부조의 조직인 동시에 상호감시의 조직이었다. 남성은 직장을 가지고 있었던 만큼 활동의 중심은 여성이었으며, 반장도 여성이 많았다.45)

이러한 애국반의 활동과 종래의 애국부인회는 어떤 관계였을까.

---

44) 朝鮮總督府 編, 『朝鮮事情』, 昭和15年版, 1939, p.100.
45) 樋口雄一, 『戰時下朝鮮の農民生活誌 1939~1945』, 社會評論社, 1998, pp.222~224.

양자의 관계를 보여주는 자료는 적다. 애국반 설치 이전에 경성에는 경성부방호위원회(京城府防護委員會)가 설치되어 있었다. 애국부인회 조선본부 주사는 국방부인회 경성연합분회와 함께 간사의 일원이었다. 이 하부조직인 가정방호(방화)조합과 애국부인회 분구·국방부인회 분회는 인적으로는 동일한 것이었으며, 이곳을 단위로 하여 방화훈련을 하였다. 국민정신총동원조선연맹 성립이후에는 애국반이 여기에 더해진다. 즉, 가정방호(방화)조합·애국부인회 분구·국방부인회 분회·애국반(실질적으로 여성이 중심이 된)이 중첩되어 있었던 것이다. 이를 보여주는 기사는 경성부 초음정(初音町, 역자주 - 현재의 중구 오장동 일대)연맹 제4구 제43애국반 미요시(三吉龍子)의 "다각적이고, 생산적인 부인부 상회(常會)의 활동"이라는 기사다. 1940년 9월부터 애국반부인부상회(愛國班婦人部常會)를 정기적으로 열었는데, 전원이 애국부인회원이었으며 동시에 가정방호조합원이었다. 또, 활동내용으로 "애국부인회에서 할당되었던 야마토(大和)타비(足袋, 역자주 - 일본식 버선)를 둘이서 한 켤레씩 만들었다"고 한다.46) 애국부인회의 활동과 애국반의 활동이 혼연일체가 되어 전시체제를 떠받치고 있었음을 읽어낼 수 있다.

그런데 여기서 말하는 "부인부상회(婦人部常會)"란 무엇일까. 그것을 보여주는 것이 국민총력조선연맹 사무총장이 각도연맹회장에게 보낸 통첩(1940.12.28) 「하부연맹에 부인부를 설치하는 건(下部聯盟に婦人部設置の件)」이다. 그 내용은 ① 각도연맹에 부인지도위원을 두었으나 부인부는 "연맹의 조직으로 하지 않고 운동실천상의 편의적 기

---

46) 京城府初音町連盟第4區第43班三吉龍子, 「多角的, 生産的婦人部常會の活動」, 『國民總力』, 1941년 2월.

구로서"한다, ② 부인애국반원은 "이미 설치된 각종 부인단체 회원인지 아닌지를 불문하고 언제나 합심, 일치하여 실천 활동을 촉진"할 것, ③ 부인부 설치는 남녀의 활동을 구별하는 것이 아니므로 상회 등에 남녀 모두 열심히 출석할 것이었다.47) 부인지도위원에는 1941년 1월 15일, 니시오카(西岡照枝, 총독부 기획부장 부인), 이하라(伊原圭, 경기고등여학교 교유), 쓰다(津田節子, 청화여숙 강사), 이숙종(宮村淑鐘, 성신가정여학교장)이 내정되어 있다. 부인부 설치는 이미 현장에서 부인의 모임이 움직이기 시작했음을 추인한 것이라고 할 수 있으며, 또 기존의 부인단체의 활동을 국민총력운동에 효율적으로 편입시키는 것이었다. 연맹의 기관지인『국민총력』에는 애국부인회·국방부인회의 활동이 총후활동의 미담으로서 누차 게재되었다.48)

더욱이 1941년에 들어서, 각도연맹회장 앞으로 국민총력조선연맹 가와기시(川岸) 총장 명의의 통첩(일자불명)「애국반상회의 취지 철저를 촉구함」이 내려졌다. "상회에 남자 출석 관습을 만들도록 노력하여 부인도 같이 출석하는 것이 좋음", "반장은 어쩔 수 없는 특수한 사정이 아닌 한, 남자로 할 것", "도시에서는 필요에 따라 부인상회를 열고 생활개선 등에 이바지 할 것"이라는 지시가 내려지고 있다.49) 남자도 끌어들이고, 기존의 부인중심의 활동도 살린다는 의도가 보인다. 이러한 체제 속에서 애국부인회가 종래의 활동을 더 적극적으로 추진한 것은 상상하기 어렵지 않다. 애국부인회의 활동은 애국반의 활동과 제휴하고 있었다고 할 수 있다.

---

47)「下部連盟に婦人部設置の件」,『國民總力』, 1941년 2월.
48) 銃後美談,「譽の家へ國債 西四軒町愛婦分會」,『國民總力』, 1941년 2월.「兩婦人會の獻金」,『國民總力』, 1941년 8월 등.
49)『國民總力』, 1941년 7월.

4. 마치며

이상 식민지 조선의 애국부인회에 대하여 고찰하였다. 여기서 다시 한 번 각 장의 요점을 정리하자.

만주사변 이후 전시체제에 돌입하자, 조선애국부인회는 내지의 애국부인회와 연동하여 여성의 자주적인 군사원호활동을 끌어내기 위한 조직개혁을 내걸었다. 분회분구반제, 회원배가오개년 계획이 실시되었다. 그리고 회원으로 조선여성도 조직함으로써 양적 발전을 이루어 갔다. 특히 1936년 이후 회원 수는 비약적으로 증가하였고, 조선여성 회원 수는 1935년 이후 일본인여성을 넘어섰다. 회원배가오개년 계획은 개시 2년만인 1938년에 달성되었고, 5년 후인 1941년의 회원 수는 4배에 달하였다. 또 내지·대만·만주를 따라서 소녀 및 미혼여성을 애국자녀단으로 조직하였다. 식민지 조선의 애국부인회는 내지의 방침을 충실하게, 보다 적극적으로 수행하였다.

한편 내지와 달리 국방부인회와 동체(同體)라고도 할 수 있을 정도로 밀접한 관계를 만들었다. 내지보다 앞서 발표된 두 단체의 관계에 관한 통달에서는 애국부인회원은 국방부인회원이 된다는 방침을 내렸다. 이는 조선애국부인회의 독자적인 것이었다. 대륙병참기지인 조선에서는 대립을 피하고 신속한 군사원호활동이 요구되었는데, 조선애국부인회는 이에 응하였던 것이다. 애국반과의 관계에서도 애국부인회는 애국반 부인의 중심부대로서 애국반의 활동을 적극적으로 담당했다고 할 수 있다.

식민지의 군사원호활동은 피지배자에 대하여 융화적인 외형을 취하였으나 본질적으로는 그들을 억압하고 폭력적으로 강제하였다. 지배에 동의하지 않는 피지배자에게 침묵을 거부할 수 없는 상황을 만들어내고, 강제적으로 활동에 동원하였다. 조선반도에서 애국부인회는 그런 형태로 식민지지배를 담당했던 관제부인단체였다.

[번역 : 정예지]

3부 재조일본인의 식민주의와 지역주의

❖ '문화정치' 초기 권력의 동학과 재조일본인 사회 _ 이승엽

❖ 식민지 조선의 일본인과 '지역 의식'의 정치효과 _ 기유정

❖ 1930년대 전반 조선총독부 경제관료의 '지역으로서의 조선' 인식 _ 김제정

'문화정치' 초기 권력의 동학과 재조일본인 사회

이승엽[*]

1. 머리말

　1919년의 3·1운동을 계기로 '문화정치'를 표방하는 조선통치방침의 변화가 일어났다. '문화정치'가 가지는 기만성이나 민족차별구조의 온존 등 명백한 한계가 있었음은 주지의 사실이지만,[1] 기존의 '무단통치' 체제를 대체하는 새로운 통치체제로의 대대적인 재편이었음에는 틀림없다. 이와 같은 통치체제의 재편과정이란, 다양한 정치집단이 각각의 이해관계에 바탕한 정치운동을 통하여 자신에게 유리한 구조를 만들어 내려 경합하였던, 열린 가능성의 정치공간이기도 하였다.

　조선재주일본인(이하, '재조일본인'으로 약칭함)사회에 있어서도, 3·1운동, 그리고 '문화정치'는 하나의 전기(轉機)였다고 할 수 있다. 1910년대의 '무단통치'는 식민지 피지배민족인 조선인뿐만 아니라, 지배민족의 일원인 민간의 일본인에게도 '폭정'에 다름 아니었으며, 통치 권력에 의한 거류민단제도의 철폐, 경제·산업정책(조선회사령, 조선재정독립정책, 增稅)에 대한 저항운동을 전개하였다.[2] 또한 3·1운동 기간 중, 재

---

[*] 李昇燁, 붓쿄(佛敎)대학 역사학부 역사학과 준교수.
[1] 姜東鎭, 『日本の朝鮮支配政策史硏究』, 東京大學出版會, 1979, p.454.
[2] 이현희, 「일제침략초기(1905~1919) 在朝鮮日本人의 滿州인식」, 연세대학교 대학원

조일본인 사회는 격렬한 조선민족운동에 직면하여 각지에서 무장 자위단을 조직, 군경과 협력하여 경계·진압에 힘쓰는 등의 활동을 하였는데, 시위운동이 종식된 후에도 민족간의 악화된 감정은 쉽사리 회복되지 않아, 일상적으로 불안을 느끼지 않을 수 없는 상황이었다.3)

본고에서는 이 같은 상황에 놓여 있었던 재조일본인 사회에 초점을 맞추어, '문화정치' 초기(1919~1924년)의 정치공간에 있어서의 '통치권력', '재조일본인', '조선인'이라는 세 주체가 어떠한 인식을 가지고 어떠한 대응을 해 나갔는가를 검토함과 함께, 통감부 지배 이래, 조선인에 대해서 '분리와 배제'를 기조로 해 왔던 재조일본인 사회가, 1924년 이후 '내선연합(內鮮聯合)'의 정치운동으로 이행해 가는 과정을 규명하는 것을 목적으로 한다. 선행연구에서는, 조선인 측의 협력적 정치운동을 정치사적으로 다루면서도 재조일본인의 존재와 역할을 고려해 넣지 않았던 한계,4) 또는 재조일본인의 정치활동의 동인을 경제적 요인에서 찾으면서도 통치 권력과의 대립과 협력의 이중성 및 조선인 정치진영과의 긴장관계를 간과한 측면이 있었다.5) 재조일본인이라는 정치행동의 주체를 추가함으로써, 각 세력의 관계를 보다 다양하고

사학과 석사학위논문, 2010; 李東勳, 「在朝日本人の〈自治〉と〈韓國倂合〉」, 『朝鮮史硏究會論文集』 제49호, 2011.
3) 재조일본인의 3·1운동에 대한 다양한 대응의 양상에 대해서는, 졸고, 「三·一運動期における朝鮮在住日本人社會の對應と動向」, 『人文學報』 제92호, 京都大學人文科學硏究所, 2005를 참조.
4) '문화정치' 하에서의 조선인 정치운동을 다룬 연구로서 金東明, 『支配와 抵抗, 그리고 協力: 植民地朝鮮에서의 日本帝國主義와 朝鮮人의 政治運動』, 景仁文化社, 2006(初出: 「支配と抵抗の狹間」, 東京大學總合文化硏究科博士論文, 1997).
5) 內田じゅん, 「植民地朝鮮における同化政策と在朝日本人: 同民會를 事例로 해서」, 『朝鮮史硏究會論文集』 제41호, 2003; Jun Uchida, *Brokers of Empire : japanese Settler Colonialism in Korea, 1876~1945*, Harvard University Press, 2011.

입체적으로 조망하고, 나아가 '문화정치' 시기의 식민지 정치공간이 갖는 역동성의 한 측면을 규명하고자 하는 것이 본고의 목적이다.

2. 3·1운동의 선후책을 둘러싼 인식의 편차

1) '문화정치'를 둘러싼 동상이몽(同床異夢)

3·1운동과 그 선후책(善後策)에 대한 재조일본인 사회의 여론은 대체로 '소요'에 대해 단호한 진압을 요구하는 것이었지만[6], 한편으로는 지금까지의 조선인 멸시에 대한 자성을 촉구하는 목소리도 있었다.[7] 이와 동시에 주목되는 것은 '무단통치'에 대한 재조일본인 사회의 비판이다. '무단통치' 시기에 억압되어 온 재조일본인의 권리를 확장하여, 새로운 통치방침에 편승하고자 하는 지향이 드러나고 있었던 것이다. 곧, "조선정치의 변경 일신(一新)을 희망하는 마음 절실함은 내선 양민족을 통해 한결같다"고 하며 언론의 자유, 정치활동의 자유 및 지방자치의 실시와 참정권 등을 요구하였으며,[8] 사이토 마코토(齋藤實) 신임총독의 착임을 전후해서는, '내지연장주의'와 '문화정치'에의 확실한 지지를 바탕으로 제반의 개혁(회사령철폐, 재정독립정책의

---

6) 釋尾旭邦, 「如何に此時局に處せんとするか」, 『朝鮮及滿洲』 제142호, 1919.4, p.21. 재조일본인 유력자의 활동을 요청하는 의견도 존재했다. 大久保雅彦(전 衆議院議員, 변호사) 및 古城菅堂(京城商業會議所) 등. 「朝鮮騷擾事件と官民の所感」, 『朝鮮及滿洲』 제142호, p.56, 61.

7) 城南逸士, 「朝鮮統治の實績を裏切る暴徒の蜂起」, 『朝鮮及滿洲』 제142호, p.35; 釋尾旭邦, 「再び朝鮮人に與ふ」, 『朝鮮及滿洲』 제143호, 1919.5, p.6.

8) 釋尾旭邦, 「朝鮮統治を如何に一新すべきか: 先づ寺內式政策を打破すべし」, 『朝鮮及滿洲』 제144호, 1919.6, pp.2~3, p.7.

방기, 감세 등)을 요구하였다.9)

한편, '친일(=대일협력)'적 조선인 상층부의 생각은 어떠했을까. 격렬한 만세시위운동이 전 조선에 걸쳐 확산되어 가던 4월 13일, 부산일보사의 조선인 주주 좌담회에서는, '소요'의 원인은 조선인에 대한 일본인의 모멸과 차별에 있다고 하며, "조선인에 대해서도 내지인과 같은 대우를 해 주고, 관리의 봉급 같은 것도 내선인에 따라 이를 구별하지 말고 평등한 대우를 해야 한다"는 논의가 있었다. 이와 같은 대우개선이 이루어지지 않을 경우, 일시적으로는 무력에 의한 진압이 가능하다고 해도 조선인의 저항운동은 언제라도 재발할 가능성이 있다고 경고했다.10) '내지(內地)' 중앙정계에서의 조선통치방침의 전환을 둘러싼 논의를 관망하면서, '선인(鮮人) 관공리'나 '선인 지식계급', '선인 유력자' 사이에서도 동일한 인식이 퍼져가,11) 이들 사이에서는 조선인 차별대우의 철폐와 조선인 관리에 대한 대우개선, 나아가 징병제도의 실시, 참정권 부여에 이르기까지 다양한 희망이 개진되었다.12)

---

9) 釘本藤次郎, 「會社令の撤廢を望む」; 古城菅堂, 「余の希望する三條件」, 『朝鮮公論』 제7권 제9호, 1919.9, pp.32~35; 釋尾旭邦, 「齋藤新總督を迎へて朝鮮の統治開發策を論す」, 『朝鮮及滿洲』 제147호, 1919.9, pp.2~20.

10) 「騷擾事件ニ關スル民情彙報(國內第二報)」(大正8年4月16日, 騷密 第385號), 姜德相 編, 『現代史資料』 25, みすず書房, 1965, pp.389~390.

11) 「騷擾事件ニ關スル民情彙報(第七報)」(大正8年4月23日, 騷密 第694號), 위의 책, p.398.

12) 「騷擾事件ニ關スル民情彙報(第八報)」(大正8年4月24日, 騷密 第785號), 위의 책, p.399; 「騷擾事件ニ關スル民情彙報(第九報)」(大正8年4月26日, 騷密 第911號), 위의 책, p.402; 「騷擾事件ニ關スル民情彙報(第十二報)」(大正8年4月30日, 騷密 第1269號), 위의 책, p.410; 「騷擾事件ニ關スル民情彙報(第十八報)」(大正8年5月11日, 騷密 第2063號), 위의 책, pp.420~421; 「騷擾事件ニ關スル民情彙報(第十九報)」(大正8年5月15日, 騷密 第2327號), 위의 책, p.423; 「騷擾事件ニ關スル民情彙報(第二十二報)」(大正8年5月23日, 騷密 第2854號), 위의 책, p.432; 「騷擾事件ニ關スル民情彙報(第二十三報)」(大正8年5月26日, 騷密 第3035號), 위의 책, p.434; 「騷擾事件ニ關スル民情彙報(第二十四

독립운동에 동조하는 조선인 하급관공리의 사직이 이어지는 가운데, 함경남도 문천군수 홍종희(洪鐘熙),[13] 황해도 봉산군수 최태현(崔台鉉)[14]이 독립운동에 동정적인 발언을 하거나, 경찰서장에게 검거자의 석방을 요청하는 등, 현직의 조선인 고등관료 내에서도 상당한 동요가 있었음을 엿볼 수 있다. 당시 함경남도 함흥군의 군서기로서 재직하고 있던 아카쓰카 다카오(赤塚敬雄)는 오가와 헤이키치(小川平吉)에게 보낸 서한 중에서, 함경남도 장관 이규완(李圭完)의 언동에 대해 비판하며, 다음과 같이 전하고 있다.

> 도장관(道長官)인 이규식(李圭植) [完]은 국장(國葬)에서 돌아오는 길에 영흥군(永興郡)에서 (소요가 시작되던 시기에) 양언(揚言)해서 말하길(내선인(內鮮人) 다수의 출영인(出迎人)에 대해), 이번 소요는 당연한 것이다, 왜냐 하면 정부는 내선인(內鮮人)을 구별하기 때문이다. 즉 내지인 관리에게는 택료(宅料)를 지급 하는데 선인(鮮人)에게는 지급치 않는다, 불공평하다 등의 선동적인 연설을 하여 내지인으로서는 차마 들어 줄 수 없을 정도였음에도, 선인(鮮人)은 대단히 기뻐하였다고 합니다. 한 도의 장관이 이미 이와 같을진대 그 이하는 미루어 짐작하기 어렵지 않습니다.[15]

3·1운동에 의해 초래된 기존 통치체제의 균열은 일본 통치에 협력

號)」(大正8年5月29日, 騷密 第3227號), 위의 책, p.435.
13) 政務總監에게 보낸 咸鏡南道長官 報告「文川郡守ノ言動ニ關スル件報告」(大正8年5月2日, 秘第698號), 동「騷擾事件ニ關スル郡守言論ノ件報告」(大正8年5月9日, 秘第650號),『騷擾事件ニ關スル道長官報告』第5冊(國史編纂委員會所藏, 이하『道長官報告』로 약칭함).
14)「崔鳳山郡守ニ關スル言行」,『道長官報告』제7책.
15) 小川平吉에게 보낸 赤塚敬雄書翰(1919.3.25), 小川平吉文書研究會 篇,『小川平吉文書』제2권, みすず書房, 1973, p.492.

적인 조선인 상층부, 그리고 통치기구의 일부를 구성하고 있던 조선인 관공리 집단에게는, 스스로의 권익을 확장할 하나의 호기로서 파악되었던 것이다. 아이러니한 일이지만, 각지에서 자제단(自制團)을 조직하여 민중의 운동참가를 저지코자 했던 조선인 '유식자(有識者)' 집단, 행정기구의 일원으로서 독립운동의 진정에 힘썼던 조선인 관공리 집단이, 독립운동의 대극에 서 있으면서도 그 운동의 충격을 빌려 스스로의 이익확대를 도모할 수 있었던 것이다. 이와 같은 정치공간의 확대(또는 그에 대한 기대)를 배경으로 조선인 사회에서는 '자치파', '동화파', '독립파' 등 각종 정치운동이 시동하고 있었다.16) 당시 송병준(宋秉畯)이 '정계의 혹성'으로 불리며 중앙정계를 무대로 조선통치방침에 대한 의견 개진과 권력 획득을 위한 활동을 전개했던 배경 역시 이와 관련된다고 할 수 있겠다.17)

2) 정치제체의 재편을 둘러싼 민족간의 대립

재조일본인측은 사이토 신총독의 '조선인 본위'의 정책기조에 대해 반발, 조선인 측의 '내선평등' 요구를 봉쇄하려 했다. 전술한 아카쓰카 서한에는 이번의 '소요'는 "총독정치의 압제에 기인"하는 것이 아니라, 오히려 조선인을 "너무 귀중하게 취급한 결과"라고 하여, "내지인을 압박하고 선인을 보호한 결과, 세월의 경과와 함께 그들은 점점 增長"해 왔다고 비판하고 있다.18)

민간의 일본인 사회에서는 "조선인에게 무엇인가를 획득케 하는

---

16)「京城民情報告」(大正8年10月18日, 高警第26490號),『現代史資料』25, pp.522~523.
17)「政界の惑星宋秉畯子歸京す, 今後の行動如何」,『大阪朝日新聞(朝鮮版)』, 1920.9.17.
18)『小川平吉文書』제2권, pp.491~492.

것"은 "한때의 진무책(鎭撫策)이긴 하지만, 이는 조선인에게 장래 무모한 사념을 품게 할 요인을 주는 것"으로서, 조선인에게 교만을 조장할 뿐이라는 비판이 있었다.[19] 또한 지식 및 생활수준이 떨어지는 조선인이 일본인과 동등한 대우를 받는 것이 오히려 불평등이며, 이미 능력과 자격을 갖추지 못한 조선인을 관료로 특별 임용하는 제도로 인해 일본인에 대한 역차별이 발생했다고 주장하는 관공리의 목소리도 있었다.[20]

1919년 9월 2일, 남대문정거장 앞에서의 신임총독에 대한 폭탄투척사건 이후, 유화정책에 대한 재조일본인 사회의 여론은 더욱 악화되어 갔다. "'애무우우(愛撫優遇)'를 언명한 총독이 착임하자마자, 폭탄투척과 같은 불온행동이 일어난 것은, 조선인에게는 변함없이 '무단통치'가 필요하다는 것의 증명이며, 이후로도 '계속해서 내선인 일시동인(一視同仁)의 주의를 실현하려 한다면 내지인 이주자는 완전히 소멸해 버릴 것이다"라고 하는 강경론이 각지의 재조일본인 사회에서 높아져 갔다.[21]

경성거류민장 등을 역임하여 재조일본인 사회의 개척자 중 한명으로 꼽히는 나카이 기타로(中井喜太郎, 일명 中井錦城)의 의견서는 이와 같은 재조일본인 측의 인식의 일면을 드러내고 있다. 그는 "조선인의 이반에 대해서는 백년간 고심할 각오"로 철저히 진압할 필요가 있다는 강경론을 피력하였다. "조선재주의 내지인은 모두 지난 봄 이래의 조선인 봉기의 원인을 평하기를, 조선인의 재산 금전의 과잉에 있다

---

19) 「騷擾事件ニ關スル民情彙報(第七報)」, 『現代史資料』 25, p.398.
20) 「騷擾事件ニ關スル民情彙報(第十八報)」, 위의 책, pp.421~422.
21) 「凶行事件ニ對スル感想」(大正8年9月17日, 高警 第26656號), 위의 책, pp.524~526.

고 하는데, 데라우치 총독 시대에는 미가(米價)가 저렴하여 반란의 자금이 결핍하였다고 한다."는 의견을 소개하면서 "일면의 진리"라고 평하였다. 그가 제안한 조선통치의 근본해결책이란 "조선은 조선인의 조선이 아니라, 내지인의 조선으로" 하는 것, 즉 일본인 농민의 조선 입식(入植) 및 토지획득을 은밀히 지원하는 한편, 미가 저락을 조장하여 조선인 농민의 궁핍화할 방책을 취하여, 조선인 다수가 토지를 일본인에게 매각하고 만주·홋카이도(北海道)에 이주하도록 유도해야 한다고 하였다. 또한 조선인의 빈곤화는 영양의 부족을 초래하기 때문에, 조선인의 인구감소로 이어지는 효과가 있다고 주장하였다.22)

일본인 우대의 필요성 및 조선인 세력의 억압을 역설한 것은, 민간인이나 하급관료에 한한 것은 아니었다. 조선총독부 고등법원 판사를 역임한 아사미 린타로(淺見倫太郞)가 사이토 총독의 조선 착임 전후에 제출한 것으로 보이는 「의견서(意見書)」에서는, 재조일본인에 유리한 정치체제로의 재편을 요망하고 있다. 즉 "법계(法系)의 고립을 완화하여 내지인의 정착을 용이하게 할 것"을 주장하며, 조선인의 습관에 근거한 각종 법령을 '내지'와 동일하게 통일하고, 나아가서는 '내외지'의 법역 통일을 통해 일본인 이주자의 정착을 꾀할 것을 주장했다. 또한, 민단철폐 및 일본인 자치권의 부정은 조선에서의 일본인 사회의 발전을 크게 위축시킨 조치였으며, "선량한 거류민의 민단을

---

22) 中井喜太郞, 「朝鮮統治策卑見」, 日本國立國會圖書館所藏憲政資料室所藏, 「齋藤實關係文書·書類の部」(이하, 「齋藤文書·書類の部」로 약칭함. 「書翰の部」도 마찬가지) 104-73. 애초 나카이는 조선 도항 직후에는 조선인에 대한 일본인 '식민자'의 태도에 대단히 비판적이었으나, 점차 그 자신의 의식과 태도가 재조일본인의 그것으로 변화해 갔다. 鈴木文, 「在朝日本人の世界」, 趙景達 編, 『植民地朝鮮』, 東京堂出版, 2011, pp.162~164.

철거하여 민요(民擾)를 업으로 삼는 불량민에게 자치를 허용하려 함은 이해(利害)가 전도된 것"이라 비판하여, 3·1운동 선후책의 중요한 논점 중 하나였던 조선인에 대한 지방자치 허용에 대해서는 강한 반감을 표출하였다. 그는 '내선'의 융화일치는 공론(空論)에 지나지 않는 것으로, 일본인의 민단을 복구하여 조선통치 안정의 기반으로 삼아야 한다고 주장하였다.[23]

이에 대하여 대일협력자를 중심으로 한 조선인 상층부는, 폭탄사건이 가져온 악영향, 곧 유화정책의 퇴조와 '무단통치'에의 회귀를 염려하였으나, 일부에서는 이 사건을 "내선인의 차별 대우 개선이 매우 불철저함으로 정부에 각성을 촉구한 것", "신총독에 대해 숙고를 촉구하는 민중의 목소리로 삼을 것"이라는 의견이 있었다.[24] 한편으로

---

[23] 「意見書」(1919년), 「齋藤文書·書類の部」 104-16. 강동진은 이 「意見書」의 작성자를 아베 미쓰이에로 추정하였으나(『日本の朝鮮支配政策史研究』, p.321), 본문의 내용으로부터 다음과 같은 사실이 확인된다. ① "작년 공통법의 시행", 또는 "본년 3월 국장(國葬)" 운운하는 기술로부터, 이 문서는 1919년에 작성되었다는 점. ② "나는 법무원(法務院) 폐지 이래로는 고등법원의 말석에 머물다 작년 퇴직하기에 이르렀다"는 점으로부터 통감부 법무원 및 조선총독부 고등법원의 사법관 역임 사실을 알 수 있다. ③ 첨부한 한시(漢詩) 3수 중, 「戊午三月東歸別朝鮮諸友」라 제목한 것에서 1918년 3월에 조선을 떠났다는 것을 알 수 있다. ④ 첨부한 한시는 성 관계자일 가능성이 높다. ⑤ 조선의 역사와 문헌에 해박하고, 한시를 지을 정도로 한문·한학의 소양을 갖춘 인물이라는 점이다. 이상의 사실에 부합하는 인물은 아사미 린타로이다. 아사미는 1906년 6월, 통감부 법무원 평정관(平定官)으로서 조선에 부임하여, 조선총독부 시정 후에는 고등법원 판사를 역임하였으며, 퇴직 후인 1919년 5월부터는 궁내성 도서료(圖書寮) 촉탁으로 근무하였다. 倉富勇三郎日記研究會 編, 『倉富勇三郎日記』 제1권, 國書刊行會, 2010, p.194.(1919년 5월 31일조); 『在朝鮮內地人紳士名鑑』, 朝鮮公論社, 1917, p.445. 모두 궁내성용전(宮內省用箋)에 쓰여 있는 점에서, 작성자는 현직의 궁내성 관계자일 가능성이 높다.

[24] 「凶行事件ニ對スル感想」(大正8年9月12日, 高警 第26153號), 『現代史資料』 25, p.521; 「凶行事件ニ對スル感想」(大正8年9月17日, 高警 第26656號), 위의 책, pp.524~526; 「凶行事件ニ對スル感想」(大正8年9月26日, 高警 第27148號), 위의 책, pp.527~528.

는 "신총독이 조선인 본위의 정치를 한다는 취지에 대해 내지인 단독, 혹은 내선인이 공모한 행위라는 설"의 소문도 있었다.25)

'문화정치'에 대한 조선인 상층부의 요망이 집약, 제시된 것은 9월 20일부터 26일에 걸쳐 열린 '13도 대표에 대한 시정설명회'에서였다. 당초 각도의 조선인 명망가, 유력자 51명을 중추원에 소집하여 총독부의 시정방침에 관한 설명과 강연을 행하기 위한 집회였으나, 각지 대표는 야간에 별도로 회합을 갖고, 조선인의 불만 및 요구사항을 집약한 19개조의 의견서를 작성, 제출하여, 예정에도 없었던 집단행동을 감행했다.26) 그 개요는, 지방자치제도의 실시, 조선인에 의한 각 도대표의 의사기관의 설치, 언론·집회·결사의 자유 등의 정치적 권리를 확보하여, 제도적·임의적으로 차별되어 온 조선인의 지위 향상을 꾀하며, 경제적 권리의 확대를 노린 것이었다. 동시에 주목할 점은, 일본인과의 동등대우를 추구하는 데 그치지 않고, 조선인 특별채용, 일본인 이민의 폐지 등 일본인 세력에 대한 견제와 함께 조선인에 대한 우대정책을 요구했다는 점이다.

3) 통치권력측의 재조일본인에 대한 인식

전 『경성일보(京城日報)』 사장(재임 : 1913년 8월~1918년 7월) 아베 미쓰이에(阿部充家)는 '문화정치' 시기에 사이토 총독의 정치참모로서 활약하면서 통치정책의 제언, 정보 수집 및 보고, 조선인 민족운동에 대한 정치공작 등을 행하였다. 아베는 사이토 총독의 착임 이전인 8월

---

25) 「凶行事件ニ對スル感想」(大正8年9月12日, 高警 第26153號), 위의 책, p.519, 尹致昊도 이와 동일한 취지의 추측을 하고 있었던 듯하다. 『尹致昊日記』, 1919.9.3.
26) 『尹致昊日記』, 1919.9.24.

13일자 서한에서, "내지인의 조선관에 대해 듣지 마시고, 조선인에게서 직접 듣도록 하시어 그 진상을 파악하시길 바랍니다. 먼저 내지인에게서 각종의 조선관에 대해 듣게 되면 이로써 흉중(胸中)에 하나의 상상을 그리게 되고, 이로써 조선에 접하게 됩니다. 이것이 조선인에 대한 양해를 그르치는 첫걸음이 된다고 생각합니다."라고 하여, 재조일본인 측의 정치적 견해를 배척할 것을 진언하고 있다.[27]

아베 미쓰이에의 『조선통치의견(朝鮮統治意見)』(1919년)은 총독에게 제출되어, 총독부 주요 간부에게도 회람된 의견서인데, 여기서 그는 조선통치의 3대 난관으로서 '조선민족', '외국인 선교사', '재선내지인'을 들면서, "정치상의 차별대우보다 오히려 이 사회상의 차별대우가 선인에게 불쾌 불평의 악감정을 주는 것"이며, "이 불평이 울적(鬱積)하여 폭발"한 것이 3·1운동으로서, 조선인의 재조일본인에 대한 반감이 "그 원인의 반을 점하고 있다"고 하여 민간의 일본인에게 적지 않은 책임을 추궁하고 있다. 재조일본인 사회의 총독정치비판에 대해서는, "그들의 일부는 병합 이전에는 제 하고 싶은 대로 행동하며 조선인을 학대하여 자기의 이익을 위한 희생으로 삼았으나, 병합 이래로는 법규가 엄정해 짐에 따라 종래와 같은 행동을 할 수 없게 된 불평이 오히려 총독정치를 향하게 된 것으로, 총독정치에 대한 각종의 비난공격은 이와 같은 불평이 폭발한 것이라 보는 것이 절반의 이유가 될 것입니다"고 분석했다.[28]

전현직의 조선총독부 고급관료와 조선군 지휘부가 재조일본인에 대해 가지고 있던 인식도 이에 유사한 것이었다 한국통감부 참여관,

---

27) 齋藤實에게 보낸 阿部充家書翰(1919年 8月 13日), 「齋藤文書·書翰の部」 283-1.
28) 阿部充家, 「朝鮮統治意見」, 「齋藤文書·書類の部」 104-21.

조선총독부 임시토지조사국 총재를 역임한 다와라 마고이치(俵孫一)는, "민심 이반의 최대 사유는 저급한 내지 관민의 악사추행(惡事醜行)에 있으며, 이에 대한 감독 취체의 불충분이 그들이 원한에 찬 말을 내뱉게 하는 근본이라, 이에 대한 대책은 신상필벌을 명확히 하는 외에는 없을 것으로, 내지 관리의 체면론은 채택할 가치도 없다"29)고 하여, 민간의 일본인 및 하급관료의 책임론을 피력했다.

조선군사령관 우쓰노미야 다로(宇都宮太郎)의 경우, 조선의 치안확보, 산업개발을 위해 다수의 일본인이 이주할 필요가 있다고 하면서도, 대량의 농업이민은 곤란하며, 조선인의 반발을 살 것으로 보아, 그 대책으로 산업화·도시화를 추진할 필요가 있다고 주장했다.30) 그러면서도, 동년 9월에 하라 다카시(原敬) 수상과 회담할 때는, "조선인을 모욕하는 것은 20년 전 [중략]과 변함없으며, 이것이 조선의 깊은 원한을 빚은 것으로서, 그 실례를 이야기하였다"31)고 하여, 재조일본인의 언동이 일본 통치에 대한 조선인 측의 불만요인의 하나였음을 인식하고 있었다.

통감부시대부터 사법관으로서 근무해 온 조선총독부 사법부장관 고쿠부 산가이(國分三亥)도, "내지인의 손에 의해 조선인을 지도 유액(誘腋)하여 이로써 내선인의 동화·융화"함으로써 조선통치의 안정을 꾀해야 하며, 이를 위해서는 조선인 생활을 위협할 우려가 있는 단체이민이 아니라, 자유이민을 받아들여 황무지 개간, 수면매립 등에 종사시켜야 할 것이라 주장했다. 일본인의 조선인 차별 문제에 관해서

---

29) 俵孫一, 「意見書」(1919), 「齋藤文書·書類の部」 104-13.
30) 宇都宮太郎, 「朝鮮時局管見」(1919.5.17.發送), 「齋藤文書·書類の部」 95-8.
31) 『原敬日記』 제5권, p.145(1919.9.16.日條).

는, 인종의 우열에 의한 차별은 오히려 자연스러운 것이나, 당면의 조선 통치 상 "방임할 수 없는" 문제로 보았다.32)

'문화정치'에 있어 재조일본인이 장애로 작용한 것은 조선 내에 국한되는 것이 아니었다. 재조일본인의 의견이 '내지'의 언론에 보도되는 한편으로 중앙정부 및 중앙정계에까지 영향을 미쳐, '내지 측'의 이해와 협력을 구하지 않을 수 없는 조선총독부의 입장을 한층 곤란하게 했다. 중앙정부의 각 성청을 순회하며 업무상 절충을 행하던 조선총독부 경무국장 아카이케 아쯔시는, "마쯔무라(松村) [법제국] 참사관 같은 경우는 입을 열자마자 조선의 악화를 일갈할 정도로 문약정치 악화설은 깊이 인심에 침투해 있습니다."라고 어려움을 토로하는 한편, 경시청은 재조일본인의 관점을 그대로 받아들여 재일조선인 전체를 위험시하는 우를 범하고 있다고 하여, 언론매체를 통한 조선 사정의 홍보에 주력할 필요가 있음을 역설하기도 했다.33)

1920년대 초기의 이른바 '폭탄치안시대'34)에 있어서 통치의 제일 목표가 치안의 확보에 있었음은 말할 것까지도 없다. 지배자에게 있어 가장 사활적인 문제는, '국기' 게양 거부 등으로 드러나는 조선민중 일반의 저항을 봉쇄하는 것이었다. 이와 같은 상황에서 재조일본인 측의 비판을 받아들여 노골적인 조선인 억압과 일본인 우대를 표방하는 것은 생각하기 어려웠다. 오히려 이 시기의 모리야 에이후(守屋榮夫) 비서과장의 일기에서, 지방정세와 관련한 보고로서 "내지인

---

32) 國分三亥,「總督施政方針に關する意見書」(1919.5.提出),「齋藤文書·書類の部」104-4.
33) 모리야 에이후에게 보낸 아카이케 아쯔시(赤池濃) 서한(1919.9.26), 國文學硏究資料館所藏,「守屋榮夫關係文書」9-24-14.
34)「未公開資料朝鮮總督府關係者錄音記錄(4): 民族運動と〈治安〉對策」,『東洋文化硏究』제5호, 學習院大學東洋文化硏究所, 2003, p.257.

의 무분별한 방언(放言)과 경찰관의 악랄한 태도가 형세를 악화"35), "내지인이 선인을 인간답게 대우하지 않는 것, 경찰관의 불친절"36), "시정의 철저를 파괴하는 것은 첫째가 내지인, 둘째가 재래종(在來種)"37) 등의 내용이 빈번히 등장하는 것은 총독부 중추부의 재조일본인 사회 및 말단 관료조직에 대한 불신의 시선을 반영하고 있다고도 할 수 있을 것이다.

3. 재조일본인과 조선총독부의 대립

재조일본인 측의 총독정치에 대한 비판은 점차 높아져 갔다. 연약한 '문화정치'가 조선인의 저항운동을 조장하였을 뿐으로, "현 총독부가 이와 같은 달콤한 말로 조선인에게 다가가, 도중에 이도저도 못할 상태를 노정하고 있다. [······] 선인이 총독부 시정의 개혁을 만세소요의 보수"로서 인식한다고 하여, 총독정치와 재조일본인에 대한 태도는 날로 악화되어 갈 따름이라고 보았다. 또한 조선의 사정을 모르고, 재류민의 의견도 듣지 않으며 그저 '무단정치'를 배척할 뿐으로, "신 총독의 문화정치는, 최근에 이르러 문화를 표방하는 무단정치에 역행"하고 있다고까지 비판하는 데 이어,38) 마침내 '문화정치'는 실패로 끝났다고 언명하기에 이른다.39)

---

35) 『守屋榮夫日記』, 1921년 6월 30일조(「守屋榮夫關係文書」 所收).
36) 『守屋榮夫日記』, 1921년 7월 1일조.
37) 『守屋榮夫日記』, 1921년 8월 11일조. '문화정치' 시기 조선총독부 관료조직 내의 이른바 '신래종'과 '재래종'의 알력에 관해서는 李炯植, 「「文化政治」初期における朝鮮總督府官僚の統治構想」, 『史學雜誌』 제115권 제4호, 2006을 참조.
38) 岩本善文, 「朝鮮人騷擾側面觀(承前)」, 『朝鮮公論』 제8권 제12호, 1920.12, p.33.

1919년 10월 10일에 열린 '전선기자대회(全鮮記者大會)'는, 아마도 재조일본인 사회의 불만이 분출된 최초의 집단행동으로 보인다. 조선 각지의 일본인신문의 사장, 주필, 편집장, '내지' 신문의 조선지사 대표, 특파원 등 33인이 회합하여 협의회가 개최되었다.40) 상세한 논의 내용은 알 수 없지만, 조선의 치안상황에 대한 우려와 총독부의 대책에 대한 비판이 주된 취지였다고 한다.41)

이듬해 개최된 '전선내지인실업가유지간화회(全鮮內地人實業家有志 懇談會)'(1920년 10월 10일~12일, 경성상업회의소)는 조선 전도의 재조일본인 사회의 리더 137명이 모인 회합이었다.42) 여기서는 각지의 치안상황과 선후책, '문화정치'에 대한 토론이 이루어졌는데, 주요한 내용은 다음과 같다. (1) 보통경찰체제에 대한 불만, 치안의 강화, (2) 군대의 증병을 요구, (3) 유화책으로서의 '문화정치' 비판, (4) 소요 검거자에 대한 경미한 처벌이나 사면에 대한 비판, (5) 조선인에 대한 교화, 조선인 생활의 안정을 기할 것을 요구, (6) 조선 문제의 근본적 해결책으로서 일본인 이민에 대한 보호 장려정책을 요구, (7) 조선의 상황을 '내지' 정부, 정당, 국민에게 선전할 것, (8) 재조일본인 사회의 이익관

---

39) 釋尾春芿, 「文化政策の價値を疑はる：朝鮮の時局は益々惡化する一方なり」, 『朝鮮及滿洲』 제159호, 1920.9, pp.2~5.
40) 「全鮮記者大會」, 『京城日報』, 1919.10.11.
41) 丸山鶴吉, 「朝鮮の治安に就て」(1923.5.13, 全國記者大會席上에서의 演說), 『在鮮四年有余半』, 松山房, 1924, p.268.
42) 예를 들면 당시 '반도 민간의 6거두'로 불렸던 인물 중, 西崎鶴太郎(鑛山業, 電氣業, 船舶業 등 경영. 鎭南浦府協議會員 겸 同府商業會議所議員), 香椎源太郎(水産業, 電氣業, 船舶業 경영. 釜山商業會議所會頭), 多田榮吉(林業, 貿易業, 建設業 경영. 新義州 재주자)의 3명이 출석하였다. 紫川生, 「東西南北半島の六巨頭」, 『朝鮮公論』 제2권 제10호, 1924.10, pp.29~32. 또한 후일 全鮮公職者大會나 '朝鮮唯一의 政治運動團體'인 甲子俱樂部를 주도하는 인물도 다수 출석하고 있었다.

련사항(조선재정독립 반대, 증세 반대, 철도 부설 등), (9) 소수의견으로서, 조선인 모멸에 대한 일본인 스스로의 반성, 조선인의 정치참가·참정권 부여의 필요성이 제기되었으나 강한 반발에 직면하였다.

동대회의 배경에 대해, 당시 전라북도 제삼부장으로 재직하던 마쓰무라 마쓰모리(松村松盛)는 후일 다음과 같이 회고하였다.

> 이 같은 공기 [주: 일본산업인, 일본자본, 일본상품 구축의 분위기] 속에서 조선인만의 회사가 우후죽순처럼 나타나 내지인 기업에 대항하려는 기세를 올렸고, 각지에서 내지 상품의 불매운동이 일어났으며, 전라남도에서는 다도해 항로를 둘러싸고 내선의 선박회사가 극단적인 경쟁을 펼쳐 결국 함께 파산해 버리는 일까지 있었다. 이와 비슷한 사실이 도처에서 나타나, 조선 산업계에 일찍이 보지 못했던, 숨이 막힐 듯한 현상을 노정했다.43)

동대회가 표면적으로 내걸고 있던 이유는 '치안악화' 또는 '조선인 사상의 악화'였으나, 실은 실력양성론에 바탕한 기업열(起業熱)이나 일본제품 불매운동 등 조선인사회의 경제권리 옹호운동이 위기감을 형성한 결과, 일본인 본위의 정책으로 전환할 것을 요구했던 것이다.

이와 같은 일본인사회의 요구에 대해, 조선총독부 중추부의 반응은 냉담했다. 미즈노 렌타로(水野鍊太郞) 정무총감은 동 대회 출석자에 대한 접견 석상에서, "노골적인 말입니다만, 섬나라 근성, 소국민적인 정신기혼(精神氣魂)으론 안 됩니다"44) 라고 일침을 가했다. 동 '간담회'에서의 재조일본인의 요구에 대한 통치권력 측의 입장은, 총독관방

---

43) 朝鮮行政編輯總局, 『朝鮮統治秘話』, 帝國地方行政學會朝鮮本部, 1937, p.300.
44) 『全鮮內地人實業家有志懇話會速記錄』, 懇話會事務局, 1920, pp.168~169.

비서관 모리야 에이후에 의해 공개적으로 표명되었다.45) 1921년 1월, 경찰관강습소 특별강습원에 대한 강연에서, "작년 10월 경성에서의 실업가의 대회"의 논의에 대해 다음과 같이 비평했다.

(1) 2개 사단의 증설 및 헌병제도의 부활을 요망하는 의견에 대해서는, 군대의 증파도 바람직하기는 하지만, 헌병경찰제도에의 복귀는 불가하며, 국제적으로도 군국주의로서 비난당할 우려가 있다고 하여, 조선 문제의 근본적 해결은 '무력주의'에 있지 않으며, '동화' 정책에 있다고 하는 의견을 피력했다. (2) '머릿수의 논리'로서 내지인 이민 장려의 요구에 대해서는, 과거 10년간 동양척식회사에 의한 이민사업의 성적이 극히 불량했던 실례를 제시하는 한편으로, 보조금 등을 사용한 결과 대량의 하층 일본인이 도항하여, 오히려 조선통치와 조선인 동화에 장해를 불러일으켰으며, 이것이야말로 내지인의 세력이 신장하지 못하는 원인이 되었다고 하여, 재조일본인 측에 문제가 있다는 주장을 하였다. (3) 내지로부터의 자본유입의 요구에 대해서는, 취지에는 찬동하지만, "내지인이 단순히 이익을 올릴 것만을 생각하고, 내지를 위해 조선을 발판으로 삼는다거나, 또는 내지인의 이익을 위해 조선인을 유린한다면 제대로 된 사업은 할 수도 없다"고 하여, 특히 재조일본인 자본가의 다수가 고리대금업자로서 조선인을 압박해 온 것을 비판하였다.46)

---

45) 당시의 守屋榮夫는 직급상으로는 高等官 4等에 지나지 않았지만, 조선통치정책이나 人事 등에서 영향력을 발휘하여, 실질적으로는 조선총독부의 '넘버3'로서 기능하고 있었다. 松田利彦, 「朝鮮總督府官僚守屋榮夫と〈文化政治〉: 守屋日記を中心に」, 松田利彦・やまだあつし 編, 『日本の朝鮮・臺灣支配と植民地官僚』, 思文閣出版, 2009. 나아가, "총독정치는 齋藤政治도 水野政治도 아닌 守屋政治"라고까지 평가되고 있었다. 石森久彌, 「鴻雁と共に南に去つた守屋榮夫君」, 『朝鮮統治の批判』, 朝鮮公論社, 1926, p.249(初出: 『朝鮮公論』 제12권 제10호, 1924.10). 따라서 '간담회'에 대한 守屋의 언명은 조선총독부 중추부의 공식견해를 반영하는 것으로 간주해도 좋을 것이다.
46) 守屋榮夫, 「新同胞に對する吾人の態度」, 『宏遠なる理想の實現』, 1921.

모리야 자신의 표현을 빌면, "크게 내지인의 근본적 자각과 일시동인의 성지(聖旨)의 철저에 노력해야 할 것을 역설"한 것이었다.47) 이와 같은 논지는 후일 마루야마 쓰루키치(丸山鶴吉)에 의해 되풀이되어 언명되기도 하였다.48)

그러나 모리야 발언의 이면을 추적해 보면, 이와 같은 비판과는 정반대의 사실이 확인된다. 즉, (1) 1919년 말, 조선총독부는 본국 정부를 상대로 사단 증설의 교섭을 행하였으나 실패로 끝난 바 있었다. 이 교섭의 실무자는 다름 아닌 모리야 자신이었다.49) (2) 현상으로서 동척 이민의 성적이 불량했기 때문에 조선총독부와 조선군은 대량의 정책이민에는 부정적이었지만, 자유이민의 확대에는 원칙적으로 찬성하고 있었다는 것,50) (3) 1921년 9월의 산업조사위원회에서의 조선총독부측의 요구에서 알 수 있듯이, 조선 산업화를 위해 내지의 자금 조달을 절실히 바라고 있었다는 점 등이다.51)

요컨대 '간담회'에 대한 모리야의 비평은 재조일본인 사회가 제기한 주요한 요구를 한결같이 거부함과 동시에, 역으로 재조일본인 사회의 현상을 강하게 비판한 것이었으나, 정책목표나 방향 그 자체에 있어서는 거의 일치하고 있었다고 해도 좋을 것이다. 다만, 조선민중의 반발을 억누르며 '내선평등대우', '조선인본위'를 내건 유화정책을 실시하지 않을 수 없었던 조선총독부의 입장에서는, 재조일본인 측의 강경론

---

47) 『守屋榮夫日記』, 1920년 12월 25일조.
48) 朝鮮總督府, 『一府十縣朝鮮視察團に對する講演要旨』, 朝鮮總督府, 1920, pp.30~31.
49) 齋藤實에게 보낸 守屋榮夫書翰(1919年11月19日), 「齋藤文書·書翰の部」 1523-2.
50) 金正明 編, 『(明治百年史叢書)朝鮮獨立運動』 Ⅰ分冊, 原書房, 1967, p.23.
51) 金子文夫, 「一九二〇年代における朝鮮産業政策の形成 : 産業調査委員會を中心に」, 『(中村隆英先生還暦記念)近代日本の經濟と政治』, 山川出版社, 1996, pp.193~194.

을 그대로 수용하는 듯한 태도만은, 어떻게 해서든 피하지 않을 수 없었다. 이와 같은 모리야 발언의 배경에 재조일본인 사회에 대한 통치 권력 측의 뿌리 깊은 불신감이 있었음은 물론이거니와, 정치적 효과로서 재조일본인 사회의 이의제기에 대한 견제이면서, 조선인에 대해 총독부의 자세를 보여준다는 의미도 있었던 것이라 생각된다.

4. 재조일본인 정치운동의 새로운 전기

'간담회'와 모리야 발언을 경계로 하여, 재조일본인 사회의 '문화정치'에 대한 격렬한 비판·공격은 종식되기에 이른다. 지금껏 논의가 백열해 온 조선통치방침, 특히 참정권 문제를 둘러싼 논의는 주로 국민협회(國民協會)를 중심으로 한 조선인측이 주도하는 경향이 노정되면서,[52] 재조일본인은 일견 식민지 조선의 정치공간의 무대에서 퇴장한 듯이 보였다. 이와 같은 현상에 대해 당시의 언론은 다음과 같이 분석하고 있다.

> 조선의 내지인은 명목보다 실속을 챙기는 주의(花より團子主義)로서, 정치상에 관계하기보다는 돈벌이를 하는 데 급급하다는 것과 함께, 조선에서 의원선거법을 시행하거나 조선의회가 설치된다면, 내지인이 참정권을 얻음과 함께 조선인에게도 참정권이 부여되기에, 조선인의 독립운동이 더욱 왕성해져 민심이 점점 악화될 우려가 있다고 하여 그다지 찬성하지 않는다.[53]

---

[52] 松田利彦,「植民地朝鮮における參政權要求運動團體『國民協會』について」, 淺野豊美·松田利彦 編,『植民地帝國日本の法的構造』, 信山社, 2004, p.386.
[53] 釋尾春芿,「朝鮮に於ける參政權問題:朝鮮に貴衆兩院議員選擧法施行の可否, 朝鮮

그러나 경제적 이익에 대한 추구야말로 재조일본인 사회의 정치적 논의 및 정치운동의 원동력으로서, 상황 여하에 따라서는 언제라도 정치운동으로 전화할 가능성을 배태하고 있는 것이었다. 가시이 겐타로(香椎源太郞, 부산상업회의소 회두, 부산부협의원, 경상남도평의원)의 「조선통치사견(朝鮮統治私見)」(1921년)54) 및 「건백서(建白書)」(1923년), 미야카와 고로사부로(宮川五郎三郎, 평안남도평의원)의 「건백서」(1923년)는, 금융 및 산업정책에 대한 개혁론을 피력한 것으로, 침묵하는 이면에서 정치운동의 싹이 발아하고 있었음을 암시한다.

1922년 2월에 개최된 '임시 조선 상업회의소연합회'는 재조일본인 사회가 정치공간으로 복귀하는 제일보가 되었다. 동대회에서는 산업개발 4대 요강이 채택되어, 동년 9월에는 경성, 인천, 부산의 상업회의소 대표가 도쿄를 방문하여 정계 각 방면에 조선예산긴축정책에 반대하는 진정활동을 행하였다. 보조금증가를 호소하는 그들의 논리는, (1) 내선융화의 성과를 거두기 위해서는 적어도 조선민족의 1할 이상의 내지인이 이민할 필요가 있으며, 이를 위해서는 조선의 경제력을 증대할 것이 선결과제이다. (2) 조선의 인심안정, 치안확보를 위해서는 정부의 보조에 의한 인프라스트럭쳐 건설 사업을 통하여 고용창출, 자금운용, 일반상공업의 발달을 꾀해야 한다. (3) 재조일본인 실업가는 건강상, 정신상, 영업상 대단히 고통스러운 처지에 놓여 있기에, 조선 산업개발을 담당할 지식과 자금이 있는 실업가가 조선을 떠

議會開設の可否」, 『朝鮮及滿洲』 제183호, 1923.2, pp.2~3.
54) 高原木二, 『巨人香椎翁の片鱗』, 私家版, 1935에는 「朝鮮統治私見」이 1919년에 작성·배포되었다고 기술하고 있으나(p.6), 「朝鮮統治私見」의 본문에는 "내가 반도에 건너온 지 十有六年"(p.2), "재작년 3월의 소요 발발"(p.3)이라는 기술에서 보건대, 동 의견서의 작성연대는 1921년으로 보아야 할 것이다.

나지 않을 수 없는 상황이다.55) 재조일본인 실업가의 이익확대를 꾀하면서도, "인심의 안정을 결여하고, 불온분자를 낳음에 이르러서는", "재선(在鮮)의 민초는 끝내 비참한 말로에 봉착할 수밖에 없다"고 하여, 조선인사회의 불안이나 저항운동의 존재를 중앙 정계에 대한 설득의 유효한 레토릭으로서 활용하고 있었던 것이 주목된다.

1923년 9월에 발생한 관동대진재는, 한층 더 정부의 재정긴축정책을 초래하여 조선총독부예산의 축소, 자금압박으로 이어졌다. 동년 11월 경성, 평양, 인천의 상공회의소 회두가 상경하여, 보조금 및 사업공채의 유지, 철도속성에 관한 진정운동을 전개하였고, 이듬해 2월에는 경성상업회의소의 부회두 와타나베 사다이치로(渡邊定一郎)가 동일한 운동을 전개했다.56)

이와 같은 진정활동으로 중앙정부 및 정계와 접촉하여 이해와 원조를 구하려 했던 조선상공계의 대표들은, 내지 측의 무이해와 무관심, 그리고 자신들의 정치력 부족이란 문제에 직면했다. 1923년 11월에 구기모토 후지지로(釘本藤次郎) 경성상업회의소 회두가 이노우에 준노스케(井上準之助) 대장대신(大藏大臣)을 면회하기 위해 여덟 차례나 발걸음을 옮겨야 했다는 사례와 같이, 정부 관계자에의 접촉 자체가 지난한 일이었으며57), 당리당략에 의해 움직이는 정당정치의 구조에서는 의회나 내각에서 조선재주자의 이익옹호를 위해 진력해 주는 세력도 존재하지 않았다.

---

55) 伊藤正慤, 『京城商工會議所二十五年史』, 京城商工會議所, 1937, pp.190~191.
56) 위의 책, p.192.
57) 渡邊定一郞, 「朝鮮當面の重要問題」, 『京城商業會議所月報 朝鮮經濟雜誌』 제19호, 1924.3, p.12.

1923년 말, 중앙정계의 현실에 실망하고 조선에 돌아온 상업회의소 대표자를 중심으로 참정권 획득의 필요성을 역설하는 목소리가 높아져 갔다.58) 이듬해 2월에 쇼다 가즈에(勝田主計) 대장대신과 교섭하였으나 성과를 거두지 못한 채 귀환한 경성상업회의소의 와타나베는 보고연설에서 다음과 같이 말하고 있다.

> 총독의 위임권한은, 현재와 같은 상태로라면 어떤 총독이 오더라도, 어떤 정무총감이 오더라도, 도저히 우리가 기대하는 조선의 전면적인 진보를 이루어 낼 수는 없다고 생각합니다. 이에 관해서 저는 영국 본토에서 아일랜드의 자치요구에 열혈을 쏟는 대의사처럼, 열성과 역량을 가진 수십명의 파넬이나 처칠과 같은 사람을 조선에서 대의사로서 내보내서 총독부와 서로 호응하여 조선의 문제를 해결하지 않으면, 조선에서의 우리 사업과, 조선의 문화는 끝내 발전하지 못할 뿐 아니라, 내지인 31만의 인구가 마침내 25만이 되고, 20만이 되고, 10만으로 감소해 가게 된다면, 우리 제국의 전도는 고(故) 남주옹(南州翁) [주 : 사이고 다카모리(西鄕隆盛)]이 우려했던 바와 같이 옛날로 되돌아가지 않는다고는 장담할 수 없습니다.59)

이를 위해서는, "각 도에서 내지인 1명, 조선인 1명이라는 식으로 해서 20수명", 또는 "특정의 지역에서 내선인 각 1명씩"을 선출하여 제국의회에 파견, "모국의 당략 본위의 정치가와 싸우지 않으면 도저히 조선 문제는 해결"되지 않는다고 주장하였다.60)

한편, 조선인사회에서도 주목할 만한 변화가 일어나고 있었다.

---

58) 松山常次郞, 『朝鮮ニ於ケル參政權問題』, 1924, p.27.
59) 渡邊定一郞, 「朝鮮當面の重要問題」, p.14.
60) 위의 글.

1923년 10월 24일에 열린 '시국대책경성시민대회'에서는 경성상업회의소가 중심이 되어 (1) 조선일반회계의 보조금삭감 반대, (2) 조선 사업공채발행계획의 변경 반대, (3) 조선의 특수금융기관에 의한 금융완화를 꾀할 것을 결의하고, 위원으로서 일본인 대표(古城菅堂, 大村百藏, 荒井初太郎)와 함께 조선인대표(朴泳孝, 李軫鎬)가 상경, 공동으로 진정활동을 하였다.61)

조선인 측의 『동아일보』 역시 재정긴축에 대한 반대의견을 피력하고, 상업회의소와 시민대회의 동상(東上) 운동에 지지를 표명하였으며,62) 민족자본에 대한 타격이 될 내지 자본의 직접투자, 관세철폐 등에는 반대하면서도, 공채·사채 등이 조선인 산업의 자금으로서 유입될 필요가 있다는 견해를 밝혔다.63)

또한 지방정치의 장에서도 변화가 일어나고 있었다. 동년 11월 20일에는 제2회 부면협의회원 선거가 실시되었다. 1921년에 치러진 최초의 '지방자치' 선거 당시, 조선인사회 일반은 냉담한 반응을 보였으나,64) 1923년 선거에서는 분위기가 일변하였다. 인천, 대구, 평양, 진남포, 원산, 군산 등지에서 조선인 유권자에 의한 '후보 공선(公選)'이나 '후보자 선거대회'가 열려, 부협의회원 적임자를 논의함과 함께, 투표의 조직화를 통한 조선인 당선자의 확대를 꾀했다.65) 지역에 따라

---

61) 『朝鮮日報』, 1923년 10월 26일자; 동 11월 4일자; 동 11월 29일자; 『東亞日報』, 1923년 10월 26일자.
62) 「總督府予算에 對한 折衝: 經濟界의 救急策은 如何」, 『東亞日報』, 1923년 11월 13일자; 「朝鮮經濟界의 救急策: 當局者의 斡旋을 促함」, 동 1923년 11월 15일자.
63) 「産業發達의 根本策이 如何: 当局者의 反省을 促함」, 『東亞日報』, 1923년 12월 10일자.
64) 孫禎睦, 「日帝强占初期(1910~20)의 地方制度와 行政區域 改編」, 『韓國地方制度·自治史研究 上: 甲午更張~日帝强占期』, 一志社, 1992, p.200.
65) 『朝鮮日報』, 1923년 11월 10일자; 동 11월 13일자; 『東亞日報』, 1923년 10월 26일자;

서는 조선인 청년조직의 구성원이 입후보하는 등, 민족운동세력의 일부가 적극적으로 선거에 참가하는 사례도 확인된다.66) 곧, 일본인 측과 경쟁하면서도 체제 내의 권익확장운동에서의 협력·연대의 가능성이 발아하고 있었던 것이다.

마침내 1924년 6월, 각부의 부협의회원, 학교조합의원, 학교 비평회원, 상공회의소 의원으로 구성된 '전선 공직자 연합간담회'가 개최되어, 재조일본인 사회는 약 3년간의 공백을 깨고 식민지 조선의 정치공간에 재등장하게 된다. 동대회에서의 재조일본인 측의 주요한 동인의 하나는 다름 아닌 경제적 이해관계였다. 인프라스트럭쳐의 정비와 자금유입 등 경제·산업상의 요구가 주요하게 제기되었음은 물론이며, 일견 경제와는 무관해 보이는 참정권 요구의 이면에도, 재조일본인 사회의 이해관계를 직접 중앙정부 및 제국의회의 정책결정과정에 반영할 수 있는 구조를 구축하려는 의도가 존재하고 있었던 것이다.67)

5. 맺음말

마지막으로 '문화정치' 초기 식민지 조선의 정치공간에서의 세 개의 축을 중심으로 '식민지 통치권력', '재조일본인', '조선인(상층부)' 사이에서 전개된 체재재편을 둘러싼 동학을 정리하는 것으로 논의를 마무리하고자 한다.

동 10월 29일자; 동 11월 2일자; 동 11월 13일자; 동 11월 14일자; 동 11월 15일자; 동 11월 16일자; 동 11월 18일자; 동 11월 19일자.
66)「元山府議選擧 靑年側蹶起」,『東亞日報』, 1923년 11월 2일자.
67) 졸고,「全鮮公職者大會(1924~1930)」,『二十世紀硏究』제4호, 二十世紀硏究編集委員會, 2003, pp.101~102.

(1) 조선민족운동에 대항하는 지배블럭의 축 : 조선총독부는 물론, 재조일본인이나 조선인 상층부도 민족운동의 확대방지와 치안체제의 구축이라는 대원칙에는 이견이 없었다. 그러나 보통경찰제도나 유화책 등의 구체적 정책을 둘러싸고 재조일본인 사회가 반발하여 지배블럭 내부에서의 대립이 노정되었으나, 통치 권력 측의 유화책이 일정의 성과를 거둠에 따라 재조일본인 사회도 점차 상황의 변화를 수용하지 않을 수 없게 되었다.

(2) 조선의 산업정책을 둘러싼 내지 측과 조선 측의 대립축 : 산업조사위원회(1921년 9월)에서는 조선공업화를 추진하는 조선총독부관료를 비롯한 조선 측과, 제국내의 분업체제를 견지하여 조선공업화에 소극적이었던 중앙정부와의 대립이 나타났다.[68] 동회의에서는 공업화를 포함한 산업정책에 있어 조선내의 지배블럭의 협력체제가 구축되어, 이후의 상업회의소를 중심으로 한 재조일본인의 중앙정부·의회에 대한 조선 개발촉진운동으로 이어지게 된다.[69]

(3) 1920년 이후의 '지방자치' 기관을 무대로 한 통치 권력과 민간의 대립축 : 경성부협의회 내의 '茶話會'라는 하나의 섹터가 중핵을 형성하여, 제한적인 지방자치제도하에서 억압되어 온 정치적 욕구를 분출하는 형태로 전선 공직자대회 및 갑자구락부의 활동을 주도했다. 결의권을 갖지 못하는 부협의회에서 재조일본인과 조선인 협의원이 때로는 상호협력하며, 전횡적인 부정(府政)에 대항하였던 정치적 경험 속에서, 정치운동에서의 연대의 기반이 형성되었다.[70]

---

68) 川北昭夫,「1920年代朝鮮の工業化論議について」,『地域總合研究』제21권 제1호, 鹿兒島經濟大學地域總合研究所, 1993, p.34.
69) 金子文夫,「一九二〇年代における朝鮮産業政策の形成」, pp.193~194.
70) 졸고,「全鮮公職者大會」, pp.97~98.

식민지 조선의 일본인과 '지역 의식'의 정치효과[*]

- 1920년대 조선재정에 대한
일본인 상업자들의 정책개입을 중심으로 -

기유정[**]

1. 서론

　기존 한국정치연구에서 식민지배기는 일반적으로 그 연구대상으로 다루어지지 못해왔다. 이는 해방 이후를 한국정치연구의 시작으로 보는 관례에 따른 것으로, 이런 연구 현황은 식민지배기의 정치 사회가 탈 식민의 한국 정치에 어떤 토대로 작용하고 있었는지를 충분히 해명하지 못하는 효과를 냈다고 볼 수 있다. 최근 학계에서는 식민지적 토대를 단순히 근대 한국정치의 '나쁜' 토대로 가치 평가하는 것에 그치지 않고, 식민과 탈식민의 연속과 불연속을 보다 이론적으로 분석 해명하려는 시도가 진행되어왔다. 한편에서는 식민권력을 '일제'라는 단일주체로 접근해온 기존 경향에 반대하면서, 그 내부의 역학관계를

---

[*] 본 연구에서 말하는 '지역의식'이란 특정 집단이 해당 지역의 정치 경제적 이해를 자신의 이해와 동일시하는 사고방식으로, 재조일본인 사회가 '조선거주자'로서 '조선'에 대해 가지고 있던 지역적 일체감을 설명하기 위해 사용한다. 그러나 이는 지역에 강한 '애착심'이나 밀착된 '소속감'(고향 의식)을 가리키는 '지역 정체성'과는 구별된다. 본 논문은 지역 정체성이라고 할 만한 주체의식이 재조일본인 사회에 강하게 나타나기 시작했던 1930년대 이전에, 그 형성기적 단계에서 나타난 이들의 지역적 자기 동일시를 '지역의식'으로 부르고자 한다.

[**] 奇柔呈, 서강대학교 사회과학연구소 전임연구원.

규명하려 시도하고[1], 다른 한편에서는 식민사회를 권력의 일방적 수용체로 보는 기존 경향에 반대하면서 둘 사이의 역학관계를 규명하려는 시도가 존재했던 것이다.[2]

본 연구의 문제의식은 주로 이 후자의 연구 흐름과 관련된다. 식민 정책이 결정 및 시행되는 과정에서 식민사회가 미친 영향은 무엇이었고, 식민 정책은 그 사회에 의해 어떤 의도치 않았던 변형들을 겪게 되는지 보고자 하는 것이다. 그리고 이를 보는데 있어서, 본 연구가 그 정치주체로 주요하게 다루고 있는 것은 조선의 식민이주정착민이었던 일본인 식민사회 즉, 재조일본인이다.

주지하듯이, 식민지배기 재조일본인들은 식민지 조선의 지배 민족이었지만, 본국거주 일본인들과 달리, 정치 경제적 이해에 상당한 영향을 줄 수 있는 문제들에 대해 '조선'의 속지법('조선'에 지역적으로 적용되던 제령들과 헌법)들에 영향 받던 '조선거주자'이기도 했다.[3] 이와 같은 주체조건의 특이성은 식민지의 사회 권력관계를 전통적인 방식 밖에서 사고하고자 하는 최근 연구 경향에 많은 시사점들을 제공한

---

[1] 본 연구에서는 식민권력을 식민지배세력 일반(식민현지와 본국정부)을 가리키는 용어로 사용하고자 한다. 조선총독부는 조선의 식민(지배)자 세력, 혹은 식민 현지 정부로 부른다. 식민권력 내부의 정치 역학관계와 관련한 기존연구로는 다음을 참조. 박명규, 「1910년대 식민통치기구의 형성과 성격」, 『한국 근대 사회와 문화 2』, 서울대학교 출판부, 2005, pp.29~58; 김제정, 「대공황 전후 조선총독부 산업정책과 조선인 언론의 지역성」, 서울대학교 박사학위논문, 2010; 이형식, 「중간내각 시대(1922.6 ~1924.7)의 조선총독부」, 『동양사학연구』 113집, 2010, pp.272~308.

[2] 이와 관련해서는 다음을 참조. 한상구, 「일제시기 '시민대회'의 전개양상과 성격」, 전국역사학대회 발표문, 제43회, 2000; 기유정, 「1920년대 京城의 '有志政治'와 京城府協議會」, 『서울학연구』 28호, 2007, pp.1~34.

[3] 이런 '조선거주자'의 조건은 병합 초기에 만들어지고 있었다. 이와 관련해서는 다음을 참조. 기유정, 「일본인 식민사회의 정치활동과 조선주의에 관한 연구: 1936년 이전을 중심으로」, 서울대학교 박사학위논문, 2011.

다. 식민 정책의 결정과 시행이 '일본인 대 조선인'이라는 민족 정치의 틀로 충분히 설명되지 않을 뿐만 아니라, 조선거주자라는 재조일본인 사회의 조건이 식민 권력 내부에 균열을 만들면서, 식민 정책을 수정하거나 특정 방향으로 견인하도록 하는 효과를 내고 있었기 때문이었다. 특히 이 과정에서 재조일본인 사회는 '조선'이란 지역의 식민(지배)자 세력으로서 지역적 정치의식을 본국의 그것과 차별화된 방식으로 드러내고 있어, 식민 정책 결정에 재조일본인 사회의 지역적인 조건이 준 효과를 분석할 수 있게 한다. 본문에서 재조일본인 사회는 주로 '조선'의 정치적 지위와 성격을 논하는 담론들 안에서 이를 보여주고 있다.

이와 같은 논의를 위해 본 논문이 연구 표본으로 삼고 있는 것은 조선 상업회의소(경성 및 연합회)의 재조일본인 회원들이다. 식민지배기 조선 상업회의소는 1920년대 일본인 상업자들의 대표적인 경제 이익 단체이자, 지방과 전국 단위에서 영향력 있는 정책 개입을 보여주었던 정치 단체이기도 했다. 특히 식민 지배 전시기 동안 재조일본인의 절대 다수가 상(공)업에 종사하고 있었다는 점을 고려했을 때, 상업회의소는 물적 토대와의 연관 속에서 재조일본인의 정치의식을 분석할 수 있게 하는 유용한 연구 표본이 될 수 있다고 본다.

2. 조선총독부 재정 정책과 기조 변화

재조일본인 사회의 1920년대 식민지 재정 정책에 대한 개입은 3·1운동 이후 조선총독부의 산업개발계획과 그 예산안 논의를 제외하고 이야기 될 수 없다. 소위 동상운동(東上運動)이라고 불리었던 당시의 상경

(上京) 투쟁은 총독부와 상관없이 경성상업회의소가 주도하고 있었지만, 그 시작에는 조선총독부의 재정운영기조와 그 변화가 미친 영향이 자리 잡고 있었기 때문이었다. 다음에서는 이를 간략히 살펴본다.[4]

일본 제국이 애초에 내세우고 있던 식민지재정운영원칙은 소위 무육주의(撫育主義)라는 것이었다. 무육주의란 식민지와 본국이 긴밀한 관계를 유지하면서도, 기본적으로는 각기 구별된 독립 재정 체계를 운영하여, 본국과 식민지가 각기 통치 부담을 전담시키지 않도록 한다는 것이었다.[5] 이 원칙에 따라 일본 정부는 본국과 조선 재정을 구별하고, 본국의 일반회계에서 분리된 특별회계로 "조선총독부특별회계"(1910년 9월 30일, 칙령 406호)를 설립한다. 여기서 임시부 수입이 조선과 일본 재정의 매개였다고 한다면, 경상부 수입은 조선 내에서 획득한 재원으로 조선통치에 요구되는 지출을 소비하는 항목으로 조선의 독자적 재정 체계를 대변하는 항목이었다.[6]

초대총독 데라우치 마사타케(寺內正毅)는 기본적으로는 이 무육주의 원칙을 고수하면서도, 궁극적으로는 조선이 본국에서 완전히 재정적으로 독립한다는 것을 목표로 한다. 그리고 1914년부터 순수한 재정 원조 항목이었던 (대장성에서의) 보급금을 축소시켜가기 시작하여,

---

[4] 동상운동(東上運動)이란 식민지배기 조선의 고유 용어로서, 조선식민사회와 본국 정부 사이에 제도적인 정치 통로가 존재하지 않던 상황에서 조선인 및 일본인 식민사회가 본국 정부를 상대로 특정한 이해를 청원(請願)이나 진정(陳情)의 형태로 표출하던 방식을 가리키는 말이다.

[5] Crowford Young, *The Africal colonial state in comparative perspective*, Yale University press : New Haven and London, 1994, pp.97~98; 小林丑三郎, 『植民地財政論』, 東京 : 明治大學出版部, 1913, pp.22~24.

[6] 문명기, 「대만·조선총독부의 초기 재정 비교연구 : '식민제국' 일본의 식민지 통치역량과 관련하여」, 『중국근현대사연구』 44권, 2009, p.101.

1918년에는 이 항목이 0원이 되도록 하고 있었다.[7] 당시 이 재정자립주의는 일차적으로는 본국정부의 식민통치부담을 최소화 하고자 하는 것이었지만, 결과적으로 그것은 조선총독부가 본국의 간섭 없이 독자적으로 식민정책을 추진할 수 있게 하는 정치효과를 발휘하고 있었다. 조선총독부가 내각의 개각이나 본토 경제 사정의 변화 등에 큰 영향을 받지 않고, 상당한 독자성을 가지고 식민정책을 추진할 수 있었던 것이다. 그러나 동시에 당시 원칙은 식민통치가 긴축(절약)주의의 모토 위에서 이루어지도록 하면서 상대적으로 많은 재정 부담을 요구하는 산업정책들(토목건축사업들)에서 조선이 매우 더딘 진행을 할 수밖에 없게 하는 효과를 내기도 한다.

이와 같은 상황 위에서 1919년 발발했던 3·1운동은 조선총독부로 하여금 기존의 재정운영방침을 전면 재검토 하도록 한다. 즉, 조선민심 수습을 위해 기존의 긴축주의를 적극재정주의 방침으로 변화시키고, 이 예산확보를 위해 기존보다 긴밀한 협조관계 본국의 지원(임시부)을 얻어낸다는 것이었다. 당시 조선총독부가 이 원칙 하에서 주로 고려했던 투자 대상은 교육과 산업 분야로, 특히 산미증산계획이나 철도부설계획과 같은 산업개발에 대한 투자를 통해 경제적인 통치 헤게모니를 확보하려 한다.

조선총독부의 이와 같은 경제정책 방향은 재조일본인 사회의 이해와도 소통하는 것이었다. 당시 인구의 51%가 상공업 종사자들이었던 재조일본인 사회에 산미증산계획은 조선농업이 미곡을 중심으로 상업화(즉 수출 상품화)될 수 있다는 것을 의미했고, 철도부설은 일찍이 상공업 인프라 구축 차원에서 이들의 일관된 이해요구였기 때문이었다.[8]

---

7) 堀和生, 『植民地期朝鮮の社會と抵抗』, 未來社, 1982, p.203.

당시 조선 상업회의소연합회는 1918년 1, 2차 임시총회를 통해 평원철도부설의 조속한 시행을 요구하는 한편, 1919년과 1920년에는 상의연합 임시총회에서 불황경제의 타파를 위한 금융지원책과 사설철도회사(私設鐵道會社)의 보조금 지급을 요구하고, 1921년 개최한 전선실업자유지간화회(全鮮實業者有志懇話會)를 통해서는 다시 한 번 조선 철도망의 조속한 완성을 촉구하는 결의안을 채택하기도 한다.[9] 이와 같은 일련의 정책건의는 신 총독부임 이후 조선총독부에게 받아들여져 산업조사위원회 설치 공약을 이끌어낸다. 당시 이 과정을 상세하게 보도하고 있던『조선사정(朝鮮事情)』은 경무비 증액과 교육조사회 설치 등에 밀려 상대적으로 관심이 덜 집중되었던 조선 산업정책에 대한 재조일본인 경제사회의 불만이 산업조사위원회 설립 요구로 나타났고, 그것이 위원회 설치의 한 배경이 되고 있었다고 보도하고 있었다.[10]

---

[8] 재조일본인 직업 비율과 관련해서는 다음을 참조.「內地人現住人口職業別累年比例表」,『朝鮮の人口現像』, 朝鮮總督府, 1927, p.190.

[9] 1920년 10월 10일 오전 열한시에 개최되었던 이 날 오전 11시 회의에서 청주 출신으로 소개된 安東正은 "조선 통치의 목적을 철저하게 달성하려면 이를 경제적으로 동화하는" 것이기 때문에 내지자본의 유입을 위해 조선철도가 조속히 완성되어야 함을 주장하고, 대구 출신으로 소개된 河井朝雄 역시 사설철도회사에 대한 보조를 통해 조선철도망의 건설을 촉구한다. 永留信考 編,『(全鮮)內地人實業家懇話會速記錄』, 京城 : 京城商業會議所, 1920, pp.11~12, pp.25~26.

[10] 朝鮮銀行調査部 編,『朝鮮事情』, 1920.1, 上半, pp.477~491.

〈표 1〉 1920년대 경성상업회의소 의원 명단

연도	회두 (會頭)	부회두 (副會頭)	평의원, 특별평의원, 서기장
(1921)	美濃部俊吉	釘本藤次郎 趙鎭泰 志崎信太郎	進辰馬, 木本倉二, 西崎源太郎, 佐藤半次郎, 林田金次郎, 韓相龍, 崔贊凞, 渡邊定一郎, 辻本嘉三郎, 二宮常一, 藤富國太郎, 矢澤近次郎, 陣內茂吉, 芮宗錫, 百漢洙, 松崎詩勉, 戶嶋祐次郎, 喜多宗一, 古城龜之助, 藤田米三郎, 松本豊作, 藏城松次郎, 佐野産藏, 張斗鉉, 劉銓(특별평의원: 宋秉峻, 有賀光豊, 閔泳綺, 賀田直治)
(1923)	釘本藤次郎	渡邊定一郎 恩田銅吉 趙鎭泰	寺尾猛三郎, 增田三穗, 藤田安之進, 梁在垵, 辻本嘉三郎, 南延圭, 本吉清一, 林菅吉, 高橋章之助, 李冕儀, 豊田明敬, 西崎源太浪, 藤田米三郎, 戶嶋祐次郎, 佐藤半次郎, 佐野産藏, 韓相龍, 白右巖, 李佚雨, 富野繁市, 百漢洙, 眞本仙次郎, 田川常治郎, 近藤謙助(특별평의원: 有賀光豊, 安藤又三郎, 白完爀, 李軫鎬)
(1925)	渡邊定一郎	西崎源太郎 韓相龍	宋在榮, 寺尾猛三郎, 島田忠作, 富野繁市, 須藤久左衛門, 堀內滿輔, 戶島祐次郎, 藤富國太郎, 志崎信太郎, 白右巖, 尹宇植, 辻本嘉三郎, 田川常治郎, 川端三次郎, 趙鎭泰, 林菅吉, 李鳳烈, 朴永根, 陣內茂吉, 李鳳鐘, 藤田安之進, 本吉清一, 增田三穗, 眞本仙次郎, 田中三郎, 藤田米三郎, 古城龜之助 (특별평의원: 有賀光豊, 河內山樂三, 釘本藤次郎, 李圭完, 元悳常, 大村卓一)
1927	渡邊定一郎	西崎源太郎 韓相龍	白右巖, 都筑康二, 李海承, 山田禎輔, 戶島祐次郎, 增田三穗, 阿部喜之助, 藤貞市, 富野繁市, 野田源五郎, 田川常治郎, 兒玉豊紀, 田中三郎, 申昇均, 李鳳烈, 高居, 龍瀧三郎, 藤田米三郎, 須藤久左衛門, 藤田安之進, 瀧川靜江, 島田忠作, 陣內茂吉, 堀內滿輔, 本吉清一, 朴永根, 伊藤大次郎, (특별평의원: 有賀光豊, 和田一郎, 釘本藤次郎, 恩田銅吉, 趙進泰, 朴英吉)
1929	渡邊定一郎	陣內茂吉 戶島祐次郎 古城龜之助 金漢圭 閔大植	朴永根, 松井嘉一郎, 田川常治郎, 阿部喜之助, 田村作郎, 藤田米三郎, 畑六一, 富野繁市, 田中三郎, 島田利吉, 藤貞市, 松浦齊生, 白石巖, 河合治三郎, 關根金作, 伊藤大次郎, 宋在榮, 島田忠作, 蘇玉英, 高居瀧三郎, 橋詰庄太郎, 李海承, 都筑康二, 內山寬井, (특별평의원: 加藤敬三郎, 有賀光豊, 釘本藤次郎, 佳井辰南, 白完爀, 朴榮吉)

자료:「議員名錄」,『京城商工會議所二十五年史』, 京城商工會議所, 1941, pp.69~90.

한편, 이와 같은 재정운영 정책의 기조 전환은 동시에 정치적으로 중요한 결과를 가져오게 된다. 즉, 재정자립주의의 원칙 위에서 상대적으로 본국의 정치 경제 상황에 큰 영향을 받지 않았던 기존의 조선 정책이 본국 정·재계의 변화에 깊이 연동되지 않을 수 없게 되고 있었기 때문이었다. 다음에서는 재정원칙의 이와 같은 기조변화가 조선총독부와 본국 정부의 정치 과정에 어떤 영향을 끼치고 있었고, 그 사이에서 재조일본인 사회의 선택과 활동은 어떻게 전개되었는지를 살펴본다.

3. 조선 산업 재정 확보 운동

1) 운동의 시작

재조일본인 사회가 산업재정확보 운동을 시작하게 되었던 계기는 1920년대 초, 일본 정부가 본국의 경제 불황 극복을 위해 긴축재정정책을 표방하면서 부터였다.[11] 3·1운동 이후 조선총독부는 이미 1921년 산업조사위원회에서 결정되었던 산업개발계획에 따라 본국 대장성에 전년보다 증액된 2000만 엔(보급금)을 산업재정 지원금으로 요구한 상태였으나, 경제 불황을 이유로 보급금은 1591만 엔, 공채는 3000만 엔으로 삭감되더니 다시 1922년 6월 출범했던 가토 도모사부로(加藤友三郞) 내각(1922.6~1923.8)에 의해 공채가 2115만 엔으로 재삭감되고 되는 등, 산업정책의 추진에 제동이 걸리게 된 것이었다.[12]

---

11) 재조일본인 사회의 산업개발보급금운동과 관련한 선구적인 기존 연구로는 전성현의 논문이 있다. 전성현, 「일제하 조선상업회의소연합회의 산업개발전략과 정치활동」, 동아대학교 박사학위 논문, 2006.

이와 같은 상황에 직면해서 조선 상업회의소연합회의 지도적 역할을 맡고 있던 경성상업회의소는 연합회의에서 1922년 2월 17일 산업조사위원회의 논의 사항 중 4가지 사안을 중심으로, 각 사업의 완성에 요구되는 기한과 총비용을 추산한 계획안('4대요강안')을 만들고,13) 1922년 9월부터 본국의 정재계 인사들을 직접 만나 이를 청원하는 운동을 전개하게 된다.14) 즉, 당시 재조일본인 사회 안에는 조선총독부와 별개로, 본국정부를 설득시키기 위해 직접 행동에 나서는 등, 1910년대에 발견되지 않았던 적극성을 드러내고 있었던 것이다. 그리고 이 과정에서 자신들의 조선 이해가 식민 관료의 조선 이해와는 차별화된 '조선거주자'의 조건이 작동하고 있음을 피력하기도 한다.

"제5일. 7월 4일 오후 … 우리가 경성을 (출발하면서-역자) 뜻을 이루지 못한다면, 사직할 결심으로 신 내각을 압박하겠다고 각오했던 것은 최근의 일이다. 따라서 이번에 조용한 곳에서 아리요시 씨(有吉氏)를 접하고 감개무량했던 것은 당연한 일이었다. 우리는 아리요시 씨의 **사의(辭意)**에는 다른 이유가 있다고 안다. **관인은 사직으로 충분하다. 그러나 반생필생(半生畢生)의 계(計)를 조선에 둔 민중은 다른 고려를 할 수 없다**"15)

---

12) 堀和生, 앞의 책, p.214.
13) 당시 이들이 생각했던 조선 산업개발 4대 사업은 철도(철도건설10개년계획)와 관세(이입세철폐), 산미증식(산미증식10개년계획) 그리고 수산개발의 4가지였다. 京城商工會議所, 『京城商工會議所二十五年史』, pp.180~184.
14) 동상운동(東上運動)이란 식민지배기 조선의 고유 용어로서, 조선식민사회와 본국 정부 사이에 제도적인 정치 통로가 존재하지 않던 상황에서 조선인 및 일본인 식민사회가 본국 정부를 상대로 청원(請願)이나 진정(陳情)하던 운동을 가리키는 말이다.
15) 京城商業會議所, 『朝鮮經濟雜紙: 京城商業會議所月報』 103호, 1924, pp.23~30.

그러나 이와 같은 운동에도 불구하고 당시 조선총독부는 공채는 2659만 엔, 보급금은 1501만 엔으로 요청했던 금액에 훨씬 못 미치는 액수로 삭감당하는 등 산업개발계획의 시행에 차질을 빗게 된다.16) 일본 대장성은 1923년 1월 24일 중의원 본회의를 기점으로 일본 경제계의 불황으로 공채 신용 유지가 어려워지고 있어, 앞으로 최대한 공채발행액을 제한하겠다는 입장을 천명했던 것이다.17) 이와 같은 상황에서, 1923년 9월 1일 도쿄(東京)와 요코하마(橫濱)를 강타한 대지진은 조선 재정을 더욱 어렵게 하는 계기가 된다.

> 1923년 관동대지진은 1차 대전기의 일시적 호황에 이은 대전 후 반동적 불황에 시달리던 일본 경제에 직격탄을 날린 것이었다. 당시 지진으로 인한 사망자, 행방불명자 수는 총 14만 2807명, 가옥 전소와 유실은 57만 6262호에 달했으며, 피해 전체 총액 55억 엔으로, 당시 일본의 국부가 1023억 엔(토지를 제외하면 691억 엔)정도였던 것을 감안하면, 그 피해 비율은 5.4%(토지를 제외하면 8.0%)에 달하는 대규모였다.18)

관동대지진 이후 일본 대장성은 1924년도 예산에서 일반 경비는 최대한 절약하고 기존에 결정되었던 계획 경비 역시 중단하거나 지연시키고, 계획했던 신규 공채 발행은 이를 전부 수정한다고 발표한다. 일본 정부의 이와 같은 보다 강화된 긴축주의 재정 방침은 곧바로 조선총독부에 대한 예산 지원, 특히 철도부설 등과 같은 장기 토목사업의 공채 지원도 축소시킨다는 것을 의미했다.

---

16) 堀和生, 앞의 책, p.214.
17) 「市來藏相 財政演說」, 『金融と經濟』, 朝鮮經濟協會, 45호, 1923.
18) 松本建一, 『日本の近代』 V5, 東京 : 中央公論社, 1998, pp.25~26.

이에 대해 당시 사이토 마코토(齋藤實) 총독은 중앙정부의 방침 자체는 찬성하면서도, "중지가 불가능한 공사라든가, 도저히 피할 수 없는 긴급한 사업에 대해서는" 이를 계속 시행하는 방침을 채택해야만 하며, 이런 방침은 중앙정부뿐만 아니라, 조선에 대해서도 마찬가지로 적용되어야 한다고 주장한다. 일본 내 상황변화에 따라 조선 산업 정책이 차질을 빚게 되는 것에 반대한다는 입장을 피력했던 것이다.[19] 아리요시 쥬이치(有吉忠一) 정무총감은 이에 따라 1923년 10월 15일 야마모토 곤베에(山本權兵衛, 1923.8~1923.12) 수상을 만난 자리에서 보급금은 전년도 수준에서 유지하고 공채는 2천만 원 선에서 지원해 줄 것을 요청한다.[20]

이처럼 일본 본토 내의 경제 사회 상황의 변화가 '산업조사위원회' 설치 이후 기대했던 조선 산업 계획에 방해 요인이 되자 재경성일본인 유지들은 1923년 10월 24일 재정대책유지대회(財政對策有志大會)를 열고 "1. 조선에 대한 일반회계 보충금을 삭감하지 말 것, 2. 공채 지변과 관련한 조선 사업계획을 변경하지 말 것, 3. 정부는 조선에 특수금융기관이 그 기능을 발휘하도록 하여 조선 재계의 금융이 완화되도록 할 것"의 3개 조항을 요구하는 결의문을 채택하기도 한다.[21] 결과적으로 관동대지진으로 인해 대폭 삭감이 예상되던 1924년도 조선총독부에 대한 공채 및 보급금의 지원은 조선의 특수 사정을 감안하여 전년도 수준과 같은 정도로 임시부 수입을 지급받는다고 잠정 타

---

19) 「社說. 來年度朝鮮豫算」, 『京城日報』, 1923.10.6.
20) 有吉政務摠監, 「補給金と公債は 是非共政府の諒解を得たい. 東京にて」, 『京城日報』, 1923.10.19
21) 「市民大會かる滿場一致で三大決議案可決」, 『京城日報』, 1923.10.25.

결된다.22)

그러나 조선총독부와 야마모토 내각 사이에서 이루어졌던 1923년도의 이 타협안은 야마모토 내각에 적대적이었던 정우회에 의해 1923년 12월 내각이 붕괴되면서 수포로 돌아가게 된다. 그리고 이어서 사이온지 긴모치(西園寺公望)에 의해 후임으로 지명되었던 기요우라 게이고(淸浦奎吾, 1924.1. 성립) 내각 역시 정우·헌정·혁신구락부의 호헌3파 세력에 의해 불신임되어 개각과 동시에 의회가 해산되고, 1924년 5월 총선거를 치르게 되는 등, 일본 중앙정당정치가 매우 불안정한 혼란 상태에 빠지게 되면서 약속되었던 조선 보급금은 예측이 불가능한 상태가 된다. 1924년 5월 10일 총선거에 의해 호헌3파가 승리하고 그 결과로 가토 다카아키(加藤高明, 1924.4~1926.1) 내각이 탄생하자, 1923년 말에 조선총독부와 야마모토 내각 사이에 타협되었던 예산안은 다시 원점에서 재검토해야하는 상황이 되고 있었던 것이다.23)

이런 결과는 경제 불황이나 자연재해와 같은 경제·사회적 요인 이외에도, 내각 변동같은 정치적 요인 역시, 조선총독부의 산업개발정책 추진과 예산확보에 중요한 변수가 되고 있었음을 보여주는 것이었다. 특히 철도부설과 같은 산업개발계획은 공채를 재원으로 하고 있었기 때문에 내각의 잦은 사퇴와 변동은 대장성이 조선 문제에 일관된 정책을 추진할 수 없게 하고 있었다. 결과적으로 1924년도 조선총독부는 공채의 경우 9000천 엔을, 보급금은 15021천 엔을 받아 전년도에 비해 공채는 17595천 엔이 삭감되고, 보급금은 전년도 수준으로

---

22)「補充金增額과 事業費」,『京城日報』, 1923.11.17.
23)「議會解散と朝鮮豫算」,『京城日報』, 1924.2.1; 松本建一,『日本の近代』 5, 中央公論社, 1998, pp.27~33.

지급받고 있었던 것이다.[24]

이처럼 본국 내 정치·경제·사회·상황의 변동에 따라 조선총독부의 산업개발계획이 원안대로 추진되지 못하게 되자, 1924년 이후부터 재조일본인 사회는 주로 상업회의소를 중심으로 하여 보다 적극적이고 공세적인 운동을 전개하기 시작한다. 여기서 당시 상업회의소(경성상업회의소와 조선 상업회의소연합회)가 중점을 두었던 활동이 철도 부설 계획 수립을 위한 재정마련이었다면, 조선총독부는 1924년 8월 새롭게 정무총감으로 부임했던 시모오카 츄지(下岡忠治)에 의해 산미증산계획의 갱신과 재정 마련을 위한 활동을 중심적으로 전개한다.

2) 운동의 전개와 결과

(1) 조선총독부와 "산미증산계획"의 갱신

1924년 6월 성립된 가토의 헌정회 내각(1924.4~1926.1)은 이전 정권과 마찬가지로 재정긴축주의 노선을 견지하면서 비모채주의(非募債主義), 즉 경제 불황을 고려하여 최대한 국가공채의 발행을 억제한다는 재정원칙을 식민지를 포괄한 강력한 행정정리를 단행한다.[25] 그리고 조선총독부에 대한 재정 원조 역시, 총독부의 행정정리 진행 상황을 보아 지급한다고 결정한다.[26]

이와 같은 본국정부의 강력한 재정긴축 및 공채지급억제 방침은 조선총독부의 '철도부설' 및 '산미증산계획'에 당시 막대한 차질을 주게

---

24) 堀和生, 앞의 책, p.203.
25) 「新內閣の公債政策と朝鮮明年豫算, 事業は本年度以上の緊縮はるまい」, 『京城日報』, 1924.6.4.
26) 당시 조선총독부는 이러한 중앙정부의 요구를 수용하여 1550만 엔의 행정정리를 단행한다. 堀和生, 앞의 책, pp.220~223.

된다. 자금부족으로 지연되었던 산미증산계획의 경우, 1925년 현재 토지개량 면적은 9만 정보에 그쳐서, 1921년에 계획했었던 15년 계획의 토지개량 연간 목표(1년간 약 2만 8천 정보)와 산미증산(9백만 석)에 훨씬 미달해 있었다.27)

이와 같은 부진상황과 관련해『경성일보』는 1924년 6월 14일 사설을 통해 산미증산계획의 현재와 같은 답보상태가 본국 내각과 의회의 책임임을 강조한다. 산미증산계획은 "제국식량부족의 보충"이라는 공식적 의의를 가지고 있지만, 현 내각은 당장 필요한 미곡의 수입에는 돈을 아끼지 않으면서, "제국영토내의 투자"는 "방임"한다는 것이었다. 특히, 제국의회가 토지개량사업에 필수적인 "토지개량회사안"(조선총독부에 의해 제출)을 재원부족을 이유로 들어 여러 차례 부결시켰던 사례를 지적하며, 이는 심각한 "국책상의 모순"이라고 비판한다.28)

이처럼 3·1운동 이후 조선총독부가 계획했던 산업 정책들이 부진을 면치 못하고, 이로 인해 재조일본인 사회 여론이 악화되던 상황에서 1924년 7월 14일 시모오카의 조선정무총감 부임은 조선총독부의 산업개발계획이 일대 전환을 맞는 계기가 된다. 시모오카는 가토의 헌정회 내각 성립에 실질적으로 기여했던 실력자로, 일반적인 행정관료가 아닌 조선통치의 방향에 대해 나름의 견해를 가진 정치인이었던 것이다. 그리고 이 견해를 부임 직후의 전국 시찰 당시 가졌던 지역 유지들과의 면담이나『경성일보』와의 부임 인터뷰를 통해서 밝힌다.

이에 따르면, 지금까지 조선 총독의 "치적은 대체로 부를 얻는다고는 말하나 종래는 정치나 사상 문제만을 중시하고 산업적 시설은 특

---

27) 中央朝鮮協會,『朝鮮産米の増殖計劃』, 1926.7, pp.25~30.
28)「産米増殖の根本方策」,『京城日報』, 1924.2.14.

별히 한각(閑却)되어 왔던 경향"이 있었다. 그러나 조선인들의 "정치사상열을 일전화(一轉化)"시키고, 소위 "내선융화(內鮮融和)의 실(實)"을 거두기 위해서는 '정치'가 아닌 '경제', 즉 산업개발에 집중할 필요가 있는데, 이를 위해서 앞으로 소위 "생활의 안정"에 기여할 수 있는 산미증식 같은 사업을 위한 시설 확보 사업(수리관개시설 및 치산사업)에 매진해야한다고 주장이었다.29)

이와 같은 경제적 헤게모니 전략은 1930년대 우가키 가즈시게(宇垣一成) 총독의 조선통치구상의 그것과도 유사한 것이었다. 조선농촌사회의 위기와 사회주의 사상의 득세에 대응하여 우가키는 조선 통치가 "빵을 주는 것"으로부터 시작해야 한다고 주장하고 있었고, 이것이 이후 농촌진흥운동과 같은 정책 기획으로 이어지고 있었던 것이다."30)

그러나 문제는 이와 같은 산업계획이 단기 투자로는 가시적인 성과를 얻을 수 없는 것들이었다는 점이었다. 시모오카는 "수리개발"이나 "치산사업" 같이 산미증산계획에 관련한 사업들은 "2년 3년으로는 결코 그 목적을 달성할 수 없는 것이어서 먼저 30년 계획 정도의 대계획"에 의하지 않으면 안 된다고 역설하고 있었지만, 당시 본국 정부의 지배적인 분위기는 대대적인 재정긴축과 제국 전체를 관통하는 행정정리였다. 특히, 일찍이 재정자립에 도달했던 대만의 경우와 조선총독부를 비교하면서 조선총독부의 재정 원조 요청을 거부하는 등, 총독부와 본국 내 정치 사회계의 지배적인 분위기에는 인식의 차이가 있었다.31)

---

29) 「産業の開發に努力し東拓や鮮銀を整理たい赴任の途次下岡政務摠監語る」, 『京城日報』, 1924.7.16.
30) 「昭和 6年 7月 4日」, 『宇垣日記』, 國學資料院, 1988, p.801.
31) 대만은 조선과 마찬가지로 점령 당시 "재정독립"이라는 식민지재정원칙을 적용받고는 있었지만, 조선과 달리 점령 초기에 일본정부로부터 막대한 정부 보조금을 지원받

이에 대해 시모오카는 전반적인 재정긴축과 행정 정리 사업의 취지에는 공감하면서도 일찍이(1906년) 재정자립을 이루었던 대만을 조선과 비교 공격하면서 재정지원을 거부하는 본국 정부의 논리에는 모순이 있다고 반박한다. 대만총독부의 재정 자립이 사탕 사업에 대한 본국 정부의 장기간의 (관세) 보호정책에 힘입은 것이라고 주장하고, 병합 초기부터 재정자립을 위한 어떠한 지원 정책도 없었던 조선을 대만과 비교하는 것은 부당하다는 것이었다.32) 그리고 이와 함께 조선 산업개발재정 문제가 해결되기 위해서 보다 적극적이고 공세적인 돌파 방법이 모색되어야 한다는 견해를 펼친다. 즉, 조선을 대장성의 비모채주의(非募債主義)와 긴축주의의 재정기조에서 예외로 취급하는 논리가 적용되지 않으면 재정 원조를 받을 수 없다는 것이었다.

"… 정부가 공채 (발행-역자) 중지를 성명한 이상 이를 지키지 않으면 안 되는 것은 물론이나, 그것이 아니더라도 제국 今日의 재정 상황에서 보더라도 거국 일치적으로 대긴축을 하지 않으면 안 되는 시대입니다. 그러나 이러한 시대라고 하더라도, 먼저 착수했던 계속(繫屬)사업을 다시 중지해야한다는 것은 물론 아닌 것으로, **뭔가 현재 조선은 예외를 둔다고나 할까**, 뭔가 방법을 강구하지 않으면 안 됩니다. 이 점은 조선으로서는 가장 어려운 것으로, 저 역시 비상히 고민하고 있습니다만, 이 점에 대해 총독과도 충분한 상담을 거쳐 이 난관을 해결하고자 하는 마음입니다.…33)

아 사탕수수 같은 수익성 높은 재원 확보 사업을 완성 하는데 성공하여 1906년 재정자립을 이룬다. 문명기, 앞의 글, pp.95~99.
32) 「産業方面の基礎確立は朝鮮刻下の急務と信ずる」, 『京城日報』, 1924.8.6.
33) 『京城日報』, 1924.7.20.

이처럼 한편에서는 재정긴축주의 노선에 충분히 동의하면서도, 공채발행의 전면 중지에 대해서는 조선을 그 원칙에 예외로 하겠다는 포부를 밝히고 있었던 것이다. 이를 위해 시모오카는 우선 본국 정부가 요구하는 총독부의 행정정리를 충분히 단행하고, 대신 공채발행 및 보급금을 본국 정부로부터 확보한다는 전략을 세운다. 우선 1924년 조선총독부 행정정리를 11.55만 엔 수준에서 단행하고, 1925년도 예산과 관련해서는 헌정회 의원들과의 면담 및 강연(1924년 10월 8일)자리에서 조선 보급금 삭감에 절대 반대의사를 분명히 함으로써 1925년 예산은 공채는 종전대로 유지시키고,34) 보급금 역시, 일시차입금(一時借入金)을 추가시켜 16,568천 엔으로 소액 상승된 금액을 받는 것으로 합의한 것이다.35)

이후 시모오카는 이 여세를 몰아 1925년 1월부터 본격적으로 소위 산업제일주의라는 슬로건 하에서, 산미증산계획과 조선철도부설의 2대 사업을 중점으로 하여, 장기사업 추진에 요구되는 자금 확보와 법안 마련을 위해 공세적 운동에 들어가겠다는 입장을 밝힌다.

> 현재까지 **재정 정리, 행정정리**에 힘을 써, **내지 및 식민지를 통괄**하여 우리 조선이 가장 **대규모의 정리절약**을 단행함으로써 조선의 시정 개선의 지반을 닦을 수 있게 되었다고 믿는다. 이로부터 산업개발의 본 무대로 들어가지 않으면 안 되는 것인데… **제일로 필요한 것은 수리개간사업을 일으켜 산미의 증식을 도모하는 것이다** … **두 번째로 중요한 것은 철도문제이다** … 장래, 조선 철도는 조선 산업개발과 가장 밀접한 관계를 가지고, 종래의 경영 부진을 일신할 수 있을 것으로 기대하고

---

34) 「下岡摠監 講演大要」, 『京城日報』, 1924.10.10.
35) 堀和生, 앞의 책, p.221.

믿는다. 기정 선로의 건설 및 신선로의 부설 등에 관해서는 종래와 같은 **소극주의를 배제하고** 크게 **적극적인 방침**으로써 나아가고 …36)

위 인용문에서 말하는 산업제일주의 슬로건이 기존의 조선총독부의 재정 확보 운동과 다른 가장 큰 차이는 그 때 그 때 본국 상황에 대응하여 일시적 협상으로 다음 년도 예산을 수동적으로 확보하는 방식이 아니라, 본국의 재정정책기조(긴축주의와 비모채주의)에 대해 조선재정정책의 새로운 '기준' 혹은 '원칙'을 만들고, 그 위에서 본국정부가 조선재정정책에 근본적으로 다른 입장을 가질 수 있도록 접근하는 것이었다. 이른바 조선 '예외주의' 혹은 조선 '특수성'론이었다.37)

이런 새로운 원칙론 위에서 시작된 2대 사업 중에서도 가장 먼저 착수되고 있던 산미증산계획은 1921년 산업조사위원회 설치 이후, 조선총독부가 만들었었던 산미증산 15년 계획의 개정·확장 판이었다.38) 이에 따라 조선총독부는 처음에는 일본 정부에 1926년 이후 10개년 간에 총3억 원의 예산을 제안했었지만, 재협상 끝에 1925년 말 갱신된 산미증계획 15년 계획안을 확정짓게 된다.39) 이 계획안 중 가장 중요한 사업의 하나였던 토지개량의 경우를 보면, 1926년부터 14년간 3억 3백여만 원을 들여 총 35만 정보의 토지를 개량하고, 이 목표를 위해 1939년까지 총 6507만 원의 보조금을 지급한다는 것이었다.40)

---

36) 朝鮮總督府政務總監 下岡忠治, 「朝鮮産業開發に就て」, 『朝鮮公論』 145호, 1925년. 1월.
37) 政務總監 下岡忠治, 「十改年の繼續事業で産業開發の根本方針を樹立」, 『朝鮮公論』 13권, 10호, 1925.10.
38) 中央朝鮮協會, 앞의 책, pp.25~29.
39) 本誌記者, 「産業第一主義より産業經國主義へ 朝鮮拓植大計劃安內用」, 『朝鮮公論』 10호, 1925.10.13.
40) 中央朝鮮協會, 앞의 책, pp.31~34.

그렇다면 이처럼 시모오카 정무총감 주도로 산미증산계획의 예산확보 문제가 일단락되고 있을 당시 상업회의소를 중심으로 했던 1920년대 초반의 재조일본인 사회의 운동은 어떻게 진척되고 있었을까?

1924년 이후 재조일본인 사회의 조선 산업 개발 계획에 대한 관심은 주로 철도부설 문제로 집중되고 있었다. 철도가 재조일본인 사회의 공통적인 경제이해를 대변하고 있었을 뿐만 아니라, 조선 상업회의소연합회의 산업개발 4대 사업 요강 중에서 다소 비중이 작았던 수산개발을 제외하고, 관세철폐 문제는 이미 해결이 되었고(1924년), 산미증산계획은 조선총독부가 주도해간 상황에서 철도가 남아있기 때문이기도 했다. 이런 상황에서 경성상업회의소(및 조선 산업회의소연합회)를 중심으로 한 재조일본인 사회는 제국철도협회와의 연대운동을 통해 1925년 조선철도부설과 관련한 특별법을 제국의회에 통과시키고, 1926년 조선철도 12년 계획 수립에 주도적인 역할을 하게 된다.

(2) 재조일본인 사회와 조선철도 12년 계획

1920년대 초반까지 조선 철도망은 러일전쟁 전후에 부설되었던 경인철도(경성-인천) 및 삼마철도(삼랑진-마산)와 병합 전후에 부설되었던 종관철도인 경의철도(경성-신의주)와 경부철도(경성-부산), 그리고 산업철도의 성격이 강했던 경원(경성-원산 1910.10~1914.8)과 호남철도(대전-목포, 1910.10~1914.1)로 이루어져있었다(정재정, 1999). 이 철도들이 조선총독부에 의해 건설되었던 대표적 간선(幹線)철도였다면, 이를 잇는 지선(支線) 철도들은 주로 사설철도회사들에 의해 부설되어 1920년대 초반까지 조선 철도망의 총 길이는-1929년까지 개통되지 않았던 함경선 일부를 포함했을 때-약 1800마일이었다. 그러나

이 철도망 길이는 조선 면적 100만 마일 당 약 13마일에 해당했던 것으로, 당시 북해도가 30마일, 혼슈(本州)가 50마일이었던 것과 비교했을 때, 그 부설 현황은 매우 부실한 것이었다.[41]

이와 같은 상황에서 상공업을 주업으로 하고 있던 재조일본인 사회는 비단 상업회의소뿐만 아니라, 지역의 유지사회까지 나서서 철도망 촉성 운동에 동참하는 등 철도 부설 문제에 깊이 간여하고 있었다. 1923년에는 경성을 중심으로 일본인 지역 유지들이 산업개발정책의 예산확보를 요구하는 시민대회를 열었는가 하면, 1925년 9월에는 시민대표위원 자격으로 제1기 경성부협의원이었던 원덕상과 재경성일본인 사회의 원로였던 오무라 햐쿠조(大村百藏)가 상업회의소 임원들과 합류하여 '동상운동'에 참여하고 있기도 했던 것이다.[42]

그리고 1925년경부터는 일본 내 유력 철도회사나 관계 정부 부처에 몸담았던 전·현직 인사들로 구성되어 일본정부의 철도정책에 막대한 영향력을 행사하고 있던 민간단체였던 제국철도협회와 협력하여 조선 철도 부설 계획 수립을 위한 본격적인 운동에 들어간다. 당시 제국철도협회는 이미 1924년부터 조선총독부의 요청에 따라 조선철도망의 현황과 경영개선책 그리고 철도보급촉진에 대한 보고서를 제출하는 등, 이미 조선철도부설 정책에 깊숙이 개입해있던 단체였다.

이 제국철도협회가 상업회의소를 중심으로 한 재조일본인 사회의 철도부설운동에 동참하게 된 것은 1924년 동상운동 중에 있던 와타나베 사다이치로(渡邊定一郎)가 제3회 일본 제국철도협회정기총회에 참석하여, 조선철도의 현황을 보고하고 원조를 요청한 것이 계기가 되

---

41) 大平多女助, 『朝鮮鐵道十二年計劃』, 鮮滿鐵道新報社, 1927, pp.1~2.
42) 京城商工會議所, 앞의 책, pp.180~184.

고 있었다.43) 제국철도협회는 1년간의 조선철도현황조사에 기초하여, 1925년 12월에는 조선철도의 향후 운영 및 부설 계획에 대한 보고서를 '조선철도 18년 계획'(이하 '18년 계획')으로 발표하고, 이 '18년 계획'에 기초하여, 조선 상업회의소연합회 이외에도 조선철도협회나 조선토목건축협회와 함께 제국의회 예산안 통과를 위한 운동을 시작해 나간다. 당시 이 제국철도협회의 '18년 계획' 안이 조선철도의 운영 및 부설과 관련해서 기존 상업회의소가 주도하는 운동과 비교했을 때 가지고 있던 차이점은 조선철도망의 완성이 계속해서 지체되고, 철도 운영에서 적자 상태를 면치 못하는 상황을 근본적으로 타개할 수 있는 조선철도운영과 관련한 새로운 원칙을 제시하고 있었다는 점이었다. '18년 계획'은 우선 조선철도의 운영 및 관리에서는 국유화의 원칙을 주장하고, 철도부설자금의 융통 문제와 관련해서는 법제화의 원칙을 제시한다. 즉 철도 운영과 관련해서는 기존에 관선과 사설철도로 나뉘어 운영되던 조선철도를 조선총독부가 점진적으로 매수 국유화함으로써, 철도 운영에서 식민정부의 책임을 강화한다는 계획이었다. 그리고 철도부설에 따른 자금 융통의 경우, 기존에 조선철도부설계획이 상황적인 요인들에 의해 계속 변동되어왔던 문제를 타개하기 위해 조선철도부설법을 제정해 철도부설에 요구되는 재정을 법으로 규정하여 매년 일정액을 투자받을 수 있도록 한다는 것이었다. 다음은 제국철도협회의 이름으로 제출되었던 '18년 계획'의 대강이다.44)

---

43) 大平多女助, p.57.
44) 大平多女助, 위의 책, p.45.

1. 조선에서의 주요 철도는 국유를 근본 방침으로 할 것, 2. 정부는 속히 **조선철도부설에 관한 법률**을 제정할 것, 3. 정부는 기정 계획 이외에 전항 "조선철도부설법"에 의해 2천 100여리의 철도를 향후 18년 이내에 부설할 것, 4. 정부는 제1항의 방침에 기초하여 점차 주요 사설철도를 매수할 것, 5. 정부는 현행 "조선사설철도보조법"의 8分 보급을 1割로 개정하여 미완성 선로의 속성을 도모할 것.[45]

제국철도협회와 조선 상업회의소연합회는 이 '18년 계획'을 1926년 3월 제국의회에 제출하여 조선철도부설법 제정을 요구하는 한편, 같은 해 4월 제국철도협회 임원단이 직접 선전단을 꾸려 조선을 방문하고 조선철도부설의 정치적 의의를 강조하는 대중순회강연회를 개최하기도 한다.[46] 이들 선전단의 조선 방문을 계기로 경성상업회의소에서는 '철도망보급문제에 관한 전선각지대표간담회'가 개최되고 이 자리에서 경성, 목포, 군산, 원산, 인천, 평양, 대구 상업회의소의 회두(會頭)들과, 조선토목건축협회, 조선공업회, 조선광업회, 조선철도협회 각 대표 및 공직자 신문통신관계자 70여명의 찬동을 구해, 1926년 4월 24일 조선철도망촉성기성회가 결성되게 된다. 이 조선철도망촉성기성회는 같은 해 7월에는 제국호텔에서 일본 내 정계 대표 및 유지들과 열었던 간담회 석상에서 도쿄를 본부로(조선을 지부로) 기성회 조직을 개편하기로 결정하고, 일본 내 관련인사들까지를 모두 포괄하는 조직으로 확대된다.[47]

---

45) 帝國鐵道協會,「朝鮮鐵道ニ關スル調査委員會決議」,『朝鮮に於ける鐵道普及促進に付建議』, 東京:帝國鐵道協會, 1926, pp.5~6.
46) 帝國鐵道協會, 위의 책, pp.5~10.
47)「渡邊會頭報告」,『朝鮮經濟雜誌』, 京城商業會議所, 1926.11, pp.1~5.

결과적으로 제국철도협회가 개입되어 전개되었던 1924년 이후의 조선철도부설과 관련한 운동은 1926년 말에 '조선철도 12년 계획'에 요구되는 관련 개정법(조선 사업 공채법 개정 법률안)이 제52회 제국의회를 통과하게 됨으로써, 1927년 4월 1일부터 '철도부설 12년 계획'이 추진될 수 있게 된다.48)

4. 운동의 쟁점과 지역 의식의 효과

이상을 통해 본 연구는 1920년대 초·중반 재조일본인 사회와 조선총독부의 산업재정청원운동 과정을 개괄해보았다. 조선총독부가 조선통치의 안정이라는 정치적 목표를 위해서였다면, 상업회의소를 중심으로 한 재조일본인 사회는 자본 축적 수단의 확보라는 경제적 이해를 위해 운동을 전개한다. 특히 당시 상업회의소 안에서 '토목파' 계열이 득세하고 있던 상황은 상업회의소가 철도부설이라는 거대 토목 공사에 중요한 이해를 갖게 되는 계기가 되고 있기도 했다.49)

이처럼 조선 식민자 세력 안에서도 당시 운동은 관료세력과 민간이주정착 세력이 일정하게 다른 이해 동기를 가지고 있었고, 이주정착 세력 안에서도 직접적 이해세력과 비직접적 이해세력이 존재하는 등 내적인 차이가 존재하고 있었다. 그러나 이와 같은 식민자 세력 내부의 미묘한 입장 차이들이 당시 운동 과정의 주요한 쟁점은 아니었다.

당시 운동은 본국 정부가 조선의 산업개발계획에 대해 본국 내의 변수와 관계없이 얼마만큼 지속적이고 일관된 지원을 해줄 수 있느냐

---

48) 大平多女助, 앞의 책, pp.122~131.
49) 京城商工會議所, 앞의 책, p.251.

의 문제를 둘러싸고 전개되고 있었기 때문이었다. 즉, 제국이라는 특수한 국가 형태 위에서만 존재할 수 있는 식민지와 모국이라는 공간에서 지역적 차이를 두고 발생한 식민자 세력 간의 갈등이었던 것이다.[50]

이와 같은 갈등에는 앞서 기술했던 상황적인 변수들 이외에도 조선과 본국이 통치시스템에서 서로 이원화되어 있었던 상황도 구조적인 영향을 미치고 있었다. 주지하듯이 본국과 조선은-여러 논란에도 불구하고-식민시기 전반에 걸쳐 정부 간 관계뿐만 아니라, 법률 행정체계에 있어서도 일반적인 중앙-지방의 관계와 달리, 행정적으로 통합되지 못했다. 이와 같은 이원적 통치 시스템은 식민지와 모국 간에 통합적인 지배정책이 요구되었을 때, 양자 사이에 불협화음이 발생하는 원인이 될 수 있었다. 조선 산업 개발 계획과 그 재정 문제는 이와 같은 정치 구조적 상황에서 발생할 수 있는 모순을 가장 잘 보여주는 사례 중 하나였던 것이다. 예를 들어, 산미증산계획의 경우, 소위 제국적인 차원-본국의 식량부족문제를 조선에서 해결한다는 차원에서-의 정책 의의를 가지고 수립되고 있었지만, 사업 자체의 시행은 중앙 부서와 조선총독부의 유기적인 소통이 결여된 채, 마치 '조선총독부의 조선통치사업'의 일환으로 해석·진행되는 경향을 보인다. 본국의 대장성이나 농림성이 산미증식계획 자체의 시행뿐만 아니라, 이후 미곡의 이출입 통제 문제에 있어서도 중앙 책임부서로서의 역할을 하지 않고 있었던 것이다.

당시 사업 시행에서 요구되었던 재원은 필연적으로 대장성을 비롯한 내각의 합의와 지원을 요구했던 것이었지만, 사업에 대한 정치적

---

[50] 여기서 조선식민자 세력은 재조일본인과 조선총독부 같은 조선 거점 식민자 세력을, 본국의 식민자 세력은 본국의 사회와 정부 세력을 가리킨다.

책임을 통제하지 못하는 이원화된 행정 시스템은 조선 산업 개발 계획을 지연시키면서 두 정부(본국정부와 조선총독부) 간 갈등의 원인이 된다. 이런 이유 때문에 당시 재정 문제를 해결했던 방식 역시, 조선총독부와 중앙정부 간의 행정적 소통이 아닌, 조선총독이나 정무총감 같은 고위급 관료들과 일본 수상과의 면담을 통해 문제가 해결되는 정치적 형식을 취하고 있었던 것이다. 이와 같이 조선과 본국 간에 긴밀한 행정적 소통이 보장될 수 있는 구조가 부재한 상황에서, 일본 정재계에 닥쳤던 정치 경제적 파동들은 조선 산업 개발 계획이 더욱 일관되게 추진되기 어렵게 되는 상황적 요인이 된다.

그러나 여기서 주목해야할 한 가지는 이와 같은 구조적이고 상황적인 장애들에도 불구하고, 당시 문제는 재조일본인과 조선총독부의 이해가 본국에 관철되는 것으로 마무리되고 있었다는 점이다. 본국 정부의 재정긴축주의는 조선의 '특수상황'을 감안한 예외주의로 전환되어 산미증산계획을 갱신시켰고, 본국정부의 비모채주의는 조선철도 부설 '특별법' 제정을 통해 철도부설 사업의 공채모집을 가능하게 했었기 때문이다.

1925~6년의 이 결과들은 조선식민자 세력이 본국정부를 압박하여 재정적인 무리수를 두도록 강제한 것이었을 뿐만 아니라, 애초에 자신들에게 불리하게 주어졌던 정치 상황을 그 반대로 역전시킨 결과이기도 했다. 과연 이와 같은 정치 결과는 어떻게 해서 가능해졌을까?

본 연구는 이 문제가 일정하게 재조일본인과 조선총독부가 운동 과정에서 전개했던 담론정치의 과정을 분석함으로써 해소될 수 있다고 본다. 재조일본인과 조선총독부는 정책 내용 자체 이외에도, 조선의 산업개발과 관련한 특정한 자기 정당성의 논리를 만들어 일본 정부의 압박 수단으로 활용하고 있었기 때문이었다.

이 논리는 주로 당시 이들이 본국이 조선에 대해 갖는 '시선' 혹은 '태도'라고 여기고 있던 인식들을 반박하는 가운데 발전한다. 즉, 조선 산업개발의 부진이나 산업개발에 요구되는 지원이 연기되는 행태가 병합 이래 본국 정부와 사회가 가져왔던 조선에 대한 특정한 인식이나 태도에서 비롯되고 있었다고 보고, 이를 비판하는 논리들을 개진시킨 가운데 이해를 관철시키고 있었다는 것이다. 그리고 이 담론정치 과정에서 조선거주자이자 조선의 식민자 세력으로서 재조일본인과 총독부의 관료들이 조선이란 공간을 어떻게 해석하며 자기 동일시하고 있었는지, 그 지역 의식의 논리를 확인할 수 있게 하고 있었다.

당시 이들이 본국에 대해 가지고 있던 가장 큰 불만 중의 하나는 본국 정부와 사회의 조선에 대한 '무관심'과 '무지'였다. 조선 상업회의소연합회는 "조선의 산업개발은 경제상 이해뿐만 아니라 국책상 대의를 갖고 있으며 거국일치 인력과 재력을 경주하여 극력 경영에 임하지 않으면 안 되는 제국의 문화적 대사명"임에도 불구하고, "내지 일반의 조선에 의(意)를 떨치는 것 극히 냉담하고 거의 자기와는 전혀 상관이 없다고"보는 분위기가 팽배해있어, 이것이 곧 "조선재정의 보급에 대해 매년 그 감축에 노력"하는 결과를 낳고 있다고 비판하고 있었다.[51] 이와 같은 문제의식은 당시 운동에 동참하고 있던 제국철도협회의 임원진을 통해서도 대변되고 있었다. 1926년 조선철도부설촉성운동의 일환으로 조선을 방문했던 제국철도협회 상무이사 다니구치 모리오(谷口守雄)는 대중강연회 석상에서 병합 이후 일본에서는 조선 문제에

---

51) 京城商工會議所, 「朝鮮産業開發ニ要スル補給金增額要望ノ件」, 『京城商工會議所二十五年史』, pp.179~180.

대한 "목소리가 사라지고 중요한 의견은 발표되지 않고, 연구 기관"도 없는 등, 무관심의 분위기가 팽배해져 왔었는데, 이와 같은 무관심의 배경에 내정문제에만 몰두하면서, 반면에 외교문제, 대외문제에 대해서는 무관심했던 일본 정당정치의 특정 성향이 전제되어 있었다고 비판한다. 이것이 '조선 소외'의 직접적 원인이라는 것이다.[52]

이 무관심 문제와 함께 재조일본인과 조선총독부가 당시 표출하고 있던 또 다른 불만은 본국의 조선에 대한 태도 안에 제국 내에서 조선의 정치적 지위를 열등한 것으로 취급하는 경향이었다.

> "… 공채사업에 따른 조선의 개발을 내지의 일 지방의 개발이나 대만이나 사할린(華太)의 경우와 동일시하는 것은 실로 … 유감이라고 생각합니다 … 예를 들면 조선에 비해 면적 인구도 6분의 1에 불과한 대만에서도 1억 원 이상의 세계(歲計)를 가지고 상당한 시설을 했으나, 조선은 今日 약 1억 오천만 원에 불과한 상태입니다 … 내지 지방문제에만 열심히 운동하면서 내지 이외의 중요 문제를 한각(閑却)하는 바와 같은 사상은 진실로 우려할 현상으로 결코 제국에 크게 기약하는 것이 없다고 생각하는데, 특히 이와 같은 이유 때문에 조선의 시설은 생각대로 나아가지 못하는 것입니다 … "[53]

조선총독부 재무국장이었던 와다 이치로(和田一郎)가 『금융과 경제(金融と經濟)』에 기고했던 위 글에서 와다는 일본 안에 조선을 본국 내의 일개 지방과 동일시하거나 대만이나 사할린과 같이 취급하는 분위

---

52) 帝國鐵道協會常務理事 谷口守雄, 「朝鮮鐵道補給に 就て」, 『朝鮮經濟雜誌』, 京城商業會議所, 1926.6, pp.3~5.
53) 朝鮮總督府財務局長 和田一郎, 「大正十二年度の豫算に就て」, 『金融と經濟』, 朝鮮經濟協會, 1923, 46호.

기가 팽배해 있어, 이것이 공채사업 지연의 원인이 되고 있다고 설명한다. 그러나 당시 총독부 관료를 비롯한 조선식민자 세력들이 보기에 조선에 대한 이와 같은 인식은 조선의 정치적 지위를 일반 지방행정구역이나 식민지와 마찬가지로 취급하는 것이어서 조선의 특수한 정치적 의의를 간과하는 것이었다. 상업회의소의 성명서나 제국철도협회의 주장에서는 반복적으로 조선이 행정관료 주의적이거나 식민지적인 관점으로 통치될 수 없는 특수한 지위를 가진 공간이라는 점이 강조되고 있었다. 이들이 말하고 있던 조선은 병합을 통해 새롭게 창조된 통치 공간으로서 (구)한국과 다르며, "동양평화를 영원히 유지하고 제국의 안전을 장래에 확보한다"라는 메이지 천황의 일한병합의 조칙에 근거하고 있다는 측면에서 추상적 대의(大義)의 공간으로 접근된다.

> "… 선제(先帝) 일한병합의 조칙(詔勅) 중 '동양평화를 영원히 유지하고 제국의 안전을 장래에 확보한다.'라고 하는 것을 받든다면, 철도 보급은 내지의 사분의 일, 대만의 삼분의 일, 북해도의 반 정도에도 미치지 못하는 것은 과연 정말로 **동양 평화**를 유지하는 것이 가능할 것인지, 이하 적게나마 조선철도의 보급 속성(速成)의 필요를 설명하고자 하는 것입니다 … "54)

이처럼 조선을 소위 특수한 정치적 '사명'을 가진 공간으로 규정하는 방식들은 조선 산업재정 문제가 경제 현실주의적 논리 위에서 접근되는 것을 비판하는 관점을 만들어내기도 하고 있었다. 다니구치는 조선철도가 영업성적과 산업상의 이익 혹은 수지상환의 관점에서 접근되고 있는 경향을 비판하고, 조선 철도 문제는 "나라라고 하는 큰 문제를

---

54) 帝國鐵道協會常務理事 谷口守雄, 앞의 책, pp.3~5.

염두하고 '칙어'가 말하는 제국의 안전을 영원히 확보한다"고 주장한다. 그리고 이러한 정책 논리에 근거했을 때, 비모채주의 같은 재정기조는 조선에 예외적으로 적용될 수도 있다는 것이었다.55)

> "…반대론으로는 조선 철도가 매우 빈약하고 현재 영업 성적을 보아도 내지와 비교할 수 없다고 하는 논의가 종종 들려옵니다만, 이는 크게 잘못된 생각으로, 철도를 부설하는 것은 도로 부설과 같아서 도로 부설에 언제쯤 상환이 되느냐고 예산을 세운다고 들은 바 없습니다. … 조선 철도라는 것은 나라라고 하는 큰 문제를 염두하고 칙어가 말하는 제국의 안전을 영원히 확보한다고 한다고 하는 것으로써 일본국의 안전이라고 하는 의미로부터 생각되지 않으면 안 됩니다. … 제국의 안위를 위해서 공채를 모집하지 않는다고 하는 사람이 있다는 이는 대장대신(大藏大臣)이 아닙니다. 그와 같은 것으로는 나라의 정치를 세운다고 하는 것이 불가능할 것입니다."56)

이처럼 당시 재조일본인과 조선총독부가 조선 산업재정 문제에 접근하고 있던 방식에는 다분히 당위론적이거나 규범적인 경향이 내포되어 있었다. 이런 경향은 다음에서 보게 될 와타나베(당시 경성상업회의소 부회두)와 쇼다 가즈에(勝田主計) 대장성 대신과의 1924년 회견에 대한 와타나베 부회두의 경과 보고회에서도 나타난다.

> "쇼다 : 두 번째 질문과 관련해서는 매우 중대한 것인데, 이를 답하자면 먼저 적어도 외국의 예를 들지 않으면 안 된다. 원래 어느 나라더

---

55) 당시 조선철도의 수익성 논란은 1920년대 만철(750마일)의 두 배 가까운 거리였던 조선철도(1060마일)가 오히려 적자운영을 하고 있던 것에 기인하였다. 조선철도의 당시 연간 수익은 2700만 엔으로 만철의 약 3분의 1수준이었다.(堀和生, 앞의 책, p.230).
56) 帝國鐵道協會常務理事 谷口守雄, 앞의 책, pp.3~5.

라도 다른 나라를 병합하든가 합동한다든가 하는 경우에는 **재정상 확고한 기초 위에서 병합한 국가는 그 결말이 잘 완수되지만 그렇지 않은 국가는 포기하는 것이다.** 예를 들면 **영국이 미국을 포기했던 것과 같은** 것으로, 불란서 기타 2, 3의 예를 들면, 병합 혹은 **합동 이후 포기했던 나라가 있다고 한다면 이는 재정에 기초를 두고 있지 않은 결과이다. 일본이 조선을 병합했을 당시** … 이후 수년간 어느 정도의 돈을 투자하면 **조선의 문화 및 산업이 발달할 것인지에 대한 토대 위에서 그 고려 이후에 병합했던 것이 아니었다.** 따라서 모국에 어느 날 아침 **금일과 같은 대재해가 발생하면 당연히 조선에도 그 영향이 미치는 것은** 피할 수 없는 일이기 때문에 이 역시 전 내각이 결정했다는 것을 넘어서 여러분이 보조금을 희망하고 외치더라도 어려움이 있을 수 있다고 생각한다."57)

와타나베 부회두는 당시 회견 내용에 대한 보고회 강연에서 대장대신이 영국과 미국의 식민지 지배의 예를 들면서 "재정상 확고한 기초 위에서 병합"을 하지 못할 경우에는 "식민지를 포기할 수도 있는 것이다"라고 말하고 있다고 하면서, 마치 조선통치가 이와 같은 수도 있다고 빗대는 것은 조선통치를 "상인이 밑천을 두고 장사를 하는 것"과 같이 대하는 태도라고 비판한다. 조선은 모국의 안위를 책임지는 공간으로서 정치적 의의를 가지고 있기 때문에, 당장의 재정적 여유가 없다고 하더라도, "국민이 서로 일치하여", "문화보급, 산업발달, 기타에 충분한 시설을 하지 않으면" 안 된다는 것이었다.58)

---

57) 京城商業會議所副會頭 渡邊定一郎, 「朝鮮當面の重要問題」, 『朝鮮經濟雜誌』, 京城商業會議所, 1924.3, pp.9~14.
58) 각주 57)과 같음.

"…그런데 현재 각하의 말에 따르면… 병합 당시 **재정의 기초**가 없었다고 하는 견지에서… 오히려 **조선은 포기하는 편이 좋다**고 하는 생각을 대신이 말하면서, 외국의 예를 드는 것은 외국이 그러하니까 조선을 그렇게 한다고 하는 의미 이외에 다름 아닌 것입니다. … 나는 **실로 정우회 역대 내각**이 그 감독을 잊고 **조선 문제를 한각**하여왔다고 단언하며, 또한 분개하는 것입니다"[59]

이처럼 당시 운동은 한편에서 정책 내용 자체의 결정을 둘러싼 갈등이었지만, 다른 한편에서는 재조일본인과 조선총독부가 조선에 대한 본국의 주류적인 인식과 태도를 정의하면서, 이를 당시 운동의 또 다른 쟁점으로 부각시키는 과정이기도 했다. 그리고 이 과정에서 재조일본인과 조선총독부는 주로 ① 조선의 정치적 지위나 ② 조선통치의 이념과 관련한 문제에서 당시 본토 내 정계 사회 분위기와는 분명히 차별화된 조선의식을 드러낸다.

그렇다면 앞서 살펴보았듯이 조선의 정치적 지위를 본국의 일개 지방이나 식민지란 차원에서 규정할 수 없다고 보았던 이들의 해석은 어떻게 이해되어야 할까?

본 연구는 이들이 한편에서, 본토를 중심으로 한 국민국가의 통치 논리를 넘어서 조선을 일정하게 해석하고 자기 동일시하려는 경향을 보여주고 있었다고 생각한다. 이들에게 조선은 본국의 지방으로 통합되어 있지 않지만 식민지는 아니며, 중앙의 지배를 받아 엄격하게 통합된 일개 지방으로 환원될 수도 없는 위치에 있다고 해석된다.[60] 따

---

[59] 각주 57)과 같음.
[60] '병합'이란 형식이 조선의 '식민지'적 근거를 부정하게 하고 있었다면, '조선'의 물리적 규모나 역사적 고유성, 그리고 지정학적 의의는 조선을 본토 내 다른 지방과 다르

라서 이와 같은 이들의 조선에 대한 접근 방식은 국민국가적인 통치 논리로는 설명되기 어렵다.61)

반면, 위 담론들에서 재조일본인과 조선총독부는 조선을 항상 일본 본토 자체가 아닌 제국과 관련시켜 해석하는 경향을 보인다. 조선은 제국의 존립에 관계된 통치의의를 가지고 있고, 본토 내에 한정된 제국의회의 법률을 넘어서 제국 전체에 관통되는 초월적인 천황주권의 명령(칙어, 조칙)에 기초하여 설립되었다고 강조되고 있기 때문이다.

이처럼 조선을 본토를 중심으로 한 국민국가의 '밖'이 아닌 제국의 '안'에 위치시키면서 조선이 정치적 대의나 사명 같은 통치이념 위에 사고되어야 한다고 강조했던 조선의식의 제국적 경향은 조선의 민족적 정체성과 관련한 문제에 있어서도 독특한 시도를 하게 한다. 즉, '조선=조선인'이 아니며, 조선을 탈민족적 공간으로 정의하려는 경향을 내포하고 있었던 것이다. 조선식산은행(朝鮮殖産銀行) 총재로, 산업개발운동 당시 적극 참여했던 아루가 미쓰도요(有賀光豊)는 1925년

게 접근해야한다고 주장하는 근거가 되었다. " … 韓土의 社稷은 거의 我國과 같아서 여러 번 혁명 逆成의 胸液을 경과하면서 上下가 서로 적폐 극에 달했으나 疆域 일만 사천 리, 인구 일천 삼백 여만을 가지고 당당히 국가의 체재를 구비했던 것으로, 그 大國의 일 단편을 割取한 대만 및 사할린(樺太)또는 租借地인 관동주에 비하면 크게 사정이 달라, 조선총독부의 규모 형식 역시 일 국가와 전 인민에 대한 통치에 적응하여야할 필요가 있으며 … "(寺內正毅, 「朝鮮統治三年間成績」, 『京城府史』, 京城府, 1936, p.168).

61) 국민국가론은 한정된 영역 안에서 일원화된 통치체계를 구축하려한다. 이 시기 일본제국이 국민국가이면서 동시에 제국으로 존재했었다는 점을 고려할 때, 식민자 세력들의 사고 패턴을 국민국가론이라는 단일한 국가원리로 충분히 해석할 수 있는지는 논란의 여지가 있다. 제국은 국민국가의 대외적 확장으로 환원되지 않는다는 것이다. 국민국가와 제국이 상이한 국가형태 및 통치원리의 형태라고 접근하는 주장과 관련해서는 다음을 참조(Fredrick Cooper & Jane Burbank, *Empires in world history : power and the politics of difference*, Princeton University Press, pp.8~11).

『조선공론』에 기고한 글에서 자신은 결코 "조선이 식민지라고" 생각하지 않는다고 말하면서, "조선은 조선인의 조선이 아니고, 내지인의 조선도 아님 내선인 합체의 상상관념에 의한 조선"이라는 사실이 정치가나 실업가 학술 식자 등에 의해서 재차 고려되어야 한다고 주장한다.62)

그렇다면 이와 같은 조선 의식의 제국적 경향은 결과적으로 이들의 이해를 본국에 관철시키는데 어떤 효과를 발휘하고 있었을까? 이와 관련해서 본 연구는 이 의식이 발휘한 가장 긍정적인 효과가 있었다면, 이는 자칫 '지역주의'로 해석될 수 있는 조선이해를 보다 보편적이고 정치적인 가치 위에서 논할 수 있도록 한 것이었다고 본다. 이런 정당성의 기반이 당장의 재정적 어려움에 집중해 있던 본국의 정당세력을 오히려 정파주의나 내정중심주의로 비판할 수 있게 하면서, 담론정치 지형에서 식민지의 식민자 세력들이 본국에 대해 우위에 설 수 있도록 하는 효과를 발휘하고 있었다고 해석할 수 있다는 점이다. 이처럼 1920년대 초 중반 재조일본인 사회와 조선총독부가 드러내고 있던 조선의식의 '제국적 경향'은 결과적으로 조선의 이해에 일정하게 부응하는 요구들을 얻어내는 유효한 도구가 된다.

5. 결론

이상의 논의를 통해 본 연구는 1920년대 조선경제정책에 재조일본인 사회가 어떤 개입과 활동을 보여주었는지를 살펴보았다. 3·1운동

---

62) 有賀光豊, 「年頭所感. 産業第一と食糧問題」, 『朝鮮公論』 142호, 1925.1.

이후 조선총독부는 경제적 헤게모니 전략의 하나로서 산미증산과 철도부설을 중심으로 한 산업개발계획을 추진시키고, 이 과정에 요구되는 자금을 확보하기 위해 본국정부와 기존보다 긴밀한 연대를 시도한다. 그러나 본국정부로 하여금 긴축재정주의를 추진하게 했던 경제적 불안 상황과 정치 변동은 조선총독부가 산업조사위원회를 통해 계획했던 산업개발계획이 예정대로 추진되는데 여러 가지 어려움을 겪도록 한다. 당시 인구 구성에서 절대다수가 상업에 종사했던 재조일본인 사회는 조선 산업개발계획에 대한 긴밀한 이해 위에서-조선총독부와 함께-상업회의소를 중심으로 하여 대장성을 비롯한 본국 정부 기관과 정치인, 금융계 유력인사들을 면담하면서 조선 산업재정에 대한 본국정부의 적극적 지원을 요구하는 운동을 전개하게 된다. 그리고 결과적으로 당시 운동은 1920년대 중반에 일정한 성과(산미증산 15년 계획의 갱신과 조선철도부설 12년 계획)를 얻는 것으로 일단락된다.

본 연구는 이와 같은 일련의 운동 과정에서 재조일본인을 비롯한 조선식민자 세력들이-정책 내용 자체와는 별개로-조선을 보는 시선과 인식이란 문제에도 관심을 집중하고 있었다고 보았다. 본국 내의 지방이나 본토 밖의 소외지역(식민지)이 아닌, 제국 전체라는 관점에서 조선을 규정할 때, 조선 산업정책에 대한 태도와 입장은 달라질 수 있다는 것이었다. 따라서 당시 운동은 특정한 경제적 목적에서 시작된 단순 로비 활동이었음에도 불구하고, 조선식민자 세력으로서의 특수한 '지역의식'의 논리 역시, 당시 정치과정의 주요한 변인으로서 작동하고 있었다고 볼 수 있다.

1930년대 전반 조선총독부 경제관료의 '지역으로서의 조선' 인식

김제정[*]

1. 머리말

　1920년대 후반과 1930년대 초반을 거치면서 조선 사회의 분위기는 많은 변화를 보였다. 이는 조선총독부의 입장에서 볼 때 '식민통치의 안정화'라고 이야기되는 방향이었다. 경제공황이라는 '혁명적 정세'를 맞이하여 사회주의 운동은 활발한 모습을 보였으나, 반면에 민족주의 계열은 그 운동 동력을 상당부분 상실하게 되었다. 특히 실력양성론의 양대 축의 하나였던 경제운동은 더욱 그러하였다. "1930년대 전반기에 이르면 이른바 자립적 근대화전략은 그 존립근거를 거의 상실하게 되었으며, 주창되었다고 하더라도 이것의 실현 가능성을 믿었던 조선인 자본가나 그 이데올로그들은 거의 존재하지 않았다"[1]고 지

---

* 金濟正, 서울시립대학교 도시인문학연구소 HK교수.
1) 池秀傑, 「1930年代 前半期 부르주아 民族主義者의 '民族經濟 建設戰略' - 朝鮮工業化와 円블럭再編政策에 대한 認識을 中心으로-」, 1994;『國史館論叢』51, pp.64~65, 오미일도 "비타협적 민족주의 세력의 경제운동론이 1920년대 말에 이르러 본령의 경제운동론으로부터 벗어나 정치성, 즉 민족성을 거세한 생활개신운동의 방향으로 유도되었다"고 하며, 1920년대 말을 "지지기반이 위축되고 경제운동노선이 후퇴하게 되는" 시기였다고 하였다. 오미일,『한국근대자본가연구』, 한울아카데미, 2002, p.533.

적할 정도였다. 기존의 민족주의 계열의 개량화는 가속화되었고, 식민지 협력자층은 두텁게 형성되어 갔다.

이러한 변화의 요인은 무엇이었을까? 이에 대해서는 만주사변 이후 일본의 세력권 확대와 국제적 지위의 상승, 총독부의 민족해방운동에 대한 강력한 탄압, '만주붐'으로 대표되는 경제적 변화 등이 지적되었다. 그러나 민족주의 계열을 포함한 조선인 유력자들을 식민지 협력으로 이끌기 위해서는 그들의 이해관계를 총독부가 대변해줄 수 있다는 희망을 주어야 했다. 이 때 총독부와 조선인 유력자들이 만나는 지점이 '지역으로서의 조선'이었다. 이는 1920년대에는 자치운동 등 주로 '정치'의 측면에서 이루어졌으나,[2] 1930년대에 들어서면서 경제문제로 그 중심이 이동하였다.

본 논문에서는 1930년대 전반기에 일본과 조선의 이해관계가 대립되는 경제문제에 대한 총독부 관리, 주로 경제 관료들의 대응 양상과 그 논리를 살펴보고자 한다. 1920년대 후반에서 1930년대 중반에 걸친 조선미 이입제한 문제, 경제공황기 공황대책의 하나였던 국산애용운동, 시멘트공업을 중심으로 한 중요산업통제법의 조선 시행 등은 당시 일본과 대립점을 형성하였거나 대립의식이 나타났던 경제문제였다. 일본이 식민지인 조선에 시행하고자 하는 정책이 조선의 이해관계와 배치되는 것이었는데, '지역으로서의 조선'이라는 시각에서 총독부의 대응과 논리를 파악하고자 한다.

논문의 대상 시기인 1930년대 전반기는 식민지기 중에서 '지역의식'이 가장 강했던 시기였다. 지역의식이 성립하기 위해서는, 총독부

---

[2] 1920년대 자치운동에 대한 대표적인 연구로는 박찬승, 『한국근대 정치사상사연구』, 역사비평사 1992; 김동명, 『지배와 저항, 그리고 협력』, 경인문화사, 2006을 들 수 있다.

관리가 토착화되어 이들이 정책 결정의 주요 직책에 오르게 되는 것과, 각 집단이 이익공동체로서 지역을 인식해 나가는 것, 그리고 외부로부터의 자극 등이 필요한데, 1920년대 후반 이후 이러한 조건이 성립해 나간다고 생각된다. 또한 이 시기는 경제공황기로 이를 극복하기 위한 여러 정책들이 시행되었고, 그에 대한 일본과 조선의 입장 차이가 비교적 뚜렷하게 나타나는 시기이기도 하였다.

기존 연구를 살펴보면, 먼저 조선미 이입제한 문제에 대한 대표적인 연구로는 전강수와 기유정의 연구가 있다.[3] 전강수는 1930~45년 조선에서의 미곡정책을 살펴보는 과정에서 조선미 이입제한 문제도 주요하게 다루었다. 일본의 미곡통제정책 수립 과정, 그 과정에서의 기본적인 대립구도, 그리고 정책결정 과정에서의 식민지세력의 영향력 등 많은 부분을 밝혔다. 기유정은 미곡통제문제가 경제적인 것에서 국가론적 쟁점을 포함하는 정치적인 것으로 전화해갔다고 보았다. 그 과정에서 일본은 경제현실주의와 정당주의라는 일국가주의적 정치 논리에 따라 움직이고 있었던 반면, 식민지 측은 정치적 도덕주의와 천황주의에 기댄 제국론으로 대응하였다고 파악하였다. 그러나 이는 정치담론 연구의 차원에서는 의미가 있다고 생각되나, 조선 측의 실질적인 대응 논리가 '경제'가 아닌 '정치', 즉 '제국통치의 도덕론'이었는지에 대해서는 의문이 남는다.

중요산업통제법의 조선 시행에 대해서는 많은 경제사 연구에서 조금씩은 다루고 있으나, 이에 대한 본격적인 연구는 이승렬, 배성준,

---

[3] 田剛秀, 「植民地 朝鮮의 米穀政策에 관한 硏究-1930~45년을 중심으로-」, 서울대학교 경제학과 박사학위논문, 1993; 기유정, 「식민지 對 모국 간 경제마찰과 재조일본인 사회의 대응 : 1929~1936년 '鮮米擁護運動'의 정치학적 함의에 대한 분석을 중심으로」, 『사회와 역사』 82, 2009.

히라사와 데루오(平澤照雄), 방기중의 연구를 들 수 있다.4) 이승렬과 방기중은 조선공업화정책(농공병진정책)을 일본의 경제블록·경제통제정책과의 연관 하에서 살펴보았다. 중요산업통제법의 조선 시행 문제를 둘러싼 대립은, 일본 독점자본 상호간의 이해관계의 충돌인 동시에 일본 정부의 일만(日滿)블록 노선과 우가키(宇垣一成)의 일선만(日鮮滿)블록 노선의 대립이라고 파악하였고, 1930년대 전반기의 '조선특수사정론'에 기반한 '자치통제', 독점자본에 의한 통제 또는 독점강화에 기초한 '자유경제통제(自由經濟統制)'가 중요산업통제법이 시행된 이후에도 상당 기간 지속되었음을 밝혔다. 배성준은 중요산업통제법의 조선 시행을 둘러싼 대립을 일원적 통제와 조선의 특수성의 대립으로 파악하고, 보다 넓은 의미의 조선의 특수성이 반영된 통제법의 차별적 적용은 식민지 초과이윤을 수탈하고 불평등을 구조화하는 법률적 토대로 기능하였다고 보았다. 히라사와는 1930년대 전반기의 경제통제를 전시통제의 일환 내지 전사로 평가하는 것에 반대하면서 기본적으로 공황대책으로 파악해야 한다는 인식 하에서 중요산업통제법의 외지 시행 논란의 전개과정과 대립구도를 상세하게 밝혔다.

한편 조선총독부 관료에 대한 이상의, 이형식, 기무라 겐지(木村健二), 오카모토 마키코(岡本眞希子)의 연구도 참고가 된다.5) 먼저 이상

---

4) 이승렬, 「1930년대 전반기 일본군부의 대륙침략관과 '조선공업화'정책」, 『國史館論叢』 제67집, 1996; 배성준, 「일제말기 통제경제법과 기업통제」, 『韓國文化』 27; 平澤照雄, 2001;『大恐慌期日本の經濟統制』, 日本經濟評論社; 방기중, 「1930년대 朝鮮農工倂進政策과 經濟統制」, 『東方學志』 120, 2003.

5) 木村健二, 「朝鮮總督府經濟官僚の人事と政策」(波形昭一·堀越芳昭 編著, 2000 『近代日本の經濟官僚』, 日本經濟評論社); 李炯植, 「文化統治」初期における朝鮮總督府官僚の統治構想」, 2006, 『史學雜誌』 제115편 제4호, 2007; 「政黨內閣期(1924~1932年)の朝鮮總督府官僚の統治構想」, 『東京大學日本史學硏究室紀要』 제12호; 이상의,

의의 연구는 관료 연구의 관점에서 수행된 것은 아니지만, 식산국과 그 핵심부서인 상공과의 구성과 성격을 밝혔다. 이형식은 '문화통치(文化統治)' 초기와 정당 내각기에 본국과 조선총독부 관리들이 지방제도 개정, 조선의회 구상(조선 자치안), 세제와 재정정책 등에서 갈등을 겪었고, 이는 동화정책과 조선자치론(특수사정론)이라는 인식의 차이에서 비롯되었다고 하였다. 기무라와 오카모토는, 1920년대 후반에 총독부 고위 관리가 구성에 변화가 생기게 되었다고 하였는데, 1910년대부터 총독부에 근무하였던 소위 '토박이' 관리들이 국과장급으로 성장하여 정책결정 과정에서 중요한 지위에까지 오르게 되는 상황을 설명하였다. 특히 본 논문의 대상인 경제문제를 담당했던 식산국에서 그 변화가 특징적으로 나타났다. 이는 식민관료의 '토착화'와 그에 따른 정책 변화 가능성을 시사하는 것으로 향후 이에 대한 연구가 보완되어야 할 것이다.

2. 조선미 이입제한 문제

1) 조선미 이입제한 반대운동

1920년대 후반 일본에서는 농업공황이 발생하여 미가가 하락하였다. 연이은 풍작과 함께 식민지미의 이입이 농업공황기 일본의 미곡 과잉과 미가 하락을 가속화한 중요한 요인이었다. 1920년대 이후 식민지에서 대규모적인 미곡증산과 대량이출 정책이 추진되면서, 일본

「1930년대 조선총독부 殖産局의 구성과 공업화정책-商工課를 중심으로」, 『한국근현대사연구』 제40집, 2007; 岡本眞希子, 『植民地官僚の政治史-朝鮮·臺灣總督府と帝國日本』, 三元社, 2008.

의 총 공급량 중 식민지미가 차지하는 비중은 계속 증가하였기 때문이다. 이에 일본에서는 식민지미의 이입을 제한해야 한다는 요구가 나오게 되었고, 일본 정부는 1928년 이후 식민지미 이입통제정책을 본격적으로 논의하기 시작하였다. 이렇게 시작된 '선미이입제한' 문제는 조선 측의 맹렬한 반대운동을 불러일으켰고, 일본과 조선 간의 대립은 1930년대 중반까지 계속되었다.6)

조선미 이입제한 반대운동은 식민지기에 조선을 지역 단위로 하는 대표적인 '지역운동'이었다. 이 시기 조선 경제에서 미곡이 차지하는 지위는 절대적인 것이었다. 생산 측면에서도 그러하지만, 특히 무역에서도 막대한 비중을 차지하고 있었다.7) 전체 인구의 80% 가량이 미곡 생산을 담당하였고, 그 외의 많은 사람들이 그 배급, 거래, 운송, 저장 및 금융 등의 제 사업에 종사하였고, 게다가 그 수이출액이 총 무역액의 50%를 점하고 있었다.8) 그렇기 때문에 일본에서 조선미의 이입을 제한하고자 하는 움직임에 대해서 총독부를 비롯하여 지주, 미곡상인 등의 경제계, 각종 언론 등이 민족별 차이를 보이지 않고 모두 반대운동에 나섰다.

1927년경부터 일본 지주들의 식민지미 이입 제한 요구가 제기되고, 1929년 5월 미곡조사회의 설치와 함께 일본 정부 내에서 미곡문제에 대한 논의가 본격화하면서, 조선 측의 이에 대한 반대운동 또한 본격화되었다. 이때의 반대운동은 미곡조사회 특별위원회 소위원회

---

6) 일본과 조선에서의 미곡통제정책의 구체적 내용에 대해서는 田剛秀의 연구를 참고할 것.
7) 당시의 조선 경제를 '미곡 중심의 모노익스포트 구조'라고 평가하기도 한다. 平澤照雄, 『大恐慌期日本の經濟統制』, 日本經濟評論社, 2001, p.195.
8) 農林局長 矢島杉造, 「朝鮮米穀協會聯合會第三會大會の開催に當りて」, 『朝鮮』, 1936년 10월호.

에서 결의된 식민지미 이입허가제(移入許可制)에 대한 것이었다.

1929년 10월 전선농업자대회(全鮮農業者大會)를 개최하여 이입제한론에 대한 반대 의견을 표명하였고, 11월 15일에는 한상룡(韓相龍), 박영철(朴榮喆), 김관현(金寬鉉), 박승직(朴承稷), 유전(劉詮), 유치형(俞致衡), 원덕상(元悳常) 등 조선인 실업가들로 조선미이입제한반대동맹회(朝鮮米移入制限反對同盟會)가 조직되어 반대운동을 전개하였다.[9] 또한 조선총독부도 조선통치상 지장을 초래할 우려가 있다며 반대의견을 제시하였다.[10]

식민지 지주들은 조선 내에서의 적극적인 미곡정책의 수립을 강력하게 촉구하면서 활발한 운동을 전개하였다. 1930년 10월 전선농업자대회, 1931년 2월 조선농회 통상총회, 1931년 11월 전선농업자대회를 통해 미곡법을 조선에도 적용하여 조선미를 정부가 수매할 것을 주장하였다.[11] 이는 조선의 미가가 일본에서보다 더 폭락한 상황에서 조선 내의 미곡수급의 조절을 요구한 것이다.

그러나 이 시기는 아직 일본 정부가 이입허가제나 과세와 같은 조선미 이입에 대한 강력한 통제정책을 구상하고 있지 않았고, 미곡창고 설립 등을 통한 계절적 편중의 해소가 주요한 정책 방향이었다. 이는 조선의 지주 및 미곡상들의 이해와 배치되는 것이 아니었다. 미가 폭락으로 부심하고 있던 지주와 미곡상은 미가가 싼 출회기를 피

---

[9] 고바야가와 규로(小早川九郎), 『朝鮮農業發達史(資料篇)』, 友邦協會, 1960, p.52; 韓翼敎編, 1941, 『韓相龍君を語る』(김명수 역, 『한상룡을 말한다』, 혜안, 2007).

[10] 「朝鮮米 日本內地移入制限不當 山梨半造總督車中談」, 『동아일보』, 1928년 12월 18일; 「朝鮮米移入의 制限에는 絕對 反對코자 殖産局長이 急遽히 渡東」, 『동아일보』, 1929년 11월 16일.

[11] 田剛秀, 앞의 논문, pp.37~38.

해 이출하는 것이 더 이익이었고, 대장성의 저리자금까지 이용할 수 있었기 때문이었다.12) 따라서 이 시기 조선 측의 반대운동은 그다지 격렬한 양상을 띠지는 않았다.

이후 1931년 말까지 소강상태에 빠져 있던 미곡통제 문제는 1932년에 들어와서 다시 논란이 되었다. 1932년 7월 이후 일본 지주들의 식민지미 이입 제한 요구가 본격화하였다. 각 지방농회에서 일본 지주들의 식민지미 이입 제한 요구가 제시되기 시작하였고, 8월에 열린 제국농회 임시총회와 전국농회대회에서 조선과 대만으로부터의 이입미에 대해 국가 관리를 단행할 것을 요구하였다. 게다가 일본 정부에서도 11월 미곡통제조사회를 설치하여 강력한 식민지미 이입통제정책을 고려하기 시작하였다.13)

이에 조선 측에서는 일본의 조선미 이입 제한 움직임에 대해 다시 적극적인 반대운동을 전개하기 시작하였다. 운동의 중심기관으로 1932년 7월 15일에 선미옹호기성회(鮮米擁護期成會)를 조직하여 활동하였다.14) 가토 게이사부로(加藤敬三郞) 조선은행 총재를 발기위원장으로 하여 창립한 선미옹호기성회는, 7월 20일에 대회를 개최하여 "조선미(朝鮮米)에 대(對)한 차별적의 미곡통제정책(米穀統制政策)은 조선(朝鮮)의 산미 및 경제를 사지(死地)에 함(陷)케 한 것으로 인정하고 그 실현을 저지함을 기한다"는 결의문을 채택하고 일본 정부에 타전하는 한편, 일본에 진정위원을 파견하기로 결정하고 그 위원을 선

---

12) 물론 미곡 창고를 이용할 수 없었던 농민들은 출회기에 판매할 수밖에 없어서 공급과잉으로 인한 미가 폭락에 따른 피해를 고스란히 감수할 수밖에 없었다.
13) 田剛秀, 앞의 논문, pp.38~49.
14) 기성회의 조직에는 이마이다 기요노리(今井田淸德) 정무총감이 개입한 것으로 알려져 있다.

정하였다.15) 그리고 조선 각지에 기성회 지부를 설치하여 지부 차원에서도 결의문을 정부 요로에 타전하는 등의 활동을 펼쳤다.16) 1932년 11월 식민지미에 대한 정부의 관리와 관외이출허가제(管外移出許可制)를 내용으로 하는 농림성의 「미곡통제제도요강(米穀統制制度要綱)」이 알려지면서 이에 대한 반대운동이 다시 거세게 일어났다. 선미옹호기성회 뿐만 아니라 조선농회, 조선상공회의소, 조선곡물상조합연합회, 전선거래소연합회 등 각 경제단체들도 이에 참여하였다. 또 각 지역에서도 상공회의소와 미곡상조합 등의 주도로 선미옹호운동이 전개되었다.

2) 조선미 이입제한에 대한 총독부의 인식

총독부 관리들의 미(米)에 대한 인식도 일반적인 인식과 다르지 않았다. "농가경제의 중추(中樞)일 뿐만 아니라 조선 전경제의 기반이라고 할 만한 것"17), "미(米)는 반도의 경제를 배양하는 유일의 산물. 미(米)의 이출(移出)은 반도의 부원(富源)이고, 또 산업발전의 동기(動機)"18)라면서, "미작(米作)의 풍흉(豊凶) 및 미가(米價)의 여하는 바로 조선 2천만 민중의 이해휴척(利害休戚)을 좌우하는 것"19)이며 "조선

---

15) 「朝鮮米擁護期成會大會 農林省의 差別待遇에 反對決議及 渡東委員決定」, 『동아일보』, 1932년 7월 22일.
16) 「朝鮮米擁護期成會支部各地에서 設置, 目的達成努力//各地商議代表 朝鮮米擁護陳情」, 『동아일보』, 1932년 7월 23일; 『米穀統制問題關係資料』, 朝鮮殖産銀行 調査課, 1932.
17) 殖産局長 穗積眞六郎, 「第三會米穀大會に際して」, 『朝鮮』, 1936년 10월호.
18) 總督府技師 石塚峻, 「朝鮮米の問題」, 『朝鮮』, 1933년 10월호.
19) 農林局長 矢島杉造, 「朝鮮米穀協會聯合會第三會大會の開催に當りて」, 『朝鮮』, 1936년 10월호.

산업경제 진전의 역사는 미곡을 중추기간으로 하는 경제사라고 해도 과언이 아니다"[20]라고까지 할 정도였다.

따라서 조선 지역을 통치하는 총독부로서는 조선미 이입 제한 문제에 대해서 강경하게 대응할 수밖에 없었다. 식산국장 호즈미 신로쿠(穗積眞六郎)가 중요산업통제법의 외지 시행이 문제로 되었을 때 "지금까지 산업상으로 분쟁이 일어난 것은 조선이 가장 힘을 기울여 온 산미증식의 문제 뿐"[21]이라고 했던 것처럼, 총독부가 경제정책으로 일본 정부와 대립한 것은 전례 없는 일이었다.

1928년 2월 미곡법 제2조를 조선에 적용·실시하여 조선의 외국미 수입을 제한함으로써 간접적으로 조선미의 이출을 제한하고자 하였다. 이 조치의 목적은, 후에 총독부 관리도 말했듯이 조선에 외국미가 수입되면서 조선미의 일본에의 이출이 증가하는 것을 방지하고자 한 정책이었다.[22] 그러나 식산국장 이케다 히데오(池田秀雄)는 이 조치의 목적을 "만약 조선에 일단 수입이 허가된 外米가 마구 내지(內地)에 이출된다면, 내지에 있어서 外米의 수입제한은 결국 효과가 적게 되고 이어서 외미(外米)를 하락시킬 우려가 있기 때문"이라고 축소 해석하면서, "원래 외미는 만주속(滿洲粟)과 함께 조선의 하층세민(下層細民)의 상식(常食)으로써 없어서는 안 되는 것이므로, 선내(鮮內)의 수요에 대해 제한을 가하는 것은 조선 현하(現下)의 정황에 비추어 적당한 책(策)이라고 생각하지 않는다. 또 조선에서 종래 수입된 수량의 외미의 수입을 계속 허가하여도 그 때문에 내지의 미가를 하락시

---

20) 鮮銀調査課長 澁谷禮治, 「米穀と金融」, 『朝鮮』, 1933년 10월호.
21) 穗積眞六郎, 『わが生涯を朝鮮に』, 友邦協會, 1974.
22) 總督府技師 石塚峻, 「朝鮮米の問題」, 『朝鮮』, 1933년 10월호.

킬 우려는 거의 없는 것"으로, "선내의 수요를 위해 수입하는 것에 대해서는 필요한 수량은 허가하고, 다만 조선 내로 수입된 것이 다시 내지로 이출되지 않도록 엄중 단속"하기만 한다면 미가 유지에 문제가 없을 것이라는 인식이었다.[23] 조선의 사회정책상 하층민의 대용 식량이었던 안남미(安南米)와 만주속(滿洲粟)의 수입을 제한하는 것은 불가능하다는 것이었고, 일본의 사정으로 조선 통치에 영향을 줄 수 있는 조치를 취할 수는 없다는 것이었다. 따라서 일본에서의 외미 수입 제한 효과를 저해하지 않는 선에서 실시하였고, 실제로도 이들의 수입이 유의미하게 줄어들었다고는 보기 힘들다.[24]

1930년 3월 일본의 미곡조사회에서 "내지에 이출하는 조선미의 수량을 월별 평균적으로 조절하기 위해 속히 조선총독부에서는 적당한 방책을 수립해야 할 것"이라는 답신안이 가결됨에 따라, 총독부에서는 조선미곡창고계획(朝鮮米穀倉庫計劃)을 수립·시행하였다. 총독부는 5개년 간 연 50만 원씩 지출하여 약 100만석을 수용하는 미곡 창고를 건설하고, 이 입고미에 대해 저리자금을 융통하는 것으로 하였다. 미곡 창고는 두 종류였는데, 하나는 개항지에 정부의 보호 하에 건설된 조선미곡창고주식회사의 미곡 창고였고, 다른 하나는 생산지에 설치된 주로 농회가 경영하는 미곡 창고였다. 이밖에 야적인(野積籾)의 저장도 행하였다. 그리고 이에 대해 대장성의 저리자금을 공급하였는데, 저장미에 대한 저리자금의 공급은 일본에서도 전례가 없는 일로 부족하나마 효과를 보고 있다고 자평하였다.[25]

---

23) 殖産局長 池田秀雄, 「外米の輸入制限に就て」, 『朝鮮』, 1928년 4월호.
24) 송규진, 『日帝下의 朝鮮貿易 硏究』, 고려대학교 민족문화연구원, 2001, pp.120~125.
25) 總督府技師 石塚峻, 「朝鮮米の問題」, 『朝鮮』, 1933년 10월호.

이후 총독부는 일본 정부 내에서 식민지미 이입에 대한 차별적 통제안이 논의될 때마다 적극적으로 반대의사를 표명하고, 정책입안 과정에서 그것을 저지하기 위한 활동을 전개하였을 뿐 아니라, 민간의 반대운동을 배후에서 지원하기까지 하였다.

총독부에서 일본의 움직임에 강력한 반발을 한 데에는, 물론 조선 통치상 식민지미에 대한 차별적 대우를 받아들일 수 없다는 이유가 가장 크게 작용하였지만, 일본 정부의 논의 과정에서 총독부가 소외된 것에 대한 불만도 있었던 것으로 보인다. 1932년 7월 농림성 미곡부 내에 고문회의를 설치하여 미곡문제에 대한 대책을 심의하게 하였는데, 이 내용이 비밀로 심지어 척식성이나 총독부에서도 공식적으로 구체적인 내용을 알 수 없었다고 한다.26) 이런 와중에 식민지미의 이입을 제한하는 대안을 마련하고 있다는 내용이 흘러나오자, "선미(鮮米)에 대한 중앙정부의 압박안은 반도경제계(半島經濟界)를 무시함이 심한 것으로… 선미를 우롱하는 것일 뿐만 아니라 총독부 무시의 월권행위"27)라고 민간뿐만 아니라 총독부도 상당히 불만을 갖게 되었다. 이에 우가키 총독이 도쿄에서 농림대신과 만나 앞으로 이러한 일이 있을 경우에는 관계당국과 미리 교섭할 것이라는 언질을 받기도 하였으나,28) 기성회의 진정위원을 만난 자리에서 이마이다 정무총감은 "본 문제는 도동(渡東) 중인 총독의 진력에 의하여 형세는 순조로 전향되는 모양이나 반드시 농림성 측의 태도는 낙관을 허(許)할 수는 없다"29)고 하여 불만의 일단을 내비쳤고, 1933년 1월에도 "내지의 미

---

26) 『京城日報』, 1932년 7월 22일. 田剛秀, 앞의 논문 p.39에서 재인용.
27) 「鮮滿經濟消息」, 『朝鮮及滿洲』 제295호, 1932년 6월호.
28) 「朝鮮米擁護運動(사설)」, 『동아일보』, 1932년 7월 22일; 「미통제문제로 총독과 農相의 정치적 절충 낙관, 渡邊局長 渡東 中止」, 『동아일보』, 1932년 7월 22일.

곡정책은 조선과의 정책상 연계는 전혀 없었다."고 발언하였다.30)

한편 1933년 1월 14일 일본의 미곡통제위원회의 답신안이 채택되었는데, 조선 측에서 가장 우려하였던 이출허가제는 채택되지 않았지만, "출회기에 조선미 및 대만미의 쇄도를 방지하기 위해 유효적절한 방도를 강구한다"는 부대조건이 있었다. 법령에 의한 이출 통제 대신에 경제적 통제를 해야 한다는 입장이었고, 이에 따라 총독부는 1933년 1월 11일에 조선미의 통제에 관한 주요 사항을 조사・심의하기 위해 관민합동의 임시조선미곡조사위원회를 설치하였다.31) 1월 16일에 제1회 위원회를 개최하여 조선미 이출의 경제적 통제 방법에 대해 검토하였다.32) 이 자리에서 위원들의 요구로 보고한 총독부의 미곡정책 복안은 ① 미곡창고 확장 완성기한의 단축, ② 야적보관시설, ③ 미곡저장

---

29) 「今井田淸德政務總監 朝鮮米擁護陳情員에 努力하라 勸獎」, 『동아일보』, 1932년 7월 22일.
30) 「第一回朝鮮米穀調査委員會」, 『朝鮮』, 1933년 2월호. 그런데 총독부의 불만 때문인지 1932년 9월 20일에 고문회의에 앞서 농림성과 척무성, 그리고 조선과 대만의 총독부 관계자가 참석하는 협의회를 열었다. 총독부 측에서는 와타나베(渡邊忍) 농림국장과 후루쇼(古庄逸夫) 농정과장, 이시츠카(石塚峻) 기사가 참석하였다. 「鮮米壓迫案排擊」, 『朝鮮及滿洲』 제311호, 1933년 10월호.
31) 위원장은 政務總監이었고, 위원으로는 총독부 측에서는 農林局長 渡邊忍, 殖産局長 穗積眞六郎, 財務局長 林繁藏, 事務官 萩原彦三, 湯村辰二郎, 古庄逸夫, 山澤和三郎, 西崎鶴司, 鹽田正洪, 水田直昌, 湯村辰二郎, 山澤和三郎, 技師 吉池四郎, 石塚峻, 湯川又夫, 민간 측에서는 田淵勳, 矢鍋永三郎, 松井房治郎, 松原純一, 賀田直治, 齊藤久太郎, 荒井初太郎, 森菊五郎, 新田義民, 船越光雄, 三井榮長, 朴榮喆, 李圭完 등이 위촉되었다. 『朝鮮總督府官報』 1804호, 1933.01.16; 『朝鮮總督府官報』 1808호, 1933.01.20. 이에 대해 일각에서는 민간 위원의 구성이 朝鮮米穀研究會 중심이며 群山去來所 理事長 한 명을 제외하고는 京城 居住者들로만 이루어져, 지방과 현장의 목소리를 반영하기 어렵다는 점을 비판하였다. 「鮮米移出の自主的統制 須らく民意に聽け/餘りに中央集權的官僚的な 臨時米穀調査委員會の內容」, 『釜山日報』, 1933.1.17.
32) 「第一回朝鮮米穀調査委員會」, 『朝鮮』, 1933년 2월호.

장려 보조, ④ 정부의 미곡 매상(買上) 등이었다.33) 1월 22일 위원회는 조선미 이출의 계절적 조절을 위해「조선미 이출의 경제적통제요강」이라는 답신안을 제출하였는데, 저장시설의 확충과 미곡 매수, 그리고 이에 대한 각종 보조를 주요 내용으로 하고 있다.34)

총독부는 식민지미의 이입에 대한 차별적 통제에 대해서는 조선통치의 근간을 위협하는 것으로 파악하여 절대반대의 입장을 견지하는 대신, 전작(田作)을 장려하여 미작 편중경향을 완화하며, 농가경제를 향상시키고 상공광업의 발달을 조성하여 조선 내에서의 미곡 소비를 증진시킴으로써, 조선미의 이출을 조절하고자 하였다. 이에 대한 근본적 대책으로서 미곡 중심의 농업정책과 경제정책의 기조를 변화시키는 동시에, 미곡정책으로서는 각종 생산제한·소비증진대책과 함께 국가의 시장개입에 의한 미가유지정책을 실시할 것을 구상하였다.35) 민간에서도 미곡창고의 설립을 통한 이출의 계절적 편중 완화 등 여러 가지 방안이 논의되었지만, 근본적인 해결책으로 제시된 것은 미

---

33)「朝鮮米統制目的의 總督府試案中心으로 臨時朝鮮米穀調査委員會에서 委員等이 意見交換」,『동아일보』, 1933.1.18.
34) 답신안의 전체 내용은 다음과 같다. (1) 본 요강은 출회기의 조선미의 이출 쇄도를 조절함을 목적으로 함. (2) 위 목적을 달성하기 위하여 조선총독부는 속히 미곡 창고 계획의 확충을 도모하는 동시에 地方貯藏組合의 설치 장려 및 지방비 매입의 방법에 의하여 小農의 手持租의 浮動을 방지함. (3) 저장 및 매수 수량의 목표는 아래와 같음. (가) 저장을 장려할 수량 = 현미 150만석, 租 350만석 (나) 買取할 수량 = 租 50만석 (다) 합계 = 현미 150만석, 租 400만석. (4) 확충할 창고의 건설에 있어서는 종래에 비하여 국고 보조율을 濃厚케 함. (5) 본 시설에 의한 저장미 및 매수미에 대하여 보조금을 교부함. (6) 저장미 및 매수미에 대해서는 저리자금을 융통함. (7) 저장 및 매수의 시설을 철저히 하기 위하여 관청 및 산업단체에 필요한 직원의 충실을 도모함.「米穀調査委員會 今日答申案決定 小委員會案을 그대로 採擇 同時에 附帶決議도 잇섯다 總督府에 提出」,『동아일보』, 1933.1.22.
35) 田剛秀, 앞의 논문, p.63.

곡의 생산 제한과 소비 증진이었다. "쌀이 남아간다고 한다면, 생산의 제한과 소비의 증가를 꾀하는 것 외에는 방법이 없다"36)는 것이었다.

그런데 국가의 시장개입에 의한 미가유지정책의 실시는 일본 정부에서 받아들이지 않았고, 소비 증진에 관해서는 정부소유미를 원가로 매각한다든가, 잡곡의 관세를 인상한다든가 하는 쌀의 절대적·상대적 가격을 낮추어 소비를 증진시키는 방법,37) 알콜 제조 등의 원료로서 사용하는 방법38) 등이 제시되었지만, 당시의 경제 상황을 고려하면 현실적으로 쉽지 않은 방책이었다. 따라서 생산 제한에 대한 논의가 중점적으로 이루어졌다. 이에 대해서는 총독부, 재조일본인, 조선인 측 모두에서 공통적으로 제기하고 있지만, 그 초점은 조금 달랐다. 총독부와 재조일본인은 감반(減反)을 통한 생산 제한에, 조선인은 산미증식계획의 중지에 중점이 두어져 있었다.

이와 같은 상황에서 일본 정부에서는 총독부에 산미증식계획을 중지할 것을 검토하도록 하였다. 미가가 하락하면서 사실상 계속 진행되기 어려워진 산미증식계획은 1933년부터 본격적으로 중지설이 나돌았고,39) 결국 1934년 5월 30일 이마이다 정무총감이 정식으로 산미증식

---

36) 矢鍋永三郎(조선금융조합 연합회장), 「米産制限對策 : 臨機の對策を講ずる外ない」, 『朝鮮及滿洲』 제319호, 1934년 6월호.
37) 「米價對策」(1934년 5월 14일), 『米穀統制參考資料』(友邦協會資料); 田剛秀, 앞의 논문, pp.61~62에서 재인용.
38) 一記者, 「朝鮮米問題で奮闘した有賀さんは斯く語る」, 『朝鮮及滿洲』 제317호, 1934년 4월호; 「産米增殖計劃は遂に中止に決定今後は旣設事業充實に努力 米穀恒久對策の第一着手」, 『京城日報』, 1934.5.31.
39) 「産米增殖計劃中 新規事業은 中止, 그러나 소화수리조합은 한다고, 財務局의 豫算方針」, 『동아일보』, 1933.1.8; 「産米增殖計劃中止 雜穀增産을 計劃, 밧농사에 힘쓰도록 하고자 各郡에 指導員增派」, 『동아일보』, 1933.1.10; 「産米의 增殖은 結局中止? 縮小? 對策의 準備會議를 開催하나 結局農省態度觀望」, 『동아일보』, 1933.8.5; 「산미증식계

계획의 중지를 언명하였다.40) 결국 그 방법론에서는 차이가 있었지만, 근본적인 대책이 생산 제한이라는 처방에는 동일하였고, 일본 정부의 산미증식계획 중지 요구와 맞물려 이의 중단으로 귀결되었다.

총독부의 조선미 이입제한 반대 논리를 정리하면, 하나는 일본의 사정으로 조선 경제가 희생을 당할 수는 없다는 것이었고, 다른 하나는 차별적인 미곡통제정책은 수용할 수 없다는 것이었다.

첫째, 일본이 조선미의 이입을 제한한다면 조선 경제 전반이 악영향을 받는다는 것이다. 일본에의 무역의존도가 높은 조선의 농업이 입을 피해가 너무 크고, 농업 특히 미곡이 조선 경제에서 차지하는 위치에서 볼 때, 이는 농업에만 그치는 것이 아니라 경제 전반이 흔들리게 될 우려가 있다는 것이다. 총독부 기사 요시이케 시로(吉池四郞)는 일본 시장과 조선 시장이 결합되어 "내지미의 가격을 저락시키는 것은 바로 시장에서 선미의 가격을 저하시키고 나아가서는 조선 내의 미가를 압박"하게 되어, 미가 폭락을 방지해야 한다는 점에서 일본과 조선의 이해는 서로 일치하고 있는 것이라고 하였다.41) 그러나 미곡통제정책의 측면에서 볼 때, 조선미의 입장은 수동적인 위치에 두어져 있었다. 즉 일본 내의 미곡수급의 평형을 유지하기 위해서는 조선에서 공급 과잉이 되지 않을 수 없었고, 일본 내의 미가를 유지하기 위해서

획 연기 혹은 중지, 농림당국 대책을 연구 중, 대책회의를 중시」, 『조선중앙일보』, 1933.8.9;「중지 운명 당면한 조선 산미 증식 계획, 미곡 통제안에 차질을 받아, 당국은 대책 강구」, 『조선중앙일보』, 1933.8.17;「中止說을 傳하는 産米增産의 實積, 計劃實施 後 今日까지」, 『동아일보』, 1933.9.13;「朝鮮의 産米增殖計劃은 一時中止 津村君(研究) 質問에 拓相答辯 貴族院 本會議(東京)」, 『동아일보』, 1934.2.3.

40) 政務總監談,「産米增殖計劃に依る土地改良事業中止に就て」, 『朝鮮』, 1934년 6월호;「産米增殖中止의 經濟的影響別無 四圍情勢의 好轉으로」, 『동아일보』, 1934.6.1.
41) 總督府技師 吉池四郞,「朝鮮の農業倉庫」, 『朝鮮』, 1933년 11월호.

는 조선 내의 미가가 하락할 수밖에 없는 구조를 갖고 있었다.42) 따라서 일본으로 조선미의 이출을 제한하면 일본의 미가는 안정될지 몰라도 조선의 미가는 심각한 대폭락을 초래할 것이 분명하였다.

문제는 이러한 상황을 초래하게 된 원인이 조선에 있지 않고 일본에 있었다는 점이다. 일본의 식량문제 해결을 위하여 조선에서 산미증식계획을 시행하였고, 그 결과로 증산된 조선미가 일본 시장에 대량으로 이출되면서 일본의 미가가 폭락하고 일본 농민이 어려움을 겪게 된 것이었다. 조선의 입장에서는 일본의 필요에 의해 미곡 증산을 장려하여 놓고 그것이 문제를 일으키자 이제 와서 조선에 다시 희생을 강요하는 것은 있을 수 없는 일이었다.

둘째, 일본에서 논의되던 조선미에 대한 이입제한제나 과세제, 그리고 감반안(減反案)이 식민지에 대한 차별대우라는 것이다. 일본에서 지주들이 1929년경부터 식민지미의 이입제한을 주장하였고, 1932년 이후에는 농림성에서도 고문회의와 미곡통제조사회의 논의 과정에서 강력한 식민지미 이입 통제정책을 고려하기 시작하였다. 식민지미의 이입만을 제한하는 것이 식민지에 대한 차별대우라는 강력한 반대가 계속되자, 일본 지역도 포함하는 미곡의 관외이출허가제가 검토되었지만, 결국 이것도 조선 측의 격렬한 반대에 부딪혀 실현되지 못하였다.

한편 농림성 미곡부는 1933년 9월 「임시미곡작부반별감소안(臨時米穀作付反別減少案)」을 마련하였다. 이 안은 1934년 10월에 발생할 것으로 예상되는 과잉미 700만석 중 약 7할 즉 500만석을 내외지를 통하여 임시로 감산하고자 한 것이었지만, 높은 식민지에 보다 많은 감반과 감산을 강요하는 것이었다. 즉 통제될 과잉미 중 일본은 그

---

42) 徐椿(朝鮮日報), 「迷路線上의 朝鮮米」, 『개벽』 신간 제1호, 1934.11.01.

35%가 배정됨에 불과하였지만 조선은 44%나 배정되며, 일본은 현외(縣外)로 반출되는 미(米)의 20% 남짓을 통제하면 되었지만 조선은 이출되는 미의 절반을 통제하게 되는 것이었다.43) 이 역시 조선 측의 반대로 실현되지 못하였다.

이와 같은 일본 정부 내의 논의에 대해 총독부도 차별적인 미곡정책은 경제적으로 조선에 불리할 뿐만 아니라 통치상의 문제를 야기할 우려도 있기 때문에 극력 반대하는 입장이었다.44)

> "왕왕 신영토를 식민지시하고 차별적 관념을 갖고 이에 대하고자 하는 오해가 있으며, 특히 근년 내지 미곡문제의 해결이 급박하자 자칫하면 조선을 별개 종속적 관계에 두고 조선미를 차별하여 취급하고자 하는 의론이 있음을 봄은 심히 유감스러운 바이다. 산업경제가 아직 유치한 조선에 대해서는 보호조장의 정책을 채택하여 왔는데, 새로이 차별을 두고 특수한 취급을 하고자 하는 것은 그것 자체로 사상상, 정치상 영향을 미치는 바가 적지 않다. 하물며 차별적 취급에 의해 조선 일반 민중의 경제생활상에 심한 타격을 가하는 일이 있다면 심히 우려하지 않을 수 없다."45)

> "외지미에 대해서만 자유거래 수량에 제한을 가하고 또 외지미의 가격을 특별하게 염가로 통제하는 것은 불가하다. 요는 내외지를 통한 미

---

43) 감반 비율의 문제점에 대해서 朝鮮穀物協會聯合會, 米穀研究會, 朝鮮米擁護期成會 등이 소위 '比率反對' 운동을 전개하였다. 朴用來, 「朝鮮米統制縱橫觀(現行對策과 自治管理案)」, 『삼천리』 제7권 제5호, 1935.06.01.
44) 정부 내에서 척무성도 식민지의 입장에 동조하였다. 「朝鮮米移入許可制 : 臺灣 朝鮮 等外地米에 許可制 採用하야 統制, 議會提出 政府案大綱//差別待遇로서 統制法擴大化! 三關係當局聯合對策講究 拓省은 斷然反對」, 『동아일보』, 1934.2.3.
45) 朝鮮總督府, 1934, 「米と朝鮮の經濟事情」, 『米穀統制參考資料』(友邦協會資料). 田剛秀, 앞의 논문, p.59에서 재인용.

곡통제를 이상으로 하고, 차별을 두는 것과 같은 것은 단연코 채택하지 않을 것이다."46)

조선 측의 입장에서는, 일본의 미곡수급의 불균형으로 미가가 폭락하는 상황에서 통제정책을 수립하여 미의 생산과 유통에 제한을 가할 수밖에 없다는 것은 인정하지만, 일본과 조선에 다른 정책을 적용한다면 그것은 차별대우이므로 받아들일 수 없다고 하였다. 일본 정부도 식민지에 대한 차별대우라는 지적에는 매우 조심스러운 태도를 취하였고,47) 결국 이러한 조선 측의 요구가 상당 부분 관철되게 되었다.

이상의 조선미 이입제한 반대운동의 두 가지 논리는 모두 '지역적'인 것이었다. 본국 일본에 대한 식민지 조선의 '지역적' 피해였고, 조선 측에서 제기한 차별대우도 식민지를 설명할 때 흔히 이야기되는 '민족적' 차별대우가 아니라 '지역적' 차별대우였다. 이는 정책의 대상이 민족이 아니라 지역이었기 때문이었다. 따라서 대립구도 또한 지역을 기준으로 형성되었다. 즉 일본의 지주(농촌)를 대변하는 일본 정부에 대해, 총독부(척무성)와 조선인과 일본인을 모두 포함하는 조선 측이 대립하는 구도였다.

3. 국산애용운동과 선산애용

1930년에 총독부는 국산애용운동을 제창하였다. 이는 조선에서 생

---

46) 「米價對策」(1934년 5월 14일), 『米穀統制參考資料』(友邦協會資料); 田剛秀, 앞의 논문, p.59에서 재인용.
47) 「朝鮮米問題의 趨向 差別待遇는 絶對로 안한다. 渡東委員에 向하야 齋藤實首相言明 //露骨을 避하는 漠然한 提案을 念慮 目下農林省態度」, 『동아일보』, 1932.7.31.

산되는 상품이 일본에서 이입되는 상품에 의해 구축되면서 경쟁력을 잃게 되자, 조선의 자본가들이 '선산애용운동(鮮産愛用運動)'을 통해 조선의 산업을 보호해 주기를 총독부에 요구하였고, 총독부가 이에 호응한 측면도 지적되고 있지만,48) 기본적으로는 일본에서 일어난 국산애용운동이 조선에서도 시행된 것이었다.

먼저 일본의 국산애용운동49)에 대해서 간단히 살펴보면, 운동을 주도한 것은 내무성 사회국과 공사경제긴축위원회(公私經濟緊縮委員會), 상공성(商工省) 임시산업합리국(臨時産業合理局)이었고, 민간에서는 일본상공회의소(日本商工會議所)가 중심기관으로 활동하였다. 일본 정부는 1929년 8월 9일에 내무대신을 회장으로 하는 공사경제긴축위원회를 조직하였다. 이 위원회의 설치 배경은 "금해금이 일시적으로 국제대차(國際貸借)의 역조를 자극할 우려가 있어 공사경제의 긴축을 도모하기 위한 것"이었다. 그러나 정부의 긴축정책과 산업합리화 정책의 결과, 노동자의 임금이 저하하고 실업자가 증가하며 불경기가 심화되자, 일본 정부는 1930년 3월 22일 각의에서 국산품 애용 장려의 실행 방침을 결정하고, 먼저 관청부터 국산품을 사용하기로 하였다. 이는 소극주의에서 적극주의로 전환한 것이라고 평가받았

---

48) 이승렬, 「1930년대 전반기 일본군부의 대륙침략관과 '조선공업화' 정책」, 『國史館論叢』 67, 1996.
49) 일본에서의 국산애용운동은 이전에도 몇 차례 간헐적으로 일어난 적이 있지만, 이 시기의 국산애용운동은 그 성격이 이전과는 달랐다. 따라서 일본에서는 국산애용운동을 두 시기로 구분하여, 제1기는 國産振興運動, 즉 '국산진흥운동'의 일부로서의 국산애용장려의 시기로, 제2기는 國産愛用運動, 즉 금해금 당시의 대책으로서 唱導된 산업합리화의 정책의 일환으로서의 국산애용운동으로 파악하였다. 日本商工會議所, 1930; 『世界各國に於ける最近の國産愛用運動』附錄 日本に於ける最近の國産愛用運動; 日本商工會議所, 1934, 『最近我國の國産愛用運動』 이하 일본에서의 국산애용운동은 이 자료에 의거하였다.

다.50) 이에 공사경제긴축위원회에서도 운동의 지도정신을 변경하여51) 공사경제의 긴축과 함께 국산품 사용을 장려하고 보급하는 데에 노력하였다. 1930년 5월 26일 총회에서 국산품의 사용 장려를 결의하였고, 6월 3일에는 내각서기관장, 각성 차관, 경시총감 및 각 지방장관에게 통첩을 보내어 한층 국산품의 사용에 힘쓰도록 하였다.52) 공사경제긴축위원회는 인쇄물의 배포, 표어의 현상모집53), 강연회·강습회·전람회의 개최, 국산품 애용주간 설정, 지방관공서에서의 국산품 충용(充用) 등의 정책을 시행하였지만, 내각의 경질과 그에 따른 정책의 변경으로 1931년 말 폐지되었다.

한편 1930년 6월 2일에 일본 정부는 금해금 이후의 대책으로서 산업의 합리화를 실행할 필요를 느껴 상공성 산하에 임시산업 합리국을 설치하였다. 임시산업 합리국 제2부 소관사항으로 '국산품 사용 장려에 관한 사항'이 있었고, 이에 관한 조사·심의기관으로서 국산품애용위원회도 설치하였다. 이 위원회에서는 『국산애용운동실시계획요강(國産愛用運動實施計劃要綱)』을 작성하였는데, 국산애용운동의 구체적 방안으로 강연회·전람회의 개최, 국산품수입품대비견본의 선

---

50) 「國産品愛用은 俵孫一商相의 發案, 極力使用을 力說, 日閣議에서」, 『동아일보』, 1930.3.24; 「豫想外의 不景氣로 國産品愛用獎勵, 政府의 周章狼狽」, 『동아일보』, 1930.3.25; 「日本의 國産品愛用運動」, 『동아일보』, 1930.3.25; 「국산 애용 장려로 불경기 대책? 실업문제 등 여론 비등되어 정부당국 자못 낭패」, 『중외일보』, 1930.3.25.
51) 「실업문제 해결하고자, 긴축정책 수 방기, 국산품 애용운동 개시하기로 결정, 安達내상이 진두에 서서」, 『중외일보』, 1930.3.20.
52) 「國産品ノ使用獎勵ニ關スル件依命通牒」 "국내 산업을 진흥하고 國際貸借의 개선을 촉진함으로써 我國 경제력의 충실 발전을 기함은 실로 刻下의 급무" 日本商工會議所, 『最近我國の國産愛用運動』, 1934, pp.54~56.
53) 이 때 당선된 표어는 '明治의 舶來, 昭和의 國産', '될 수 있는 한 國産品', '品은 國産, 消費는 合理化'이다. 日本商工會議所, 『最近我國の國産愛用運動』, 1934, p.60.

정 및 전람회 개최, 선전영화·선전표어·선전포스터의 모집 및 제작, 비행기를 이용한 선전 등을 시행하였다. 또 임시산업 합리국에서는 사회국과 함께 1931년에 국산품 사용 장려에 관한 자료 시리즈를 간행하였다.54)

민간 경제단체인 일본상공회의소에서도 정부 시책에 따라 국산애용운동을 전개하였는데, 정부에서 결정된 주요 사업을 구체적으로 실행하는 역할을 담당하였다. 1930년 5월의 임시총회에서「국산애용운동에 관한 결의」를 만장일치로 가결하고, 정부로부터 보조금을 교부받아 운동의 중심기관으로서 적극적으로 활동하였다. 주요한 사업 내용은 정부기관에서 시행한 것과 동일하였다.

조선에서도 1930년부터 국산애용운동이 실시되었는데, 식산국 상공과가 주무부서로 활동하였다. 먼저 1930년 4월 1일에 식산국 산하에 상공장려관을 신설하여, 상품의 개량 및 판로의 확장에 관한 사무를 담당하도록 하였다. 회계과에서도 가능한 한 국산품을 사용하도록 하였고, 산림과에서는 각 도지사에게 통첩을 발하여 앞으로 건축용재로는 조선재를 사용하도록 하였다.55) 경성부에서도 국산애용의 취지에 비추어 경성부와 학교조합 등의 각 단체에서 필요로 하는 구입품은 앞으로 한층 더 국산품을 充用하기로 결정하였다.56)

1930년 9월에 들어서 국산애용의 분위기는 절정에 달하여, 상공과에서는 1930년 9월 16일 『국산애용, 먼저 선산(鮮産)』이라는 소책자

---

54) 이 때 발행한 자료 시리즈는 『飮食品과 國産愛用』, 『紡織品과 國産愛用』, 『雜製品과 國産愛用』, 『金屬製品과 國産愛用』, 『機械器具와 國産愛用』, 『化學製品과 國産愛用』 등으로, 서울대학교 중앙도서관 고문헌자료실에 소장되어 있다.
55) 「(社說)朝鮮産品을愛用하라」, 『每日申報』, 1930. 4. 25.
56) 「국산애용선전」, 『중외일보』, 1930. 9. 25.

를 만들어 배포하고, 9월 24일을 '국산애용의 날'로 정하여 총독부, 경기도, 경성부 및 상업회의소, 상공연합회 공동 주최로 여러 가지 행사를 개최하였다. 행사 당일 버스와 전차 등에 선전기를 게양하고, 3천부의 팜플렛과 5만매의 선전 전단지를 배부하였고, 공회당에서 강연회를 개최하였다.57) 한편, 일본상공회의소의 물품 알선에 따라 1931년 6월 10일부터 8월 26일에 걸쳐 군산, 대전, 청주, 해주, 신의주, 춘천, 함흥, 나남의 8개 도시에서 내외상품비교전람회를 개최하였다.58) 내외상품비교전람회는 마지막으로 9월 20일부터 10월 3일까지 2주간 조선총독부 상공장려관에서 개설되었다. 당시 수입되는 외국품과 국내에서 생산하는 동일한 종류의 상품을 같이 전시하여, 품질 및 가격에서 내외상품의 우열을 비교·감별할 수 있도록 진열한 것이었다. 이를 통해 "내외상품의 비교우열을 명료하게 하여 국산품 애용을 강조함과 함께, 일반 생산자에 대해서 진실로 우량하고 또 저렴한 제품의 산출을 장려하고, 한편 소비자에 대해서는 우량한 국산품을 전시하여 아국(我國) 산업의 기술상의 실력을 깨닫도록 하는" 것이 그 취지였다.59) 당시 사람들에게는 국산품 또는 조선산품으로 충당할 수 있는 물품임에도 불구하고 맹목적으로 수이입품을 좋아하는 나쁜 습관, 즉 "외국품 숭배라고 하는 미망(迷妄)", "박래품(舶來品) 존중의 폐풍(弊風)"60)이 있었는데, 이러한 사고방식을 버리고 가격과

---

57) 「국산애용선전」, 『중외일보』, 1930.9.25.
58) 日本商工會議所, 『最近我國의 國産愛用運動』, 1934, 청주에서 열린 전람회의 경우를 보면, 예상외의 성황을 보여 3일 동안 약 2만 명의 관람객이 다녀갔다고 한다. 「國産品 の愛用は經濟國難打開の途 / 內外商品比較展を觀て忠北內務部長松澤國治氏談」, 『湖南日報』, 1931.7.7.
59) 「內外商品比較展覽會開催」, 『朝鮮』, 1930년 10월호.

품질 면에서 뒤떨어지지 않는 국산을 애용하는 '소비의 합리화'가 필요하다는 것이었다.

그런데 총독부의 국산애용운동은 전반적인 국산애용과 함께 '선산애용'을 특히 강조한 점이 특징이었다. 식산국 상공과에서 작성한 『국산애용, 먼저 선산(鮮産)』을 보면, 우선 국산을 애용하면, 시장이 확장되어 국내 산업이 진흥되고 실업자를 구제할 수 있고, 또 수입이 줄어들어 국제대차를 개선할 수 있는 점을 지적하였다. 그런 후 다음과 같이 선산애용을 강조하였다.

> "전술한 것은 내선을 통틀어 아국 전체에 걸친 일반론이지만, 이를 지방적으로 생각하면 대소의 차가 있으나 동일한 결론에 이르는 것이다. 조선에 있어서는 먼저 선산 애용으로부터 시작하는 것이 지당하다. … 원래 아직 선산만으로 조선반도의 수용(需用)을 충당할 수 있을 정도로는 발달하지 않았고, 또 장래라고 하여도 반드시 전연 분리된 경제의 별천지를 만들 필요도 없고 또 그 가능성도 생각할 수 없지만, 조선산업의 전도는 양양한 것이기 때문에 선내에서는 우선 선산품의 애용을 장려하여 그 판로의 확장에 자(資)함으로써 조선경제의 진흥을 항하여 매진함이 각하(刻下)의 급무이다."61)

즉 국산애용은 일반적인 것이고 선산애용은 지역적인 것으로, 조선 경제를 발전시켜야 하는 총독부의 입장에서는 지역적인 문제를 중요시하는 것이 시급하고 당연하다는 것이다.

마쓰무라 식산국장도 각종 연설과 기고를 통해 국산애용에 앞선 선

---

60) 三嶋正二(조선총독부 상공과), 「工業資本主義の行詰と朝鮮に於ける工業の將來(二)」, 『朝鮮及滿洲』 제282호, 1931년 5월호, p.41.
61) 朝鮮總督府, 『國産愛用 先づ鮮産』, 1930.9.16.

산의 애용을 강조하였다.62) 국산애용은 세계적 추세이며 불경기의 근본적 대책으로 수입액을 감소시켜 정화(正貨)의 해외유출을 막고, 국내 산업을 진흥하여 실업자를 구제하고,63) 수출무역의 촉진을 돕는다고 지적하면서, 역시 조선에서의 국산애용은 먼저 선산으로부터 할 것을 강조하고 있다. 구체적으로는 수입품 중 많은 비중을 차지하고 있는 비료인 대두박(大豆粕), 호마박(胡麻粕)을 값싼 약유(鰯油)를 섞은 박(粕)으로 대용(代用)하고, 저포(苧布)를 조선 내에서 가능한 한 자급할 것을 제시하였다.

한편 조선에서는 조선 내 각 지역 생산품의 소비를 장려하는 모습도 나타난다. 오오니시(大西) 부산부(釜山府) 재무과장은 "선산 장려는 본부의 방침이고, 부산산 장려는 현지 부산부의 기정방침"64)이라 하였고, 평양부에서는 국산애용운동의 일환으로 평양지역에서 생산되는 제품을 모아 염매회(廉賣會)를 개최하기도 하였다.65)

그런데 '국제대차의 개선'이라는 가장 중요한 국산애용운동의 목적에서 볼 때, 선산장려나 조선 내 지역산품의 장려는 전혀 의미가 없는 것이었다. 그리고 당연하게도 일본 내에서는 이러한 모습을 찾아볼

---

62) 松村松盛(조선총독부 식산국장), 「國産品の愛用運動」, 『朝鮮經濟雜誌』 177호, 경성상공회의소, 1930.9; 「國産品愛用運動」, 『朝鮮公論』 제18권 1호, 1930년 10월, 通卷 제211호; 「國産品の愛用運動」, 『朝鮮鐵道協會會誌』, 1930.10; 「國産愛用に就て」, 『朝鮮經濟雜誌』 178호, 경성상공회의소, 1930.10.

63) "공산액의 대체로 3할은 勞銀. 6억 원의 수입품이 국산품으로 충당된다고 하면, 1억 8천만 원은 勞銀으로서 국내에 撒布되는 바로서, 現下의 실업 또는 취직난에 대해서도 일대 효과를 초래하고, 국제대차 개선에도 큰 공헌을 하게 될 것", 「內外商品比較展覽會開催」, 『朝鮮』, 1930년 10월호.

64) 「鮮産品愛用と釜山酒の向上 大西釜山府財務課長談」, 『釜山日報』, 1933.12.10.

65) 「原料品を平壤で補ひ眞の産業合理化を圖れ國産品愛用の觀念も養成 / 平壤府の節約宣傳」, 『西鮮日報』, 1930.2.8.

수 없다. 그렇다면, 왜 일본과는 달리 조선총독부에서 조선산품을 장려하고, 조선 내에서도 지역별로도 지역산품을 장려하였는가?

이와 관련하여 선산애용을 강조하면서 일본상품의 이입을 배척하는 입장까지 나왔다는 것이 주목된다. 식산국 상공과 미시마 쇼지(三嶋正二)[66]는 조선산으로 충당할 수 있는 물품임에도 불구하고 이입품을 부분별하게 사용하는 것을 비판하면서, 현재 조선은 "무엇보다도 자작자급(自作自給)으로 내지로부터의 이입을 막는 것"[67]이 중요하다고 하였다. 또 "선산품의 애용에 노력하여 선내 생산고와 동액에 가까운 수이입품의 방알(防遏)에 더욱 정진해야 한다"고 하면서,[68] "선내 공업가가 하나가 되어 공존공영의 정신 하에 적절한 활동을 함에 있어서는 조선의 공업은 내지품을 능가하는 것이 불가능하지 않다고 믿는다. … 개개의 이익을 도모함에 궁궁(窮窮)하고 있을 때에는 내외 수이입품 때문에 압도되어 끝내 폐멸하지 않을 수 없음은 명확한 사실"이라고 하여, 조선에 이입되는 일본상품과의 경쟁의식을 명확하게 드러냈다. 이러한 분위기 속에서 총독부 관리가 이사로 참여하고 있던 조선주조협회에서는 "선산주 애용의 모토 하에 내지주(內地酒) 수입을 저지하는 운동"[69]을 벌이기도 하였고, 오오니시 부산부

---

[66] 미시마는 1928년부터 1936년까지 식산국 상공과 屬으로 근무하다가 퇴직한 후에도 조선에서 활동하여 合資會社 東亞化學의 사장, 滿鮮貿易社의 중역을 지냈다. 한국역사정보통합시스템의 『조선총독부 및 소속관서직원록』과 『朝鮮銀行會社組合要錄』 참조.

[67] 三嶋正二(조선총독부 상공과), 「消費經濟の改善策(二)」, 『朝鮮及滿洲』 제292호, 1932년 3월호.

[68] 三嶋正二(조선총독부 상공과), 「工業資本主義の行詰と朝鮮に於ける工業の將來(其三)」, 『朝鮮及滿洲』 제283호 1931년 6월호 p.31.

[69] 「(全鮮酒造業大會)滿洲への進出と內地酒阻止策協議 鮮産酒愛用をモツトーに」, 『京城日報』, 1932.9.15. 총독부 財務局 稅務課 技師인 시미즈 다케노리(淸水武紀)가 조선주

재무과장은 "여러분이 지금 한층 선산주(鮮産酒)를 애용해 주신다면 가까운 장래에 선내에 내지 이입주(移入酒)의 자취가 사라지"게 될 것이라고까지 하였다.[70]

또한 위에서 살펴본 내외상품비교전람회의 개최 직후, 조선의 생산품을 일본에 판매하기 위한 조선상품견본시의 개설을 계획하였다. 이는 일본의 적당한 곳에서 견본시를 열어 해당업자를 모이게 하여 조선산품의 거래를 촉진하는 데 도움을 주고자 한 것이었다. 견본시는 총독부의 주최로 큐슈의 각 지방에서 개최되었는데, 11월 7일 하카다(博多)를 시작으로 16일간에 걸쳐 구마모토(熊本), 가고시마(鹿兒島), 오이타(大分), 나가사키(長崎)의 5개소에서 개최되었다. 참가자 33명, 의탁자(依託者) 42명 등 모두 75명이 참여하였고, 주로 농산품 및 식료품, 그리고 조선지(朝鮮紙), 도기(陶器), 죽세공품(竹細工品), 우혁(牛皮) 등의 공산품을 출품하였다.[71] 그다지 크지 않은 규모였고 판매 및 계약 실적도 기대에 미치지 못한 것이었지만, 국산애용운동을 이용하여 조선산품의 조선 내에서의 소비를 증가시키거나 외국으로의 수출을 증가시키는 것뿐만 아니라, 일본으로의 이출 증대의 기회로 삼고자 하였던 총독부의 의도를 살펴볼 수 있다.

이는 일본과 조선이 경제 상황의 차이에 따라 운동의 목적이 달랐

조협회 이사였다. 시미즈는 1905년 7월 東京高等工業學校 응용화학과 졸업 후 일본에서 大藏省 技手가 되어 主稅局 등에 근무하다가, 1916년 9월 조선에 온 이후 1937년까지 계속해서 재무국 세무과에서 稅務技師로 근무하였다. 1939년부터는 朝鮮釀造原料配合(株)의 대표로 활동하였다. 한국역사정보통합시스템의『조선총독부 및 소속관서직원록』과『朝鮮銀行會社組合要錄』참조.
70)「鮮産品愛用と釜山酒の向上 大西釜山府財務課長談」,『釜山日報』, 1933년 12월 10일.
71)「朝鮮商品見本市の開催」,『朝鮮』, 1930년 10월호;「朝鮮商品見本市 總賣上十萬圓(上) 聊か豫期に反す 慶南道産業課 星子敏輝氏談」,『釜山日報』, 1930.11.27.

기 때문이다. 즉, 금해금에 따라 국제대차의 개선을 최우선 목표로 하고 있던 일본과 달리, 조선총독부는 조선 내 산업의 진흥을 목적으로 국산애용운동을 선산애용이라는 형식으로 변용하여 시행하였다고 할 수 있다. 이와 같이 '지역경제'로서의 조선경제를 상정할 경우, 현실적으로 본국과 상충되는 부분이 존재할 수밖에 없고, 이는 일본 상품과의 경쟁이라는 형태로 나타났다.

그러나 앞에서 살펴본 조선미 이입 제한 문제와는 달리, 선산애용에서는 일본과의 대립의식은 나타나지만 일본 정부와의 직접적인 갈등은 보이지 않는다. 그 이유는 선산애용이 갖고 있는 근본적인 한계에서 비롯된 것이 아닌가 한다. 즉 물산장려운동이 활발하게 일어났을 때, 조선인의 생산능력이 부족하다는 사실이 그 발목을 잡았던 것처럼, 선산애용의 경우도 "선산애용을 고조하다 함은 일견 가공적(架空的) 의논에 불과한 감이 무(無)한 바도 아니며, 또 사실에 재(在)하야 그 철저를 기(期)하기도 불능(不能)하다 할 바일 것"[72]이라는 지적이 나올 정도로 조선 내에서 생산되는 물품의 양이나 종류가 제한적이었기 때문에, 일본에서는 정부나 자본가들이 실질적인 위협을 느끼지 않았기 때문이었다고 생각된다.

4. 중요산업통제법 조선 시행 문제

1) 중요산업통제법 조선 시행 반대와 조선 공업화정책

1930년대 중요산업통제법의 조선 시행에 관한 문제는 조선총독부

---

72) 「선산애용」, 『매일신보』, 1930.8.24.

의 공업화정책 추진 과정에서 핵심 사안으로 대두되었다. 시멘트공업에 대한 통제를 주요 내용으로 하는 이 문제는 앞에서 살펴본 조선미 이입 제한 문제와 함께 일본 정부와 조선 측이 대립하는 양상을 나타낸 대표적인 사안이었다.73)

중요산업통제법의 조선 시행을 반대하는 가장 주요한 논리는 조선 공업화 정책의 추진에 걸림돌이 된다는 것이었다. 그러면 먼저 이 시기 총독부의 조선 공업화정책 추진 과정을 개관하고, 그것과 중요산업통제법의 관계에 대해서 살펴보도록 하겠다.

1920년대 조선의 산업정책은 산미증식계획을 주축으로 한 미곡의 증산과 일본으로의 대량 이출이 중심을 이루고 있었다. 그런데 1920년대 후반 농업공황이 발생하여 일본 정부가 조선미의 이입을 통제하고자 하였고 이에 대해 조선 측에서는 강력히 반발하였지만, 결국 미곡 중심의 경제 구조는 한계에 달하게 되어 새로운 방향으로 전환시키지 않을 수 없었다. 이에 대한 대책으로 다양한 방안이 강구되었다. 농촌사회의 안정을 도모하기 위해 농촌진흥운동이 추진되었고, 대용작물 경작과 부업의 장려를 통해 농가경제를 회복시키고자 하였다. 또 농촌에 퇴적된 과잉인구를 배출하기 위한 이민 장려정책도 실시되었다. 이와 함께 근본적인 방안으로 제시된 것이 공업화 전략이었다.74)

---

73) 일본과 조선에서의 중요산업통제법의 시행 과정에 대해서는 平澤照雄, 2001, 『大恐慌期日本の經濟統制』, 日本經濟評論社 제5장을 참조.
74) 조선은행 조사과장으로 주요한 조선경제전문가 중 한 사람인 시부야 레이지(澁谷禮治)는 다음과 같이 말했다. "종래 조선경제의 基幹인 농업은, … 미곡 본위의 농업은 막다른 길에 봉착했다고 보아야 하며, 또 농업의 발전력은 이미 포화상태에 달한 것으로 보여, 따라서 중추 산업의 전환을 하지 않으면 안 된다고 판단된다. … 금후의 조선경제의 支柱産業은, 엄청난 과잉상태에 있는 勞力을 흡수하고, 대중의 화폐 취득을 증대시키는 산업에 의존하지 않으면 안 된다. 그것에는 자원 및 기업조건에 유리한

1931년 6월 우가키 가즈시게(宇垣一成)가 조선총독으로 부임한 이후 본격적인 공업화정책이 추진되었다. 우가키의 조선지배정책과 대륙침략정책에서 공업화정책이 차지하는 비중은 대단히 큰 것이었다. 당시의 농업경제로는 농촌의 과잉인구를 흡수할 수 없어 그들을 공업노동자로 흡수하여 최소생활을 유지시키면서 농촌을 안정화시킬 필요성을 절감하고 있었기 때문에, 조선공업화정책안에는 최소한의 조선인 생활안정을 도모한다는 목적도 포함되어 있었다.

총독부의 조선 공업화정책 하에서 1930년대 전반 조선에서 공업화가 진행되었다. 일본 자본의 유입이 본격화되는 1934년 이후 공업화의 추세는 현저해졌다.[75] 일본 자본의 유입뿐만 아니라, 조선 내 자본에 의한 회사 설립도 증가하였다. 조선의 공업화가 진행될 수 있었던 요인으로는, 석회석을 비롯한 풍부한 지하자원, 수력발전을 통한 저렴한 동력의 공급, 일본에 비해 훨씬 낮은 임금 수준,[76] 1931년 만주사변 이후 만주와 중국 시장의 개척 가능성 등이 있었다.[77] 또한 만주사변 이후 기대되었던 '만주붐'도 긍정적인 영향을 주었고, 엔환

공업을 한 단계 발전시키는 것 외에는 다른 방법은 없다." 澁谷禮治(조선은행 조사과장), 「朝鮮工業の諸問題」, 『朝鮮及滿洲』 제338호, 1936년 1월호, p.32.
75) 澁谷禮治(조선은행 조사과장), 「朝鮮工業の諸問題」, 『朝鮮及滿洲』 제338호, 1936년 1월호, p.32.
76) 조선인의 임금은 재조일본인의 절반 수준이었다. 澁谷禮治(조선은행 조사과장), 「朝鮮工業の諸問題(續)」, 『朝鮮及滿洲』 제339호, 1936년 2월호.
77) 이승렬, 앞의 논문. "조선의 공업의 비약은 조선 자원을 이용한 것, 조선 수력전기 완성에 의한 것, 조선에 기업하는 것이 유리하기 때문인 것이 있다. 그 중 세 번째를 설명하면, 최근에 이르러 內地 有力會社가 鮮內에 진출하기에 이른 것은, 산업통제법의 구속을 받지 않는 것, 이입세에서 보호받는 것, 공장법이 실시되고 있지 않은 것, 임금이 저렴한 것, 만주국의 성립에 의해 지리적으로 우월하게 된 것, 鮮內의 수요가 증가한 것 등의 유리한 조건 때문이다." 中央試驗場長 山村銳吉, 「朝鮮資源の特性と工業の飛躍」, 『朝鮮』, 1935년 1월호.

율의 하락에 따른 대만주 수출 증가와 지속적인 금리 인하도 경제 활황의 주요 원인으로 지적되었다.[78]

그런데 이 시기 조선의 공업화는 상당부분 일본 자본의 유입에 의한 것이었다. 조선 내에는 공업화에 필요한 자본과 기술이 부족하였고,[79] 따라서 총독부는 일본 민간자본의 유치에 온 힘을 쏟았다. 1930년대 조선공업화정책의 중점은 일본 자본의 유치를 위해 기업 경영에 유리한 환경을 조성하고 일본 자본가들에게 조선에 투자할 것을 권유하는 것이었다. 이를 위해 금융·세제상의 지원, 토지수용령을 통해 공장 건설에 필요한 용지의 염가확보, 필요한 공업원료의 보장, 공장법 적용의 회피[80]와 노동운동에 대한 탄압 및 노동력 조달에 대한 각종 편의 제공 등의 정책을 실시하였다.[81] 특히 중요산업통제법의 미시행은 공장법과 함께 일본에서 각종 통제로 고민하는 자본가들에게 조선을 자본의 자유지대로 만들어 주는 것이었다. 이와 같은 상황에서 조선에 중요산업통제법을 시행하는 것은, 조선의 공업화나 이를 위한 일본 자본의 유치에 찬물을 끼얹는 것으로, 이를 받아들

---

78) 「最近に於ける朝鮮經濟界」, 『朝鮮公論』 제22권 1호, 1934년 1월 通卷 제250호.
79) 총독부는 공업화를 추진하기 위한 재정적 수단을 갖고 있지 못했다. 총독부는 조선의 통화기구상의 제약으로 조선 내에서 독자적인 공채의 발행이 허용되지 않았다. 오히려 총독부 사업공채의 발행이 일본 내의 군사공채와 세입보전공채 격증의 여파로 억제되고 있었고 특수금융기관을 경유한 자금의 유입도 1920년대에 비해 후퇴하고 있는 형편이었다. 김낙년, 『일제하 한국경제』, 해남, 2003, p.170.
80) 식산국 상공과 미시마(三島正二)는 "조선 全 工産總額의 약 반수는 4인 이하의 직공을 사용하는 소공장의 생산"으로 "공장법을 시행함에 있어서는 이 사실을 항상 고려하지 않으면 안 된다"고 하며, "산업의 발달을 저해하지 않고 노동자 보호의 목적을 달성할 수 있는 한계 여하의 점에 있는 것"이라고 하였다. 즉 공장법은 "사회정책상의 문제일 뿐만 아니라 현실의 산업상의 문제"라고 주장하였다. 三島正二(조선총독부 상공과), 「朝鮮に於ける工業の發達と工場法の實施に就て」, 『朝鮮及滿洲』 제310호, 1933년 9월호.
81) 허수열, 『개발 없는 개발』 은행나무; 김낙년, 앞의 책, 2005.

일 수 없다는 것이 조선 측의 입장이었다. 총독부의 조선공업화정책의 중점은 일본 자본의 유치에 있었고, 이를 위해서 조선을 경제통제의 제외지역으로 남겨 놓는 것은 중요한 의미를 갖고 있었다.

또 총독부의 입장은 중요산업통제법의 조선 시행이 한창 진행 중인 공업화에 차질을 가져올 수 있다는 것이었다. 일본의 사정에 대해서는 이해하지만, 아직 유치한 단계에 있는 조선을 일본과 똑같이 취급하여 중요산업통제법을 전반적으로 시행하는 것은 시기상조라고 주장하였다.[82] 특히 논란의 대상이었던 시멘트공업은, 공업화의 기초적 소재산업으로 조선에 원료인 석회석도 풍부하고, 공업화가 진행됨에 따라 조선 내 수요가 점점 증가하고 있지만 아직 조선 내 생산량이 그것에도 미치지 못하는 상황으로, 만약 이의 생산을 통제한다면 일본으로부터 이입하는 수밖에 없는데, "이 무거운 것을 운임까지 들여서 內地로부터 운반해 오는 것은, 원료가 많이 있는 조선으로서는 바보 같은 이야기"[83]라는 것이었다. 결국 일본의 사정으로 시멘트의 통제만은 불가피하다고 인식하게 되었으나, 통제가 다른 업종에까지 확대되는 것에 대해 우려하였다.

한편 일본에서 중요산업통제법을 시행하는 목적과 조선에 이를 확대 적용하고자 하는 목적이 차이가 있었다. 일본에서는 공황 극복책의 하나로 주요 기업을 구제하고 실업문제를 완화하고자 하는 대책으로 중요산업통제법이 시행되었지만, 식민지 조선의 상황에서는 그러한 역할을 기대하기는 힘들었다. 공업화의 초기단계였던 조선에서는

---

82) 穗積眞六郎,「重要産業統制法に就て」,『朝鮮工業協會會報』41호, 1936년 11월.
83) 穗積眞六郎,『わが生涯を朝鮮に』, 友邦協會, 1974, pp.131~134; 조선총독부 식산국 상공과,『朝鮮ニ於ケルセメント工業統制問題ノ經緯』, 1936년 10월.

중요산업통제법을 시행할 자체적인 이유는 없었고, 이는 단지 일본에서의 통제를 원활하게 하기 위한 것이었다. 즉 미곡통제 문제와 마찬가지로 본국 일본의 사정으로 식민지인 조선이 희생당하는 것이었다. 공업화에서 새로운 돌파구를 찾고자 했던 총독부로서는 중요산업통제법의 시행을 받아들이기 쉽지 않았을 것이다.

이에 총독부 관리들은 조선의 사정을 고려하지 않는 일본 정부의 태도에 불만을 갖고 있었다. 당시 식산국장 호즈미는 유고에서 일본 정부의 태도에 대해 강하게 비판하였다.

> 상공성에 몇 번이나 설명하러 가도, 내지의 사람은 내지산업의 발전 밖에 생각하지 않는다. 입으로는 내선일체라고 해도, 조선의 산업을 신장시키는 것보다, 조선을 내지의 사정에 좋도록 이용하고자 하는 것일 터이다. … 내지의 업자가 이것을 희망하고, 조선 공업이 발전의 기운으로 향하여 내지의 생산이 과잉이라면, 조선의 생산을 중단시켜 자기의 제품을 팔아버리려고 하는 것은 업자로서는 당연하지만, 관청까지 업자의 의향에 영합하여 조선을 억누르려고 하는 것은, 병합의 조칙으로부터 보아도, 1919년의 조칙의 취지로부터 말하더라도, 정당한 생각이라고는 생각되지 않는다. … 內地에 있는 사람으로서는 일응(一應) 그 사고방식이 이해되지 않는 것도 아니나, 단지 내지본위로 조선을 자신의 사정에 맞게 취급하는 것은 참을 수 없다.[84]

호즈미는 오가와 상공대신을 만난 자리에서도 "조선도 일본의 내부이므로 통제에 복종하는 것이 당연하다는 생각은, 통치의 정신을 이해하지 못하거나, 또는 내지만을 존중한 결과 고의로 조칙의 의의

---

84) 穗積眞六郎, 『わが生涯を朝鮮に』, 友邦協會, 1974, p.132.

를 곡해한 것"이라며, "지금의 이 광공업의 싹이 자라려고 하는 때에, 아직 생산과잉에는 정도가 먼 조선의 시멘트까지, 내지가 과잉이라고 해서 통제로 묶어 조선의 시멘트업의 발달을 저지하고자 하는 것은 큰 잘못"이라고 지적하였다. 일본인 관리로서 내선일체나 조칙을 들어 말하고 있지만, 식민지 현지 관리로서 또 공업화정책의 주무 국장으로서 일본의 정책이 '내지본위'로만 이루어지는 것에 대한 불만이 상당하였음을 알 수 있다.

마지막으로 조선의 공업화정책에서 일본과의 대립의식이 나타나고 있었다는 것을 지적해 두고자 한다. 조선은행 조사과장인 시부야(澁谷禮治)는 조선이 공업화되면서 일본과의 대립이 불가피하다는 인식을 나타냈다.[85] 과거 조선은 일본의 식량공급지이나 공산품의 소비시장이었지만, 조선 공업의 발전으로 공산품의 전반적 자급자족(고무신, 면사포, 술, 미소, 간장 등의 예를 들었다)에 도달하였고, 이는 "내선공업의 대립, 그 결과 내지공업의 시장 상실로 된 것"이라 하였다. 물론 "공업은 유리한 지역으로 이동하는 필연성"이 있어 일본의 공업이 조선으로 진출할 것이므로, 궁극적으로는 "대립적 존재"가 되지 않을 것이라고 결론을 내렸지만, 현재 조선에게 일본은 '적'이라고까지 표현하였다. 이와 같은 조선과 일본의 대립의식은 동시기 만주시장에서의 경쟁의식이라는 형태로도 나타났다.

2) 조선의 '특수성'·'특수사정' 강조

중요산업통제법의 조선 시행을 반대하는 데 있어서는 조선의 '특수

---

85) 澁谷禮治(조선은행 조사과장), 「朝鮮工業の諸問題(續)」, 『朝鮮及滿洲』 제339호, 1936년 2월호.

성' 또는 '특수사정'을 내세우는 것이 주요한 논리로 사용되었다. 그런데 식민지기 조선의 '특수성' 또는 '특수사정'은 항상 동일한 의미로 사용된 것은 아니었다. 중요산업통제법 문제에서도 이 표현은 한 가지 의미로 사용된 것은 아니었다. 여기에서는 식민지기에 사용된 조선의 '특수성'·'특수사정'의 의미를 구분하고, 그것이 중요산업통제법 시행 논란 과정에서는 어떻게 나타났는지 살펴보도록 하겠다.

총독부가 내세운 조선 특수성의 의미는 '조선'이 어떤 개념으로 사용되었는가에 따라 세 가지로 구분할 수 있다. 첫째, 조선인 또는 조선민족의 특수성이다. 이는 경향적으로 정치·사회·교육과 같은 부문에서 사용되었는데, 주로 '민도(民度)가 낮다', '문명화되지 않았다' 등의 이유로 정치적 권리를 부여하지 않거나, 교육기회를 차별하거나, 또는 사회적으로 조선의 관습을 제도화하거나 차별적인 제도를 시행하는 것으로 나타났다. 한마디로 피지배민족인 조선인을 차별대우하는 논리였다. 둘째, 조선지역의 특수성이다. 이는 주로 경제 부문에서 '조선 경제의 저개발·미발달'을 이유로 일본과 차별적인 조선 독자적인 정책을 추진하고자 하는 경우에 사용되었다. 시기에 따라 차이가 있겠지만, 본 논문의 대상 시기에는 주로 총독부가 자신들의 통치 구역인 조선 지역의 이익을 확보하고자 하는 논리로 사용되었다. 셋째, 조선 통치의 특수성이다. 이는 조선총독부나 조선총독의 독자성 또는 자율성이라는 의미로 사용되었다. 주지하다시피 조선총독은 행정, 입법, 사법의 삼권을 한 손에 장악하고 있었다. 즉 식민지 조선은 일본 헌법의 적용 범위 밖에 두어진 이역(異域)으로, 사실상 일본 군벌 특히 육군의 관할 하에 있었고, 조선총독은 오직 천황에 직례(直隷)하여 일본 내각의 관할을 벗어나 있었고, 일본 법률의 효력이 미치지 않고 의회도 존재하지 않는 조선에서 법률의 효력을 갖는 제령(制令)을 제정할 수 있는 권한도 갖고 있었다. 그런데 일본에서 '다이쇼 데모크라시' 시기를 거치면서 정당내각이 출현하자 조선총독의 권한을 견제하려는 움직임이 나타났고, 이는 필연적으로 일본 정부와 총독부 사이의 충돌을 초래하였다. 대표적인 사례는 척식성 설치를 둘러싼 논쟁을 들 수 있다.

중요산업통제법의 조선 시행 문제에 나타는 조선의 특수성은 두 번째와 세 번째 의미로 사용되었다. 먼저 조선 지역의 특수성과 관련해서 살펴보면, 이는 주로 전술한 조선공업화정책과 관련된 것으로, 통제 문제가 처음 등장한 1933년부터 총독부의 입장은 이제 막 근대적 공업화가 시작된 조선에 일본과 동일한 통제를 가할 경우 아직 유치한 단계에 있는 조선의 공업화가 큰 타격을 받을 것이라며 반대 입장을 고수하였다. 시멘트 공업에 대해서도 조선에 시멘트의 원료인 석회석이 풍부하고 공업화가 추진되는 단계에서 조선 내 수요도 증가하고 있으며 아직 조선 내 공급량이 수요량에 미치지 못하는 상황에서 일본의 사정만으로 통제를 가할 수는 없다는 입장이었다.86) 1936년 들어 상공성에서 중요산업통제법을 조선에 시행하겠다는 방침을 발표하자, 총독부 당국자는 "각지 산업통제에 관하여는 최근 연래의 문제로서 외지의 특수성의 중요한 것은 문제가 대두할 때 마다 조선 측에서 주장해온 것"이라며, 중요산업통제법의 조선 시행은 "일본 내지 측에서 조선의 특수사정을 무시함이 심한 것이며 이는 조선에 중대한 영향을 줄 것"87)이라며 강하게 비판하였다.

---

86) 穗積眞六郞, 『わが生涯を朝鮮に』, 友邦協會, 1974, pp.131~134.
87) 「중요산업통제법 조선에도 적용, 관계 各相 방침을 명시/조선 적용설에 총독부 태도

한편 조선에 대한 일본 시멘트 회사의 투자가 증가하고 이에 따라 조선에서의 생산량도 크게 증가하게 되자, 총독부도 시멘트공업에 대한 통제는 불가피하다는 인식을 갖기 시작하였다. 그러나 이때에도 적용 업종을 시멘트만으로 한정시키고, 생산제한률과 같은 구체적인 통제 조건을 일본과 동일하게 할 수는 없다는 방침이었다.

> 조선의 특수사정으로 적용범위에 많은 난점을 포함하여 내지에서의 동법(同法)의 적용을 그대로 인용할 수는 없으므로 조선에 시행함에 있어서는 먼저 내지업계와 분쟁을 계속하고 있는 시멘트공업에 대해 이를 적용하는 것으로 상공·척무·조선 세 당국의 방침이 일치하였다. 外地 적용의 구체안에 관해서는 여러 사정이 있어 내지와 똑같은 한산률(限産率) 기타 조건을 일률적으로 하는 것은 곤란하므로 이 점에 대해서는 척무 당국에서도 조선의 사정을 다시 조사한 후 결정할 예정으로 조선 업계를 지배하는 오노다(小野田)시멘트도 정부의 방침에는 대체로 양해하고 있다.[88]

이러한 조선 지역 내의 공업의 보호를 명분으로 한 총독부의 조선 특수성의 강조는, 조선 내 자본가들의 일정한 동의와 지지를 이끌어냈다고 볼 수 있다.

다음으로 세 번째 의미, 즉 조선 통치의 특수성과 관련해서는, 중요산업통제법을 조선에 시행할 것인가의 여부와 어떤 산업을 중요산업으로 지정하여 통제할 것인가도 중요하였지만, 시행할 경우 법률을

강경, 주목되는 금후의 추이」, 『조선중앙일보』, 1936년 5월 16일 조간; 「朝鮮の財界と事業界-朝鮮重要産業統制懇談會を開催」, 『朝鮮及滿洲』 제344호, 1936년 7월호.
88) 「朝鮮の財界と事業界-重要産業統制法の朝鮮適用方針」, 『朝鮮及滿洲』 제344호, 1936년 7월호.

어떠한 형식으로 공포할 것인가, 그리고 통제기관의 관할권은 어디에 둘 것인가 하는 점도 논란이 되었다. 먼저 일본의 중요산업통제법을 의용(依用)하여 칙령으로서 조선에 시행할 것인가, 아니면 조선의 독자적인 단행법령을 별도로 제정할 것인가를 둘러싸고 의견이 대립하였는데,[89] 이는 전자의 형식을 취하는 것으로 귀결되었다. 그리고 통제를 담당하는 기관인 통제위원회 문제에서도 일본 통제위원회의 관할 하에 둘 것인가, 아니면 일본과는 별도로 총독부 내에 설치할 것인가를 두고도 논란이 되었다. 즉 위원회관제를 칙령으로서 상공대신의 관장으로 하는가, 제령으로서 조선총독의 관할 하에 두는가의 권한 문제였는데, 조선 측에서는 "외지의 특수사정으로"[90], "조선총독부의 존재이유가 외지시정의 특수기능 하에 두어져 있는 이상, 이러한 중대한 자문기관이 조선총독의 관할 하에 두어지는 것은 당연하다"[91]는 인식이었다. 이는 총독부의 의견이 수용되어 별개의 위원회를 설치하는 것으로 되었다.

이상 중요산업통제법 조선 시행 논란에서 사용된 조선 특수성의 두 가지 의미는 모두 일본과의 일원적 통제를 반대하고 독자적인 통제를 주장하는 면에서는 비슷하지만, 전자가 조선공업화가 초보단계에 있는 현실을 강조하면서 통제의 실제 내용이 달라야 함을 지적한 것이라면, 후자는 조선총독의 자율성의 측면에서 법령과 기구 등의 형식적인 문제를 주로 제기한 것이라고 할 수 있다. 따라서 조선 '지역'의

---

[89] 「重要産業統制法 朝鮮에도 遂適用, 特殊單行法規定希望으로 相當한 波瀾惹起?//今議會에 改正案提出(東京)」, 『동아일보』, 1936년 1월 19일 석간.
[90] 「重要産業統制法三月十日から實施 / 意見一致し今日本極り」, 『朝鮮新聞』, 1937년 2월 24일.
[91] 「時の問題 重要産業統制法 朝鮮施行に就いて」, 『京城日報』, 1936년 12월 22일.

이해관계를 매개로 일본인뿐만 아니라 조선인 측의 동의를 이끌어낼 수 있었던 전자와는 달리, 후자의 측면은 본국 정부와 총독부 사이에서의 권한 분쟁일 뿐으로 조선인 측의 동의를 얻기는 어려웠다.

마지막으로 지적하고 싶은 것은 앞에서 살펴본 미곡통제 문제와의 차이이다. 특수성 또는 독자성과 관련하여 양자는 차이를 보이고 있는데, 미곡통제가 문제로 되었을 때는 일본과 식민지의 '차별대우'를 비난하며 동일한 정책 환경을 요구하였던 것에 반해, 중요산업통제법의 시행과 관련해서는 조선의 특수성을 강조하며 일본과의 일원적인 통제가 아닌 '특별대우'를 요구하였다. 이는 경제적인 측면에서 보면, 어느 정도 경쟁력을 갖춘 농업과 그렇지 못한 공업의 차이라고 생각된다. 즉 미곡은 가격이나 품질 등 모든 측면에서 일본에 비해 적어도 떨어지지는 않았기 때문에 동일한 정책 하에서 차별하지만 않는다면 우위를 점할 수 있었으나, 아직 시작 단계로 정책적 보호가 필요했던 공업 부문은 일본 기업과 동일한 환경 속에서 경쟁하는 것을 받아들일 수 없었던 것이다. 결국 조선 특수성은 일본과 조선이 갈등을 빚을 때 총독부에서 일관되게 제기한 논리는 아니었고, 각 사안과 분야에 따라 특수화와 동일화 중에서 조선 지역의 이해관계에 부합하는 방향으로 선택되었다고 할 수 있다.

5. 맺음말

이상으로 1930년대 전반 식민본국인 일본과의 경제문제를 둘러싼 갈등과 대립의식을 통해서 조선총독부 경제 관료들의 '지역으로서의 조선' 인식에 대해 살펴보았다. 경제공황에 대한 대책과 조선공업화정책이 시행되는 과정에서, 조선총독부는 일본의 조선미 이입제한 시도에 대한 반대, 국산애용운동의 선산애용으로의 변용, 그리고 중요산업통제법의 조선 시행에 대한 반대 등 본국 정부의 정책 방향과 차별성을 보이면서 조선지역의 이해관계를 중시하는 태도를 취하였다. 그 과정에서 각 사안에 따라 동일화(차별대우에 대한 반대)와 차별화(조선특수성의 강조) 가운데 조선지역의 이해관계에 부합하는 논리가 선택·사용되었다.

식민지는 민족적 차별의 공간이자 지역적 억압의 공간이었다. 식민지는 본국 사회에서 발생한 여러 모순과 문제를 배출하고 완화시키는 공간으로 기능하였다. 이러한 점은 당연하게도 식민지 조선도 마찬가지였다. 조선미 이입제한 시도나 중요산업통제법의 조선 시행은, 일본에서 발생한 문제, 즉 경제공황기 공급과잉을 해결하기 위해 강력한 통제가 필요하였는데, 그 과정에서 사실상 통제가 필요하지 않은 조선에 통제를 강요함으로써 일본에서의 통제를 효과적으로 만들거나 통제에 따른 피해를 전가시키는 것이었다. 이와 같은 지역적 억압으로부터는 조선인뿐만 아니라 재조일본인들도 자유롭지 못하였다. 식민권력으로 조선지역을 통치하는 조선총독부는 그러한 본국 정부의 태도에 불만을 나타내면서 일정하게 대립점을 형성하였고, 이러한 총독부의 태도는 조선 사회에 적지 않은 영향을 주었을 것으로 생각된다.

4부 패전과 귀환, 그리고 조선 경험

❖ 해방 후 일본인의 귀환과 중앙일한협회 _ 노기영

❖ 조선총독부 관료의 일본 귀환 후 활동과 한일교섭 _ 정병욱

해방 후 일본인의 귀환과 중앙일한협회

노기영[*]

1. 머리말

식민지 조선에 거주하고 있던 일본인은 해방 후 미군의 방침에 의해 모두 일본으로 귀환하게 되었다. 일본에서 한반도로 건너오려는 재일조선인의 귀환과 함께 재조일본인의 귀환은 한일 양국에 큰 변화를 가져온 사건이었다.

일본인의 귀환에 관한 연구로는 먼저 일본의 정부기관이 귀환사업을 정리한 것[1])과 귀환과정을 전반적으로 다룬 연구[2])가 있다. 본격적 연구로서는 일본 경제부흥기 귀환자 기업단체의 행동과 의식을 분석함으로써 귀환자 기업이 일본 내 경제에 적응해 나가는 과정을 다룬 연구[3]), 조선총독부와 미군정의 일본인 귀환대책 및 귀환과정에 관한 연구[4]), 귀환자의 원호사업과 원호체제를 분석함으로써 귀환자의 일

---

[*] 盧琦霙, 국가기록원 기록연구사.
[1]) 引揚援護廳, 『引揚援護の記錄』, 1950; 厚生省援護局, 『續々・引揚援護の記錄』, 1963; 厚生省援護局, 『引揚げと援護三十年の步み』, 1978.
[2]) 본고에서는 군인의 귀환을 제외한 민간인의 귀환을 대상으로 한다. 조선으로부터의 귀환과정에 관해서는 森田芳夫, 『朝鮮終戰の記錄』, 嚴南堂書店, 1964; 若槻泰雄, 『新版戰後引揚げの記錄』, 時事通信社, 1995가 있다.
[3]) 宣在源, 「引揚企業團體の活動-戰前期海外進出企業の國內經濟復歸過程」, 『復興期の日本經濟』, 東京大學出版會, 2002.
[4]) 최영호, 「해방 직후 재경 일본인의 일본 귀환에 관한 연구」, 『典農史論』 9, 서울시립

본사회 정착과정을 분석한 연구5)가 있다.

그리고 일본 외무성의 귀환관련 자료공개를 계기로 귀환문제를 이해하는 새로운 관점을 제시하려는 시도도 나타나고 있다. 귀환관련 자료의 소재 파악 및 분석,6) 개인의 귀환체험이 귀환기억으로서 정착하는 의식 변화의 과정을 밝힌 연구,7) 공적 기억의 관점에서 패전 후 일본사회의 국민재통합의 본연의 자세로 거슬러 올라가 귀환의 기억을 고찰한 연구8) 등이 있다.

본 연구는 선행연구를 검토한 위에 일본인 귀환자단체에 대한 분석을 시도하고자 한다. 여기에서 다루는 '귀환자단체'란 귀환자가 주체로서 설립한 단체를 말한다. 지금까지 연구에서는 귀환자의 원호를 담당한 단체를 주로 '귀환단체'로 정의하고 귀환자를 수동적인 원호대상으로 파악하여 왔다. 그러나 귀환자의 체험은 본인의 계층, 성별, 연령, 체재한 지역, 귀환 시기, 귀환을 관리한 나라에 따라 다르며9) 또한 그 차이에 따라 귀환의 기억은 물론 귀환에 대처하는 자세도 다르게 나타났다. 그러므로 귀환자를 일률적으로 피해자이자 원호대상으로 파악하는 분석을 넘어서서 보다 다양한 관점에서 분석할 필요가 있는 것이다.

대 국사학과, 2003.
5) 木村健二,「引揚者戰後事業の推移」,『年報日本現代史』10, 現代資料出版, 2005.
6) 安部安成・加藤聖文,「「引揚げ」という歷史の問い方(上)(下)」,『彦根論叢』348・349, 滋賀大學經濟學會, 2004.
7) 成田龍一,「引揚げに關する序章」,『思想』제955호, 岩波書店, 2003.
8) 浅野豊美,「折りたたまれた帝國-戰後日本における'引揚の記憶と戰後的價値'」,『記憶としてのパールハーバー』, ミネルヴァ書房, 2004.
9) 成田龍一,「引揚げに關する序章」, p.151.

해방 후 조선으로부터 귀환한 일본인이 설립한 귀환자단체는 1천여 개에 이른다고 한다. 정치 관련자의 모임이나 경제 관련자의 모임뿐만 아니라 민간 친목단체인 동창회, 회사 동우회, 동향 출신자의 모임 등 '친목과 한일우호'를 목적으로 내세우며 설립된 단체들이 현재까지 수십 년에 걸쳐 활동하고 있다. 또한 일본인 귀환자들은 한국에 대해 지속적으로 관심을 가진 것은 물론 심지어 해방 후 한일관계 및 한일회담에 일정한 영향을 주었다고 알려져 있다.

그중에서도 귀환자단체의 대명사라고 할 수 있는 중앙일한협회(中央日韓協會)는 1952년 설립되었다. 이 단체는 재조일본인 유력자의 모임인 중앙조선협회(中央朝鮮協會)의 후신으로서 조선총독부 관료 출신자 및 재계의 유력자를 회원으로 하는 단체로 알려져 있다. 자매단체인 우방협회(友邦協會)의 조선총독부 자료는 학습원대학(學習院大學) 동양문화연구소의 우방문고에 소장되어 한일 역사학자들의 주목을 받아왔다.[10]

중앙일한협회에 관해서는 1980년대 잡지의 취재기에 조선총독부 관료의 OB단체로 한국에 소개되었다.[11] 그리고 2000년 우방문고의 녹음기록이 문자화됨에 따라 중앙일한협회와 우방협회의 관계가 재차 확인되었다.[12] 뿐만 아니라 최근에는 조선통치와 한일교섭에 대한 조선총독부 관료 출신자의 인식을 고찰함으로써 중앙일한협회의

---

10) 현재 중앙일한협회 회원으로 재조일본인 1세대는 거의 사망하였고 식민지 조선에서 출생한 2세대가 주로 활동을 하고 있는데 회원의 자연감소로 인해 활동은 쇠퇴하고 있다.
11) 趙甲濟, 「朝鮮總督府 高官들의 그 뒤」, 『月刊朝鮮』 8월호, 1984.
12) 미야타 세쓰코(정재정 역), 「호즈미 신로쿠로 선생과 녹음기록」, 『식민지통치의 허상과 실상』, 혜안, 2002.

활동을 한일관계 속에서 파악한 연구도 있다.13)

이처럼 중앙일한협회의 존재가 학계에 널리 알려져 있음에도 불구하고 동 협회가 귀환자단체로 결성되어 몇 차례의 통합과 개편을 거친 경위에 관한 연구는 거의 없다. 또한 일본인 귀환자가 일본으로 돌아가서 그들의 단체를 설립한 이유는 무엇이며 어떠한 활동을 하였는지에 대해서도 분명하지 않다.

본고는 경성일본인세화회(京城日本人世話會)를 시작으로 조선인양동포세화회(朝鮮引揚同胞世話會), 조선사업자회(朝鮮事業者會), 구우구락부(舊友具樂部)가 동화협회(同和協會)를 거쳐 중앙일한협회에 이르는 전개 과정을 실증적으로 검토한다.(〈그림 1〉 일본인 귀환자단체의 전개과정 참조). 그리고 중앙일한협회의 성격을 조선총독부 관료의 OB단체로서만 파악하는 것이 아니라 귀환자단체로의 일면을 살펴보고자 한다. 그리고 해방 후 귀환자단체가 일본인의 세화(世話)단체, 귀환원호의 관련 단체, 한국 관련자의 단체로 변화해 나가는 과정을 통해 일본인 귀환의 구조 및 일본사회로의 동화과정을 밝힐 수 있을 것이다.

---

13) 정병욱, 「조선총독부 관료의 일본귀환 후 활동과 한일교섭 - 1950, 1960년대 동화협회 중앙일한협회를 중심으로-」, 『역사문제연구』 제14호, 역사문제연구소, 2005.

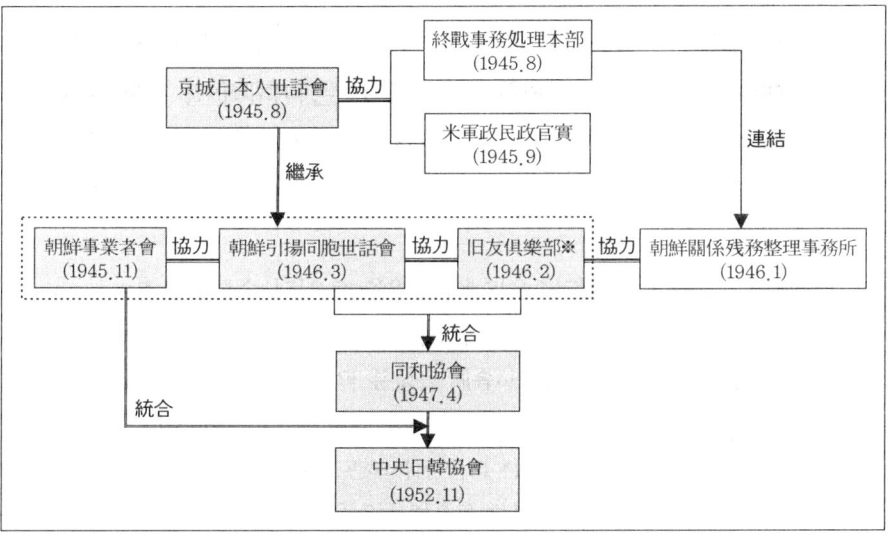

〈그림 1〉 일본인 귀환자단체의 전개과정

주 : 회색은 귀환자 단체, 흰색은 정부관련 기관
　　舊友俱樂部※는 中央日韓協會의 후신

2. 경성일본인세화회의 귀환원호사업

해방 직후 일본인의 귀환사업에서 일본인 세화회의 역할은 적지 않았다. 일본인 세화회는 일본인 민간 유력자에 의해 조직되었지만, 그 설립은 근본적으로 일본인의 안전을 지키기 위해 민간조직이 필요하다고 판단한 조선총독부와 조선군의 요청에 따른 것이었다. 8월 16일 조선총독부와 조선군은 조선군사령부에서 귀환에 관한 협의를 실시한 후 민간인 유력자를 불러들여 사태를 설명했다. 8월 17일 조선총독부와 조선군의 기능 정지에 대비하여 경성에 거주하고 있는 일본인을 위한 세화회를 결성하고 회장으로 조선상공경제회 회장인 호즈미 신로쿠로(穗積眞六郎)를 추천하기로 했다. 8월 18일 호즈미(穗積)를 중심으로 한 민간인 유력자가 모여 경성내지인세화회(京城內地人世話會)(9월 중순 경성일본인세화회로 개칭)의 설립을 의결하고, 8월 20일 공식적으로 설립되었다. 8월 24일 조선총독부는 세화회 설립을 요청하는 통첩을 각 도지사 앞에 보내는 한편, 조선군은 군용전화를 이용하여 세화회의 설립을 지방에 전함과 함께 주요 도시에 세화회를 설립하도록 재촉했다. 이 취지에 따라 8월 하순부터 9월 초순까지 지방에도 세화회가 잇달아 결성되었다.14)

여기에서는 일본인 귀환사업에서 가장 활약을 벌인 경성일본인세화회(京城日本人世話會)를 중심으로 고찰해 보고자 한다. 동회의 회장에는 호즈미(식산국장)15), 부회장에는 와타나베 도요히코(渡邊豊日子, 학무국장, 조선중요물자영단 이사장)와 구보타 유타카(久保田豊, 조선전업 사장)가 취임했다. 조선상공경제회에 사무실을 두고 사무국 하에 총무부, 사업부, 조사부의 3부를 설치했다. 이후 여러 차례에 걸쳐 기구개편을 실시하였는데 11월 1일 현재 총무부, 지도부, 의료부, 원호부, 연락부의 5부를 두었다.16)

결성 당시 경성일본인세화회는 일본인의 연락기관으로서 기능을 상정하고 있었으므로 당초에는 원호를 담당하는 부서를 설치하지 않

---

14) 森田芳夫, 『朝鮮終戰の記錄』, pp.132~139; 森田芳夫・長田かな子, 『朝鮮終戰の記錄』 資料編 제1권, 巖南堂書店, 1979, p.148; 森田芳夫・長田かな子, 『朝鮮終戰の記錄』 資料編 제2권, 巖南堂書店, 1980, p.314, p.341, 朝日新聞 경성지국장 伊集院이 阿部 총독과 면담하고 일본인의 연락기관을 결성할 것을 보고한 후 穗積에게 전화를 건 것이 계기가 되었다고 한다.
15) 인명 뒤의 ( )의 직명은 역임했던 조선총독부 직명 혹은 경력이다.
16) 경성일본인세화회는 1945년 9월 2일부터 1946년 2월 1일까지 매일 회보를 발행했다(平和祈念事業特別基金, 『資料所在調査結果報告書(別冊)-京城日本人世話會々報-』, 1999).

앗지만, 9월 1일 사업부 산하에 원호과를 신설하고 9월 24일 원호부로 승격시켰다.17) 즉, 귀환사업이 본격화됨에 따라 원호사업이 중시되었음을 알 수 있다.

경성일본인세화회 원호부는 조선총독부의 종전 사무처리 본부 및 미군정과 공동으로 귀환원호사업(歸還援護事業)을 실시했다. 8월 24일 일본정부는 패전에 따른 사무 연락을 위해 종전연락중앙사무국을 마련했는데 이에 따라 8월 27일 조선총독부에는 종전사무처리본부가 설치되었다. 동본부의 조직은 총무부, 절충부, 정리부, 보호부의 4부로 구성되었는데, 귀환사무를 담당하는 보호부 하에 총무, 지도, 급여, 경비, 숙영, 위생, 수송의 7개 반과 각지의 안내소가 소속되었다. 그러나 점차 조선총독부의 행정력이 약화되어 갔기에 종전사무처리본부는 물론 그 하부조직도 귀환자 수송을 충분히 완수할 수 없었으며 각지의 안내소 가운데도 실질적으로 활동하였던 것은 경성, 부산, 시모노세키(下關)의 3개소 정도였다.18)

9월 9일 미군이 서울에 진주한 후 귀환사업은 미군정에 인계되었다. 9월말에는 민정관실 외사과가 개설되어 종전사무처리본부의 보호부 직원 중 일부는 군정 보조관으로 채용되었으며 그 밖의 직원은 일본으

---

17) 森田芳夫・長田かな子,『朝鮮終戰の記錄』資料編 제2권, pp.369~382, 1945년 11월 1일 현재 杉山茂一(총무부), 堂本貞一(지도부), 北村精一(의료부), 古市進(원호부), 碓井忠平(연락부)이 각 부장을 담당했다. 경성일본인세화회는 ① 일본인을 위한 당국과의 절충 및 당국의 명령지시의 전달, ② 귀환에 관한 지도와 세화, ③ 타지방에서 피난해오는 사람의 구호, ④ 병약자의 의료 구제, ⑤ 재산의 권익 그 외 신분상의 상담 및 수속을 주요 활동으로 하였다(朝鮮引揚同胞世話會,「朝鮮ニ於ケル邦人引揚ノ狀況」, 1946.9).
18) 森田芳夫,『朝鮮終戰の記錄』, pp.148~152, 총무부는 미군에 제출할 자료를 작성하고, 절충부는 조선총독부와 미군과의 절충을 담당하며, 정리부는 각 국의 사무인계의 정리와 민간기업・국유재산을 미군에게 인계하고, 보호부는 열차와 배의 탑승자 통제 및 피난민수용소의 운영을 담당했다.

로 귀환하도록 하였다. 이에 따라 보호부의 조직은 사실상 해체되었고 종전사무처리본부의 안내소도 외사과의 관할로 들어갔다.19)

　미군정은 귀환사업의 운영을 위해 일본인의 원호단체를 최대한 활용할 방침을 정하고 경성일본인세화회를 일본인 귀환기관으로 공인했다. 10월 8일 군정청 법령 제10호로 모든 일본인은 세화회 사무소에 등록하도록 했다. 그리고 경성일본인세화회에 대해 원호사업 이외에도 재류 일본인의 조사, 일본인 재산의 처리에 관한 지령을 내리고 그에 따른 보고를 받는 협력 체제를 취했으며, 또 세화회의 경비 일절도 미군정에서 관리했다. 한편 경성일본인세화회는 11월말 종전사무처리본부가 맡고 있던 귀환자 수송 및 원호 업무를 이어받음과 동시에 안내소를 흡수했다. 12월 1일부터는 경성안내소가 담당하고 있던 전재자 수용시설의 관리, 전재증명서 및 승차·승선증명서의 발행 업무도 넘겨받았다. 그리고 잔류하고 있던 종전사무처리본부의 직원도 동세화회에 배속되었다.20) 이에 따라 귀환사업은 군정청과 경성일본인세화회의 양자 연락체제로 기구가 간소화되었고, 동세화회는 군정청의 일본인 귀환기관으로서 일약을 담당함으로써 조선총독부의 대행기관 역할을 했던 것이다.

　경성일본인세화회는 당초 기부금으로 활동경비를 조달·운용하였다. 호즈미 회장은 세화회의 결성을 위해 미즈타 나오마사(水田直昌, 재무국장), 시오다 마사히로(鹽田正洪, 광공국장), 니시히로 다다오(西廣忠雄, 경무국장)의 협력을 얻어 총독부로부터 1,000만 원, 은행과 회

---

19) 森田芳夫·長田かな子, 『朝鮮終戰の記錄』 資料編 제1권, p.155. 미군정의 귀환정책과 경성일본인의 귀환과정에 관해서는 최영호의 연구 참조.

20) 森田芳夫, 『朝鮮終戰の記錄』, pp.323~324, pp.351~357; 森田芳夫·長田かな子, 『朝鮮終戰の記錄』 資料編 제1권, pp.7~11.

사 등에서 400만 원, 귀환하는 조선군으로부터 400만 원으로 합계 1,800만 원의 자금을 모았다.21) 그러나 기부행위는 군정청 법령 제2호를 위반하는 것이었기에 12월 1,000만 원 이상의 자금이 미군정에 압수되었다. 세화회는 백 수십 명 직원의 인건비 외에 피난민의 원호, 수용소·병원의 경비로 많은 자금이 필요했다. 미군정으로부터 운영 자금의 지원을 받았지만 그 금액은 적었으며, 세화회의 사업비를 송금하겠다는 일본정부의 계획도 미군정에 의해 거부되었다. 결국 자금 조달을 위해 원호부장 후루이치 스스무(古市進)는 차용증을 만들어 귀환자로부터 1억 원 이상을 차입했다.22) 이때의 차입금은 귀환 후 재외공관 차입금 변제문제로서 부상하여 재외재산과 함께 일본정부에 대한 귀환자의 보상요구 항목의 하나가 되었다.

1946년 3월 경성일본인세화회의 제2대 회장이 된 후루이치는 안내소장을 겸임하였다. 후루이치 재임 시기는 38도선 이북으로부터의 피난민 수용 및 귀환원호가 중요한 업무였다.23) 대량 피난민의 귀환이 끝나자 7월 7일 동세화회는 9월 1일자로 해산할 것을 미군정으로부터

---

21) 森田芳夫·長田かな子,『朝鮮終戰の記錄』資料編 제1권, p.315, 穗積의 다른 회고에 의하면 水田 재무국장의 협력으로 조선총독부로부터 500만 원, 鹽田 광공국장의 협력으로 은행과 회사로부터 700만 원, 4개 유력회사에서 모금한 500만 원 중에서 100만 원을 西廣 경무국장으로부터 받았다고 한다.(穗積眞六郎遺筆,『わが生涯を朝鮮に』, 友邦協會, 1974, p.193).
22) 森田芳夫,『朝鮮終戰の記錄』, pp.552~553; 穗積眞六郎遺筆,『わが生涯を朝鮮に』, p.208.
23) 조선건국방해사건으로서 떠들썩했던 김계조사건으로 인해 1945년 11월에 西廣 경무국장은 일본에 송환되었고 水田 재무국장, 鹽田 광공국장은 귀국명령을 받았다. 김계조의 판결과 함께 穗積은 징역 2년 집행유예 2년의 판결을 받고 4월 일본으로 귀환했다. 이로 인해 穗積이 회장집무를 이행하지 못하게 되자 古市가 제2대 회장으로 취임했다(森田芳夫,『朝鮮終戰の記錄』, pp.840~844).

명령받은 결과 7월에 30명, 8월에는 20명으로 각각 감원되었다. 9월 1일 경성일본인세화회는 폐쇄되었지만 그 조직은 군정청 송출사무소로 개칭하고 후타미(二見)여관으로 사무실을 옮겼다.24) 그리고 후타미(二見)여관, 세이코엔(淸香園), 히가시혼간지(東本願寺)로 사무실을 옮겨 가면서 업무를 실시하다가 1946년 12월 27일 완전 철수했다.25)

이상과 같이 경성일본인세화회는 조선총독부와 조선군의 요청으로 설립되었으며 운용자금도 조선총독부, 조선군, 민간 유지에 의해 모아졌다. 그리고 동세화회의 귀환원호사업은 조선총독부 종전 사무처리 본부 및 미군정과의 밀접한 협력 하에 이루어졌다. 즉, 민간단체의 형태를 띠고 있던 경성일본인세화회는 실제로는 조선총독부의 대행기관으로서 활동했다고 할 수 있다.

3. 귀환자단체의 설립과 활동

1) 조선총독부 관료의 귀환과 구우구락부(舊友俱樂部)

해방 직후 조선과 연락이 두절된 도쿄에서는 조선총독부 도쿄사무소의 직원과 조선총독부의 구관료가 귀환문제에 관한 협의를 시작했다. 그리고 재일조선인에게 점거되어 있던 다무라초 소재의 조선총독부 도쿄사무소를 미점령군과의 교섭을 통해 확보한 뒤 그곳에서 패전에 따른 각종 업무를 시작했다.26)

---

24) 朝鮮引揚同胞世話會, 「引揚同胞」 3·4, 1946.7.
25) 森田芳夫, 『朝鮮終戰の記錄』, pp.726~729, 마지막까지 남아있던 부산일본인세화회는 1948년 7월 10일 철수했다.
26) 中央日韓協會, 「協會の實施して來た事業槪要」, 1958.4.1.

1945년 11월 도쿄로 돌아온 미즈타 재무국장, 오쿠무라 시게마사(奥村重正, 재무국 사계과장), 키라 요시시게(吉良喜重, 관방 인사과장), 도요시마 노보루(豊島陞, 광공국 근로제1과장)과 기타무라 데루오(北村輝雄, 조선총독부 도쿄사무소 소장) 등은 조선총독부 도쿄사무소를 본거지로 삼고 관료의 급여정리, 귀환자의 원호를 위해서 관청과의 협의를 비롯한 사무를 개시했다.27)

1946년 1월 29일 조선총독부 도쿄사무소에 조선관계잔무정리사무소(朝鮮關係殘務整理事務所)가 공식 개설되었다. 이와 동시에 1월 30일부로 조선관련 사무가 내무성에서 외무성으로 이관되었다. 조선관계잔무정리사무소는 당초 '조선총독부 잔무처리사무소'라는 명칭으로 1945년 12월 조선총독부 직원 125명의 인사 발령을 실시했지만, 남한의 미군정청(USAMGIK)이 조선총독부라는 단어는 일본정부의 어떠한 기관, 국, 부, 과의 명칭으로도 사용할 수 없다는 지령을 내림으로써 1946년 1월 '조선관계잔무정리사무소'(이하 잔무정리사무소)로 개칭했다.28)

잔무정리사무소는 '조선에 있어서의 각종 행정기관의 폐지에 따른 잔무를 정리'하는 것을 목적으로 하여, 사무정리에 따라서 점차 그 기능을 축소하는 임시적인 조직으로 설치되었다. 그 직원은 조선총독부 도쿄사무소의 근무자 및 조선에서 근무한 경험이 있는 관리를 채용하도록 했다.29) 잔무정리사무소 직원 중 일부는 조선총독부 종전처리사무본부에서 근무했던 이들로 여겨지는데 이는 종전처리사무본부와 잔무정리사무소의 업무가 연계적으로 행해질 필요가 있었기 때문일

---

27) 朝鮮關係殘務整理事務所, 『事務所の沿革と事業槪要』, 1950, p.5.
28) 春田哲吉, 『日本の海外植民地統治の終焉』, 原書房, 1999, pp.284~296.
29) A'3.0.0.6 「3. 外務省の終戰連絡事務局宛報告」, p.171(일본 외무성 기록공개문서 검색).

것이다.

결성 당시 조직은 시오다 마사히로(鹽田正洪)를 소장으로 하여 산하에 총무부(吉良喜重), 경제부(鹽田正洪 겸임), 원호부(織田智)를 두었으며, 귀환자의 원호, 미귀환자의 귀환촉진, 귀환 관료의 급여 및 취직 알선, 재외재산의 정리 등의 업무를 맡았다. 그리고 전(前)정무총감인 엔도 류사쿠(遠藤柳作)와 다나카 다케오(田中武雄)가 고문을, 총독부의 국장급 인사가 상담역을 맡았다.30)

그러나 잔무정리사무소만으로는 귀환사업에 따른 문제를 해결하는 데 능력이 미치지 못했기에 귀환자의 일반원호 부문은 조선인양동포세화회(朝鮮引揚同胞世話會)와 협력 체제를 유지하였고, 한편으로 재외재산문제에 관해서는 조선사업자회(朝鮮事業者會)와 협조하여 활동해 나갔다. 이에 따라서 잔무정리사무소는 조선총독부 관련 업무에 중점을 둘 수 있게 되었다.31) 구체적으로는 조선총독부 관공리의 신분·급여·공제연금 처리, 미귀환 관리의 파악, 귀환자의 원호·보도(補導)에 관한 사무였다. 그 외 민간인의 갱생사업을 위한 관청 방면의 연락·알선에도 나섰다.

해방 당시 조선총독부의 일본인 직원은 89,766명으로 파악되었는데 이중 38도선 이남의 근무자 54,920명은 1945년 11월까지 대부분이 귀환하였고 남아 있던 이들도 1946년 3월까지 귀환하였다.32) 일

---

30) 朝鮮關係殘務整理事務所, 『事務所の沿革と事業槪要』 1-5, pp.61~69, 1946년 6월 15일 현재의 임원은 인사부장의 吉良喜重, 원호부장의 原田大六, 서무부장 겸 회계부장의 北村輝雄였다. 原田大六은 종전 사무처리 본부 보호부의 총무반장이었으나 1945년 10월 白石光治朗이 구속된 후 그 대리를 담당한 인물이다.
31) 朝鮮引揚同胞世話會, 「引揚同胞」 7-9, 1947.1.
32) 朝鮮關係殘務整理事務所, 『事務所の沿革と事業槪要』, p.8.

본에서는 1946년 5월 29일 칙령 제287호에 의해 '외지'의 관공리는 퇴관 또는 퇴직하였으며 조선총독부의 관공리도 자연 퇴관하였다.[33] 잔무정리사무소는 퇴관 또는 퇴직하는 관공리의 급여와 공제연금문제를 집중적으로 관리함으로써 마치 관공리의 공제단체와 같은 역할을 하였다.

한편, 해방 직후부터 일본에서 귀환자의 원호 및 조선총독부 관련 사무를 중앙관청과 협의하여 세화(世話) 및 상담역을 맡은 단체로서 중앙조선협회(中央朝鮮協會)가 있었다. 동 협회는 조선총독부의 구관료, 조선재계의 유력자 등의 일본인을 회원으로 하여 1926년 도쿄에서 조직되었으며, 조선총독부와 긴밀한 관계를 가지면서 영향력을 미쳤다고 한다.

중앙조선협회는 1946년 2월 1일 해산하였고[34] 그 조직과 구성원은 구우구락부(舊友俱樂部)로 계승되었다. 구우클럽은 먼저, 태평양전쟁 말기 일본 거주자의 소개로 인해 주소 불명의 회원이 증가함에 따라서 잔무정리사무소와 조선인양동포세화회의 협력으로 회원 명부를 정리하였다. 이는 또한 조선으로부터 관공리가 대거 귀환·퇴직함에 따른 회원증가에 대처하기 위한 때문으로도 보인다.

그리고 귀환할 때 조선총독부의 자료를 휴대하는 것이 공식적으로 금지되었기 때문에 구우클럽은 조선관계 자료와 도서를 소유하고 있

---

33) 朝鮮引揚同胞世話會, 「引揚同胞」 3·4, 1946.7.
34) A'3.0.0.6 「3. 外務省の終戰連絡事務局宛報告」, p.270. 해산 당시의 임원은 회장에 宇垣一成, 고문에 南次郎, 水野錬太郎, 이사장에 關屋貞三郎, 전무이사에 金子隆三, 有賀光豊, 弓削幸太郎, 이사에 池田龍一, 池田秀雄, 石井光雄, 土師盛貞, 尾崎敬義, 渡邊彌幸, 田中鐵三郎, 裏松友光, 草間秀雄, 丸山鶴吉, 小林采男, 浅利三朗, 松隅秀雄, 佐々木駒之助, 星野喜代治, 君島一郎, 守谷榮夫 등이 역임하고 있었다.

는 개인을 대상으로 자료의 대여 및 양도를 요청했다. 경성대학 교수였던 스즈키 다카오(鈴木武雄)의 기획으로 조선총독부의 36년간 실적을 기록·보존할 계획을 세우고 강연회도 개최했다.35) 이러한 활동은 동회의 전신인 중앙조선협회의 조선 문제에 관한 강연, 출판, 조사 연구, 정보 자료의 교환 등의 활동을 이어받은 것이었다. 이들이 조선총독부의 실적을 정리함으로써 식민지통치의 정당성을 주장하기 위해 나선 이유로는 식민통치에 대한 일본 내 비판 여론에 대처하기 위한 측면이 있었다고 할 수 있다.

이상과 같이 도쿄 거주의 조선 관련자와 귀환한 유력자들은 구우클럽을 중심으로 회원연락 및 조선통치의 실적을 정리하는 한편, 인맥을 활용한 정부와의 알선을 담당하면서 잔무정리사무소 및 귀환자단체의 사업을 지원하였다.

2) 조선인양동포세화회(朝鮮引揚同胞世話會)와 귀환자단체의 관계

38도선 이남으로부터의 귀환이 끝난 것을 계기로 1946년 3월 1일 도쿄에서는 조선인양동포세화회(朝鮮引揚同胞世話會, 이하 세화회)가 설립되었다. 세화회의 설립은 조선총독부의 관료 출신자와 귀환사업 관련자가 추진했으며 잔무정리사무소 내에 사무실을 두었다.

원래 귀환자의 원호 및 수송에 관한 정부기관과의 교섭은 잔무정리사무소가 담당하고 있었지만 귀환자의 수가 급증함에 따라 원호를 담당할 기관을 별도로 두려는 계획이 나왔다. 엔도 류사쿠, 다나카 다케오, 와타나베 시노부(渡邊忍, 농림국장), 시오다 마사히로(鹽田正洪)

---

35) 舊友俱樂部, 「舊友俱樂部會報」 1, 1946.8.

등이 협의한 결과 도쿄에 조선귀환자 원호단체를 만들어 원호사업을 실시하기로 했다. 당시 구우클럽 내에 원호부가 설치되어 있었지만 실행력이 부족했기 때문에 구우클럽 세키야 데이자부로(關屋貞三郞, 학무국장)의 동의를 얻어 분산되어 있던 귀환자 원호사업을 통합하게 되었다.36)

그러나 세화회의 결성에 관해서는 반대 의견도 있었다. 일본 내 귀환관련 정부기관으로서 중앙의 후생성 인양원호원과 지방 원호국이 있었고, 원호사업을 실시하는 조직으로서 재외동포원호회와 전재원호회가 활동하고 있었다. 때문에 조선에서 오는 귀환자만을 담당하는 원호단체를 발족하게 된다면 기존 단체와의 사이에 마찰이 생기거나 기능이 중복될 우려가 있다는 것이다. 하지만 세화회는 두 원호조직과 업무상의 중복을 피한다는 조건 하에 설립하기에 이르렀다.37)

세화회의 초대회장에는 세키야가 취임했지만 7월 31일 경성일본인 세화회 회장이었던 호즈미가 제2대 회장으로 취임했다. 호즈미는 1946년 4월 귀환한 이후 세화회의 사업 목적을 이미 귀환한 이들을 위한 원호업무보다 38도선 이북에 있는 미귀환자의 귀환촉진에 둘 것을 주장했다. 실제 1946년 3월부터 38도선 이북에서 온 귀환자가 쇄도해 그 원호가 중요한 업무가 되고 있었다. 호즈미의 의견을 따라 세화회는 귀환자의 원호 및 미귀환자의 귀환촉진이라는 두 가지 사업 목표를 정했다. 그리고 세키야는 호즈미가 귀환하였기에 그에게 회장직을 물려줄 의사를 밝혀 7월 호즈미가 회장에 취임하게 되었다.38)

---

36) 森田芳夫・長田かな子, 『朝鮮終戰の記錄』 資料編 제1권, p.145.
37) 朝鮮引揚同胞世話會, 「引揚同胞」 1, 1946.4. 1946년 공직추방령의 실시로 인해 식민지 조선의 유력자들이었던 이들의 대부분은 일본 내에서 공적인 활동을 할 수 없게 되었다. 세화회의 결성은 한편으로는 공적 활동이 금지된 이들의 결집공간이기도 하였다.

결성 당시의 고문은 마루야마 쓰루키치(丸山鶴吉, 경무국장), 다나카 다케오, 오노 로쿠이치로(大野綠一郎, 정무총감), 엔도 류사쿠, 이케다 기요시(池田淸, 경무국장), 이케다 히데오(池田秀雄, 식산국장), 마쓰다 레이스케(松田令輔), 가가와 도요히코(賀川豊彦)이었고, 이사는 와타나베 시노부, 구보타 유타카(久保田豊), 시라이시 소조(白石宗城, 일본 질소비료 이사), 고다키 모토이(上瀧基, 내무국장), 고바야시(小林采男, 小林鑛業 사장), 단게 이쿠타로(丹下郁太郎, 경무국장), 시모다 마사히로, 오다(織田智, 광공국 근로부장), 나카야스 요사쿠(中保與作, 경성일보 주필), 유게 고타로(弓削幸太郎, 철도부장), 노무라 긴이치로(野村勤一郎), 하라다 다이로쿠(原田大六, 관방기획과장), 다카오 진조(高尾甚造, 경무국 사무관)가 취임하였다.39) 이 임원들은 조선총독부의 관료 혹은 재계 및 학계의 유력인사였으며 구우클럽의 회원도 다수를 차지했다.

산하 조직으로는 총무부, 사무부의 2부를 두었고, 총무부에 서무반, 편집반, 섭외반의 3개 반을, 사무부에 원호반, 보도반의 2개 반을 설치했다. 원호반 내에 원호상담실을 두고, 오사카(大阪), 시모노세키(下關), 후쿠오카(福岡), 마쓰야마(松山), 센다이(仙台), 나고야(名古屋), 구마모토(熊本)에 지방상담실을 설치해 세화회의 유력 인사를 지부장으로 임명·파견했다. 활동 자금은 주로 기부에 의존했는데 중앙 원호단체인 동포원호회,40) 재외동포원호회, 만세클럽 등에서 고액의 보조

---

38) 森田芳夫·長田かな子, 『朝鮮終戰の記錄』 資料編 제1권, p.145.
39) 朝鮮引揚同胞世話會, 「引揚同胞」 1, 1946.4, 설립 당시에는 고문 8명, 이사 13명, 감사 2명, 평의원 36명이었는데 1946년 9월 현재 고문 10명, 이사 18명, 감사 2명, 평의원 34명이 되었다(朝鮮引揚同胞世話會, 「朝鮮引揚同胞世話會特報」 13, 1947.2).
40) 재단법인 전재원호회와 은사재단 군인원호회가 통합하여 1946년 3월 13일 은사재단 동포원호회가 결성되었다.

금을 받기도 했다. 그러나 기부를 주요 재원으로 함으로써 자금을 자유롭게 조달할 수 없었기에 지방상담소는 현지에서 활동 자금을 조달하기로 했다.41)

세화회의 주된 활동은 세 가지로 나눌 수 있다. 첫째, 후생성의 인양원호원을 비롯한 중앙관청과의 연락을 긴밀히 하고 잔류자의 귀환촉진, 재외재산의 보상, 동결 예금, 농지 개척, 그 외 긴급 문제에 대해 정부 측에 진정활동을 벌였다.42) 둘째, 귀환관련 집회를 개최하거나 전국 규모의 집회에 조선대표로 참가하여 여론에 호소했다.43) 그 일환으로서 1946년 5월 21일 조선귀환보고대회를, 7월 21일 츠키지의 혼간지에서 조선귀환 동포사망자 추도회를 개최했다. 또 8월 7일 신문 관계자와 식민지의 귀환자단체 대표를 모아 재외개인재산 보상 문제에 관한 강좌를 개최하고, 9월 19일에는 해외귀환자전국대회에 조선귀환자단체로서 참가하는 등의 활동을 벌였다. 셋째, 회보를 통해서 귀환상황이나 귀환 후 정착에 관한 정보를 귀환자에게 전달했다. 그리고 연고지가 없는 귀환자에게 기숙사를 제공하고 취직을 원하거나 사업을 계획하는 귀환자에 대해서는 각종 수속을 지원했다.44) 이처럼 세화회는 정부의 공식 원호조직이 아니라 원호활동을 보조하면서 조선으로부터의 귀환자를 돌보는 민간 귀환자단체였다. 그리고 원호단체로서 뿐만 아니라 '조선 귀환자의 친구'임을 내세워 조선귀환자단체로서 대표성을 강조했다.

---

41) 朝鮮引揚同胞世話會, 「事業槪況 1946年 3~8月」.
42) 穗積회장은 각 식민지 귀환자대표와 함께 재외개인재산의 보상을 진정했다(穗積眞六郞外4名, 「在外個人財産補償に間する陳情」, 1946.7).
43) 朝鮮引揚同胞世話會, 「朝鮮引揚同胞世話會特報」 6, 1946.10.20.
44) 朝鮮引揚同胞世話會, 「事業槪況, 1946年 3~8月」.

세화회는 남한의 경성일본인세화회, 부산일본인세화회와 긴밀히 연락을 취하는 등 마치 일본인세화회의 본부와 같은 역할을 수행하였으며, 일본 내 귀환자단체와도 긴밀한 협력관계를 유지하고 있었다.

먼저 귀환원호사업에 관해서는 잔무정리사무소와 밀접하게 협력하여 업무를 추진했다. 예를 들어 세화회의 각 지역 상담소장회의에는 잔무정리사무소의 시오다 소장도 출석하여 업무상황을 보고했다.[45] 1946년 12월에는 세화회에 공제연금부가 두어져 퇴직 관공리가 잔무정리사무소에 제출해야 하는 공제연금 청구 서류의 작성·제출을 대행하는 수속 업무를 거들었다.[46] 이와 같이 세화회와 잔무정리사무소는 관과 민의 조직으로서 긴밀한 업무 제휴를 통해 귀환원호사업의 양대 기관으로 활동했다. 이는 해방 직후 조선총독부 종전사무처리본부와 경성일본인세화회의 협력형태가 연장된 것이라고 할 수 있다.

다음으로 세화회와 구우클럽의 관계는 구우클럽이 세화회의 업무에 협력하는 한편 세화회는 구우클럽에 사업현황을 보고하는 사이였다. 구우클럽의 임원과 회원은 세화회와 잔무정리사무소의 고문 및 상담역으로서 다수 관여하고 있었다. 구체적으로 살펴보면 10월 15~16일 세화회의 각 지역상담소장회의와 10월 25일 세화회의 고문회가 구우클럽의 사무실에서 열렸으며, 고문회에는 잔무정리사무소 소장도 참가해 잔무정리사무소의 업무에 대해 보고했다.[47] 이와 같이 구우클럽은 1926년부터 활동해 온 중앙조선협회의 인맥을 유지하면서 귀환원호활동을 지원하는 인적 구심점의 역할을 했던 것으로 보인다.

---

45) 朝鮮引揚同胞世話會, 「朝鮮引揚同胞世話會特報」 6, 1946.10.20.
46) 朝鮮引揚同胞世話會, 「朝鮮引揚同胞世話會特報」 9, 1946.12.10.
47) 朝鮮引揚同胞世話會, 「朝鮮引揚同胞世話會特報」 7, 1946.11.10.

그 외에도 세화회는 재외개인재산의 보상 문제에 관해서는 식민지와 점령지출신 귀환자단체의 통합체인 인양자단체전국련합회(引揚者團體全國連合會, 이하 전국연합회)와 협력하여 그 조선귀환자지부로서 활동했다. 전국연합회의 위원장에는 세화회의 회장이던 호즈미와 고문인 다나카 다케오가 역임했는데, 1947년 동화협회가 결성된 이후 전국연합회는 동화협회 사무실 내에서 업무를 보기도 하였다. 이는 동화협회 회장이 된 다나카가 전국연합회의 사업에도 동시에 관여했기 때문이었던 것으로 보인다.48)

이처럼 세화회는 귀환원호사업을 위해 설립된 단체로서 잔무정리사무소, 구우클럽과 협력하면서 조선귀환자단체의 대표 지위를 확보해 나갔다. 한편 세화회의 원호사업은 귀환 후 일본사회로의 동화를 시도하는 조선귀환자를 원조함으로써 귀환자의 공동체의식을 형성해 나갔다. 당시 일본 전국에서는 소규모의 조선귀환자단체가 잇달아 조직되어 재외재산 보상 문제와 같은 공통의 관심사에 대한 귀환자의 의견을 수렴하거나 표현하였다.

3) 조선사업자회(朝鮮事業者會)와 재외재산 보상문제

여기서는 재외재산 보상 문제에서 세화회와 협력관계에 있던 조선사업자회(朝鮮事業者會, 이하 사업자회)에 대해 살펴보고자 한다. 사업자회는 1945년 11월 1일 '조선에서 활동했던 일본인 사업경영자를 회원'으로 하여 설립되었으며 사무소는 세화회와 마찬가지로 잔무정리

---

48) K'7.1.0.3 「引揚援護團體及び引揚者團體關係」(일본 외교사료관 소장). 인양자단체 전국연합회의 재외개인재산 보상 요구운동 및 일본정부의 대응에 관해서는 厚生省援護局, 若槻泰雄, 春田哲吉의 연구 참조.

사무소 내에 두었다. 설립 목적으로는 ① 조선에서의 사업경영자 및 종업원의 보호 및 구출, ② 사업경영자 및 종업원의 재산관리 및 보상에 관한 필요한 조치, ③ 조선에 관한 제정보의 모집 및 회원에 대한 보고를 들고[49] 구체적으로는 귀환사업체의 연락기관으로서 각 사업체 사원의 원호 및 잔무정리의 지도, 사업재개·전환의 알선, 금융기관과의 연락 등을 실시하기로 했다.[50]

사업자회의 임원으로 이사장에는 시라이시 무네기, 전무이사에는 노부하라 세이(信原聖, 식산국 사무관, 경남지사)가 취임했으며, 산하에 총무부, 연락부, 조사부를 두고 오사카(大阪)에 간사이(關西)지부를 설치했다.[51] 1946년 9월 25일에는 노부하라 대신에 야마구치 시게마사(山口重政, 조선식산은행 이사)가 전무이사로 취임하였고, 사무국을 총무부, 연락부, 조사부로 개편했다.[52] 한편 산하 조직과는 별도로 석탄, 광업, 제철, 기계, 화학, 경금속·요업, 제지·임업, 수산·농업, 양조·식료, 전기·교통, 토건, 섬유의 13개 산업별 부회를 설치하여 부회 이사회를 개최했다.[53] 그리고 하카타(博多), 센자키(仙崎), 가라쓰(唐津), 오타케(大竹)의 귀환항에 사업자회의 상주 연락원으로서 주요 상사의 사원을 파견했다.[54]

사업자회는 재외사업체재산의 보상을 주요 활동목표로 하였는데 그 내용은 두 가지로 나눌 수 있다.

---

49) 朝鮮事業者會, 「朝鮮事業者會設立關係文書」, 1945.12.
50) 朝鮮事業者會, 「會報」 44, 1947.3.31.
51) 朝鮮事業者會, 「會報」 1, 1946.3.
52) 朝鮮事業者會, 「會報」 28, 1946.10.7.
53) 朝鮮事業者會, 「會報」 4, 1946.4.15.
54) 朝鮮事業者會, 「會報」 5, 1946.4.22.

첫째, 일본정부를 상대로 귀환자의 재외기업체재산 보상요구 활동을 벌인 것이다. 미군정은 식민지와 점령지의 일본인 재산을 전쟁 배상에 충당한다는 원칙이었기에 재산을 잃은 귀환자에게 재외재산 보상문제는 최대의 관심사였다. 사업자회는 그 중에서도 특히 사업체재산의 보상에 힘을 쏟았다. 1946년 3월 18일에는 대장성과 외무성에 요망서를 제출해 사업체와 종업원을 위한 조치, 귀환자에 대한 처우, 38도선 이북에 잔류자가 있는 가족에 대한 위로금 지급 등을 요구했다.[55]

사업자회는 재외사업체재산의 보상을 요청하는 근거로 전쟁배상을 위해 재외재산을 사용하는 것은 '불공평'하며 타당하지 않다는 논리를 내세웠다. 그리고 "조선은 세계 공인의 일본영토였으며 다른 해외지역의 재산과는 동일하게 논의될 것이 아니다"고 하며 정부당국의 특별한 배려를 촉구했다.[56] 당시에는 일본의 식민지를 비롯한 해외의 경제적 발전은 군사적 배경에 의해 확장되었다고 간주하여 징벌하는 의미에서 재외재산 보상이 불필요하다는 여론이 있었는데, 이에 대해서 사업자회는 '옛 영토'에서의 경제활동은 '평화적 성격'이었다고 주장했던 것이다.[57] 즉, 사업자회를 비롯한 귀환자단체는 귀환자가 '제국주의의 앞잡이'라는 인식은 잘못된 것이며 일본정부가 전재

---

55) 朝鮮引揚同胞世話會, 「引揚同胞」 2, 1946.5.
56) 朝鮮事業者會, 「會報」 44, 1947.3.31.
57) 朝鮮事業者會, 「在外財産補償要請に關する資料」, 1946.7.29. 조선사업자회가 樺太 사업자대표와 臺灣사업자대표의 공동명의로 낸 요청서에는 보상요청액으로 패전 당시 장부가액으로서 화태 12억 원, 조선 120억 원, 대만 25억 원을 요청했다. 또, 경성대학 교수였던 鈴木武雄은 조선, 대만, 화태에 있어서 재외재산의 총액을 추정하기를 사업체재산은 조선 120억 원, 대만 25억 원, 화태 12억 원의 계 157억 원이고, 개인재산은 조선 50억 원, 대만 10억 원, 화태 5억 원의 계 65억 원으로, 합계는 222억 원이라고 산출했다.

자에게 보상한 것처럼 귀환자에게도 보상해 주어야 한다고 했다.

둘째로, 사업자회는 조선관계 재외사업체재산의 개요와 청산사무 처리의 상황 등에 관한 조사를 외무성으로부터 의뢰받아 조사를 실시하고 조서를 제출했다. 각 회사에서 조서를 제출받은 결과 조선에 남겨진 사업체재산의 규모를 산출하기도 했다.58) 자본금 50만 원 이상의 법인 137사를 조사한 결과 1946년 5월 31일 현재 재산액은 37억 원, 평가액은 116억 원이었다. 그러나 잔무정리사무소가 50만 원 이상의 법인 831사를 조사한 결과에서 재산액은 104억 원이었다. 즉, 사업자회의 조사 금액은 잔무정리사무소 조사 금액의 3배에 이르는 액수였다.59) 그리고 1947년 5월에는 재외재산조사회가 실시한 '귀환 법인의 현상 조사'에 협력하여 조사활동을 벌였다.60) 재외재산조사회는 외무성과 대장성의 공동 관할기관으로 1946년 9월 26일에 개설되었는데 조선관계자로서는 호즈미, 미즈타, 시라이시, 야마구치의 4명이 위원으로서, 후지모토 슈조(藤本修三, 회계과장, 세무감독국장)가 간사로서 활동하였다.61)

사업자회는 조직상 귀환사업체의 통합단체인 해외사업전후대책중앙협의회(이하 중앙협의회)의 조선지역 부회로서 소속되어 있었지만, 사업자회의 전회원이 중앙협의회의 회원이었던 것은 아니었다. 중앙협의회는 패전 이전 해외에 본점을 두었던 사업체의 일본 국내지점 대표자 및 책임자를 회원으로 했기 때문이다.62) 그러므로 사업자회는

---

58) 朝鮮事業者會, 「會報」 3, 1946.4.8.
59) 朝鮮事業者會, 「會報」 11, 1946.6.10; 朝鮮引揚同胞世話會, 「引揚同胞」 3·4, 1946.7.
60) 朝鮮事業者會, 「會報」 47, 1947.5.19.
61) 朝鮮事業者會, 「會報」 28, 1946.10.7.
62) 해외사업전후대책중앙협의회의 활동 및 재외사업체재산의 보상 문제에 관해서는 宣

중앙협의회의 지부로서 활동하면서, 조선귀환자의 단체로서 같은 사무소를 사용하고 있던 세화회나 잔무정리사무소와 보다 밀접한 협력관계를 유지했다. 또한 귀환의 현지 상황에 대해서는 경성일본인세화회와 서로 연락을 주고받기도 하였으며[63] 재외개인재산에 관해서는 세화회와 협력하는 형태로 조선귀환자단체와의 제휴관계를 유지했다.

4. 동화협회의 설립과 중앙일한협회로의 개편

1) 동화협회의 설립과 활동

조선으로부터의 귀환촉진 및 원호를 중심으로 한 세화회의 사업은 1947년 4월에 완료되었다. 이를 계기로 세화회와 구우클럽의 조직, 사업, 재산의 일절을 이어받아 1947년 7월 1일 동화협회가 설립되었다.[64] 정관 제5조에 의하면 동화협회의 회원은 '조선에 연고가 있는 자 및 본 회의 취지에 찬동하는 자'로 하였다. 1948년 4월 7일에는 후생성장관으로부터 사단법인의 인가를 받았다.

새로운 사업에 임할 것을 표명한 동화협회(同和協會)의 설립 목적은 첫째, 38도선 이북에 수감되어 있는 억류자의 귀환촉진을 비롯하여 재외개인재산 및 재외사업체재산의 보상과 차입금의 반환문제의 해결을 추진하여 귀환자의 권익을 주장하고자 하였다. 둘째는 귀환자의 향후 생활안정문제, 사업재기·갱생문제를 해결하기 위해 자본이나 물자의 알선, 기업허가에 관련된 수속에 협력하는 것이었다. 셋째

在源의 연구 참조.
[63] 朝鮮事業者會, 「會報」 13, 1947.6.24.
[64] 同和協會, 「同和會報」 1, 1947.11.30.

로는 한일 문화교류 및 경제교류 활동을 귀환자 재기의 거점으로 할 것을 강조하였다. 이처럼 동화협회는 귀환원호사업의 종료 후에도 귀환자의 권익을 위한 지원활동을 실시하는 한편, 신생국가인 한국과의 교류사업도 염두에 두고 있었다.

또한 동화협회는 귀환자 간의 상호상조 분위기를 조장하고, 문화단체, 경제단체, 친목단체 등 모든 조선귀환자단체를 산하에 모아 조선관계자의 부흥과 갱생에 협력하자고 주장했다.[65] 즉, 전국에 산재하고 있던 조선귀환자단체를 산하에 둠으로써 '조선귀환자의 공조기관이자 중앙기관'이 될 것을 목표로 삼았던 것이다.

동화협회의 사무실은 마루노우치 소재의 구우클럽 사무실에 설치되었는데 이는 1947년 7월말 잔무정리사무소가 미군에 접수된 사실과 관련이 있는 것으로 보여진다.

한편, 잔무정리사무소의 사무실을 공동으로 사용하고 있던 사업자회는 동화협회의 1실을 빌려서 활동하기로 하고 사업자회의 회장이 동화협회의 부회장을 겸임했다. 그리고 회보의 발행을 중지하고 동화회보에 사업자회의 정보를 전달하는 한편, 회원에 관한 자세한 보고는 산업별 부회에서 실시하기로 했다. 이처럼 사업자회는 구우클럽과 세화회가 통합에 따라 자체 사업을 대폭 축소하고 재외사업체의 국내 재산을 보전·관리하는 사무수탁의 문제가 정부와의 사이에서 타결된 다음에는 순차적으로 동화협회와 통합할 계획을 밝혔다.[66]

미군에게 사무실을 접수당한 잔무정리사무소는 업무내용에 따라 다섯 부문으로 나눠 정부의 관계 부서로 옮겨가서 직무를 수행했

---

[65] 同和協會, 「同和會報」 1, 1947.11.30.
[66] 朝鮮事業者會, 「會報」 48, 1947.10.6.

다.67) 1948년 2월 15일 교통관계를 제외한 대부분의 산하 부서가 다무라초 소재의 외무성 2층에 모여 업무를 지속하였다.68) 1953년 3월 말이 되자 잔무정리사무소는 업무를 종결하였고 그 사무는 외무성 아시아국으로 인계되었다. 잔무정리사무소의 직원은 대부분 외무성 직원으로서 아시아국 조선계에 소속되었다.69)

동화협회의 임원으로 회장에는 다나카 다케오, 부회장에는 세화회 회장이었던 호즈미 신로쿠로70)와 사업자회 이사장 시라이시가 취임했다. 이사에는 시모다 마사히로, 야마구치 시게마사, 후루이치 스스무, 기타무라 데루오, 고비야시, 미즈타 나오마사, 단게 이쿠타로(丹下郁太郎), 하라다 다이로쿠, 다케이 가즈오(武井一夫), 우시로쿠 스에오(後宮末男), 마쓰다 이사부로(松田伊三郎), 핫토리 다이조(服部岱三)가 취임했다.71) 이들은 세화회, 구우클럽, 사업자회의 구성원이었으며 식민지 조선의 유력자들이었다. 그리고 조선귀환자단체의 중앙기관을 목표로 한 동화 협회는 이와테(岩手), 미야기(宮城), 나가노(長野), 아이치(愛知), 기후(岐阜), 교토(京都), 오사카(大阪), 에히메(愛媛), 구마모토(熊本), 시마네(島根) 등에 지부를 두어 유력자를 지부장으로 파견하고 전국에서 회원을 모집했다. 그러나 지방지부 이외에 각 지역에

---

67) 同和協會,「同和會報」2, 1947.12.31.
68) 同和協會,「同和會報」4, 1948.2.29.
69) 同和協會,「同和會報」52, 1952.4.1.
70) 穗積는 1947년 7월 인양자단체전국연합회의 위원장과 참의원의원으로 활동하고 있었기에 동화협회 설립시 田中武雄에게 회장 취임을 요청했다. 이 시기 穗積은 '귀환자의 아버지'로 불리며 귀환자의 기대를 받고 있었다.
71) 감사는 賀田直治, 廣瀨博, 고문은 關屋貞三郎, 宇垣一成, 丸山鶴吉, 大野綠一郎, 遠藤柳作, 池田淸, 松原純一, 有賀光豊(일본고주파중공업 사장), 池邊龍一, 人見次郎(조선광업진흥회사 사장), 渡邊忍, 久保田豊, 三鬼隆(八幡제철 사장), 安倍能成(경성대학 교수), 淺利三朗, 草間秀雄, 弓削幸太郎, 萩原彦三가 취임했다.

산재하고 있던 소규모의 조선귀환자단체와 교류한 흔적은 그다지 눈에 띄지 않는다.

동화협회는 사업비용의 대부분을 기부와 회비에 의지하였기에 재정적 여유가 없었던 것으로 보인다. 1948년 예산안을 보면 총수입액은 260만 원으로, 그 내역은 기부금 210만 원, 입회비 20만 원, 잡수입 20만 원, 사업 수입 10만 원이었다.72) 재정을 확보하기 위해 회비와 유지비의 납부를 회원에게 촉구하는 한편 회원 명부의 판매 및 상품 판매를 실시했다.

동화협회의 활동은 크게 귀환관련과 한국 관련으로 나눌 수 있다.

첫째, 세화회의 활동을 이어받은 귀환관련 활동을 살펴보자. 동화협회는 1949년까지 귀환촉진에 중점을 두고 그 후에는 귀환자의 정착 원호, 사업의 재기 및 갱생, 정보의 연락 전달을 중심으로 활동했다.73) 예를 들어 귀환자가 금융기관 및 우체국에 맡긴 예금·송금수표 및 간이보험의 지불, 재외공관의 차입금 지불요구 등 재산 문제에 대해 인양자단체전국연합회와 협력하여 일본정부를 상대로 보상 요구운동을 실시했다.74) 특히 재외공관의 차입금문제에 관해서는 호즈미 회장과 만주귀환자 대표가 통일전선을 형성하여 변제 교섭을 시작했다. 이러한 활동에 힘입어 1949년 6월 '재외공관 등 차입금 정리준비 심사회법'이 공포되었고 12월에는 시행령이 공포되어 차입금의 확인 신청을 하게 되었다. 그리고 1952년 3월에는 '재외공관 등 차입금의 변제실시에 관한 법률'이 공포되어 차입사실을 확인받은 이들에게

---

72) 同和協會, 「同和會報」 6, 1948.4.30.
73) K'7.1.0.3 「引揚援護團體及び引揚者團體關係」.
74) 中央日韓協會, 「協會の實施して來た事業概要」, 1958.4.1.

변제금을 지불했다. 그러나 이 법률은 지불금액의 한도를 5만 원으로 하고, 패전 당시 조선은행권 1원 50전을 일본은행권 1원으로 하는 환산율을 취하고 있었기에 귀환자들의 불만을 샀다.[75]

그리고 귀환사업의 종료에 따라 귀환관련 자료를 조사하고 기록을 정리하는 사업을 실시했다. 귀환기록을 정리하기 위해서 1947년부터 3년간 전국 각지의 귀환자를 찾아내어 관련 기록을 모집하거나 인터뷰를 실시하여 귀환기록으로 남겼다. 또 후생성과 외무성의 미귀환자, 귀환 도중 사망자의 조사사업에 협력하기 위해서 2명의 담당자를 특파하여 1948년부터 대략 4년간에 걸쳐 정리 조사를 실시했다.[76]

둘째, 동화협회는 한국과의 새로운 접촉을 시도하였다. 1948년 8월 대한민국 정부의 수립과 1949년 4월 한일통상협정의 체결을 계기로 한일 간 경제협력에 대한 관심이 쏟아졌다. 1950년 2월 이승만 대통령의 두 번째 방일에 이어 재계 인사들이 일본을 방문하여 인연이 있는 귀환자단체를 방문함으로써 양국의 협력 무드가 고조되었다. 예를 들면 3월에 야마구치 시게마사의 안내로 화신의 박흥식 사장과 부사장 이규재가 경성회를 방문해 한일 간 경제제휴에 대한 포부를 밝혔다.[77] 경성회는 도쿄에 거주하는 경성지역 귀환자단체로서 1948년 1월에 결성되어 귀환자의 생산 상품의 소개·알선 및 사업상 필요한 자료의 수집 등을 실시했다. 경성회는 특히 한일간 무역사정에 큰 관심을 가졌으며 그

---

75) 森田芳夫, 『朝鮮終戰の記錄』, pp.982~986, 穗積는 1951년 11월 중의원심의회에 출석하여, 귀환사업 실시 당시 재외공관에서 필요하다면 차입금을 사용해도 좋다는 훈령을 받았다고 밝히고 그 변제책임이 정부에 있음을 강조했다. 그리고 1.5대1의 환산율에서 조선을 제외할 것, 5만 원의 제한을 폐지하고 전액 변제할 것을 요구했다(「大藏委員會海外同胞引揚に關する特別委員會連合審査會議錄」 제1호, 1951.11.1, pp.2~3).
76) 中央日韓協會, 「協會の實施して來た事業槪要」, 1958.4.1.
77) 同和協會, 「同和」 28, 1950.4.1.

회원은 주로 동화협회의 간부와 회원이었다.[78] 또 해방 직전 경북지사 였던 김대우가 고령토수출 바이어로 방일하여 1950년 5월부터 6월까지 체재했을 때에도 동화협회 관계자와 모임을 가지고, 무역촉진과 경제협력에 관한 의견을 교환함과 함께 지인의 소식을 전하기도 했다.[79] 이러한 움직임은 한일 간 무역 활성화에 대비해 식민지기 친분관계를 이용하려고 한 것이었다. 또 개인적인 교류도 지속되어 1951년에는 후지모토 슈조의 안부를 묻는 박중양의 편지가 회보에 소개되었다.

한편 일본인이 한국을 방문하여 소동이 나기도 했다.[80] 1952년 6월 무역선의 사무장이 된 후루이치 스스무가 목재를 싣고 부산항으로 들어가 미군정기 친분이 있던 국무총리 장택상으로부터 특별히 상륙허가를 받았다. 상륙 후 조선총독부 관료 출신의 한국인을 만나 대접을 받고 김대우 및 총리의 사촌과도 만나 사업에 대해 상담했다. 이 사실은 한국 신문의 보도로 문제화되어 총리의 사임에까지 이르렀다.[81]

1950년 6월 한국전쟁이 발발하자 동화협회는 한국의 전쟁 구제 사업을 우선시하여 '한국동란 전재자 구제운동'에 협력해 모금활동에 참가했다. 또 연합군으로부터 전쟁 작전에 협력할 것을 요청받아 한반도에 관한 정보를 수집, 제공했다. 도로, 항만, 하천, 교량을 비롯하여 각종 공장시설의 상황 및 민족, 풍토, 관습에 관한 조사를 의뢰받아 조선총독부 관계자를 전국에서 찾아내어 연 3천 명을 동원한 10개월 간 조사를 실시했다고 한다.[82]

---

78) 同和協會, 「同和會報」 7, 1948.5.31; 「同和會報」 23, 1949.1.11.
79) 同和協會, 「同和」 30, 1950.6.1. 김대우의 기고문이 우방협회의 회보 「우방」에 여러 차례 실리기도 했다(趙甲濟, 「朝鮮總督府 高官들의 그 뒤」, p.309).
80) 同和協會, 「同和」 46, 1951.10.1.
81) 趙甲濟, 「朝鮮總督府 高官들의 그 뒤」, p.311.

이상과 같이 동화협회는 귀환사업을 주된 활동으로 하면서 한국의 상황에 따라서 관련활동을 전개하여 조선귀환자단체로서의 정체성을 찾아가고 있었다.

1951년 말 한일회담 예비회담의 개최에 즈음하여 외무성의 요구에 따라 간담회를 열고 자문을 담당했다.83) 한국과의 국교수립이 기대되는 분위기 속에서 동화협회는 개편의 시기를 맞이했다.

2) 중앙일한협회로의 개편과 한일관계

샌프란시스코강화조약의 발효와 한일회담의 개최라는 새로운 한일관계의 국면에 따라 동화협회는 1952년 11월 1일 사단법인 중앙일한협회(中央日韓協會)로 개칭하고, 외무성과 후생성의 공동관할 단체가 되었다.84)

중앙일한협회는 한일 양국의 친선, 문화교류, 경제제휴에 기여하고 한일관계의 발전에 기여하는 기관을 목표로 했다. 1952년의 사업계획을 보면 ① 회원 증가 운동, ② 회보의 증면 발간, ③ 한일 친선에 이바지할 시책을 적극적으로 전개, ④ 한국에 관한 정보의 수집, 특히 문화·경제에 관한 자료 정리와 회원에 대한 빠른 통보, ⑤ 문화 교류, 경제 교류를 촉진하기 위한 한국 및 한국 공공단체와의 제휴, ⑥ 미귀환자의 귀환 촉진, ⑦ 귀환관계 문제 해결을 위한 선처 등이었다.85)

---

82) 中央日韓協會, 「協會の實施して來た事業槪要」, 1958.4.1.
83) 同和協會, 「同和」 49, 1952.1.1.
84) 중앙일한협회의 일부 자료에는 동화협회의 설립 당시에 조선인양동포세화회, 구우클럽, 조선사업자회가 통합되었다고 하나, 동화협회의 창립 후에도 조선사업자회의 활동은 계속되었다. 동화협회와 조선사업자회는 중앙일한협회의 설립 시 완전히 통합된 것으로 보인다(中央日韓協會, 「協會の實施して來た事業槪要」, 1958.4.1).

이상에서 보듯이 7개항의 사업계획에서 귀환에 관한 사항은 2개 항목에 지나지 않으며, 사업의 중심이 한일관계로 옮겨갔음을 알 수 있다. 호즈미 부회장은 1952년 신년을 맞이하여 한국과의 교섭에 관해서 건설적 고려를 가지고 활동해야 한다고 밝혔다.[86] '조선귀환자의 공조 기관'에서 '한일국교정상화의 가교'로 변모하려는 희망을 품고 있었던 것이다. 이는 귀환자단체의 성격을 귀환원호단체에서 한국관련 단체로 전환하려는 시도라고도 볼 수가 있는 것이다.

동화협회와 중앙일한협회는 명칭 및 사업계획 면에는 차이가 있었지만 구성과 조직 면에는 큰 차이가 없었다. 임원 구성도 거의 동일하고 부회장 3명, 이사 30명, 평의원 5명으로 증가한 정도였다. 회장에는 다나카 다케오, 부회장에는 호즈미 신로쿠로, 시라이시 무네키, 와타나베 미유키, 이사에는 하라다 다이로쿠, 스즈키 다케오, 다테 요쓰오(伊達四雄), 후지모토 슈조, 핫토리 다이조(服部岱三), 다케이 가즈오(武井一夫), 야마구치 시게마사(山口重政), 하야시 시게키(林茂樹, 학무국장, 식산은행 이사), 시부야 레이지(澁谷礼治, 조선은행 조사과장), 가토 쓰네요시(加藤常美), 와타나베 도요히코, 곤도 시로스케(權藤四郎介), 후루이치 스스무, 고바야시, 우시로쿠 스에오, 기타무라 데루오, 기미지마 이치로(君島一郎, 조선은행 부총재), 아루가 미쓰노리(有賀光則), 가와이 도시오(河井戶四雄), 아다치 도시오(足立俊夫), 미즈타 나오마사, 시오다 마사히로, 단게 이쿠타로, 이시모리 히사야(石森久彌, 조선신문사 부사장)가 취임했다.

---

[85] 同和協會, 「同和」 55, 1952.7.1. 1952년 6월 동화협회의 명칭 변경과 정관 개정을 위해 열린 총회에 외무성 아시아국 제4과장이 참가했다. 아시아국 제4과장은 총회에서 한일교섭의 경과를 설명했다.
[86] 同和協會, 「同和」 49, 1952.1.1.

한편 중앙일한협회의 발족과 때를 맞춰 1952년 10월 4일 우방협회가 결성되었다. 우방협회는 조선 문제의 연구기관으로서 조선총독부 관계 중요문서와 통치관계 자료의 수집조사 및 연구보급을 목표로 하였다. 그리고 한일 간 문화적·경제적 교류에 필요한 시책의 조사 및 연구도 계획하였다.[87] 우방협회는 중앙일한협회의 사무실을 공유해서 사용했을 뿐만 아니라 두 협회의 회원도 거의 중복되었기 때문에 우방협회의 결성에 반대하는 의견도 있었다. 그러나 이사장으로 취임한 호즈미는 한일관계에 다수의 단체가 임하는 것은 한일 친선에 도움이 된다고 강조했다.[88] 우방협회는 설립관련 문서에 귀환이라는 용어를 일절 사용하지 않고 한일우호를 전면적으로 내세우는 문화단체임을 밝혔다. 이는 귀환자라는 정체성으로부터 탈피를 꾀한 것으로 보이는데 당시 일본사회에는 귀환자에 대한 부정적인 사회인식이 있었기에 그 선입관으로부터 탈피하고자 했던 측면이 있었을 것이다.[89] 식민지통치의 관련자 혹은 협력자였던 중앙일한협회, 우방협회의

---

[87] 友邦協會,「財團法人友邦協會の事業と業績」, 1966년 4월. 강덕상에 의하면 우방협회는 1949년 해산명령을 받은 조선인연맹의 몰수재산 일부를 운용하여 한일관계에 공헌하는 기관을 만들자는 취지에서 당시 우에다 법무총재의 주선으로 설립되었다고 한다(강덕상(정재정 역),「조선사료연구회의 호즈미 세미나에 참석하기 까지」,『식민지통치의 허상과 실상』, 혜안, 2002, p.337).
[88] 同和協會,「同和」 60, 1952.12.1.
[89] 귀환자에 대한 일본사회의 차별적 인식은 크게 두 가지로 나눌 수 있다. 먼저 귀환자들은 원래부터 일본 내에서 지위가 없거나 미천한 자들로서 출세나 축재를 위해서 해외로 진출했다는 인식이다. 그리고 태평양전쟁말기 일본 국내에서는 심각한 식량난으로 극심한 고생을 한 데 반해 귀환자들은 일본 국민보다 더 잘 먹으면서 전쟁을 치렀다는 것이다. 이 외에도 일본 내에 생활기반이 없는 고로 여기저기 신세를 질 수밖에 없었고 결국 군입 취급을 당했다고 한다. 이러한 선입관 및 차별인식은 귀환자들의 입지를 좁게 했고 많은 귀환자들이 스스로 귀환자임을 밝히기를 꺼려했다고 한다(藤本秀夫 인터뷰, 2006.5.25).

구성원이 과거에 대한 사죄 혹은 언급 없이 새로운 한일관계를 논할 수가 있던 것은 그들이 가진 공통의 식민지인식이 있었기 때문이다. 식민지통치에 관한 호즈미의 평가는 그 전형일 것이다. 호즈미는 문화통치기의 조선 통치가 조선의 눈부신 발전에 기여했음에도 불구하고 그 후 군부에 의한 동화주의가 조선통치를 잘못된 방향으로 이끌었다며 식민지통치에 대한 책임이 일본 군부에 있다고 주장했다. 그리고 한국인의 반일 감정은 한국인에 대한 일본인의 우월감과 간섭이라는 지나친 친절 때문이었다는 해석도 내놓았다.90) 다시 말하자면 그의 주장은 '내지'의 일본인들이 잘못된 조선통치의 책임을 재조일본인 즉 귀환자에게 지우려고 했으나, 조선총독부의 관료와 재조일본인은 식민지통치에 대한 책임이 거의 없으며 오히려 선의를 가진 활동이었다는 것이다. 결국 일본인 귀환자가 과거에 얽매일 필요는 없으며 새로운 한일관계 형성에 참여하더라도 식민지 문제를 언급할 필요가 없는 것이다.

이러한 인식 하에서 중앙일한협회는 개편과 동시에 한일관계의 중개자를 자임하고 나섰다. 그리고 한국인과의 '옛정'을 통해 양국민의 상호관계를 구축하고 국교정상화를 촉진하는 역할을 담당할 것을 표명했다.91) 1953년의 사업 계획에서는 '한일문제 촉진의 중앙기관'으로서 적극적인 활동을 전개한다고 선언했다.92) 그러나 제1차 한일회담은 일본의 재한일본인 재산 청구권의 주장으로 결렬되었다. 이에 대해 다나카 회장은 회담 결렬의 책임이 귀환자에게 있는 것이 아니

---

90) 穗積眞六郎遺筆, 『わが生涯を朝鮮に』, pp. 260~275.
91) 同和協會, 「同和」 59, 1952.11.1.
92) 同和協會, 「同和」 65, 1953.5.1.

라며 귀환자는 일본정부를 상대로 재외재산 보상을 요구하고 있다고 대외적으로 발표했다. 게다가 정부 내에 한국 관련 종사자들 중에는 아마추어가 매우 많은데 이것은 식민지기 '내지'의 일본인이 '외지'를 매우 경시하던 풍조가 남아있기 때문이라고 비난했다. 그리고 귀환자야말로 한일 친선을 촉진할 수 있다고 강조했다.[93] 그러나 제3차 한일회담이 1953년 10월의 구보다 발언으로 결렬된 이후 한일관계는 어업문제로 난항을 겪으면서 1957년까지 긴 중단기에 들어갔다. 때문에 중앙일한협회는 식민지기 인맥을 이용한 '한국 전문가'로서의 계획을 실현할 수 없게 되었다. 이후 중앙일한협회는 재외재산문제 및 귀환자 기숙사의 경영 등 귀환자 지원 사업을 지속하면서, 재일조선인문제나 조선출신 전범의 원호사업 등에도 폭넓게 관여하려는 움직임을 보였다.[94]

1953년 현재 중앙일한협회는 회원 2,900여명으로 도쿄에 본부를 두고 이와테(岩手), 미야기(宮城), 이바라키(茨城), 군마(群馬), 나가노(長野), 시즈오카(靜岡), 아이치(愛知), 교토(京都), 오사카(大阪), 히로시마(廣島), 에히메(愛媛), 가가와(香川), 후쿠오카(福岡), 구마모토(熊本), 오이타(大分), 후쿠이(福井), 이시카와(石川), 시마네(島根), 야마구치(山口) 등에 지부 또는 자매단체를 둔 전국적 조직이었다.[95] 그러나

---

93) 友邦協會, 「友邦協會會報」 5, 1953.3.1.
94) 同和協會, 「同和」 57, 1952.9.1. 中央日韓協會, 「協會の實施して來た事業槪要」, 1958.4.1; 中央日韓協會, 「淸交會槪要」, 1958.4.1; 중앙일한협회는 1955년 11월 재단법인 청교회를 설립하여 스가모 형무소에서 만기 석방된 조선출신 전범에게 주택시설의 공급, 취직 알선 및 기타 지도원호를 실시했다. 한국정부와 재일조선인에게 외면당해오던 조선출신 전범을 지원한 이유는 일본 국민으로서 전장에 나간 탓으로 곤궁에 빠졌기에 이에 대해 보상해야만 한다는 논리였다.
95) 中央日韓協會, 「社團法人中央日韓協會の槪要」, 1953.12. 1958년 자료에 의하면 중

85만 명을 넘는다고 주장하던 조선귀환자의 중앙기관이었다고 말할 수 있을지에 대해서는 의문이 남는다. 실제 중앙일한협회가 전국에 산재하고 있던 소규모의 조선귀환자단체와 연계하여 활동한 흔적은 거의 없으며, 또 회원 가운데 조선총독부 관계자가 많아서 일반인이 입회하기 어려운 분위기였다는 점에서도 조선귀환자의 공조기관이자 중앙기관이었다고 말하기는 어려울 것이다.[96]

중앙일한협회는 1950년대 전반 한일회담의 결렬에 의해 한일관계의 중재자로서의 역할을 달성할 수는 없었지만 이후 현재까지 한국문제에 관심을 가지고 활동을 계속해오고 있다.

5. 맺음말

해방 후 일본인의 귀환과정에는 정부기관 및 다양한 원호조직이 관련되어 있었을 뿐만 아니라 귀환자가 조직한 단체도 활발한 활동을 전개했다. 귀환 초기에 설립된 경성일본인세화회는 일반적으로 민간단체로서 이해되어 왔지만 실제로는 조선총독부와 조선군의 요구에 의해 설립되어 자금지원을 받는 등 순수한 민간단체하고 보기 어렵다. 그리고 조직과 활동 면에서도 조선총독부 종전 사무처리 본부 및 미군정과 밀접한 관계 속에서 귀환원호 업무를 실시하였다.

재조일본인의 귀환 종결과 함께 귀환사업의 거점이 일본으로 옮겨

앙일한협회는 도쿄를 제외한 15개 부현에 지부를 두고 회원은 4천명에 이르렀다고 한다(中央日韓協會, 「協會の實施して來た事業槪要」, 1958.4.1).

96) 趙甲濟, 「朝鮮總督府 高官들의 그 뒤」, p.287, 1984년 현재 중앙일한협회의 회원은 800여명으로 그 90%가 총독부관리, 경성전기, 경성대학, 식산은행 등의 외곽단체의 간부출신이었다.

짐으로써 1946년 3월 조선인양동포세화회가 설립되었다. 조선인양동포세화회는 중앙조선협회를 계승한 구우클럽 관계자와 조선총독부 관련 유력자에 의해 조직되어 38도선 이북 미귀환자의 귀환촉진과 귀환자의 원호를 중심으로 활동했다. 조선인양동포세화회는 귀환사업 부문에서 조선관계 잔무정리 사무소와 긴밀한 협력관계를 유지하였는데 이는 경성일본인세화회와 조선총독부 종전사무처리본부의 관계가 연장된 형태라고 할 수 있다. 그리고 재외재산문제에 관해서는 인양자 단체 전국 연합회 및 조선사업자회와 협력하면서 조선귀환자단체로서의 대표성을 확보해 나가고자 했다.

조선사업자회는 재외사업체재산의 보상 요구운동을 주요사업으로 하고 정부기관의 요청을 받아 재외사업체재산에 관한 조사를 실시했다. 그리고 해외사업전후대책중앙협의회의 조선지역부회로서 활약하는 한편, 조선귀환자단체로서 조선 관계 잔무처리 사무소와 제휴하고 있었다. 뿐만 아니라 구우클럽, 조선인양동포세화회와도 협력관계를 유지했다.

1947년 4월 구우클럽과 조선인양동포세화회의 통합으로 설립된 동화협회는 조선귀환자단체의 중앙기관이 될 것을 목표로 삼았다. 그 사업은 귀환관련과 한국 관련으로 나눌 수 있다. 귀환관련 사업으로는 38도선 이북 미귀환자의 귀환 촉진, 귀환자의 원호, 정착 지원 및 귀환 자료의 정리 등을 실시했다. 한국관련 사업으로는 한일 무역의 촉진을 위한 인적 교류, 한국전쟁 관련사업 등이 있다. 즉, 동화협회는 귀환원호사업을 주된 활동으로 하면서 한국의 상황에 따라 다양한 활동을 전개하여 일본사회 내 조선귀환자로서의 정체성을 찾아가고 있었던 것이다.

동화협회는 한일국교정상화를 위한 한일회담의 개시에 맞춰 1952년 중앙일한협회로 개편했다. 중앙일한협회는 식민지통치의 경험을 살린 '한국 전문가'로서 한일관계 촉진의 중심조직을 자칭했지만, 한일교섭이 장기간에 걸친 중단기를 맞이하였기에 당초의 계획을 달성할 수 없었다. 게다가 귀환자의 대표이자 귀환자단체의 중앙기관이 되려는 목표도 달성되었다고 말하기는 어렵다.

이처럼 조선귀환자단체의 전개는 귀환과 일본사회로의 동화라는 현실에 대응해 나가는 과정이었다. 먼저, 귀환 초기과정에는 스스로 귀환자이면서 귀환사업의 주체로 등장한 재조일본인 유력인사들이 조선총독부의 행정력 공백을 보충했다. 그중 주도적인 세력은 귀환자의 원호, 정착지원, 재외재산문제에 대해 정부와 교섭을 담당한 것은 물론 귀환사업에 대한 이해를 구하기 위해 귀환자의 계몽을 중시하는 등 관료적인 성격을 보였다. 다음으로 귀환 후 일본에서 조선귀환자단체가 다수 조직되어 귀환자의 권익 옹호를 주장하였다. 그 중 동화협회는 한일관계에 중점을 둔 단체인 중앙일한협회로 개편되기에 이르렀다. 즉, 귀환자단체가 귀환사업의 종료에 따라서 해산되는 것이 아니라 개편을 통해 새로운 한일관계의 형성에 참여하려고 했던 것이다. 즉, 중앙일한협회의 등장은 일본사회에서 귀환자가 자신의 정체성을 새롭게 정의하려고 했다는 점에서 의미를 가지고 있다. 물론 그 배경에는 한일 간 협력무드를 주체적으로 이끌어 나감으로써 귀환자에 대한 차별 인식, 식민지통치에 대한 비판을 극복하고 한일관계 속에서 재평가 받고자 하는 의도가 있었다. 하지만 그들의 시도는 1950년대 전반 한일회담의 결렬로 효과를 보지 못했다.

조선총독부 관료의 일본 귀환 후 활동과 한일교섭

― 1950, 60년대 동화협회·중앙일한협회를 중심으로 ―

정병욱[*]

1. 서론

조선총독부 관료는 패전 이후 일본으로 돌아가 무엇을 했을까. 자신들의 식민지경험을 어떻게 정리했을까. 필자는 근래 한국인의 식민지경험과 그 기억·인식 방식이 현재 한국인의 정체성, 한국 사회와 어떠한 관계가 있는지 주목하는 과정에서,[1] 자연히 지배 민족으로서 식민지를 경험했던 일본인의 경우는 어떨까란 의문을 갖게 되었다. 마침 역사문제연구소의 '한일협정 40주년 심포지엄'(2005.6)에서 '조선총독부 관료의 귀환 후 활동과 한일교섭'이란 주제로 발표를 하게 되어, 이를 통해 부분적으로나마 일본인의 식민지경험 인식을 살펴볼 수 있었다. 이 글은 발표문을 수정 정리한 것으로, 아직은 시론에 불과함을 미리 밝혀둔다.

이 글의 목적은 귀환한 조선총독부 관료 출신자들의 여러 활동과 한일교섭[2]의 관계를 식민통치경험의 인식 과정에 초점을 맞추어 살

---

[*] 鄭昞旭, 고려대학교 민족문화연구원 HK교수.
[1] 정병욱, 「해방 이후 식산은행원의 식민지 기억과 선택적 인식」, 『역사와 현실』 48, 2003. 6; 「한국인의 식민지 경험과 근대주체 형성 ― 조선식산은행원을 중심으로」, 『역사문제연구』 11, 2003.12.

펴보는 것이다. 이를 직접적으로 다룬 연구는 없지만 다음 두 가지 계통의 관련 연구가 있다. 하나는 한일협정을 다루면서 대한정책과 관련된 일본 국내 정치를 분석한 것이다.3) 대표적인 성과로 이원덕의 연구를 꼽을 수 있는데, 관료와 정치인들의 언설을 중심으로 일본 국내 정치를 분석했다. 다만 일본 국내 정치를 대한정책의 설명변수로 다루다보니 그 역의 과정, 즉 대한정책이 일본 국내 정치에 끼친 영향은 그다지 주목되지 않았다. 이 글에서는 일본 국내 정치를 귀환 단체·귀환자의 활동과 언설을 통해 살펴보고, 대한정책이 일본 국내 정치에서 갖는 함의를 추적해보겠다. 구체적으로 '귀환자의 재외재산 보상 요구→일본 정부의 역청구권 제의'보다는 '역청구권 제의→재외재산 보상 지연'의 과정에 주목할 것이다. 후자의 과정을 통해 식민통치경험 인식이 어떻게 현실의 이해관계와 맞물려 일정한 방향과 강도를 갖게 되는지 알 수 있을 것이다.

또 다른 계통은 주로 일본 지역에서 이루어진 귀환·귀환자 문제 연구이다.4) 최근 자료 발굴과 함께 연구가 축적되고 있으며, 곧 지역

---

2) 이 글에서 한일교섭은 1965년 한일기본조약과 부속 협정들이 체결되기까지 한일 간 접촉을 의미하며, 한일회담도 포함된다.

3) 한일교섭 및 협정에 관한 연구사 정리는 이원덕, 『한일 과거사 처리의 원점-일본의 전후처리 외교와 한일회담』, 서울대학교 출판부, 1996; 다카사키 소우지, 『검증 한일회담』, 청수서원, 1998(원본은 高崎宗司, 『檢證日韓會談』, 岩波新書, 1996); 太田修, 『日韓交渉 : 請求權問題の研究』, クレイン, 2003 참조. 최근의 연구사 정리로는 정용욱, 「해방 후 한일관계 연구동향」, 『해방 후 한일관계의 쟁점과 전망』, 경인문화사, 2005.6이 있다.

4) 일본에서는 귀환을 '引揚げ'라고 하며 보통 '2차 대전의 패전에 의한 해외재주 일본인의 귀국'으로 정의한다. '引揚げ'에 관한 최근 연구사 정리는 木村健二, 「引揚者援護事業の推移」, 『年報·日本現代史』 10, 2005.5; 阿部安成·加藤聖文, 「引揚げという歴史の問い方(上)·(下)」, 『彦根論叢』 348·349, 2004.5·7 참조. 특히 경제적 측면에서 이 문제를 다룬 것으로 宣在源, 「引揚企業團體의 活動-戰前期海外進出企業의 國內經

별 비교 연구도 가능할 것 같다. 연구의 논점 중 하나는 귀환자가 전후 국가 체제와 지역사회에 편입되는 방식인데, 이 글에서는 귀환자들이 어떠한 활동을 매개로 국가 체제에 편입되고, 그 과정에서 어떻게 '제국의식(帝國意識)'이 재생되는지를 밝히려고 한다. 귀환 이전의 역사를 일국사 차원에서만 이해할 수 없듯이, 귀환 이후 편입의 역사 또한 일국사를 넘어선 시야로 파악할 필요가 있다.

식민통치경험 인식이라는 측면에서 유의할 점은, 과거사 인식은 과거만이 아니라 현재의 반영이기도 하다는 것이다. 한일협정 연구나 귀환·귀환자 연구에서 과거사 인식은 불변의 것으로 다루어지는 경향이 있다. 특히 대부분의 한일협정 연구는 일본의 식민통치에 대한 한일 양국의 평가를 핵심 문제로 보면서, 일본 정부의 긍정적 평가 때문에 한일교섭이 파행적으로 진행되었고, 잘못된 또는 미흡한 한일협정이 체결되었다고 한다. 필자는 이러한 흐름과 함께 다른 방향의 흐름도 있었다고 본다. 즉 한일교섭의 추이가 일본인의 식민지경험 인식에 영향을 주었다던 것이다. 이 글에서는, 과거사 인식은 고정 불변하는 것이 아니라 현실의 여러 계기를 통해 생성되고 변형되고 유통되는 것이라는 관점에서 일본인의 식민통치경험 인식을 다루려고 한다.

연구의 주요 분석 대상은 귀환 후 조선총독부 관료가 중심이 되어 세웠던 동화협회(同和協會)·중앙일한협회(中央日韓協會)와 그 자매기관 우방협회(友邦協會)이다. 중앙일한협회의 기관지는 1960년대 말『同和』에서『友邦』으로 개칭되었는데, 시계열적으로 경향성을 분석할 만큼『友邦』을 수집하지 못했다. 우방협회는 그 간행물을 통해서 1970년

濟復歸過程」,『復興期の日本經濟』(原朗 編), 東京大學出版會, 2002; 柳澤 遊,『日本人の植民地經驗-大連日本人商工業者の歷史』, 靑木書店, 1999가 있다.

대 이후 상황을 알 수 있을 뿐이다. 이 글에서는 주로 한일교섭과 관련하여 1960년대까지를 다루겠다.

2. 귀환자단체의 설립과 일본 측 교섭대표단 지원

동화협회(同和協會)는 1947년 7월 조선인양동포세화회(朝鮮引揚同胞世和會), 조선사업자회(朝鮮事業者會), 중앙조선협회(中央朝鮮協會) 3자가 합동하여 설립했다.[5] 조선인양동포세화회의 뿌리는 한국에서 패전을 맞은 일본인들이 안전하게 귀환하기 위해 상호 연락·부조를 목적으로 주요 거주지에 세웠던 세화회(世和會)이다.[6] 남한 지역으로부터 대규모 귀환이 일단락되었던 1946년 3월, 도쿄(東京)에 조선인양동포세화회가 조직되어 미귀환자의 귀환 촉진과 수속, 귀환자의 원호를 위한 활동을 전개했다. 1947년 4월에 38선 이북 지역에서도 귀환이 대략 마무리되자, 조선인양동포세화회는 본격적으로 귀환자의 권익 옹호, 생활 안정, 사업 재기를 도모하기 위해 1947년 7월에 조직을 개편하여 사단법인 동화협회를 출범시켰다.[7]

동화협회는 출범할 때 중앙조선협회의 후신인 구우구락부(舊友俱樂部)의 조직·사업·재산을 인수했다.[8] 중앙조선협회는 1926년 1월 도쿄에서 조선총독부관료 출신이 중심이 되고 조선 관련 언론인·학자·

---

[5] 社團法人 中央日韓協會, 『協會の實施して來た事業槪要』, 1958.4.1, p.1.
[6] 京城日本人世和會를 비롯한 世和會의 활동에 대해서는 森田芳夫·長田かな子 編, 『朝鮮終戰の記錄 資料編』第二卷, 巖南堂書店, 1980 참조.
[7] 『同和會報』 창간호, 1947.11.30, 「設立趣意書」, 다음 해 4월 7일 厚生省은 법인을 인가했다.(『同和會報』 6호, 1948.4.30, 「社團法人の許可」).
[8] 『同和會報』 창간호, 1947.11.30, 「同和協會結成さる」.

기업인 등이 참가하여 설립되었으며, 조선총독부와 일본 정치계를 연결하고 총독부의 여러 정책·사업에 관계했던 단체이다.[9] 패전 이후 구우구락부로 명칭을 바꾸고 회원들의 소식을 전하는 것으로 명맥을 유지했던 것 같다.[10] 한편 조선사업자회는 1945년 11월 '조선에서 사업 경영을 했던 자'를 회원으로 동경에서 설립되었으며, '조선의 사업 경영자 및 종업원의 보호 및 구출, 재산의 관리 및 보상에 필요한 조치, 조선에 관한 여러 정보의 수집 및 회원 보고'를 목적으로 활동했다.[11]

이상 세 단체는 구성원이나 활동 내용이 중복되기도 하지만 대체로 동화협회의 성격과 활동 방향을 규정했다. 조선인양동포세화회의 흐름은 협회의 토대가 한국에서 귀환한 일본인임을 말해준다. 따라서 이들의 권익 옹호가 협회의 주요 과제일 수밖에 없었는데, 귀환이 일단락된 1947년 시점에 가장 큰 권익 문제는 한국에 두고 온 재산을 반환·보상 받아 이를 바탕으로 재기하는 것이었다. 이를 위해서 재산이나 경제 문제의 전문가이자 경험자인 조선사업자회의 흐름이 필요했을 것이다.[12] 이러한 활동의 구심점에 구 조선총독부 관료가 있었으며, 협회는 그들의 정치적 사회적 기반이기도 했다. 이는 패전 이전의 중앙조선협회와 유사하다.

---

9) 중앙조선협회의 실체와 성격에 관해서는 현재 연구가 진행 중이다. Lynn, Hyung-Gu, 「Comparative Analysis of Japanese Interest Groups in Colonial Korea」, *The 1st World Congress for Korean Studies*, 2002.7.(Seoul); 李炯植, 「中央朝鮮協會硏究試論」, 朝鮮史硏究會關東部會例會 報告文, 2005.7.(東京) 참조.
10) 현재 『舊友俱樂部』의 회보가 일부 남아 있다. 〈표 1〉과 주 14의 밑줄 친 이름이 역대 중앙조선협회 임원명이다.
11) 朝鮮事業者會에 관해서는 宣在源, 앞의 글 참조.
12) 협회 정관에 나와 있는 첫 번째 사업이 '회원의 연락, 친목 도모'이며 두 번째가 '海外引揚者와 復員者의 갱생 및 인양자의 재산에 관한 대책 마련'이다.(『同和會報』 창간호, 1947.11.30, 「社團法人 同和協會定款」).

〈표 1〉 동화협회 결성 당시 간부진(1947년 7월)

직위	이름	8.15 이전 경력	비고(8.15 이후)
회장	田中武雄	정무총감(42. 5~44. 7), 내각서기관장, 귀족원의원	朝鮮引揚同胞世和會 회장(3대), 공직추방(46. 9~51. 8)
부회장	穗積眞六郎	식산국장(32. 7~41. 11), 경성상공회의소회두	京城日本人世和會 회장, 朝鮮引揚同胞世和會 회장(2대)
	白石宗城	조선(일본)질소비료 상무이사(27.3~)	朝鮮事業者會 理事長
전무이사	原田大六	경기경찰부장(42) 총독관방기획과장	
이사	服部岱三	조선은행 이사(41. 9~45. 9)	공직추방(~51. 8)
	丹下郁太郎*	경무국장(42. 6~44. 8)	
	武井一夫	만주국 민정부 사무관 겸 총무장관 비서관	
	山口重政	조선식산은행 이사(37. 8~45. 11)	공직추방(~51. 8)
	松田伊三雄	三越(주)경성지점장(33. 4?~42. 9)	(1942년 9월 현재)
	古市進	경성부윤(42~45)	
	小林采南	소림광업(주)사장(34. 2~)	
	後宮末南	三和광산(주) 사장	(1942년 9월 현재)
	北村輝雄	경무국 사무관(40~?)	
	水田直昌*	재무국장(37. 10~45. 9)	學習院 상무이사, 전국은행협회이사
	鹽田正洪*	광공국장(44. 8~45. 9)	
감사	賀田直治	조선권농(주) 사장, 대흥무역(주) 사장, 조선도량형협회 회장	(1942년 9월 현재)
	廣瀨博	조선운송(주) 이사, 서일본기선(주) 이사	(〃)

· 社團法人 同和協會, 『會員名簿』, 1948.10.1; 戰前期官僚制研究會 編/秦郁彦 著, 『戰前期日本官僚制の制度・組織・人事』, 東京大學出版會, 1981; 『朝鮮總督府職員錄』 해당연도판; 『朝鮮銀行會社組合要錄』 해당연도판. (검색은 국사편찬위원회 홈페이지 http://www.history.go.kr 이용).
· '*' 표시한 자는 田中武雄가 정무총감 재임 시 국장이었던 자임.

  동화협회는 1948년 10월 현재 일본 각지에 10개 지부를 두었으며, 총 회원 수는 1900여 명이었다.[13] 간부는 대부분 조선총독부 국장급

관료 및 주요 국책은행·회사 중역이었다. 이 밖에도 고문과 평의원으로 총독에서 국장에 이르는 총독부 관료가 망라되었으며, 국책회사 중역, 경성제대 교수가 다수 있었다.14) 회장인 다나카 다케오(田中武雄)가 정무총감으로 재임하던 시절 부하 국장 중 절반 정도가 이사 및 평의원에 포진해 있어 조선총독부의 축소판이라고 할 수 있다.15) 국장 출신자 중에는 경제 및 경무 관련 국장이 많은데, 이는 협회의 산파 역할을 한 호즈미 신로쿠로(穗積眞六郎)와 다나카의 영향 탓인 것 같다. 한국에서 호즈미와 함께 각종 귀환 업무를 맡았던 경성일본인세화회(京城日本人世和會) 관계자도 다수 있으며,16) 이사 중에는 패

---

13) 社團法人 同和協會, 『會員名簿』, 1948.10.1.
14) 고문은 遠藤柳作(정무총감), 池田淸(경무국장), 池邊龍一(동척부총재, 조선유연탄 사장), 萩原彦三(함경도지사, 척무차관, 조선광업진흥회사장), 大野綠一郎(정무총감, 귀족원의원), 渡邊忍(농림국장), <u>宇垣一成</u>(조선총독), 久保多豊(압록강수력발전 상무이사), 草間秀雄(재무국장), 丸山鶴吉(경무국장), <u>松原純一</u>(조선은행총재), 安倍能成(경성제대교수), <u>有賀光豊</u>(조선식산은행장), 淺利三朗(경무국장), <u>弓削幸太郎</u>(철도부장), 人見次郎(철도국장), 三鬼隆(조선마그네사이트이사), <u>關屋貞三郎</u>(학무국장), 평의원은 伊藤憲郎(부산지방법원 檢事/국민총력조선연맹총무부장), 石川登盛(평북도지사), 堀正一(조선상업은행장), 萩原三郎(萩原組 사장), 大野謙一(학무국장)*, 大島義男, 金子隆三(조선식산은행부흥행장), 神田啓三郎, 中司淸, 中村寅之助(식산국장), 信原聖(식산국 사무관), 山澤和三郎(농림국장/경남도지사)*, 山村正輔(함흥세무감독국장), 山家信次(경성제대총장), 松本誠(전매국장), 上瀧基(식산국장/내무국장)*, 天野郡治(江原港灣埋築 사장), 荒木三郎, 坂口重次, 湯村辰二郎(농림국장), 白石光治郎(농상국장), 新貝肇(司正국장)*, 東島善吉, 鈴木武雄(경성제대 교수) 였다. 괄호 안은 8.15 이전 조선관련 최고직함으로 〈표 1〉의 자료 참조하여 작성함. '*' 표시한 자는 田中武雄가 정무총감 재임 시 국장이었던 자임.
15) 1942년 6월 13국(부)장 중 7국(부)장 6명(1명 겸임)이, 1943년 14국(부)장 중 8국(부)장 7명(1명 겸임)이 동화협회의 이사 및 평의원이었다. 1943년에는 1942년의 6명에 大野謙一가 추가되었다. 1942년과 1943년 상황은 京城日報社, 『朝鮮年鑑』, 1943년판(pp.61~62) 및 1944년판(pp.51~52) 참조. 해당자는 앞의 주와 〈표 1〉의 이름 뒤에 '*'가 표시된 자이다.
16) 森田芳夫, 『朝鮮終戰の記錄-米ソ兩軍の進駐と日本人の引揚』, 巖南堂書店, 1964,

전 전후 한국에서 일본인의 귀환자금 조달을 위해 크게 활약했던 3인 중 미즈타 나오마사(水田直昌), 야마구치 시게마사(山口重政) 2명이 눈에 띈다.17)

1952년 동화협회가 중앙일한협회로 전환하게 된 계기는 무엇일까. 동화협회는 설립취지문에서 "수십년 (중략) 조선과 관련해서 쌓아 올린 우리 조선 관계자의 지능과 기술을 신생(新生)시켜서 새로운 시대에 공헌하게 하고 일선문화(日鮮文化)의 교류 또는 경제 무역의 방면에 활동케 하는 것은 우리 인양자(引揚者) 재기의 거점이자 생명"이라고 했다.18) 한국에서 귀환한 자들이 재기하려면 '한국통(通)'으로서 장점을 발휘해야 하는데, 이를 위해서는 어떤 식으로든 한일 교류가 활성화되어야 했다.

그들에게 1952년 2월 제1차 한일회담 개최, 4월 샌프란시스코 강화조약 발효는 청신호였다. 이제 "단순한 인양자의 공조기관으로서만이 아니라 장기간 조선과 얕지 않은 연고를 활용해야 되는 기회에 조우"하여 1952년 6월 정기총회를 통해 협회명을 중앙일한협회로 바꾸고, 정관도 개정하여 총칙과 사업의 첫머리에 '일한 양국 간의 친교, 문화 교류, 경제 제휴'를 두었다.19) 간부진도 증원하여 전 조선식산은행 부은행장 와타나베 미유키(渡邊彌幸)가 부회장으로 보강되었고

---

pp.132~139, pp.411~417, 久保多豊, 古市進, 伊藤憲郎, 鈴木武雄, 渡邊忍, 山家信次, 湯村辰二郎가 그들이다.

17) 이들의 활약-한국인의 입장에서는 자금 유용이자 경제 교란-에 관해서는 정병욱, 「해방 직후 일본인 잔류자들 – 식민 지배의 연속과 단절」, 『역사비평』 64, 2003.8 참조.

18) 『同和會報』 창간호, 1947.11.30, 「設立趣意書」.

19) 『月刊 同和』 55, 1952.7.1, 「われら日韓親善の先驅者たらん-同和協會定款改正・社團法人中央日韓協會結成」 및 「同和協會總會終る」.

이사는 11명에서 23명으로 늘어났다. 일본 정부는 1952년 10월 정관 개정을 인가하고 주관 관청을 후생성에서 외무성으로 바꿨다.[20]

그러면 동화협회·중앙일한협회는 한일교섭에 어떻게 관여했을까. 대부분 조선총독부 관료 출신인 협회의 임원들은 일본 측 교섭 담당자 및 정부 수뇌부와 수차례 간담회를 가졌으며, 재한재산조사(在韓財産調査) 등 필요 자료를 제공했다.[21] 조선총독부 재무국장 출신으로 협회 이사였던 미즈타는 "우리 동화협회가 (중략) 우리 측 대표단의 요청에 의해 각종 자료를 제공"했고, 조선에 대해 지식이 깊지 않은 대표단에게 "조선에 관한 바른 인식을 주입하고 자신감을 줌으로써 음으로 회담의 유리한 진전에 다대한 기여를 했던 것은 망각되어서는 안 될 공덕"이라고 자평했다.[22]

협회의 의견과 자료 제공이 일본 측의 대한교섭 방침에 어떤 영향을 얼마만큼 주었는지는 구체적으로 알 수 없지만, 적어도 일본 측 대표단은 자신들의 판단과 배치되지 않는 식민통치에 관한 생생한 증언을 듣고 자신감을 얻었을 가능성이 크다. 일본 정부는 중앙일한협회에 대해 1953년 200만 엔, 1954년 250만 엔의 국고보조금을 지급했는데, 이는 한일교섭에 협회가 쓸모 있었음을 말해주는 것은 아닐까.[23]

---

20) 위의 자료 및 『月刊 同和』 59, 1952.11.1, 「再出發點にたつて中央日韓協會發足の日に」.
21) 『月刊 同和』 49, 1952.1.1, 「在外資産の補償は政府の責任(原田大六)」; 『月刊 同和』 73, 1954.1.1, 「友邦の繁榮を(澁谷禮治)」.
22) 水田直昌, 앞의 책, p.158.
23) 『月刊 同和』 70호, 1953.10.1, 「昭和二十八年度豫算と事業の概要」; 『月刊 同和』 80호, 1954.8.1, 「運動の積極的展開へ!!-昭和二十九年度事業計劃」. 보조액은 전체 예산의 약 1/3에 해당하며, 이에 따라 지출 항목 가운데 조사비가 증가했다. 이렇게 일본 정부가 지원하게 된 배경에는 한일교섭 건 외에도 기왕의 한국전쟁 협력 건도 고려된 듯하다. 중앙일한협회는 "1950, 51년 조선 남북의 동란을 맞이하여 정부·점령군으로부터

이후 협회 차원에서 직접적으로 한일교섭에 어떻게 관여했는지는 명확하지 않다.24) 한일 양국 사이의 조약도 1965년에야 체결되었고 그때까지 교섭은 단절과 굴곡을 겪었으며, 민간인의 교류는 자유롭지 못한 상황이었다. 그 사이 중앙일한협회는 큰 조직적 변화 없이 한일교섭의 추이와 연동하면서 귀환자의 경제 권익 옹호, 식민통치 자료 수집·편찬에 주력했다.

3. 재외재산보상운동과 '역청구권'의 함의

동화협회·중앙일한협회는 그 전신인 조선인양동포세화회(朝鮮引揚同胞世和會)·조선사업자회(朝鮮事業者會) 시절을 포함하여 줄곧 귀환자의 원호와 권익을 위해 전국 규모의 단체와 연계하여 활동했는데, 주로 정부에 청원하여 재원을 마련하는 방식이었다. 임시 수용시설 마련, 생업자금(生業資金)·갱생자금(更生資金) 대출, 未歸還者留守家 원호(未歸還者留守家) 원호, 재외공관차입금(在外公館借入金) 반환 추진25) 등이 그 예이다. 이러한 활동 중 하나였던 재외재산보상운동(在

국제 연합군의 작전에 협력할 것을 요청받고, 조선 전토에 걸쳐 도로·항만·하천·교량을 필두로 각종 공장 등의 시설 상황 및 조선의 민족·풍토·관습에 대해서 조사를 引受해서, 총독부 시대의 관계 관민 延 3000여 명을 전국에 수배, 10개월에 걸쳐 소정의 조사를 완성해서 관계 방면으로부터 깊은 감사를 받았다"고 했다.(社團法人 中央日韓協會,『協會の實施して來た事業概要』, 1958.4.1, p.10).

24) 강덕상의 회고에 의하면 박정희 정권이 성립되자 한국에서 국교 정상화 준비에 필요한 인맥을 찾기 위해 중앙일한협회를 찾아오는 사람이 많아졌다고 한다.(강덕상, 「조선사료연구회의 호즈미 세미나에 참석하기까지」, 『식민통치의 허상과 실상』, 혜안, 2002, p.342), 다만 한일교섭 과정에서 드러난 한·일 인맥을 보면 정치면에서는 '조선 인맥'보다는 '만주 인맥'이 두드러졌으며, 경제면에서는 '조선 인맥'도 적지 않았다.(박진희, 「한·일 국교 수립 과정에서 '한·일 인맥'의 형성과 역할」, 『역사문제연구』 9, 2002.12 참조).

外財産補償運動)은 귀환자가 식민지 조선에 두고 온 '사유재산'을 반환 또는 보상받으려는 것으로 1967년에 가서야 종결되었는데, 〈표 2〉와 같이 대략 세 시기로 구분해볼 수 있다.[26]

〈표 2〉 재외재산보상운동의 추이

제1기 : 패전 이후 샌프란시스코 강화조약까지(1945.8~1952.3)
주요 조직 : 引揚者團體全國聯合會(46. 11) - 理事長 穗積眞六郞 / 同胞救援議員聯盟(46. 5) - 간사 水田直昌.
주요 활동 : 〈조사〉 재외재산조사회(46~48) - 水田直昌, 山口重政 등 / 〈강화조약 로비〉 샌프란시스코 강화 조약 안에 재산 반환이 반영되도록 다각도 로비, 실패. ("私有財産氏 桑港에 여행 중 (중략) 頓死, 喪主 吉田茂.") 재외재산의 국가보상요망 결의.(51. 10.)
관련법령·조약 : 재한 미군사령부 포고1호(45. 9. 7) - 주민의 소유권 존중 / 재한 미군정청 법령 제2호(45. 9. 25) - 일본 국공유재산 8. 9 이후 처분금지 / 同 제3호(45. 9. 28) - 일본 국공유재산 미군에 귀속 / 동 미군정청 법령 제33호(45. 12. 6) - 8. 9 이후 일본인 사유재산 미군정청에 귀속 / 한미재산이양협정(48. 9) - 귀속재산 한국 정부에 이양 / 샌프란시스코 강화조약(52. 4) - 연합국내 일본(인)의 재외재산을 배상으로 제공, 한일 양국의 상호청구권은 서로 협의(4조 a항), 단 한국에서 미군이 행한 재산처리의 효력 승인.(4조 b항.)
* 일본의 재한재산 : 일본은행-15억 달러(최종 합계의 53% 정도) / SCAP-북한 29.7억 달러, 남한 22.7억 달러 / 재외재산조사회-민간 34억 달러(519억 엔), 정부 12.8억 달러(192.6억 엔), 합 47억 달러.(707.9억 엔.)
* 한국의 대일배상요구액(1949) : 314억 엔(20.7억 달러)+400만 달러+현물.

---

25) 한국 지역에서 각지 세화회가 귀환 비용으로 민간 일본인에게 빌린 자금을 일본 정부가 대신 갚아달라는 것이었다.
26) 시기 구분과 내용은 北條秀一·城戶忠愛, 『私有財産論 : 在外財産補償要求運動史』, 構造社, 1971; 厚生省援護局編, 『引揚げと援護三十年の步み』, 1977; 大藏省財政史室編, 『昭和財政史 : 終戰から講和まで 제1권-總說; 賠償·終戰處理』, 東洋經濟新報社, 1984를 바탕으로 『同和』 및 관련자 회고 등을 참고하여 작성했다. 北條秀一·城戶忠愛는 1957년 1차 보상법 마련을 기점으로 前 13년과 後 9년을 두 시기로 나누었지만, 샌프란시스코 강화조약의 중요성, 재한 일본인의 특수성, 한일교섭과 관련성을 고려하여 세 시기로 구분했다.

제2기: 강화조약 발효 이후 1차 보상법(給付金法) 마련까지(1952. 4~1957. 4)
주요 조직: 在外資産補償確得期成同盟(52. 11) - 引揚者團體全國聯合會 산하 실행운동 조직, 副본부장 田中武雄, 중앙일한협회내에 조선부회로서 재외자산대책위원회 결성 / 일본 정부 在外財産問題調査會(53. 11), 1차 在外財産問題審議會(54. 7), 2차 在外財産問題審議會(56. 4, 위원에 田中武雄) 설치.
주요 활동: 정부에 압력 행사 / 在外資産補償確得期成同盟의 재외재산문제에 대한 결의(54. 5) - 사유재산권불가침의 원칙 재확인, 전쟁배상에 충당된 인양자의 재외자산 총액 확인, 재외재산 보상, 55년도 예산에 반영 등 요구.
관련법령·조약: 引揚者給付金等支給法(57. 5 법률 109호) - 국가의 재외재산 보상에 관한 법률적 의무 여부에 대해 결론을 내지 못함. 급부금의 지급 등 생활 기반의 재건을 위한 특별한 정책적 원호 조치를 강구. 인양자 및 유가족에 대해 국채 지급.(소득제한, 연령에 따라 차등.) 76년 12월 현재 318만여 건, 462억 엔 지급.
제3기: 1차 보상 실시 이후 2차 보상법(交付金法) 마련까지(1957. 5~1967. 8)
주요 조직: 일본 정부, 임시재외재산문제조사실(63. 4) 및 3차 在外財産問題審議會(64. 7) 설치.
주요 활동: 57. 5 引揚者團體全國聯合會 이사장에 田中武雄 취임 / 자민당과 결합 압력 행사 - 자민당 내 재외재산문제의원연맹.(63)
관련법령·조약: 인양자에 대한 특별교부금의 지급에 관한 법률(67. 8) - 국가의 법률상 보상의무 부정, 재산을 상실한 인양자의 특수성을 감안, 교부금을 지급. 일체의 제한 조치 없이 지급. * 349만여 인양자에 대해 1925억 엔의 국비 지급.

재외재산보상운동은 외형상 사유재산권 보호와 그 범위를 둘러싼 국가와 귀환자 사이의 갈등이라고 볼 수 있다. 귀환자는 국민으로서 헌법과 국제법(1907년 헤이그 육전법규 제46호)의 사유재산 보호 규정에 근거하여, 샌프란시스코 강화조약에 의해 자신들의 재외재산이 배상이라는 공공의 목적에 쓰였으니 국가가 당연히 이를 보상해야 한다고 주장했다. 한편, 국가는 패전이라는 특수 상황에서 국가가 국제법이나 국내법상 재외재산을 보상해야 할 의무는 없다고 주장했다. 결

국 이 운동은 1967년 국가가 명분(법률상의 의무 부정)을 얻고 귀환자는 실리(보상금)를 취함으로써 종결되었다.27)

이 운동의 과정과 귀결을 통해 일본국과 귀환자는 서로가 자신의 국가와 국민임을 확인했다. 일본국은 귀환자를 "우리나라의 대외적 발전을 위해 노력했던 국민"으로 인정하면서, 그들이 "당시 국책에 따라 해외 제일선에서 활동하고 생활을 영위했던 바" 일본 국내에 생활 기반이 없음을 감안하여 특별 교부금을 지급했다.28) 만철(滿鐵) 간부 출신으로 운동을 이끌었던 호조 히데이치(北條秀一)는 "국가가 있는 한 국민으로서 의무를 수행하는 것이 제일(第一)이며, 그 뒤에 권리가 보증된다"라며 "애국주의"를 강조했다.29)

일본 국가 체제에 귀환자가 다시 국민으로 편입되는 이러한 과정에서 두 가지 점이 주목된다. 하나는 문제가 의무와 권리라는 계약 관계보다는 특별금 지급이라는 형태로 해결되었다는 점이다. 국가와 국민 사이에 전통적인 증여와 보답 관계가 형성되었다. 다른 하나는 패전 이전 일본의 대외정책이 '국책'이라는 이름으로 다시 긍정되었다는 점이다. 일본의 침략과 전쟁을 용인하는 역사인식이 되살아나고 있는

---

27) 귀환자들이 재외재산보상운동을 추진하면서 근거로 삼았고, 일본 정부가 샌프란시스코 강화조약이나 한일회담에서 재외재산의 반환이나 '역청구권'의 근거로 내세웠던 헤이그 陸戰法規 제46호 '점령군에 의한 사유재산 등의 존중 의무'는, 일본 정부가 국가보상의 의무를 부정하기 위해 해결해야 할 난제였다. 3차 재외재산문제심의회에서 '헤이그 조약은 (중략) 사유재산권을 침해한 외국의 국제법상 책임을 문제 삼는 것이지 피해를 입은 국민에 대해 본국이 보상의무가 있다는 것은 아니다'라는 해석을 내림으로써, 일본 정부는 이전 대외협상에서 펼쳤던 주장과 모순되지 않으면서도 국내 보상의무를 피할 수 있는 길을 찾았다.(在外財産問題審議會, 「在外財産問題審議會의 答申」(1966.11), 『引揚げと援護三十年の步み』(厚生省援護局編), 1977, p.655).

28) 위의 글, p.661.

29) 北條秀一·城戶忠愛, 앞의 책, p.139.

것이다.30)

　이러한 국가와 국민의 재회가 일본 사회에 끼친 영향은 무엇일까. 다음 이야기는 귀환자의 명예 회복과 일본 사회 보수화의 상관관계를 상징적으로 보여준다. 1963년 8월, 패전 이후 최초로 일본 정부 주최로 '전국전몰자추도식(全國戰歿者追悼式)'이 거행되었다. 이 계획이 알려지자 일본사회당은 군국주의의 부활, 헌법개악의 여건 조성이라며 정부 주최를 반대했다. 이에 대해 사단법인 인양자단체전국연합회(引揚者團體全國聯合會)는 이사장 명의로 '정부 주최의 추도식 거행은 다년간 우리가 염원했던 바이고 국가로서의 도의적 의무이다. 전국 4백만 인양자의 비원을 달성할 수 있도록 찬동해 달라'는 취지의 항의 편지를 사회당에 보냈다. 당시 연합회 이사장은 중앙일한협회 회장 다나카 다케오였다.31)

　재외재산보상운동은 한일교섭과 밀접한 관련을 맺었다. 기존 연구에서도 한일회담에서 한국의 청구권 요구에 대해 일본이 재한 일본인 재산 반환(역청구권)을 주장했던 배경으로 귀환자의 재외재산 보상 요구가 지적되었다.32) 그런데 한일교섭의 진행과 연동하는 재외재산보

---

30) 재외재산보상운동과 역사인식에 대해서는 木村建二, 앞의 글, pp.146~147 참조. 일본국의 '전후보상' 규모를 보면 재외재산보상 관련 보조금을 포함한 국내 지출이 31조 엔인 반면, 배상금 등 국외지출은 1조 엔에 불과하다. 이러한 격차는 일본 사회의 역사관이 戰前으로 회귀하는 것과 관계가 있다.(田中 宏, 「日本の戰後責任とアジア-戰後報償と歷史認識」, 『近代日本と植民地 8』, 岩波書店, 1993 참조).

31) 『月刊 同和』 187, 1963.7.1, 「全國戰歿者追悼式について-引揚犧牲者の諸靈を悼む」 및 「全國戰歿者追悼式に關して」. 전후 일본의 정치에서 귀환자 및 미귀환자 문제는 '반공'의 재료로서 이용되었으며, 귀환자 스스로 자신들의 이해를 호소하기 위해 보수정당·보수정치를 지지했다.(阿部安成·加藤聖文, 앞의 글(上), p.140), 北條秀一도 재외재산보상운동이 돈 문제에 치중하고 자민당에만 의존하다 보니 성격이 변질되었다고 한다.(北條秀一·城戶忠愛, 앞의 책, pp.133~134).

상운동의 추이를 살펴보면, 일본 국내 정치의 동학은 '재외재산 보상 요구→역청구권 제의'라는 방향만이 아니라 '역청구권 제의→재외재산 보상 지연'이라는 방향으로도 작동되었음을 알 수 있다.

패전 직후부터 이루어진 연합군과 일본의 재한재산 조사는 '반환 요구'와 '배상 범위 및 규모 결정'이라는 두 가지 맥락이 혼재되어 진행되었다.33) 귀환자의 바람은 반환이었고, 조사 자료는 반환요구운동의 근거였다. 그러나 일본 정부나 연합국은 배상에 더 신경이 쓰였다. 일본 외무성은 이미 1945년 10월 강화조약을 준비하기 위해 내부에 평화조약문제연구간사회(平和條約問題研究幹事會)를 설치했는데, 그곳에서 준비한 문서를 보면 이른 시기부터 배상의 방법으로 '정산'을 구상했음을 알 수 있다.34) 배상을 재외자산으로 상쇄한다는 방침으로 보이는데, 그럴 경우 재외재산의 소유자인 귀환자가 입은 손실은 어떻게 되는가. 1947년 체결된 이탈리아평화조약에는 배상에 쓰인 재외 사유재산은 국가가 보상한다는 조문이 들어가 있으며, 이에 따라 이탈리아 정부는 1954년부터 자국민의 손실을 보상해주었다.35) 외무성은 이탈리아의 사례도 검토했는데,36) 배상과 재외재산의 상쇄를 결정한 샌프

---

32) 이원덕, 앞의 책, pp.56~57.
33) 당시 일본에서 연합군사령부 민간재산관리국, 일본은행, 재외재산조사회, 외무성 등이 재외재산을 조사했다. 이에 대해서는 大藏省財政史室 編, 『昭和財政史 : 終戰から講和まで 第1卷－總說; 賠償・終戰処理』, 東洋經濟新報社, 1984, pp.550~577 참조.
34) 外務省 政務局, 「經濟條項に關する諸問題(46.1.29)」, 『平和條約問題研究幹事會關係』 (일본 외무성 홈페이지의 외교기록 공개문서 검색 이용, B'4.0.0.의 『對日平和條約關係 準備研究關係(第一卷)』 중에서).
35) 이탈리아의 사례에 대해서는 總理府臨時在外財産問題調査室, 『イタリア・西ドイツ等における在外財産問題』, 1965 참조.
36) 外務省, 『イタリア平和條約の成立の經緯とその內容』, 1950.1. (B'4.0.0.의 『對日平和條約關係 準備研究關係(第六卷)』 중에서).

란시스코 강화조약에는 일본 정부의 보상 규정이 빠져 있다.

재외재산 반환을 부정한 강화조약이 체결되자, 귀환자들은 이제 재외재산 문제는 국내 문제라고 판단하고 대대적인 국가보상운동을 준비했다.37) 이러한 가운데 1952년 2월에 1차 한일회담이 열렸다. 한국의 청구권 요구액도 부담스러운 규모였지만 귀환자가 주장하고 일본 정부나 연합국사령부가 공인한 귀환자의 재한 사유재산은 그것보다 컸다.(〈표 2〉 참조) 이 때 일본 정부는 '역청구권'을 주장함으로써 귀환자를 대변하는 자세를 취했고, 보상 문제를 한일교섭에 연동시킴에 따라 해결 시기를 미룰 수 있게 되었다. 1956년 2차 재외재산문제 심의회(在外財産問題審議會)의 답신서를 보면, 보상에 대한 정부의 법적 의무 여부를 결정짓지 못하면서 그 이유 중 하나로 "재외재산 (중략) 대부분은 (중략) 중국 대륙, 한반도에 있는데 (중략) 아직 법률적 귀속이 미결정인 상태이다. 따라서 (중략) 법률상 보상 책임의 유무를 논할 단계는 아니다"는 점을 들고 있다.38)

1957년 기시 노부스케(岸信介) 내각은 '역청구권'을 포기하면서 한일교섭의 재개를 꾀했다.39) 중앙일한협회는 격렬하게 일본 정부의 처사를 비판했고, 이제 국가가 "재산의 소유자인 국민에 대해서 당연히 법률상 보상책임을 져야 한다는 것은 한 점 의심의 여지가 없다"고 주장하며, 정부 보상 관철에 전력을 기울였다.40)

---

37) 北條秀一·城戸忠愛, 앞의 책, 서문 및 pp.84~85.
38) 厚生省援護局編, 『引揚げと援護三十年の歩み』, 1977, p.649.
39) 일본 정부의 역청구권 포기 의사가 흘러나오기 시작하는 1957년 봄은 국가의 보상의무에 관한 판단을 보류했던 引揚者給付金等支給法이 마무리되는 시점(동년 5월 17일 제정)이었다.
40) 『月刊 同和』 122, 1958.2.1, 「日韓全交涉に對する所見(田中武雄)」; 『月刊 同和』

1965년 한일협정에서는 재한 재산에 대한 언급이 없었다. 중앙일한협회는 한일협정의 성립은 국가 보상을 부정하는 것이 아니며, 오히려 '역청구권' 포기가 기간(基幹)이 되어 협정이 이루어졌으니 정부 보상이 당연하다고 주장하면서 한일협정이 진행 중인 3차 재외재산 문제심의회에 끼칠 악영향을 차단했다.[41] 또한 한일협정으로 수수된 자금에 대해서도, 일본 정부는 청구권 명목이 아니라 '경제협력기금', '독립축하금'임을 강조했지만, 귀환자의 입장에서는 한국 정부와 같이 청구권 명목으로 해석하는 것이 유리했다. 한국 정부가 주장했던 청구권이 해소되어야 미뤄왔던 여타 보상 문제가 해결될 수 있는 길이 열린다고 본 것이다.[42]

주지하다시피 일본 정부는 식민 지배·전쟁 피해국들과 교섭하면서 협상을 지연시켜 고도성장 시기에 배상협정 또는 경제협력을 체결함으로써 실질적 부담도 줄이고 경제 진출의 발판으로 삼을 수 있었

103, 1957.5.1,「對韓財産請求權の抛棄と在外財産の補償(原田六大)」. 당시 桐生市의 在鮮私有財産權確保同志會라는 조직은 다음 두 가지를 결의했다. "1. 在鮮 사유재산을 절대 포기하지 말라. 2. 정부가 포기하는 경우 국가보상을 인정하는 것으로 알고 국가에 청구하는 권리를 남겨두겠다."(『月刊 同和』같은 호,「財産權は抛棄せず(梅澤友七)」) 중앙일한협회는 "이번 정부가 일한교섭에 임해서 한국에 대한 재산청구권을 포기함에 따라 소유자에 대한 배상의무가 더욱 결정적이 되었기 때문에 현재 이 문제에 전력을 경도하고 있다"고 했다.(社團法人 中央日韓協會,『協會の實施して來た事業槪要』, 1958.4.1, p.7).

41)「日韓條約の成立は外資報償を否定するものではない(原田六大)」,『月刊 同和』 214, 1965.10.1.

42)「日韓交涉調印に際して(田中武雄)」,『月刊 同和』 210, 1965.6.1, "한국 정부가 종래 항목을 열거하여 우리 측에 요구했던 여러 청구권이 이번 협정에 의해 일괄 해결됨에 따라 각각의 요구는 해소되었으므로 정부 당국이 금일까지 일한교섭이 해결될 때까지라는 구실로 우리들의 요구를 미루어왔던 여러 안건은, 예를 들면 간이보험, 금융조합연합회 예금문제 등은 이제부터 다시 정부와 교섭하게 된다."

다.43) 한일교섭과 재외재산보상운동의 추이에서 알 수 있듯이, 재외재산 보상 요구는 대외 협상을 지연시켰지만, 역으로 대외 협상의 지연은 일본 국내의 보상을 지연시키는 사유로도 작용했다. 1965년 한일협정이 타결되고 나서야 일본 국내의 재외재산 보상 문제도 최종 해결을 보았던 것이다. 일본 정부가 처음부터 의도했던 것인지는 좀 더 검토해야겠지만, 결과적으로 보상을 지연함으로써 실질적인 부담을 줄였다고 할 수 있다.

더욱이 '역청구권 제의→재외재산 보상 지연'이라는 흐름은 보상 지연의 책임이 한국 정부에 전가되는 효과도 있었다. 일본 정부는 재외재산보상운동과 연결하여 '역청구권'을 제의했기 때문에, 이를 부정한 한국 정부는 재외재산보상운동까지 부인하게 된 셈이었다. 이제 재외재산 보상 문제가 잘 해결되지 않으면 그 책임이 한국 정부에 전가되는 구조가 마련되었다. 이는 뒤에서 보듯이 구보다 망언과 함께 귀환자들 사이에 반한감정을 불러일으키고 식민통치를 미화하는 역사인식이 확산되는 계기로 작용했다.

4. 식민통치경험 인식과 한일교섭의 추이

1) 자기변호의 필요성과 산업발달 중심의 사료 편찬

패전 이후 조선총독부 관료들을 비롯해 동화협회·중앙일한협회의 인사들은 줄곧 식민통치가 한국에 유익했다는 점을 강조했는데, 그러

---

43) 大藏省財政史室 編, 『昭和財政史 : 終戰から講和まで 第1卷 - 總說; 賠償·終戰處理』, 東洋經濟新報社, 1984, p.537.

한 주장의 배경으로 다음 두 가지를 지적할 수 있다. 첫째는 패전 이전부터 줄곧 일본에 거주했던 일본인의 비판이다. '한국을 학대했던 것은 조선총독부와 재한 일본인이다'며, 한국에서 귀환한 자들을 '군벌의 주구' '군국주의자의 선봉'이라 했다. 귀환자가 보기에 그들은 얼마 전까지만 해도 '조선인도 일본인이다'며 무리한 전쟁 동원을 주장했는데, 이제 돌변하여 재한 일본인을 비판하면서 지식인, 평화주의자, 인도주의자인 듯 행세했다.44) 둘째는 이렇게 쏟아지는 비판이 귀환자의 갱생과 권익 문제 해결을 어렵게 했다는 점이다. "재외재산은 그 지역 현 주민에게서 착취한 것"이라는 여론은 귀환자들이 바라던 재외재산 보상의 걸림돌이었다.45) 목전의 이익을 위해서도 자신을 적극적으로 변호할 필요가 있었다.

식민통치를 긍정하고, 그럼으로써 자신의 삶을 옹호할 수 있는 가장 차원 높고 지속적인 방법은 자신들의 입장에서 식민통치사를 새로 쓰는 것이었다. 1952년 10월, 호즈미 신로쿠로는 중앙일한협회의 자매기관으로 우방협회(友邦協會)를 설립하고 이사장을 맡아 식민통치 사료 편찬을 추진했다.46) 이사로는 중앙일한협회의 총독부 국장 출신자, 국책 기업인들과 언론인, 학자가 참여했다.47) 설립 목적은 "일

---

44) 「六義案を中心に-和やかに堂堂たる論議-朝鮮引揚者全國大會」, 『月刊 同和』 27, 1950.3.1; 穗積眞六郎, 『わが生涯を朝鮮に-穗積眞六郎先生遺筆』, 友邦協會, 1974.3, pp.256~257.
45) 「宣言決議-朝鮮引揚者全國大會」, 『月刊 同和』 27, 1950.3.1.
46) 호즈미 신로쿠로에 대해서는 그의 유고 『わが生涯を朝鮮に-穗積眞六郎先生遺筆』(友邦協會, 1974, 3)과 미야타 세쓰코, 「호즈미 신로쿠로 선생과 녹음기록」, 『식민통치의 허상과 실상』, 혜안, 2002(원본은 宮田節子, 「(解說) 穗積眞六郎先生と'錄音記錄'」, 『東洋文化硏究』 2, 2000.3) 참조.
47) 설립 당시 이사는 緖方竹虎(전 아사히신문 주필), 林 茂樹(전 학무국장), 久保多豊,

한 양민족의 건전한 발전을 목표로 그 문화적·경제적 교류에 필요한 시책의 조사·연구 등을 행하고 또한 일본국에 재주(在住)하는 조선인의 후생(厚生)복지 증진을 도모함으로써 일한우호관계의 향상 발전에 기여"하는 것이다. 이를 위한 사업으로 "1. 조선 사정에 관한 각종 자료의 수집, 2. 조선 문제에 관한 조사·연구 및 보급, 3. 조선 문제에 관한 관공서 기타 자문에 대한 응답, 4. 조선 문제에 관한 시책에 대해 관공서와 기타에 권고, 5. 재일조선인의 후생복지에 관한 시설, 6. 일한 친선 상 필요한 시설"을 설정했다.[48]

중앙일한협회와 별도로 우방협회를 설립한 이유는 무엇일까? 호즈미는 "조선을 오래 통치하면서 (중략) 구축해둔 문화가 시간의 경과와 전화(戰禍)에 의해 흔적도 없이 사라지는 것을 무엇보다 유감"으로 여기고 있던 차에 몇몇 경험자·전문가가 세상을 뜨자 이 일을 시급히 수행할 독자기구 설립이 필요했다고 한다.[49]

우방협회의 초기 사업계획을 알 수 있는 자료로 1954년에 작성된 『조선산업발달사료편찬계획(朝鮮産業發達史料編纂計劃)』이 있는데, 그 제목에서부터 식민통치, 특히 산업발달과 관련된 사료 편찬이 사업의 중심이었음을 알 수 있다. 산업발달 사료 편찬을 기획한 이유는 근거가 뚜렷하며 주변에서도 인정한다는 점, 장래 양국이 경제적으로 제휴할 때 참고 자료로 쓸 수 있다는 점이었다.[50] 무엇보다도 호즈미의 식산국

少西春雄(전 조선은행 대련지점장), 上瀧基, 近藤釰一(전 경성일보 논설위원), 澁谷禮治(전 조선은행 조사과장), 鈴木武雄, 末松保和(전 경성제대 교수)였다.(『友邦協會會報』 1, 1952.10, 「財團法人友邦協會役員」).

48) 「財團法人友邦協會寄附行爲」, 『友邦協會會報』 1, 1952.10, p.5.
49) 「中央日韓協會と友邦協會の關係」, 『月刊 同和』 60, 1952.12.1; 미야타 세쓰코, 앞의 글, pp.26~27.

장 경험이 크게 작용했을 것이다. 산업발달사료 편찬의 첫 번째 주제도 금광업으로 설정했는데, 그의 식산국장 시절(1932~1941) 주요 사업이었다. 또한 산업발달사료 편찬은 한일교섭의 추이와도 조응하는 것이었는데, "수산 문제 중 어업 문제에 관해서는 당면 긴급한 사안이기 때문에 우방협회에서는 이미 조사 편집을 완료했다"고 했다.51)

사료 편찬을 위해서는 기초 작업으로 사료 수집이 필요한데, 위의 계획과 같은 해에 작성된 『조선조사실설립계획실시상황(朝鮮調査室設立計劃實施狀況)』을 보면 "역사적 사실의 구명과 현실적 필요"에 기초하여 "사료를 수집, 일반 관계자에게 개방하여 조사·연구의 편의를 제공"한다는 취지에서 '조선조사실(朝鮮調査室)'을 그 실행기관으로 만든다고 했다. 〈표 3〉의 자료 분류 양식을 보면 계획의 규모와 특징을 알 수 있다.

"단순한 조사시설에 그치지 않고 자료를 질서 있게 신편성(新編成)하는 것 자체가 구조선관(舊朝鮮觀)의 시정에 기여하는 것"이라며, 당시 한국에서 간행된 역사책까지 참조해서 작성한 분류표는 "민족 중심의 재집성"을 표방했다.52) '제3류(類) 역사'의 '실국사(失國史)', '외

---

50) 田中武雄·穗積眞六郎, 『朝鮮産業發達史料編纂計劃』, 1954.5의 「計劃の趣旨」와 「計劃の概要」 참조.
51) 위의 자료, 「附記」. 당시 한일교섭에서 벌어진 양국 사이의 어업 분쟁에 관해서는 오제연, 「평화선과 한일협정」, 『역사문제연구』 14, 2005.6 참조.
52) 友邦協會·中央日韓協會, 『朝鮮調査室設立計劃實施狀況』, 1954.9.6, 20~21, p.6. "民族 中心의 再集成"에 관해서는 "일본통치 시대에 조선민족주의는 극도로 억제되었기 때문에 조선에 관한 저서, 문헌, 자료 등은 일본 권력의 영향을 받았던 것이 매우 많다. 이처럼 일본 이전의 역사 기타는 그 때 그 때 압제 세력의 영향을 받았다. 즉 종래의 조선에 관한 지식, 경험은 이들 권력 편향의 조선관을 기조로 하는 것이다. 이상 권력 편향의 조선관을 가지고 조선 민족주의의 금일 현실에 대응할 수 없다. 즉 이 권력 편향을 世代의 민족주의적 윤리관에 의해서 순화해야 한다."고 주를 달아 설

화사(外禍史)', 독립된 류(類)로서 '민족' '독립운동사' 설정 등이 그러한 예이다.53)

〈표 3〉 우방협회 조선조사실의 자료 분류표(1954. 9)

類	類名(1부)	類	類名(2부)	주요 세부 항목
1	조선 일반	9	민족	(第3類 역사) 조선사 일반, 설화기·족장기, 민족대두기, 신라왕조기, 고려왕조기, 이조왕조기, 外禍史, 內禍史, 失國史, 일한병합(第5類 산업발달사) 조선개발 일반, 농림개발, 미곡증산, 수산개발, 광업개발, 産金증식, 전원개발, 생산재산업(1)(2), 소비재 산업(第11類 독립운동사) 일반·민족주의, 국제 활동, 상해假정부, 항일단체, 민족경제·산업, 항일활동(국내)*, 항일활동(국외)*, 민족사회, 민족문화, 통계·도표·요람
2	자연	10	日韓地政史·일한환경	
3	역사	11	독립운동사	
4	일본통치사 (총독별)	12	통일 문제	
5	산업발달사	13	대한민국	
6	日本引揚史	14	조선민주주의 인민공화국	
7	인물	15	재일조선인 문제	
8	단체·조합·회사	16	對日관계	

* 友邦協會·中央日韓協會, 『朝鮮調査室設立計劃實施狀況』, 1954. 9, pp.11~12.
* 자료에는 제11류 독립운동사에 '항일운동(국외)' 항목이 둘인데, 하나는 '(국내)'의 오자인 것 같다.

'조선조사실'의 민족 중심이라는 입장 표방과 산업발달사료 편찬에서 일본인의 기여 강조는 어떻게 연결되는 것일까. 양자를 연결해주는 것이 바로 정체성(停滯性)이었다. 우방협회가 편찬한 조선의 산업발달 관련 사료집은 전형적인 정체성론에 기반한 것이었다.54) 산업

명했다.(같은 자료, pp.6~7).
53) "독립운동사"에 관해서는 "南北新朝鮮建國의 民族的 backbone(정신적 지주-필자 주)이며, 제 1부의 일본관계 史錄 조사(4, 5, 6류-필자주)와 병존해야 할 귀중한 것이다. 이것은 일본통치사 등과 같이 금일 일본의 경험에 의해서 公후한 史實化를 도모하지 않는다면 그 진실성을 잃어버릴 가능성이 있다"고 했다.(위의 자료, pp.28~29).
54) 눈에 띄는 것만 열거해보면 다음과 같다.
· "19세기 중엽부터 20세기 초두에 걸쳐서 구미 열강의 아시아 식민지화 바람의 와중

발달이 강조되고 합리화되기 위해서는 이전의 정체가 필요했다. 마치 세계 곳곳에서 '문명'이 들어오기 전에 '야만'이란 전염병이 돌듯이. 우방협회의 기획자인 호즈미의 유고를 보면 일본 식민통치의 근본적 잘못은 "한국의 민족성을 무시하고 영구히 병합하려 했다"는 점이라는 주장이 여러 번 나온다.55) 민족국가 독립을 이상으로 생각했던 것 같다. 그럼에도 자신과 일본인의 산업발전 기여는 계속 강조되었다. 한국인이 자국 역사의 주체임을 인정하지만 정체적이므로 일본인이 도와주어야 한다는 논리이다. 힘닿는 한 도와주면 나중에 한국이 독립했을 때 그것이 우호의 끈이 된다는 것이다.56)

이후 우방협회는 조선통치 관계 사료를 수집하고 편찬하였으며, 1983년 학습원대학 동양문화연구소(學習院大學 東洋文化研究所)에 1만

에 구한국은 이조 오백 년의 구태를 그대로, 自失停滯의 고민을 계속하였다."(萩原彦三, 『韓國財政の整理改革 : 財政顧問目賀田種太郎の業績』(友邦시리즈 제6호), 1966의 간행사).

· "이 조 말기 통화 제도의 문란은 심했고 한국 경제를 萎靡시키고 있는 상황은 금일에 상상할 수 없을 정도였다."(高久敏男, 『李朝末期の通貨とその整理』(友邦시리즈 제7호), 1967의 간행사).

· "총독부 시정 당초의 국토는 일부 도읍을 제외하고는 조금도 인공을 가미한 형적이 없고 거의 자연의 황폐에 맡겨진 채였다."(榛葉孝平 외, 『朝鮮の國土開發事業』(友邦시리즈 8號), 1967의 머리말).

· "조선은 풍부한 지하자원의 혜택을 입은 나라이다. 그러나 역사상 그것이 개발되었다는 기록은 적다."(遠藤鐵夫 · 穗積眞六郎, 『朝鮮近代鑛業の創成 ; 1 : 鐵鑛開發と製鐵事業』(友邦시리즈 제10호), 1968의 간행사).

· "수산업에 대해서는 일본은 오래 전부터 전통이 있는데 조선은 예부터 그다지 진보하지 않았으므로…"(穗積眞六郎, 『朝鮮水産の發達と日本』(友邦시리즈 제12호), 1968의 머리말).

55) 穗積眞六郎, 앞의 책, p.245.
56) 호즈미는 민족주체를 인정했던 점에서 다른 총독부 관료나 재한 일본인과 차이가 있으나, 내적 발전성이 부인된 (또는 많이 부족한) 주체를 설정했다는 점에서 기본적으로 '帝國意識'을 넘어선 것이라고 보기 어렵다.

점의 사료를 기탁했다.57) 편찬의 경우 자료 복각, 강연·회고록, 연구물 등 다양한 형태로 60여 종이 간행되었는데, 대략 절반 정도가 1960년대에 간행된 것이며, 그 중심 내용은 애초의 기획대로 산업발달사였다.58) 이 사료와 편찬물은 현재 일본 사회의 '식민지 조선'관이나 식민통치경험 인식의 원형과 근거를 제공하는 것이라고 할 수 있다.59)

2) 1950년대 구보다 발언과 식민통치 긍정론의 확산

동화협회·중앙일한협회의 간부와 회원들은 한일교섭의 추이에 따라 직접적이고 즉자적인 식민통치 인식을 협회지 『同和』에 드러냈으며, 그와 연동하여 한국 정부와 한국인에 대한 인식도 변화하였다. 대략 분기점은 1953년 10월 제3차 한일회담 때의 구보다 발언과 1961년 박정희 정권의 성립이었다.

구보다 발언이 있기 전까지 귀환자들은 '한국통'으로서 한일교섭에 희망을 걸었다. 식민통치에 대해서 근대화 기여를 강조하면서도 간간히 반성하자는 얘기가 나왔다. 평화선과 어선 납포에 대해서도 차분한 대응과 회담 재개를 주문했다.60) 계속 불거지는 재일조선인 문제에 관해서는 반공적 시각에 입각하면서도 역사적 배경과 생활고를 강조했고 외국인으로 대우하자는 주장도 있었다.61) 이승만의 강경 외

---

57) 우방협회·중앙일한협회, 『재단법인 우방협회·중앙일한협회 소장 조선관계 문헌·자료 총목록』, 1985의 간행사 참조.
58) 필자가 마지막으로 확인한 간행물은 前田利一, 『歷代總督統治通觀-穗積眞六郎口述·歷代總督統治通觀を讀んで(友邦시리즈 제30호)』, 友邦協會, 1986이다.
59) 우방협회의 사료 수집과 편찬에 관한 구체적인 내용 분석은 다음 기회로 미루겠다.
60) 「萬難排して會談を再界せよ-大邦丸事件に思う-(原田六大)」, 『月刊 同和』 60, 1953. 3.1 등.

교에 불만이 없었던 것은 아니지만 우호적인 한일관계를 전망하며 동화협회에서 중앙일한협회로 전환했다. 전환 과정에서 정관을 개정했는데, 귀환자의 갱생과 관련하여 이전 정관에 있던 '인양자의 자산 등에 대한 제대책'이란 구절이 빠졌다.[62] 재외재산 문제가 당시 양국 사이에 뜨거운 감자였음을 감안하여 명기하지 않은 것 같다.

그러나 구보다의 발언은 상황을 바꿔놓았다.[63] '일본 대표가 일본의 식민 지배가 한국에 유익한 점도 있었다고 했는데 한국 대표는 이를 부정했다'라고 알려지자 곧바로 한국 정부에 대한 비판이 이어졌으며, 한국인의 성격까지 문제 삼았다.[64] 1953년을 마감하는 회보에는 한일회담 때 한국 대표의 언동에 분개하는 시가 실리기도 했다.[65] 구보다 발언을 계기로 조선통치를 긍정하는 회상이 이어졌고 한국 정부의 정책, 특히 배일정책에 신경질적인 반응이 많아졌다. 1954년 6월에는 '조급히 제휴책을 강구하라'라는 제목에 식민지 시절에 착취, 억압, 탄압은 없었다는 내용이 실렸다. 1957년 4월에는 제목부터 '일본은 과연 조선을 착취하였던가'라고 하고 식민통치의 업적은 "세계의 경이"라며 착취를 언급하는 것 자체를 어이없는 일로 여겼다.[66]

---

61) 「最近の國內治安と朝鮮人問題(原田六大)」, 『月刊 同和』 56, 1952.8.1; 「在日朝鮮人問題と日韓交涉の再界」, 『月刊 同和』 57, 1952.9.1 등.
62) 「社團法人中央日韓協會定款」, 『月刊 同和』 59, 1952.11.1.
63) 구보다 발언의 자세한 내용에 대해서는 이원덕, 앞의 책 pp.63~70 참조.
64) 「難行する日韓會談(原田六大)」, 『月刊 同和』 71, 1953.11.1; 같은 호, 「民間外交の推進を」; 같은 호, 「偶感(小谷益次郎)」. 小谷(전 인천상공회의소부회장)은 조선인이 말꼬리나 주제와 상관없는 것을 잡고 격론하는 심리가 있다며, 이것이 개인이 아니라 국가의 외교에서 나타나는 것을 보니 약간 쓴웃음이 나올 지경이라고 했다.
65) 「感日韓折衝有作(國分三亥)」, 『月刊 同和』 72, 1953.12.1.
66) 「早急に日韓提携策をしたい(橫內新六)」, 『月刊 同和』 78, 1954.6.1; 「日本は果して朝鮮を搾取したか?(橫內新六)」, 『月刊 同和』 112, 1957.4.1.

구보다 발언(과 한국 정부의 비판) 이후 반한 감정과 식민통치 긍정론이 확산되고 있음을 보여준다.

1957년 5월, 기시 내각이 식민통치를 긍정하는 구보다 발언을 취소하자 협회의 회장과 부회장은 다음과 같이 의아하게 생각하고 분노했다.

> (다나카 다케오) 구보다 발언을 취소하는 것은 한국 측 발언을 인정하는 것 (중략) 통치 그 자체가 조선인을 노예 상태에 두었다던가, 착취 바로 그것이 있었다는 발언에 이르러서는 국가와 일본 국민의 명예를 위해서 결단코 가만히 있을 수 없다. (중략) 물론 긴 통치 기간이므로 그 사이 선정(善政)만 있었다고는 말할 수 없고 많은 잘못도 있었다고 생각되지만 전체적으로 양심적 통치를 행했다는 것을 단언함에 꺼릴 것이 없다.67)
>
> (호즈미 신로쿠로) 구보다 발언의 철회와 같이 어떠한 점을 무슨 까닭에 철회하는가 불명 (중략) 만약 조선통치가 나쁜 면만은 아니었다는 구보다 씨의 최후 발언에 이르러 이것을 포함하여 철회한 흔적이 보인다면 우리들로서는 결코 가만히 있을 수 없다. 이것은 통치 36년의 노력에 대한 모멸일 뿐만 아니라 일본인의 양심의 근본을 일회의(一會議)의 편의를 위해 팔아버린 결과이기 때문이다.68)

'일본국민의 명예', '일본인의 양심'과 같은 민족주의적 언사가 눈에 띈다. 더욱이 야쓰기 가즈오(矢次一夫) 특사가 '이토 히로부미의

---

67) 「日韓全交涉に對する所見(田中武雄)」, 『月刊 同和』 122, 1958.2.1. 이미 식민지기 억압과 착취를 일본 민족의 명예 실추와 결부시킨 글로 「日本民族名譽のために(萩原彦一)」, 『月刊 同和』 114, 1957.6.1이 있다.

68) 「日韓會談に就て(穗積眞六郞)」, 『月刊 同和』 122, 1958.3.1. 1954년 초 구보다 발언이 문제가 되었을 때 '우리는 조선을 육성했는데 무슨 까닭에 조선인이 지금처럼 싫어하는지 재고해봐야 한다'라고 했던 호즈미와 비교된다.(「年頭の所感日韓會談に就て(穗積眞六郞)」, 『月刊 同和』 73, 1954.1.1).

잘못'이란 발언을 했다고 알려지자 '굴욕'으로 여기며, 적합치 못한 특사 파견을 비판했다.69) "금일 조선의 발전은 완전히 일본의 음덕" 때문이란 주장도 나왔으며,70) 이승만의 대일정책은 한일회담을 저해하는 '암'으로 간주되었다.71)

이런 분위기에 대한 비판이 없었던 것은 아니다. 전 부산교통국장이었던 다나베 다몬(田邊多聞)은 "최근 회보에 나타난 조선통치에 대한 자기비판은 정곡을 놓치"고 있으며, "공죄(功罪)를 논하는 경우 자기변호로 추락하는 것은 엄히 자성"해야 한다고 했다. 또한 "꼭 조선을 식민지로 합병했어야 했는가, 식민지 하에서는 왜 민족자결을 허용하지 못했는가"를 비판하며 "일본 식민정책의 빈곤"을 역설했다.72)

3) 1960년대 반공의 공감대 형성과 한국인상의 변화

이승만 정권이 붕괴된 이후 1960년대 한일 교류의 재개, 한일조약의 체결을 반영하듯 『同和』의 지면은 이전과 달라졌다. 첫째, 한일교섭의 내용에 대해서는 여전히 불만이 많았지만 주로 일본 정부에 대한 비판이며 한국 정부에 대한 것은 눈에 띄게 줄었다. 둘째, 일부 회원이나 정부 관계자가 한국을 방문하기 시작했으며, 그 견문을 바탕으로 한국의 변화상을 긍정적으로 묘사하는 글이 나오기 시작했다.73) 셋

---

69) 「日韓關係最近の一, 二の問題」, 『月刊 同和』, 127, 1958.7.1;「矢次特使の訪韓について」, 같은 호;「洗腦すべし日韓兩國會談」, 『月刊 同和』 129, 1958.9.1.
70) 「矢次氏の李承晩大統領會見記に就て-國分三亥氏の所感を讀みて」, 『月刊 同和』 128, 1958.8.1.
71) 「私は日韓交涉をこうみる(田中武雄)」, 『月刊 同和』 143, 1959.10.1.
72) 「朝鮮統治の反省(田邊多聞)」, 『月刊 同和』 130, 1958.10.1.
73) 그 대표적인 예가 「私の外遊-國民總ぐるみの國造り, 氣槪に燃える韓を訪問して(安

째, 한국발 기사가 다수 실려 지면의 상당 부분을 차지하였다. 한국 언론의 한일회담 반대운동이나 반일감정 보도 내용, '박대통령연두교서(朴大統領年頭敎書)', 각 당의 기조연설을 그대로 싣기도 했다.

이러한 가운데 감지할 수 있는 변화가 나타났다. 바로 한일 간 반공의 정서적 공감대 형성이다. 1950년대만 해도 일본의 민간인이 한국의 반공 또는 그 필요성을 실감할 수 있는 상황은 아니었다. 일본인에게 한국전쟁은 반공보다는 '특수(特需)'의 측면이 강했다. 그런데 1960년대 한국 방문자는 대부분 휴전선 부근의 군부대를 견학하고 한국이 반공을 위해 싸우고 있다는 것을 체감하고 돌아갔다. 『同和』에 한일국교정상화의 기반으로서 '이해, 성의, 우호'와 함께 '공우(共憂)'가 제시되는데, 그 우려의 대상은 '공산정치(共産政治)'였다.74) '공우'라는 구호의 등장은 1960년대 한일 양국에 반공의 공감대가 민간 차원에서도 형성되어갔음을 말해준다.

식민통치 인식과 관련된 이 시기 변화 중 하나는 지면에서 노골적인 식민통치 긍정론이 줄어들었다는 점이다. 상대방이 바뀌었다. 귀환자들은 일본과 일본인을 혐오하고 부정했던 이승만과 달리 박정희는 "구총독부시대의 행정실정 등을 가능한 한 자세히 조사 연구하고 참고하며 적극 받아들인다"고 평가했다.75) 이제 차분히 식민통치사를 편찬하면 되었다.76)

藤豊祿)」, 『月刊 同和』 183, 1963.3.1과 「韓國の印象(前田利一)」, 『月刊 同和』 187, 1963.7.1이다.
74) 「理解と共憂, 誠意と友好—日韓正常國交の基盤(原田六大)」, 『月刊 同和』 184, 1963. 4.1.
75) 「祝朴大統領再選(上瀧 基)」, 『月刊 同和』 232, 1967.4.25.
76) 우방협회의 간행물 60여 종 가운데 절반가량이 1960년대에 나왔다.

또 다른 변화로, 교류를 통해 식민통치기에 형성된 한국인상을 재고하는 경우가 생겼다. 일한경제협회(日韓經濟協會)의 일원으로 1962년 두 차례 한국을 방문했던 안도 도요로쿠(安藤豊祿, 전 오노다(小野田)시멘트 평양 지배인, 당시 동사(同社) 사장)는 패전 전 25년간 한국에 체류했으며 제2의 고향이라고 생각했는데, 한국의 달라진 모습에 놀랐다.

> 그런데 작년(1962년) 9월 (중략) 이어서 12월에 한국을 방문하면서 절실히 반성하였던 점은 오늘의 한국의 실정을 오래 조선에서 생활하고 스스로 잘 알고 있다고 생각하고 있는 사람일수록 틀리게 판단하는 것은 아닌가라는 점이었다. 즉 솔직히 말해보면 한국에 대한 일본인의 오랜 관념에는 느릿느릿해서 조금도 손발을 움직이려고 하지 않는 사람들, 때로는 감정이 격해서 뒤죽박죽 엉망인 논의를 하는 사람들, 혹은 불결하고 절도 없는 사람들이라는 것처럼 어둡고 부정적인 인상이 많았다. 그런데 실제 이 눈으로 보고 느꼈던 바는 청천벽력이랄까, 옛 관념을 일거에 날려버렸다. 보행하는 사람들은 산뜻한 복장으로 스피디하게 움직이고 무엇보다 눈이 빛나며 모두 희망에 불타고 있었다. 자주독립의 意氣와 건국에 열중하는 노력이 이의 없이 긴박한 것이었다.[77]

한국에서 20~30년 살았다고 하는 총독부 관료나 국책회사 출신들이 갖는 한국과 한국인에 대한 인상은 대개 지배자나 자본가의 시선을 넘지 못했다. 통치의 대상으로서가 아니면 거의 한국인이 등장하지 않는, 당연히 한국인 사회에 대해 알 수 없는 그들의 회고록을 보면 더욱 그런 느낌이 강해진다. 위의 글은 해방 직후 짧은 시기를 제외하면

---

[77] 「私の外遊-國民總ぐるみの國造り, 氣槪に燃える韓を訪問して(安藤豊祿)」, 『月刊 同和』 183, 1963.3.1. 한일교섭과 日韓經濟協會의 활동에 대해서는 木村昌人, 「日本の對韓民間經濟外交-國交正常化をめぐる關西財界の動き」, 『國際政治』 92, 1989. 10 참조.

처음으로 독립된 한국과 한국인을 본 충격을 그대로 전달하고 있다.[78]

그러나 이러한 한국·한국인상에 대한 재고는 지배자의 색안경을 벗는 것인지 몰라도 또 다른 색안경을 쓰는 것이기도 했다. '새로운' 발견을 담은 기행문은 거의 반공, 박정희 정권 옹호로 이어진다. 조금 뒤의 일이지만, 미즈타는 박정희가 유신체제를 선포한 직후 계엄령이 내려진 한국을 방문했다. 그는 유신헌법을 지지하면서 "일본도 몸에 맞지 않는 헌법을 27년간이나 지속해오며, 일부 세력은 민주적이다 호헌이다 금과옥조로 여기고 있지만, 그래서 오늘날 일본이 정말로 구제되었는가"라며 일본 헌법을 비판했다. 구총독부청사 앞 소형 전차 옆에 동상처럼 미동도 않고 서 있는 위병의 기백에 압도되어 근접하기 어려웠다며 "쇼와(昭和) 초기 일본 군대의 사기왕성(士氣旺盛)한 시대를 방불케 한다"고도 했다. 그는 귀국 후 정부 관계자에게 한국에 반공 분담비를 지원하자고 진언했다.[79] 그들은 당시 일본에서는 이미 사라져버려 섭섭했던 자신들의 젊은 날 모습, 軍國의 모습을 남한에서 보고 환호했던 것이다.

5. 결론

이상 일본에서 조선총독부 관료 출신자가 주축이 되어 세운 동화협회·중앙일한협회의 1950~60년대 활동을 한일교섭의 추이와 연관하

---

78) 경제인보다는 경무 관계자의 회고에서 조선인에 대한 인정, 외경심을 더 자주 발견할 수 있는 것도 같은 맥락이다. 경제인이 접한 조선인은 비굴하기 십상이지만, 경찰이 만난 조선인 중에는 상대적으로 저항하며 당당히 조선의 독립을 주장하는 사람이 많았던 것이다.

79) 水田直昌, 앞의 책, pp.177~195.

여 살펴보았다. 협회는 직접적으로 한일교섭에 임하는 일본 측 대표단에게 자료를 제공하거나 자문에 응함으로써 도움을 주었다. 또한 협회와 그 회원들의 재외재산보상운동과 식민통치경험의 인식은 한일교섭의 진행과 밀접한 관련을 맺었다.

재외재산보상운동은 전후 일본국과 귀환자가 전전의 역사인식을 긍정하면서 국가와 국민으로서 재회하는 과정이었다. 한일교섭과 관련해서 보면 이 운동으로 인해 일본의 국내 정치에 '재외재산 보상 요구 → 역청구권 제의 → 재외재산 보상 지연'이라는 일련의 과정이 이루어졌다. 특히 뒤의 과정(역청구권 제의 → 재외재산 보상 지연)은 일본 정부의 보상 부담을 경감시켜주었으며, 보상 지연의 책임은 한국 정부에 전가되었다. 이는 귀환자들 사이에 반한 감정과 함께 식민통치를 미화하는 역사인식이 강화되는 계기로 작용했다.

조선총독부 관료 출신자의 식민통치경험 인식은 우방협회의 사업을 통해 그 원형과 근거를 살펴볼 수 있는데, 사업의 중심은 식민통치 시기 조선의 산업발달과 관련된 사료 편찬이었다. 이는 패전 이후 식민통치에 대해 쏟아지는 비판 속에서 자기변호가 필요했던 상황, 재외재산보상운동 및 한일교섭의 진행에 조응하는 것이었다.

동화협회·중앙일한협회의 간부와 회원들은 한일교섭의 추이에 따라 식민통치경험에 관한 여러 인식을 표출했다. 1950년대 초만 해도 반성과 자중의 우호적인 인식도 더러 보였으나, 1953년 구보다 발언(과 이에 대한 한국 측의 비판) 이후 상황은 일변하여 반한 감정과 식민통치에 대한 긍정론이 확산되었다. 1957년 일본 정부의 구보다 발언 철회는 이러한 추세에 기름을 붓는 격이었다. 귀환자들은 자신들의 삶을 옹호하고 인정했던 구보다 발언의 철회를 모멸과 굴욕으로 받아들였다. 1960년대 박정희 정권이 들어서자 산업발달 중심의 식민통치사료 편찬이 계속되는 가운데, 반공에 대한 정서적인 공감대를 바탕으로 한국인에 대한 인식이 긍정적으로 변화되었다. 그러나 그들이 발견한 새로운 한국인상에는 전전 군국주의의 그림자가 짙게 드리워져 있었다.

일본인 조선총독부 관료의 식민지통치경험 인식 과정이나 한국인 조선식산은행원의 식민지 기억·인식 과정을 보면 민족이나 직종이나 연령대, 대상 시기가 다름에도 불구하고 공통점이 있다.[80] 양쪽 모두 다른 기억·인식들이 없었던 것은 아니나 자신이 놓인 국가·사회의 정치와 밀접한 관련을 맺으면서 특정한 기억·인식이 주류가 되었다. 한국의 경우 해방, 단독정부 수립과 일제 잔재 청산의 실패, 한국전쟁의 발발과 전후 복구 등이 중요한 변수였고, 일본의 경우 재외 재산보상운동의 전개, 구보다 발언과 그 취소가 그런 역할을 했다. 기억이나 인식의 방향은 대상 자체보다는 그 주체가 만들어가고 살아가는 역사의 흐름과 상관관계가 깊다고 할 수 있다.

---

80) 조선식산은행원의 사례는 주 1)의 논문 참조.

참고문헌

1. 단행본

고석규, 『근대도시 목포의 역사 공간 문화』, 서울대학교 출판부, 2004.
김계자 편역, 『일본어 잡지로 보는 식민지 영화 2』, 도서출판 문, 2012.
김수희, 『근대 일본어민의 한국진출과 어업경영』, 경인문화사, 2010.
김태현 편역, 『일본어 잡지로 보는 식민지 영화 1』, 도서출판 문, 2012.
김효순·이승신·송혜경 편역, 『조선 속 일본인의 에로경성 조감도 : 여성직업 편』, 도서출판 문, 2012.
박광현·신승모 편, 『월경(越境)의 기록 – 재조일본인의 언어, 문화, 기억과 아이덴티티의 분화』, 어문학사, 2013.
식민지 일본어문학·문화연구회, 『완역 일본어 잡지『조선』문예란(1908년 3월~1909년 2월)』, 도서출판 문, 2010.
_____, 『완역 일본어 잡지『조선』문예란(1909년 3월~1910년 2월)』, 도서출판 문, 2012.
_____, 『완역 일본어 잡지『조선』문예란(1910년 3월~1911년 2월)』, 도서출판 문, 2010.
_____, 『완역 일본어 잡지『조선』문예란(1911년 3월~12월)』, 도서출판 문, 2013.
_____, 『제국의 이동과 식민지 조선의 일본인들 – 일본어 잡지『朝鮮』(1908~1911) 연구』, 도서출판 문, 2010.
_____, 『제국 일본의 이동과 동아시아 식민지문학 1 – 총론 및 조선』, 도서출판 문, 2011.
유재진·이현진·박선양 편역, 『탐정취미 – 경성의 일본어 탐정소설』, 도서출판 문, 2012.
이연식, 『조선을 떠나며 : 1945년 패전을 맞은 일본인들의 최후』, 역사비평사, 2013.
전성현, 『일제시기 조선상업회의소 연구』, 선인, 2011.
정병호·김보경 편역, 『일본어 잡지로 보는 식민지 영화 3』, 도서출판 문, 2012.
채숙향·이선윤·신주해 편역, 『조선 속 일본인의 에로경성 조감도 : 공간 편』, 도서출판 문, 2012.
최석영, 『일제의 조선연구와 식민지적 지식 생산』, 민속원, 2012.
최영호, 『일본인 세화회 – 식민지 조선 일본인의 전후』, 논형, 2013.
최혜주, 『근대 재조선 일본인의 한국사 왜곡과 식민통치론』, 景仁文化社, 2010.
하야시 히로시게, 『미나카이백화점 : 조선을 석권한 오우미상인의 흥망성쇠와 식민지 조선』, 논형, 2007.
홍순권, 『근대도시와 지방권력 – 한말·일제하 부산의 도시발전과 지방 세력의 형성』, 선인, 2010.

高崎宗司, 『植民地朝鮮の日本人』, 岩波書店, 2002.(이규수 역, 『식민지 조선의 일본인들 – 군인에서 상인, 그리고 게이샤까지』, 역사비평사, 2006).
_____, 『朝鮮の土となった日本人-浅川巧の生涯』, 草風館, 1998.(김순희 옮김, 『아사카와 다쿠미 평전 – 조선의 흙이 되다』, 효형출판, 2005).
高吉嬉, 『〈在朝日本人二世〉のアイデンティティ形成 : 旗田巍と朝鮮·日本』 桐書房, 2001.(『하타다 다카시 : 마산에서 태어난 일본인 조선사학자』, 지식산업사, 2005).
古川昭, 『群山開港史-群山開港と日本人』, ふるかわ海事事務所, 2004.
稲葉繼雄, 『舊韓末'日語學校'の硏究』, 九州大學出版會, 1997.
_____, 『舊韓國の敎育と日本人』, 九州大學出版會, 1999.(홍준기 옮김, 『구한말 교육과 일본인』, 온누리, 2006).
_____, 『舊韓國~朝鮮の日本人敎員』, 九州大學出版會, 2001.
_____, 『舊韓國~朝鮮の'內地人'敎育』, 九州大學出版會, 2005.

木村健二, 『在朝日本人の社會史』, 未來社, 1989.
山下達也, 『植民地朝鮮の學校敎員 – 初等敎員集團と植民地支配』, 九州大學 出版會, 2011.
飯沼二郞·韓晳曦, 『日本帝國主義下の朝鮮傳道:乘松雅休, 渡瀨常吉, 織田楢次, 西田昌一』, 日本基督敎團 出版局, 1985.
新藤東洋男, 『在朝日本人敎師 – 反植民地敎育運動の記錄』, 白石書店, 1981.
布野修司·韓三建·朴重信·趙聖民, 『韓國近代都市景觀の形成:日本人移住漁村と鐵道町』, 京都大學學術出版會, 2010.

Caroline Elkins·Susan Pedersen, *Settler Colonialism in the Twentieth Century : Projects, Practices, Legacies*, New York : Routledge, 2005.
Jun Uchida, *Brokers of Empire Japanese Settler Colonialism in Korea 1876~1945*, Harvard Univ. Press, 2011.
Lori Watt, *When Empire Comes Home-Repatriation and Reintegration in Postwar Japan -*, Harvard University Asia Center, 2009.
Peter Duus, *The abacus and the sword : the Japanese penetration of Korea, 1895~1910*, Berkeley : University of California Press, 1995.

2. 학위논문

가세타니 토모오, 「재한일본인 처의 형성과 생활적응에 관한 연구 – 생활사 연구를 중심으로」, 고려대학교 사회학과 석사학위논문, 1994.
기유정, 「일본인 식민사회의 활동과 '조선주의'에 관한 연구 – 1936년 이전을 중심으로」, 서울대학교 정치학과 박사학위논문, 2011.
김보현, 「일제강점기 한반도 간행 단카(短歌)와 하이쿠(俳句) 연구 : 1930년대 '朝鮮色' 담론과 창작물을 중심으로」, 고려대학교 중일어문학과 석사학위논문, 2013.
金泰賢, 「朝鮮における在留日本人社會と日本人經營新聞」, 神戶大學大學院文

化研究科 博士論文, 2012.
니이야 도시유키, 「한국으로 '시집온' 일본인 부인 – 생애사 연구를 중심으로」, 서울대학교 인류학과 석사학위논문, 2006.
다바타 가야, 「식민지 조선에서 살았던 일본 여성들의 삶과 식민주의 경험에 관한 연구」, 이화여자대학교 여성학과 석사학위논문, 1996.
渡邊淳世, 「일제하 조선에서 내선결혼의 정책적 전개와 실태 : 1910~20년대를 중심으로」, 서울대학교 국제대학원 석사학위논문, 2004.
배수형, 「1910년대 在京 일본인 사회의 교육사업 : 경성학교조합의 구성과 활동을 중심으로」, 중앙대학교 역사학과 석사학위논문, 2013.
송미정, 「『朝鮮公論』 소재 문학적 텍스트에 관한 연구 : 재조일본인 및 조선인 작가의 일본어 소설을 중심으로」, 국민대학교 국어국문학과 박사학위논문, 2009.
스야마 레이카, 「식민지시기 재조일본인의 조선문화 인식 : 아사카와 타쿠미(淺川巧)와 아베 요시시게(安部能成)를 중심으로」, 한국외국어대학교 국제지역대학원 석사학위논문, 2013.
신현경, 「재조일본인 사회의 형성과 조선남성의 '일선결혼' 연구」, 강원대학교 사학과 석사학위논문, 2011.
야마나카 마이, 「서울 거주 일본인 자치기구 연구(1885~1914년)」, 가톨릭대학교 석사학위논문, 2001.
오오야 치히로, 「잡지 『內鮮一體』에 나타난 내선결혼의 양상 연구」, 연세대학교 국어국문학과 석사학위논문, 2006.
이미숙, 「韓日合邦 以前 日本人들의 朝鮮進出 背景에 관한 연구 : 나가사키 현(長崎縣)의 事例를 中心으로」, 성균관대학교 동아시아학과 석사학위논문, 2008.
이승환, 「재조 귀환 일본인의 피해자 아이덴티티 형성에 관한 연구」, 연세대학교 정치학과 석사학위논문, 2010.
이연식, 「해방 후 한반도 거주 일본인 귀환에 관한 연구 : 점령군·일본인·조선인 3자간의 상호작용을 중심으로」, 서울시립대학교 국사학과 박사학위논문, 2009.

이현희, 「일제침략초기(1905~1919) 在朝鮮日本人의 滿州인식」, 연세대학교 사학과 석사학위논문, 2010.
전영욱, 「寺內正毅의 총독정치와 제27회 제국의회의 논의 : 制令權과 재조일본인의 법적지위를 중심으로」, 서울시립대학교 국사학과 석사학위논문, 2010.
조미은, 「일제강점기 일본인 학교조합 설립 규모」, 성균관대학교 사학과 박사학위논문, 2010.
中村靜代, 「在朝日本人雜誌『朝鮮公論』における〈怪談〉の硏究」, 고려대학교 중일어문학과 석사학위논문, 2013.
히라사와 아사코, 「1920년대 전반 조선총독부의 산업정책 수립과정과 在朝日本人企業家」, 연세대학교 사학과 석사학위논문, 2008.

Henny Todd, *'Keijo' : Japanese and Korean Construction of Seoul and the history of its Lived space, 1910~1937*, University of California Los Angeles Ph. D. dissertation, 2006.
Nicole Leah Cohen, *Children of Empire : Growing up Japanese in Colonial Korea 1876~1946*, Columbia University Ph. D. Dissertation, 2006.

3. 논문

가미야 미호, 「아베 요시시게(安倍能成)의 눈에 비친 조선」, 『세계문학비교연구』 18, 2007.
_____, 「재조일본인 작가의 소설에 나타난 '일제' 말기 일본 국민 창출 양상 : 국민문학(國民文學)에 발표된 현직 교사의 작품을 중심으로」, 『일본문화연구』 39, 2011.
강명숙, 「1920년대 일본인 자본가들에 대한 조선인 자본가들의 저항(II) - 상업회의소를 중심으로-」, 『한국민족운동사연구』, 2002.
강혜경, 「일제하 부산지역 행정과 일본인 지배」, 『한국독립운동사연구』, 2005.

권숙인, 「식민지배기 조선 내 일본인학교 : 회고록을 통해 본 소·중학교 경험을 중심으로」, 『사회와 역사』 77, 2008.
기무라 겐지, 「식민지하 조선 재류 일본인의 특징-비교사적 시점에서-」, 부경역사연구소, 『지역과 역사』 15, 2004.
기유정, 「식민지 對 모국 간 경제마찰과 在朝日本人 사회의 대응 : 1929~1936년 '鮮米擁護運動'의 정치학적 함의에 대한 분석을 중심으로」, 『사회와 역사』 82, 2009.
_____, 「식민지 조선의 일본인과 '조선의식'의 형성 – 3.1운동 직후 '내지연장주의' 논의를 중심으로」, 『대동문화연구』 76, 2011.
_____, 「식민지 조선의 일본인과 지역의식의 정치효과」, 『한국정치학회회보』 45, 2011.
_____, 「식민지 초기 조선총독부의 재조선일본인 정책 연구 : 속지주의와 속인적 분리주의의 갈등 구조를 중심으로」, 『한국정치연구』 20-3, 2011.
_____, 「서평 : 조선상업회의소를 통한 식민권력의 균열과 봉합에 대한 탐색 –『일제시기 조선상업회의소 연구』(전성현, 선인, 2011)」, 『石堂論叢』 50, 2011.
_____, 「일본제국과 제국적 주체의 정체성 –『綠旗』(『綠人』 속 모리타 요시오(森田芳夫)의 국체론과 정체성 분석을 중심으로」, 『일본학』 35, 2012.
김경남, 「재조선 일본인들의 귀환과 전후의 한국 인식」, 『東北亞歷史論叢』 21, 2008.
김계자, 「도한일본인의 일상과 식민지 조선의 생성 – 잡지『朝鮮』의 문예란을 중심으로」, 『아시아문화연구』 19, 경원대학교 아시아문화연구소, 2010.
_____, 「번역되는 '조선'」, 『아시아문화연구』 28, 2012.
김광식·이시준, 「재조일본인 아동용『심상소학교 보충교본』의 내용과 그 성격」, 『일본언어문화』 24, 2013.
金東哲, 「釜山의 有力資本家 香椎源太郞의 資本蓄積過程과 社會活動」, 『역사학보』 186, 2005.
김명수, 「일제하 일본인의 기업 경영 : 朝鮮勸農株式會社를 중심으로」, 『역사문제연구』 16, 2006.

김명수, 「한말·일제하 賀田家의 자본축적과 기업경영」, 『지역과 역사』 25, 2009.
_____, 「재조일본인 토목청부업자 아라이 하츠타로(荒井初太郎)의 한국진출과 기업활동」, 『경영사학』 26-3(59), 2011.
김민영, 「1910년대 전북지역 일본인 이주어촌의 존재형태와 구조」, 『한일민족문제연구』 8, 2005.
김봉석, 「1930년대 전반기 재조일본인 교사의 역사교육 인식과 수업실천 양상」, 『역사문화연구』 42, 2012.
김수자, 「재한일본인처의 경계인으로서의 삶과 기억의 재구성」, 『梨花史學研究』 46, 2013.
김　승, 「개항 이후 부산의 일본거류지 사회와 일본인 자치기구의 활동」, 『지방사와 지방문화』 15, 2012.
김유나, 「일어학 / 일어교육 : 재한일본인(在韓日本人)의 언어생활 – 한국어의 의식과 습득을 중심으로-」, 『일본학보』, 한국일본학회, 1999.
김윤희, 「1883~1905년 인천항 일본상인의 영업활동」, 『史林』 44, 2013.
김인호, 「일제말기 조선총독부의 중소기업 육성정책의 전개와 그 성격」, 『한국민족운동사연구』 35, 2003.
김일수, 「일제강점 전후 대구의 도시화과정과 그 성격」, 『역사문제연구』 10, 2003.
김제정, 「1930년대 전반 조선총독부 경제관료의 '지역으로서의 조선' 인식」, 『역사문제연구』 22, 2009.
김종근, 「서울 中心部의 日本人 市街地 擴散 – 開化期에서 日帝強占 前半期까지(1885~1929년) –」, 『서울학연구』 20, 2003.
김주영, 「在朝鮮 일본인 화가와 식민지 화단의 관계 고찰」, 『미술사학연구』 233·234, 2002.
김태현, 「한국강점 전후 『京城新報』와 재한일본인사회의 동향」, 『한국민족운동사연구』 68, 2011.
김혜숙, 「이마무라 도모(今村鞆)의 朝鮮風俗 연구와 在朝日本人」, 『한국민족운동사연구』 48, 2006.

김효순, 「1930년대 일본어잡지의 재조일본인 여성 표상」, 『일본문화연구』 45, 2013.
나카바야시 히로카즈, 「1910년대 조선총독부의 교육정책과 재조일본인 교원 통제 : 조선교육(연구)회를 중심으로」, 『동방학지』 157, 2012.
나카네 다카유키, 「패전의 기억 – 재조선 일본인의 심성궤적」, 『일본학보』 9, 2004.
노기영, 「해방 후 일본인의 귀환(歸還)과 중앙일한협회」, 『한일민족문제연구』 10, 한일민족문제학회, 2006.
노영택, 「개항지 인천의 일본인 발호」, 『畿甸文化硏究』 5, 인천교육대학 기전문화연구소, 1974.
류교열, 「1920년대 식민지 해항도시 부산의 일본인사회와 죽음의 폴리틱스」, 『일어일문학』 39, 2008.
문경연, 「한국 근대연극 형성과정의 풍속통제와 오락담론 고찰 : 근대 초기 공공오락기관으로서의 '극장'을 중심으로」, 『국어국문학』 151, 2009.
문영주, 「20세기 전반기 인천 지역경제와 식민지 근대성」, 『인천학연구』 10, 2009.
미즈노 나오키, 「식민지기 조선의 일본어 신문」, 『역사문제연구』 18, 2007.
박광현, 「재조일본인의 '재경성(在京城) 의식'과 '경성' 표상」, 『상허학보』 29, 2010.
_____, 「재조선 일본인 지식사회연구 – 1930년대 인문학계를 중심으로」, 『일본학연구』 19, 2006.
_____, 「다카하시 도오루(高橋亨)와 경성제대 '조선문학' 강좌」, 『한국문화』 40, 2007.
_____, 「'조선'이라는 여행지에 머문 서양철학 교수」, 『비교문학』 46, 2008.
_____, 「조선문인협회와 "내지인 반도작가"」, 『현대소설연구』 43, 2010.
_____, 「1910년대 『朝鮮』(『朝鮮及滿洲』)의 문예면과 "식민문단"의 형성」, 『比較文學』 52, 2010.
_____, 「조선 거주 일본인의 일본어 문학의 형성과 (비)동시대성 : 『韓半島』와 『朝鮮之實業』의 문예란을 중심으로」, 『일본학연구』 31, 2010.

박광현, 「'내선융화'의 문화번역과 조선색, 그리고 식민문단」, 『아시아문화연구』 30, 2013.
박맹수, 「동학농민혁명기 재조일본인의 전쟁협력 실태와 성격」, 『한국독립운동사연구』 36, 2010.
박상현, 「번역으로 발견된 '조선(인)' : 자유토구사의 조선 고서 번역을 중심으로」, 『日本文化學報』 46, 2010.
박양신, 「통감정치와 재한 일본인」, 『역사교육』 90, 2004.
_____, 「재한일본인 거류민단의 성립과 해체」, 『아시아문화연구』 26, 가천대학교 아시아문화연구소, 2012.
박영미, 「일제강점기 재조일인(在朝日人)의 한시(漢詩) 고찰 – 『이문회지(以文會誌)』를 중심으로」, 『韓國漢文學硏究』 39, 2007.
_____, 「일제강점기 松田甲의 한문학 연구에 대하여」, 『우리한문학회』 22, 2009.
_____, 「일제강점기 在朝 지식인 多田正知의 한문학 연구에 관한 시론」, 『어문연구』 65, 2010.
_____, 「일제강점기 在朝日本人의 한문학 연구 성과와 그 의의」, 『漢文學論集』 34, 2012.
_____, 「일본의 조선고전총서 간행에 대한 시론 – 조선연구회의 고서진서 간행을 중심으로」, 『漢文學論集』 37, 2013.
박용규, 「구한국 지방신문에 관한 연구」, 『한국언론정보학보』 11, 한국언론정보학회, 1998.
_____, 「일제하 지방신문의 현실과 역할」, 『한국언론학보』 50-6, 한국언론학회, 2006.
박재상, 「한말·일제초기(1897~1915) 목포일본인상업회의소의 구성원과 의결안건」, 『한국민족운동사연구』 26, 2000.
박찬승, 「러일전쟁 이후 서울의 일본인 거류지 확장 과정」, 『지방사와 지방문화』 5-2, 2002.
_____, 「서울의 일본인 거류지 형성 과정 : 1880년대-1903년을 중심으로」, 『사회와 역사』 62, 2002.

박철규, 「부산지역 일본인 사회단체의 조직과 활동 – 1910년대를 중심으로」, 『역사와 경계』 56, 2005.

박혜미, 「1910년대 일본조합교회 조선전도본부의 활동과 식민주의」, 『한국민족운동사연구』 74, 2013.

방광석, 「한국병합 전후 서울의 '재한일본인' 사회와 식민권력」, 『역사와 담론』 56, 2010.

배병욱, 「일제시기 부산일보 사장 아쿠타가와 타다시(芥川正)의 생애와 언론 활동」, 『石堂論叢』 52, 동아대학교 석당전통문화연구원, 2012.

배석만, 「일제시기 부산의 대자본가 香椎源太郎의 자본축적 활동 : 日本硬質陶器의 인수와 경영을 중심으로」, 『지역과 역사』 25, 2009.

_____, 「서평 : 『일제시기 조선상업회의소 연구』(전성현, 선인, 2011)」, 『역사와 경계』 80, 2011.

_____, 「부산항 매축업자 이케다 스케타다(池田佐忠)의 기업 활동」, 『韓國民族文化』 42, 부산대학교 한국민족문화연구소, 2012.

배영순, 「한말・일제 초 일본인 대지주의 농장경영」, 『인문연구』 3, 영남대학교 인문과학연구소, 1983.

서기재, 「『觀光朝鮮』에 나타난 '재조일본인'의 표상 : 반도와 열도 일본인 사이의 거리」, 『일본문화연구』 44, 2012.

송규진, 「일제강점 초기 '식민도시' 대전의 형성과정에 관한 연구 : 일본인의 활동을 중심으로」, 『아세아연구』 45-2, 고려대학교 아세아문제연구소, 2002.

송지영, 「일제하 부산부의 학교비와 학교조합의 재정」, 『역사와 경계』 55, 부산경남사학회, 2005.

스가와라 유리, 「일본인 여성 야스다 야스코(安田靖子)의 대조선 인식」, 『여성과 역사』 12, 2010.

_____(管原百合), 「일제강점기 후치자와 노에(淵澤能惠 : 1850~1936)의 조선에서의 활동」, 『일본학』 35, 2012.

신승모, 「식민지기 경성에서의 '취미' – 재경성(在京城) 일본인의 이념화 변용과정을 중심으로-」, 『일본언어문화』 17, 한국일본언어문화학회, 2010.

신승모, 「식민지 조선의 일본인 교사가 산출한 문학」, 『한국문학연구』 38, 2010.
_____, 「조선의 일본인 경영 서점에 관한 시론 – 일한서방(日韓書房)의 사례를 중심으로」, 『日語日文學硏究』 79, 2011.
_____, 「'전후' 일본사회와 식민자 2세 문학의 등장 – 가지야마 도시유키(梶山季之) 문학을 중심으로」, 『일본학』 34, 2012.
신승모·오태영, 「식민지시기 '경성(京城)'의 문화지정학적 위상에 관한 연구」, 『서울학연구』 38, 2010.
신주백, 「일제의 새로운 식민지 지배방식과 재조일본인 및 '자치' 세력의 대응(1919~22)」, 『역사와 현실』 39, 2001.
아이 사키코, 「부산항 일본인 거류지의 설치와 형성」, 『도시연구』 3, 도시사학회, 2010.
안태윤, 「식민지에 온 제국의 여성 – 재조선 일본여성 쯔다 세츠코를 통해서 본 식민주의와 젠더」, 『한국여성학』 24-4, 2008.
안홍선, 「12살 소녀들을 정신대로 보낸 어느 일본인 교사의 '참회의 여정'」, 『교육비평』 21, 교육비평사, 2006.
양미숙, 「개항기~1910년대 부산의 유곽 도입과 정착과정」, 『지역과 역사』 24, 2009.
양인실, 「제국일본을 부유하는 영화(인)들」, 『국제고려학회 서울지회 논문집』 14, 2011.
양지혜, 「'식민자 사회'의 형성」, 『도시연구』 7, 2012.
엄승희, 「일제시기 재한일본인의 청자 제작」, 『한국근현대미술사학』 13, 2004.
엄인경, 「20세기 초 재조일본인의 문학결사와 일본전통 운문작품 연구 : 일본어 잡지 『朝鮮之實業』(1905~1907)의 〈文苑〉을 중심으로」, 『일본어문학』 55, 2011.
_____, 「한반도에서 간행된 일본 고전시가 센류(川柳) 문헌 조사 연구」, 『동아인문학』 24, 2013.
여박동, 「일제하 통영, 거제지역의 일본인 이주어촌형성과 어업조합」, 『日本學志』 14, 일본연구학회, 1994.

염복규, 「일제하 도시지역정치의 구도와 양상 : 1920년대 京城 市區改修 이관과 수익세 제정 논란의 사례 분석」, 『한국민족운동사연구』 67, 2011.
_____, 「日帝下 京城 지역 소방기구의 변화 과정과 활동 양상」, 『서울학연구』 49, 2012.
_____, 「식민지시기 도시문제를 둘러싼 갈등과 "민족적 대립의 정치"」, 『역사와현실』 88, 2013.
오미일·조정민, 「제국의 주변·조선의 중심, 경성 일본인의 心像 : 교육시스템과 진로문제를 중심으로」, 『일본학연구』 38, 2013.
오성숙, 「일본 여성과 내셔널리즘 – 오쿠무라 이오코, 애국부인회를 중심으로」, 『日語日文學硏究』 77-2, 한국일어일문학회, 2011.
우치다 준, 「총력전시기 재조선 일본인의 '내선일체'정책에 대한 협력」, 『아세아연구』 151, 2008.
윤대석, 「1940년대 전반기 조선 거주 일본인 작가의 의식구조에 대한 연구」, 『현대소설연구』, 한국현대소설학회, 2002.
_____, 「재조일본인 문학, 경성제대, 그리고 최재서:『詩·硏究』(日韓書房, 1935)」, 『근대서지』 4, 2011.
윤소영, 「갑오개혁기 일본인 고문관의 활동 – 星亨을 중심으로」, 『한국민족운동사연구』 30, 2002.
_____, 「해제」, 한일비교문화연구센터 편, 『朝鮮公論 總目次·人名索引』, 2007.
_____, 「호소이 하지메(細井肇)의 조선인식과 '제국의 꿈'」, 『한국근현대사연구』 45, 2008.
윤정란, 「19세기 말 20세기 초 재조선 일본여성의 정체성과 조선여성교육사업 : 기독교 여성 후치자와 노에(淵澤能惠)를 중심으로」, 『역사와 경계』 73, 2009.
이규수, 「20세기 초 일본인 농업이민의 한국이주」, 『대동문화연구』 43, 2003.
_____, 「후지이 간타로(藤井寬太郎)의 한국진출과 농장경영」, 『대동문화연구』 49, 2005.
_____, 「개항장 인천(1883~1910) – 재조일본인과 도시의 식민지화」, 『인천학

연구』 6, 2007.

이규수, 「일본인 지주 마스토미 야스자에몬(升富安左衛門)과 '선의의 일본인' 론 재고」, 『아시아문화연구』 19, 2010.

_____, 「재조일본인 연구와 식민지수탈론」, 『日本歷史研究』 33, 2011.

_____, 「식민지 체험자의 기억 속의 '제국'과 '식민지' – 不二會를 중심으로」, 『역사와 경계』 79, 2011.

_____, 「재조일본인의 추이와 존재형태 : 수량적 검토를 중심으로」, 『歷史敎育』 125, 2013.

이동훈, 「경성의 일본인 사회와 자녀교육 : 통감부 시기와 1910년대를 중심으로」, 『서울학연구』 45, 2011.

이병진, 「'조선의 흙이 된 일본인'론 재고」, 『일본학보』 57-2, 2003.

이명희, 「1930년대 한국에서 일본인 교사들의 초등역사교육 실천」, 『일본학보』 59, 2004.

이송희, 「일제하 부산지역 일본인사회의 교육(1) – 일본인 학교 설립을 중심으로」, 『한일관계사연구』 23, 2005.

_____, 「일제하 부산지역 일본인의 초등교육」, 『지역과 역사』 19, 2006.

이승엽, 「'문화정치' 초기 권력의 동학과 재조일본인사회」, 『일본학』 35, 동국대학교 일본학연구소, 2012.

이연식, 「해방 직후 38이북 일본인 거류환경 변화 – "戰爭被害者論"에 대한 비판적 고찰」, 『한일민족문제연구』 14, 2008.

_____, 「해방 후 일본인 송환문제를 둘러싼 남한사회와 미군정의 갈등 – 구 조선총독부 高官 "來朝說騷動"의 역사적 배경」, 『한일민족문제연구』 15, 2008.

_____, 「敗戰後 韓半島에서 돌아간 日本人 女性의 歸還 體驗 : 南北間의 地域差를 중심으로」, 『한일민족문제연구』 17, 2009.

_____, 「해방 후 남한 거주 일본인 송환문제를 둘러싼 갈등 : 조선총독부와 남한 사회의 인식 및 대응과정을 중심으로」, 『한국민족운동사연구』 63, 2010.

_____, 「서평 : 최영호 저 『일본인 세화회 : 식민지 조선 일본인의 전후』」, 『한

일민족문제연구』24, 2013.
이준식, 「일제강점기 군산에서의 유력자집단의 추이와 활동」, 『동방학지』 131, 2005.
_____, 「재조일본인 교사 죠코(上甲米太郎)의 반제국주의 교육노동운동」, 『한국민족운동사연구』 49, 2006.
市川まりえ, 「1905~1910년 재한일본인 민간언론의 통감부 政治觀」, 『韓國史論』 55, 2009.
이한정, 「한일병합 직전 이주 일본인이 바라본 한국 사람들 - 『조선의 실업(朝鮮之實業)』의 「조선하등의 민정」에서」, 『일본학』 31, 2010.
이형식, 「패전 후 귀환한 조선총독부 관료들의 식민지 지배 인식과 그 영향」, 『韓國史硏究』 153, 2011.
_____, 「조선헌병사령관(朝鮮憲兵司令官) 立花小一郎과 '무단통치' - 『立花小一郎日記』를 중심으로」, 『민족문화연구』 57, 2012.
_____, 「재조일본인 연구의 현황과 과제」, 『일본학』 37, 2013.
임성모, 「月刊 朝鮮及滿洲 解題」, 『朝鮮及滿洲 別卷索引(記事·人名)』, 어문학사, 2007.
장 신, 「한말 일제 초 재인천 일본인의 신문발행과 朝鮮新聞」, 『인천학연구』 6, 2007.
_____, 「1920년대 조선의 언론출판관계법 개정 논의와 '조선출판물령'」, 『한국문화』 47, 서울대학교 한국문화연구소, 2009.
_____, 「1910년대 재조선 일본인의 출판활동 연구」, 『일본학』 35, 2012.
전경수, 「학문과 제국 사이의 秋葉隆: 경성제국대학 교수론(1)」, 『韓國學報』 31-3, 2005.
전병무, 「조선총독부 일본인 사법관시보 연구 : 채용과 출신배경을 중심으로」, 『한국학논총』 36, 2011.
전성현, 「한말-일제초기 경성상업회의소의 설립과 활동」, 『역사연구』 8, 2000.
_____, 「1920년 전후 조선상업회의소와 조선 산업정책의 확립」, 『역사와 경계』 58, 2006.
_____, 「1920년대 조선상업회의소연합회의 산업개발 '4大要項'과 정치활동」,

『한국민족운동사연구』 52, 2007.

전성현, 「일제하 조선상업회의소의 철도부설운동(1910~1923)」, 『石堂論叢』 40, 2008.

_____, 「일제하 조선상업회의소와 '朝鮮鐵道十二年計劃'」, 『역사와 경계』 71, 2009.

_____, 「일제하 조선상업회의소의 산업개발 자금을 둘러싼 정치활동」, 『石堂論叢』 45, 2009.

_____, 「일제시기 大池忠助의 지역성과 '식민자'로서의 위상」, 『한국민족문화』 49, 2013.

정병욱, 「해방 직후 일본인 잔류자들 – 식민지배의 연속과 단절–」, 역사비평사, 『역사비평』 64, 2003.

_____, 「조선총독부 관료의 일본 귀환 후 활동과 한일교섭 – 1950, 60년대 同和協會·中央日韓協會를 중심으로」, 『역사문제연구』 14, 2005.

정병호, 「근대초기 한국 내 일본어 문학의 형성과 문예란의 제국주의 – 『조선』(1908~11)『조선(만한)지실업』(1905~14)의 문예란과 그 역할을 중심으로」, 『외국학연구』 14, 2010.

_____, 「1910년대 한반도 내 일본어 잡지의 간행과 〈일본어 문학〉 연구 – 『조선 및 만주』(朝鮮及滿洲)의 「문예」 관련기사를 중심으로–」, 『日本學報』 87, 2011.

_____, 「1910년 전후 한반도 〈일본어 문학〉과 조선 문예물의 번역」, 『일본근대학연구』 34, 2011.

정선태, 「일제말기 초등학교 '황국신민'의 제작 공간 : 이이다 아키라의 『반도의 아이들』을 중심으로」, 『한국학논총』 37, 2012.

정준영, 「경성제국대학 교수들의 귀환과 전후 일본사회」, 『사회와 역사』 99, 2013.

정혜경, 「『매일신보』에 비친 1910년대 재조일본인」, 수요역사연구회 편, 『식민지 조선과 매일신보』, 신서원, 2002.

정혜경·이승엽, 「일제하 녹기연맹의 활동」, 『한국근현대사연구』 10, 1999.

정희정, 「근대기 재한일본인 출판물 『朝鮮漫畵』」, 『美術史論壇』 31, 2010.

조미은, 「일제강점기 일본인 학교조합 설립 규모」, 『史林』 22, 首善史學會, 2004.
_____, 「재조선 일본인의 재외지정학교제도와 「소학교규칙」」, 『한국민족운동사연구』 71, 2012.
_____, 「일제시기 재조선 일본인 학교조합제도의 변천과 성격 – 학교조합령 제정과 개정내용을 중심으로」, 『史林』 41, 2012.
_____, 「조선교육령과 재조선 일본인 교육제도」, 『歷史敎育』 125, 2013.
조은애, 「1920년대 초반 『조선공론』 문예란의 재편과 식민지 '조선문단' 구상」, 『日本思想』 19, 2010.
조정민, 「유아사 가쓰에(湯淺克衛) 『간난이』의 정치적 알레고리 읽기」, 『한일민족문제연구』 22, 2012.
최영호, 「해방 직후 재경 일본인의 일본 귀환에 관한 연구」, 『典農史論』 9, 2003.
_____, 「일본의 패전과 부관연락선 : 부관항로의 귀환자들」, 『한일민족문제연구』 11, 2006.
_____, 「해방 직후 부산항을 통한 일본인 귀환」, 『港都釜山』 24, 2008.
_____, 「한반도 거주 일본인의 패전 직후 단체 활동」, 『인간과 문화연구』 17, 2010.
_____, 「한반도 거주 일본인의 귀환 후 단체결성과 재산권 보상요구」, 『한일민족문제연구』 21, 2011.
_____, 「서평 : 『스기야마 토미 : 1921년 7월 25일생』」, 『한일민족문제연구』 22, 2012.
최인택, 「일제시기 부산지역 일본인사회의 생활사 – 경험과 기억의 사례연구 –」, 『역사와 경계』 52, 2004.
최재철, 「경성제국대학과 아베 요시시게(安倍能成), 그리고 식민지 도시 경성의 지식인」, 『일본연구』 42, 2009.
최혜주, 「시데하라(幣原坦)의 고문활동과 한국사연구」, 『國史館論叢』 79, 1998.
_____, 「시데하라(幣原坦)의 식민지 조선 경영론에 관한 연구」, 『歷史學報』 1608, 1998.
_____, 「아오야기(青柳綱太郎)의 내한활동과 식민통치론」, 『國史館論叢』 94,

2000.

최혜주, 「일제강점기 조선연구회의 활동과 조선인식」, 『한국민족운동사연구』 42, 2005.

_____, 「한말 일제하 샤쿠오(釋尾旭邦)의 내한활동과 조선인식」, 『한국민족운동사연구』 45, 2005.

_____, 「일제강점기 아오야기(靑柳綱太郎)의 조선사연구와 내선일가론」, 『한국민족운동사연구』 49, 2006.

_____, 「잡지〈조선〉에 나타난 일본지식인의 조선인식」, 『한국근현대사연구』 45, 2008.

_____, 「한말 일제하 재조일본인의 조선고서간행사업」, 『大東文化硏究』 66, 2009.

_____, 「잡지〈조선급만주〉에 나타난 조선통치론과 만주인식」, 『한국민족운동사연구』 62, 2010.

_____, 「오다 쇼고(小田省吾)의 교과서 편찬활동과 조선사 인식」, 『東北亞歷史論叢』 27, 2010.

_____, 「일제강점기 재조일본인의 지방사 편찬활동과 조선인식」, 『史學硏究』 103, 2011.

코노 노부카즈, 「일제하 중부기차랑(中部機次郎)의 임겸상점(林兼商店) 경영과 '수산재벌(水産財閥)'로의 성장」, 『동방학지』 153, 2011.

하라 토모히로, 「재조일본인 교원의 조선체험」, 『韓國史硏究』 153, 2011.

하지연, 「한말 일제강점기 기쿠치 겐조(菊池謙讓)의 문화적 식민활동과 한국관」, 『東北亞歷史論叢』 21, 2008.

한상언, 「1910년대 경성의 극장과 극장문화에 관한 연구」, 『영화연구』 53, 2012.

허 석, 「韓國移住 日本人文學에 나타난 對韓意識 考察 : 岸水人의 創作小說「良吉」와「薄命」를 중심으로」, 『일본어문학』 10, 2001.

_____, 「메이지시대 한국이주 일본인문학과 매매춘에 관한 조사연구」, 『일본어문학』 27, 2005.

헬렌 리, 「제국의 딸로서 죽는다는 것」, 『아세아문제연구』 51-2, 2008.

홍선영, 「1910년 전후 서울에서 활동한 일본인 연극과 극장」, 『日本學報』 57-2, 2003.
_____, 「경성의 일본인 극장 변천사 - 식민지도시의 문화와 "극장"」, 『日本文化學報』 43, 2009.
홍성찬, 「日帝下 平壤지역 日本人의 은행설립과 경영 : 三和·平壤·大同銀行의 사례를 중심으로」, 『연세경제연구』 3-2, 연세대학교 경제연구소, 1996.
_____, 「韓末·日帝初 在京 일본인의 은행설립과 경영 : 京城起業·京城銀行의 사례를 중심으로」, 『韓國史硏究』 97, 1997.
_____, 「日帝下 在京 일본인의 朝鮮實業銀行 설립과 경영」, 『연세경제연구』 6-2, 1999.
홍순권, 『일제시기 부산지역 일본인사회의 인구와 사회계층구조』, 『역사와 경계』 51, 2004.
_____, 「1910-20년대 '부산부협의회'의 구성과 지방정치-협의원의 임명과 선거 실태 분석을 중심으로」, 『역사와 경계』 60, 2006.
홍양희, 「이마무라 도모(今村鞆)의 『朝鮮風俗集』과 조선사회 인식 : 가족과 관련된 풍습을 중심으로」, 『동아시아문화연구』 45, 2009.
홍연진, 「부관연락선과 일본의 식민지배 : 부관연락선 시말과 부산부 일본인 인구변동」, 『한일민족문제연구』 11, 2006.
黃明水, 「解放前의 在韓日本人 企業家에 관한 史的 硏究」, 『商學論叢』 10, 단국대학교 상경대학, 1971.
황선익, 「해방 전후 재한일본인의 패전 경험과 한국인식 : 모리타 요시오(森田芳夫)를 중심으로」, 『한국학논총』 34, 2010.
히로세 레이코, 「대한제국기 일본 애국부인회의 탄생」, 『여성과 역사』 13, 2010.
加藤圭木, 「一九三〇年代朝鮮における港灣都市羅津の「開發」と地域有力者」, 『朝鮮史研究會論文集』 49, 2011.
高崎宗司, 「在朝日本人と日淸戰爭」, 『近代日本と植民地 5』, 岩波書店, 1993.
高吉嬉, 「〈在朝日本人二世〉旗田巍における內なる朝鮮」, 『季刊日本思想史』 76, 2010.

廣瀬玲子, 「植民地朝鮮における愛國婦人會-1930年代を中心に」, 『北海道情報大學紀要』 22-2, 2011.

吉澤佳世子, 「在朝日本人教師・上甲米太郎の日記と史料」, 『日本植民地研究』 16, 2004.

金明洙, 「植民地期における在朝日本人の企業經營-朝鮮勸農株式會社の經營變動と賀田家を中心に」, 『經營史學』 44-3, 2009.

內田じゅん, 「植民地期朝鮮における同化政策と在朝日本人-同民會を事例として」, 『朝鮮史研究會論文集』 41, 2003.

魯炳浩, 「吉野作造の弟子奧平武彦の朝鮮」, 『歷史文化社會論講座紀要』 1, 2004.

藤永壯, 「植民地下日本人漁業資本家の存在形態-李堈家漁場をめぐる朝鮮人漁民との葛藤」, 『朝鮮史研究會論文集』 24, 1987.

欄木壽男, 「大正期における朝鮮觀の一典型-「朝鮮通」細井肇を中心にして」, 『日本近代史研究』 8, 1965.

梶村秀樹, 「植民地と日本人」, 『梶村秀樹著作集 第1卷 朝鮮史と日本人』, 明石書店, 1992.

木村健二, 「近代日朝'關係'下の在朝日本人-朝鮮實業協會の組織と活動を中心に」, 『朝鮮史研究會論文集』 23, 1986.

_____, 「在外居留民の社會活動」, 『近代日本と植民地』 5, 岩波書店, 1993.

_____, 「朝鮮居留地における日本人の生活態樣」, 『一橋論叢』 115-2, 1996.

_____, 「在朝日本人植民者の'サクセス・ストーリー'」, 『歷史評論』 625, 2002.

_____, 「在朝日本人史研究の現狀と課題-在朝日本人實業家の傳記から讀み取り得るもの」, 『日本學』 35, 東國大學校 日本學研究所, 2012.

山村好克, 「地域の歷史の掘り起こしと敎材化-在朝日本人敎師 上甲米太郎(含略歷.文獻・資料一覽)」, 『「社會科」學研究』 33, 1997.

山下達也, 「植民地朝鮮の師範學校における「內地人」生徒-官立大邱師範學校を中心に」, 『歷史學研究』 819, 2006.

_____, 「植民地朝鮮における「內地人」教員の多樣性-招聘教員と朝鮮で養成された教員の特鄉とその關係」, 『日本の教育史學』 50, 2007.

石田純郎,「明治19年(1886)以降, 京城で活躍した醫師-古城梅溪とその兄弟について-贊化病院(1891~1942)を中心に」,『洋學』18, 2010.

咲本和子,「植民地のなかの女性教育」,『知の植民地支配』, 社會評論社, 1998.

_____,「'皇民化'政策期の在朝日本人-京城女子師範學校を中心に」,『國際關係學研究』5, 津田塾大學, 1999.

宜在源,「引揚企業團體の活動-戰前期海外進出企業の國內經濟復歸過程-」, 原朗編『復興期の日本經濟』, 東京大學出版會, 2002.

松山健作,「日本聖公會の前期在朝日本人傳道: 1880年から1910年を中心に」,『富坂キリスト敎センター紀要』2, 2012.

辛美善,「在朝日本人の意識と行動-'韓國併合'以前のソウルの日本人を中心に-」,『大阪大學日本學報』14, 大阪大學文學部日本學研究室, 1995.

辛承模,「湯浅克衛の『移民』における在朝日本人の歸屬意識」,『表現と創造』7, 2006.

安部安成・加藤聖文,「"引揚げ"という歴史の問い方」(上・下),『彦根論叢』348・349, 2004.

園部裕之,「在朝日本人の參加した共産主義運動」,『朝鮮史研究會論文集』26, 1989.

李圭洙,「日本人地主の土地集積過程と群山農事組合」,『一橋論叢』116-2, 1996.

_____,「植民地期朝鮮における集團農業移民の展開過程」,『朝鮮史研究會論文集』33, 1995.

李東勳,「「韓國併合」前後の在朝日本人社會-雜居地「京城」を中心に」,『年報地域文化研究』14, 2010.

_____,「在朝日本人社會の「自治」と「韓國併合」: 京城居留民團の設立と解體を中心に」,『朝鮮史研究會論文集』49, 2011.

李昇燁,「全鮮公職者大會: 1924~1930」,『二十世紀研究』4, 2003.

_____,「三・一運動期における朝鮮在住日本人社會の對應と動向」,『人文學報』92, 京都大學人文科學研究所, 2005.

任展慧,「朝鮮時代の田中英光」,『海峽』3, 1975.

_____,「植民者二世の文學 湯浅克衛への疑問」,『季刊三千里』, 1976.

_____,「朝鮮統治と日本の女たち」, もろさわようこ編,『女と權力』, 平凡社,

1978.

田中則廣, 「在朝日本人の映畫製作研究－劍戟俳優・遠山滿の活動をめぐって」, 『メディア史研究』17, 2004.

鄭鳳輝, 「熊本縣人のキリスト教韓國傳道-海老名彈正と渡瀨常吉を中心に」, 『海外事情研究』27-1, 1999.

曹龍淑, 「在朝日本人二世の朝鮮・朝鮮人に對する意識形成の研究－在釜山日本人を中心に」, 『アジア社會文化研究』4, アジア社會文化研究會, 2003.

佐野通夫, 「渡瀨常吉と朝鮮の教育」, 『國立教育研究所紀要』115, 1988.

浅野豊美, 「折りたたまれた帝國; 戰後日本における引揚の記憶と戰後的價値」, 『記憶としてのパールハーバー』(細谷千博, 入江昭, 大芝亮編), ミネルヴァ書房, 2004.

靑野正明, 「細井肇の朝鮮觀」, 『韓』110, 1988.

太田孝子, 「植民地下朝鮮に於ける龍谷高等女學校」, 『ジェンダー研究』20, 2000.

樋浦鄕子・本間千景・安洪善, 「在朝日本人女性教師の見た植民地支配－池田正枝さんへの聞き取り調査から」, 『教育史フォーラム』2, 2007.

저자 약력

이형식(李炯植, Lee Hyoung Sik)

1973년 출생. 고려대학교 아세아문제연구소 HK교수로 재직 중이다.
고려대학교를 졸업하고 도쿄대학(東京大學)에서 일본근대사 전공으로 박사학위를 받았다.
주로 한일관계사를 연구해 왔다. 『朝鮮総督府官僚の統治構想』 외 다수의 논문이 있다.

윤건차(尹健次, Yoon Keun Cha)

1944년 출생, 현재 가나가와대학(神奈川大學) 교수로 재직 중이다.
교토대학(京都大學) 교육학부를 졸업하고 도쿄대학(東京大學) 대학원 교육학연구과 박사과정 수료하였다(교육학 박사). 일본 근대사상사 및 한국 현대사상사를 전공하고 있으며, 『교착된 사상의 현대사 – 1945년의 한국·일본·재일조선인』 외 다수의 논저가 있다.

기무라 겐지(木村健二, Kimura Kenji)

1950년 출생. 와세다대학(早稻田大學) 대학원 상학연구과 박사과정 만기퇴학 후 도쿄농공대학(東京農工大學) 교수를 거쳐 현재 시모노세키시립대학(下關市立大學) 경제학부 교수로 재직 중이다.
근대 한일관계사, 근대 일본이민사를 연구해왔다. 『在朝日本人の社會史』 외 다수의 논저가 있다.

이동훈(李東勳, Yee Dong Hoon)

1976년 출생. 한국외국어대학교 일본어과 졸업하고 현재 도쿄대학(東京大學) 총합문화연구과 박사과정에 재학 중이다.
일반 민중을 다루는 역사쓰기에 관심을 가지고 있다.
메이지 말기에서 다이쇼 시기에 걸쳐 재조일본인 사회의 공동체 형성에 관한 박사논문을 준비하고 있다.

히로세 레이코(廣瀬玲子, Hirose Reiko)

1951년 출생. 홋카이도정보대학(北海道情報大學) 정보미디어학부 교수로 재직 중이다.
니혼여자대학(日本女子大學) 졸업 후 와세다대학(早稻田大學) 대학원에서 일본근대사를 수학하고 동 대학에서 박사학위(문학박사)를 취득하였다.
처음에는 메이지기(明治期)의 내셔널리즘에 대해 연구하였고, 그 후 일본여성사에 대해 연구하였으며, 현재는 재조일본인여성에 대해 연구하고 있다. 『国粋主義者の国際認識と国家構想-福本日南を中心として』, 『帝国の少女の植民地経験-京城第一高等女学校を中心に』 외 다수의 논문이 있다.

기유정(奇柔呈, Ki You Jung)

1975년 출생. 서강대학교 사회과학연구소 전임연구원으로 재직 중이다.
전남대학교를 졸업하고 서울대학교에서 근대한국정치사 전공으로 박사학위를 받았다.
주로 식민지 정치사를 연구해왔다. 「식민지 對 모국 간 경제마찰과 在朝日本人 사회의 대응 : 1929-1936년 '鮮米擁護運動'의 정치학적 함의에 대한 분석을 중심으로」 외 다수의 논문이 있다.

이승엽(李昇燁, Lee Sung Yup)

1972년 출생. 붓교대학(佛敎大學) 역사학부 준교수로 재직 중이다.
고려대학교, 한국정신문화연구원 한국학대학원, 교토대학(京都大學)에서 수학하였다.
한국근대사 및 일본제국·식민지사가 주된 연구관심이다. 「李太王(高宗)毒殺說の檢討」 외 다수의 논문이 있다.

우치다 준(内田じゅん, Uchida Jun)

1971년 출생. 스탠포드대학교 역사학부 준교수(Associate Professor)로 재직 중이다.
미국 코넬대학교를 졸업하고 캘리포니아대학교 버클리교에서 석사학위를, 그리고 하버드대학교에서 박사학위를 취득하였다.
주된 연구테마는 일본의 제국주의, 비교식민주의, 이민사이다. 『Brokers of Empire : Japanese Settler Colonialism in Korea, 1876-1945』 외 다수의 논문이 있다.

김제정(金濟正, Kim Je Jeong)

1971년 출생. 서울시립대학교 도시인문학연구소 HK교수로 재직 중이다.
서울대학교 국사학과에서 한국근대사 전공으로 박사학위를 받았다.
근대 사회사와 도시사를 주로 연구하고 있다. 「식민지기 '지역'과 '지역운동'」 외 다수의 논문이 있다.

노기영(盧琦霙, Rho Ki Young)

1972년 출생. 국가기록원 대통령기록관 학예연구사로 재직 중이다.
창원대학교를 졸업하고 도쿄대학(東京大學) 총합문화연구과에서 박사과정을 수료하였다.
주로 해방 이후 한일관계사를 연구해왔다. 「민단의 본국지향노선과 한일교섭」 등의 논문이 있다.

정병욱(鄭昞旭, Jung Byung Wook)

1966 출생. 고려대학교 민족문화연구원 HK교수로 재직 중이다.
주요 논저로 『식민지 불온열전』, 『일기를 통해 본 전통과 근대, 식민지와 국가』(공저), 『한국근대금융연구 - 조선식산은행과 식민지 경제』, 「경성지방법원 검사국 기록과 '사상부(思想部)'의 설치」 등이 있다.

동국대학교 일본학연구소 연구총서
제국과 식민지의 주변인
― 재조일본인의 역사적 전개 ―

2013년 12월 31일 초판 1쇄 펴냄
2017년 07월 28일 초판 2쇄 펴냄

편저 이형식
펴낸이 김흥국
펴낸곳 도서출판 보고사

책임편집 이유나
표지디자인 오동준

등록 1990년 12월 13일 제6-0429호
주소 경기도 파주시 회동길 337-15 보고사
전화 031)955-9797(대표)
　　　02)922-5120~1(편집), 02)922-2246(영업)
팩스 02)922-6990
메일 kanapub3@naver.com / bogosabooks@naver.com
http://www.bogosabooks.co.kr

ISBN 979-11-5516-197-5　93900
ⓒ 이형식, 2013

정가 25,000원
사전 동의 없는 무단 전재 및 복제를 금합니다.
잘못 만들어진 책은 바꾸어 드립니다.